他者之镜

杨洪俊 ——著

日本人
笔下的清末

上海 / 南京 / 武汉

江苏人民出版社

图书在版编目(CIP)数据

他者之镜：日本人笔下的清末上海·南京·武汉 / 杨洪俊著. — 南京：江苏人民出版社，2022.3
ISBN 978-7-214-26883-9

Ⅰ.①他… Ⅱ.①杨… Ⅲ.①中国历史－史料－清后期 Ⅳ.①K252.06

中国版本图书馆 CIP 数据核字(2021)第 271222 号

本书受江苏省社会科学基金资助出版

书　　　名	他者之镜：日本人笔下的清末上海·南京·武汉
著　　　者	杨洪俊
责 任 编 辑	于　辉
装 帧 设 计	刘萃萃
责 任 监 制	王　娟
出 版 发 行	江苏人民出版社
地　　　址	南京市湖南路 1 号 A 楼，邮编：210009
照　　　排	江苏凤凰制版有限公司
印　　　刷	江苏凤凰新华印务集团有限公司
开　　　本	652 毫米×960 毫米　1/16
印　　　张	21　插页 2
字　　　数	270 千字
版　　　次	2022 年 3 月第 1 版
印　　　次	2022 年 3 月第 1 次印刷
标 准 书 号	ISBN 978-7-214-26883-9
定　　　价	68.00 元

（江苏人民出版社图书凡印装错误可向承印厂调换）

序

又一位老博士命序于我了,惯例之下,不得不献拙。此话怎讲?

以言"老博士",2009年杨洪俊入学时,正是而立之龄,因为工作的尽职、生活的尽责、学问的尽心,即三者都要追求尽善尽美,结果三年的学制,洪俊经历了七年,才得以顺利且光耀地毕业,所谓"顺利"者,洪俊毕业时的各项指标,皆称优秀,所谓"光耀"者,三份博士论文盲审意见,得分皆为90,所谓"老博士"者,现在的洪俊已过不惑之龄。

以言"惯例",记不清是从哪位弟子开始的,出书好找"导师"写序,而且总是客客气气的语境、没有商量余地的坚决,于是开了一二例,就有了三四例,既有了三四例,也就成了惯例,就如这段时日,虽然我之课程非常密集、会务相当繁多,依次叠在案头的杨洪俊《他者之镜:日本人笔下的清末上海·南京·武汉》、张可辉《南京旧志整理与史地研究》、白雁《王谢风流:乌衣巷口夕阳斜》,还得抽空翻阅、做点笔记,以便完成弟子们交付"导师"的作业。

以言"献拙",起码对于洪俊的这部大著来说,并非我的谦辞:其一,"他者"的语文,我已不懂。虽然近30年前,日文作为博士生第二外语,我曾啃过一年,却在高分通过后就迅速荒废了,所以我无从审核洪俊大著的基础文献"幕末明治游记"汉译的准确性。其二,"清末"这个时段,我不太熟悉。虽然我也写过关涉清朝的不少论著,如大清国号来源、域外称谓演变、清儒地理考证、桐城文派分布、黄淮变迁过程、保漕济运国策,却于清末长江中下游地区社会面貌的研究相当陌生,所以我无从判断洪俊大著描述的清末上海、南京特别是武汉之实际状况是否全面、真切。其三,"日本人的中国观"这个关键,我的感知大概比较片面。因为我所接触的日本同行们,大体相处愉快,我所指导的日本硕博士生,总是相知真诚,这就与洪俊大著"选题契机"所陈、得自调查数据的"中日两国公众彼此均缺乏好感"的结论,相距甚远,而这类结论又事关我拜读洪俊大著时能否产生"同频共振",可谓"所系匪轻"……

然则尽管如此,我还是敢为洪俊大著"献拙",这基础于我对洪俊博士的高度信任。如我已不懂的日文,原是作为南京工业大学日语教师的洪俊特别优长的本领,犹记2009年3月博士生入学考核时,我安排的面试老师竟对我说:"这位考生的日语水平,比我要强许多";又如我感知大概比较片面的"日本人的中国观",多次访学日本、累计时间长达两三年的洪俊,自然会有更加系统、立体、透彻、切身的理解;即便我本来有欠放心的清末时代背景的把握、中日关系的梳理、长江中下游三重镇地理区位的认识、历史地理学研究方法的运用等方面,六年前洪俊呈交的《幕末明治游记所见之清末长江中下游三重镇及其分析》,既让我大感欣慰,叹为才、学、识"三长"兼美的优等生的博士论文,也让我对这部脱胎于博士论文的《他者之镜:日本人笔下的清末上海·南京·武汉》充满信心!

我对《他者之镜:日本人笔下的清末上海·南京·武汉》(以下简称《他者之镜》)的充满信心,可举有些"怪异"的一例,以见大略。在我敝帚自珍、也获奖甚多甚重的《吾国与吾名:中国历代国号与古今名称研究》中,第二十八章"China:失位的'震旦'与变味的'支那'"特别加设了附节"'支那':近代日本人中国观的体现",此节即选自洪俊的博士论文,该文也引发了我诸多共鸣的第七章"'支那'承载的日本人的中国观",所以如此安排，既因我对近代日本人使用"支那"称谓的详确情况缺乏了解，也缘于我对洪俊之研究路径的认同、取得成果的赞赏。然而半年之前，我在为洪俊大著拟写《专家推荐意见》时，发现洪俊博士论文中相当精彩、不乏创新的此章，却不见于现在的这部《他者之镜》；而由此提醒，我又稍加比较了洪俊前后相隔六年的博士论文与《他者之镜》的异同，其修改增删之全面、斟酌润色之细致、谋篇布局之严密、解题描述分析之递进，遂让我对面目出新的《他者之镜》愈发充满信心，并最终提交了如下的《专家推荐意见》：

在日本的近代中国认识研究领域，《他者之镜：日本人笔下的清末上海·南京·武汉》是近年来少有的长时段实证研究论著。审读全书，尤其值得肯定者如下：

一、选题依据坚实，视角融合创新。该论著基础于充分的学术史梳理，选择了70余种涉及清末长江中下游三重镇的日本游记作为史料文本。游记文本融历史与文学于一体的特殊性质，既为研究的实证性与鲜活度提供了材料支撑，而比较文学、历史地理学、旅游史学、现象学等多种研究视角的融合，亦为论著提供了独特的方法论支持。

二、论著内容丰富，学术价值彰显。该论著既关注城市形象的白描呈现，又研究相关的日本人之中国认识，以此内容相当充实；其在分析幕末明治时期日本人的中国观的变化过程和建构逻辑的基础上，得出日本实用主义华夷观的确立过程与日本人的中国认识视角变化过程在同一时间维度交融发生的重要结论，可谓具有重要的学术价值与现实意义。

总之，该论著论证逻辑清晰，所得结论可信，既以点带面，又重点突出，兼具研究的科学性和内容的文学性，内容和阐述上无不当之处，值得公开出版。

现在,"值得公开出版"的《他者之镜》即将问世,我似已闻见了弥漫的墨香。而作为与杨洪俊博士缘分长久的笔者,我这篇"献拙"的小序,只是意在"知人论书",即领着读者诸君先行认识可以放心的这位作者,然后诸位自己再去品味洋洋三十万言的《他者之镜》,我想就会进而"知书论世",并且收获虽然感觉有些苦涩、却也催人奋进的"开卷有益"……

胡阿祥写于句容宝华仙林翠谷
2021年12月13日,国家公祭日

前　言

　　2015年12月,笔者提交了答辩前被抽检的博士论文。因为是从日本近代文学跨专业进入历史学系攻读历史地理学,加之博士论文研究方法是结合历史地理学理念的比较文学形象学,所以等待期间十分忐忑。一个多月后收到三份评阅意见,全部通过且总体评价均为优秀,这对我而言是莫大的鼓励。盲审通过后,2016年2月下旬参加论文答辩,接下来的3月份获得博士学位。学位论文标题为"幕末明治游记所见之清末长江中下游三重镇及其分析",全文由三篇七章构成。笔者在学位论文基础上,通过补充新的史料,强化中篇下篇分析,在较大增删修改、调整部分章节结构后,形成了本书现有内容,全书共分八章,定名为《他者之镜:日本人笔下的清末上海·南京·武汉》。

　　中国文化自觉的当下,在跨文化及比较文学形象学视野下的中国形象研究成为学界持续关注的热点,尤其西方的中国形象研究已经取得了丰硕成果,日本的中国形象研究也在逐步展开。在此基础上以较长时段的日本人游记为材料开展形象学研究成为可能。19世纪四五十年代到20世纪一二十年代间,进入清末的中国和进入幕末明治时代的日本关联日益密切。这种关联来自西力东渐近代潮流的强大推动,《中日修好条规》的签订与甲午中日战争的发生成为标志性事件,两国人员往来日渐频繁。来到清末中国的日本人出于不同目的,留下了大量游记。基于幕末明治日本与清末中国所处的历史空间以及两国因国势相异造成的交往方式的特殊性,为相对完整地考察研究对象,本书所说"游记"不单指文学意义上的纪行散文,而是扩展到所有行走甚至居留清末中国,以实地考察所获亲身体验为基础撰写的作品。由于这些作品数量庞杂,且笔者自身研究能力亦有限,经过资料梳理和先行研究考察,确定在清末中国政治、经济、地理空间上占据特殊位置的长江中下游三重镇——上海、南京、武汉的城市形象为研究对象。本书主要运用比较文学形象学的方法,并结合历史地理学的基本理念,从形象的三个构成成分,即词汇、等级关系、故事情节出发,以游记为基本史料,白描呈现幕末明治日本人眼中的清末长江中下游三重镇的城市形象,并分析在日本实用主义华夷观逐步确立的呼应下日本的清末中国形象的建构逻辑。

　　日本文学中的上海形象研究在中日两国均已较早开展,也产生了大量的研究成果。冯天瑜的《"千岁丸"上海行——日本人1862年的中国观察》以分析幕末日本第一次遣使上海的来龙去脉及参与者游记中对上海的描述、政治考察、社会观察、贸易探查等为主要研究内容,对"千岁丸"上海行体现出的东亚文化圈的协奏与变奏,以及其历史定位进行了深入探讨,是幕末日本人上海游记研究的代表性成果,具有重要的学术意义。但是,由于选择史料较为单一,未能全面呈现幕末日本人所见上海的城市形象,更没有涉及明治日本人所见上海的状况。故此,本书在分析过程中,为避免与冯著的重复论述,重点以幕末日本另三次遣使上海的游记、岸田吟香的上海居留日记及明治游记为史料。上海是清末中国走向近代化的缩影,无论在工商、金融、市政建设和城市近代化方面,还是在社会结构及东西人文碰撞方面,上海形象都具有典型意义。上海吴淞港、黄浦港等港口繁盛,而海防凄凉;上海县城的矮屋窄路、破旧肮脏与外国租界高楼阔道、干净卫生形成鲜明对照;生活在清末上海的人们,社会底层人群随处可见,洋人多嚣张跋扈,国人多惧怕洋人;洋人在租界掌握市政特权,在中国土地上的"华人不可入"的公园可谓"国之耻辱"。

幕末明治游记中的南京和武汉形象的研究,目前尚无标志性成果出现。南京是清末民初中国历史上一个特殊而重要的符号。南京的城市交通,既有出朝阳门至明孝陵的小路,也有行驶西洋马车的江宁马路,更有火车行驶的宁省铁路。贸易方面,由于南京夹于镇江、芜湖中间,作为港口不具备传统优势,加之政治重镇不适合经贸的传统认识,明治日本人游记多认为南京商贸不振。但金陵关开关及之后津浦铁路的开通,使得南京成为对外贸易发展的希望之地。南京市内商业以三山街和水西门最为繁盛。生活在清末南京的人们,包括"喜结外人"的两江总督端方,也包括乞丐、赶脚、仆人等社会底层者,还有陪酒的秦淮歌妓。南京作为清末中国在南方的政治要地,其近代化趋向具有象征意义。宁省铁路开通,中国第一条城市市内轨道交通诞生。南洋劝业会召开,中国首次官方国际博览会举办,明治日本人游记中视之为推动清末中国未来发展的积极因素。

武汉自古有"九省通衢"之称,在幕末明治游记中对汉口的描述最多。汉口是中国中部对外贸易转销的重要口岸,京汉铁路的开通使得汉口具备了水上东西、路上南北的现代贸易条件。汉口为贸易港口并设有租界,是有望成为"东洋第一"的大市场,被称为"东洋芝加哥";汉阳铁厂"颇极殷赈",代表清末中国近代工业的发展方向;武昌官办工厂和近代学堂多有设立,作为军事要地,武昌与汉口、汉阳呈三足鼎立之势。汉口设有日租界,游记对汉口租界及日本居留民之事着墨颇多。武汉成为明治日本人眼中朝向近代化的中国中部城市形象典型。

日本视角下"华夷观"的转变过程与日本的中国观密切关联。传统华夷观以中国为中心,以文化的向心力构筑与周边诸国的关系,是中华主义式的观念。在中国明清鼎革后,日本逐步尝试建立新的华夷观,加之日本皇国思想发展,"优越于中国的日本"从根本上逆转了传统上以中国为中心的华夷观。日本江户时代思想家佐藤信渊提出"满清为夷狄,英吉利亚亦为夷狄",主张"挫英吉利亚而存满清",希望中国打败英国而永远成为日本的西部屏障。日本实用主义华夷观成为指导近代日本处理与中国外交关系时的基本理念,也成为日本后来"同人种同盟""一括亚洲对抗欧美"等观念的母体,也关联着幕末明治时代日本中国认识的基本思想脉络。与这一思想脉络相呼应,日本的清末中国形象被逐步建构起来。幕末明治日本人眼中的中国在整体呈现"衰世"形象。幕末游记中,中国人被认为愚昧,但也有对西方"鄙夷"视角下"唐土宽厚"的记述。到了明治时期,中国人基本演变成沉溺鸦片且好夸张、多不义、顽然迂腐的形象,彼称之为"中华处处病人多"。然而,对于清末中国的认识,日本人也有自相矛盾的观点,高桥谦所说的"中国前途二说"就极具有代表性。一说,中国乃大国,只要锐意进取,必定成为东洋之霸主,故不可辱;一说,中国"人民未解文明为何物,顽陋自大""尾大难掉",故不足惧。甲午中日战争后,主张中国有笃学之人、中华文明深厚且可以"复燃"的只剩下内藤湖南等少数学者了;也有少数游记作者从租界发展带来的欧化倾向出发,认为清末中国在趋向"文明"而做出并非完全负面的评价。多数明治游记作者开始概括中国国民性,其中虽有客观事实的一面,但视角多是负面的。

在本书中,笔者力图抓住以下几个重点:第一,幕末明治中国游记中上海、南京和武汉的城市形象,用于描述的"词汇"的选择与特点及形象怎样被建构的问题;第二,游记对于清末中国各类人群的描述体现出的描述者与被描述者自我与他人视角的问题;第三,游记中对于中国国民性的阐述,中国被摆在一个什么样的舞台之上"形式化"的问题;第四,游记文本生产的文化原则及两种文化在特定历史背景下如何实现"对话"的问题。本书研究课题有以下两个难点:其一,如何通过分析此时段日本的中国观的建构逻辑来解构近代以前日本的中国观的问题;其二,游记所描述的长江中下游三重镇形象及其所体现的中国观,在后来的日对华关系处理上如何产生影响的问题。以上两点在本书中尚未完全解决,将作为本课题接下来的研究重点。

近年来,中国的日本文学及历史研究在跨文化形象学研究上取得了重要的进展。其所提供的空间叙事学、后殖民主义、现象学及旅游史学等研究视角,对本课题今后的研究都具有很强的指导意义。本书仅是幕末明治日本人游记在限定空间范围内的一个初步研究,成果尚微不足道。幕末明治日本人游记是一个研究日本对清末中国认识的史料宝库,同时也是反观近代日本自我形象建构的一面镜子,值得更多学者关注并深入研究。在本书日文史料、论著的标题及直接引用中较多出现诸如"支那""清国"之类用语,为准确传递史料承载信息及原论著作者的创作意图而未作处理,特此说明。最后,就本书的研究方法、文章结构、语言表达、思想观点等各方面,期盼各位方家批评指正。

目　录

绪论　1

　　一、选题契机与基本思考　1

　　二、选题的确定与先行研究考察　4

　　三、研究方法　16

上篇　史料解题

第一章　幕末日本人上海游记　28

　第一节　四次遣使之上海见闻录　28

　　一、高杉晋作和《游清五录》　28

　　二、中牟田仓之助和《上海行日记》　30

　　三、松田屋伴吉和《唐国渡海日记》　31

　　四、峰洁和《船中日录》《清国上海见闻录》　32

　　五、名仓松窗和《海外日录》《支那闻见录》　32

六、纳富介次郎和《上海杂记》　33

　　七、日比野辉宽和《赘肬录》《没鼻笔语》　34

　　八、1864年的上海游记——《黄浦志》　35

　第二节　岸田吟香的《吴淞日记》　35

第二章　明治日本人长江中下游游记　38

　第一节　甲午中日战争前部分　38

　　一、满川成种的《支那通商必携》　38

　　二、小栗栖香顶的《北京纪事》和《北京纪游》　39

　　三、久米邦武的《特命全权大臣　米欧回览实记》　40

　　四、曾根俊虎的《清国漫游志》和《北支那纪行》　40

　　五、河濑秀治的《清国公出报告书》　41

　　六、竹添进一郎的《栈云峡雨日记》　42

　　七、冈千仞的《观光纪游》　42

　　八、小室信介的《第一游清记》　43

　　九、尾崎行雄的《游清记》　44

　　十、高桥谦的《支那时事》　44

　　十一、黑田清隆的《漫游见闻录》　45

　　十二、安东不二雄的《支那漫游实记》　46

　　十三、原田藤一郎的《亚细亚大陆旅行日志并清韩露三国评论》　46

　第二节　甲午中日战争后部分　47

　　一、高柳丰三郎的《清国新开港场商业视察报告书附回航实记》　47

　　二、中村作次郎的《支那漫游谈》　48

　　三、西本愿寺教学参议部的《清国巡游志》　48

　　四、内藤湖南的《支那漫游燕山楚水》　48

　　五、石原市松的《北清韩国长江苏杭视察之复命书》　49

　　六、冈崎高厚的《南清漫游杂记》　50

七、村木正宪的《清韩纪行》 50

八、小山田淑助的《征尘录》 51

九、稻松松之助的《清国视察报告书》 51

十、上海东亚同文书院的《清国商业惯习及金融事情》 52

十一、水野幸吉的《汉口》 53

十二、香川悦次的《支那旅行便览》 54

十三、德富苏峰的《七十八日游记》 56

十四、释宗演的《欧米云水记》 56

十五、宇野哲人的《支那文明记》 57

十六、中野孤山的《横跨中国大陆——游蜀杂俎》 58

十七、东亚同文书院第五期学生调查团的《踏破录》 59

十八、内山清与梶原熊雄的《南京》 59

十九、东亚同文书院第六期学生调查团的《禹域鸿爪》 61

二十、股野琢的《苇杭游记》 61

二十一、小林爱雄的《支那印象记》 62

二十二、胜田主计的《清韩漫游余沥》 63

二十三、东亚同文书院第七期学生调查团的《一日一信》 64

二十四、竹越与三郎的《南国记》 64

二十五、栃木县观光团的《满韩观光团志》 65

二十六、三宅克己的《欧洲绘行脚》 65

二十七、赴清观光实业团的《赴清实业团志》 66

二十八、永井久一郎的《观光私记》 66

二十九、东亚同文书院第八期学生调查团的《旅行纪念志》 67

三十、佐藤善治郎的《南清纪行》 67

三十一、东亚同文书院第九期学生调查团的《孤帆双蹄》 68

中篇　描述与认识

第三章　幕末明治游记所见清末上海　74

第一节　幕末遣使之地与明治日本人在关内最聚集之地　75
一、幕末日本四次遣使上海　75

二、明治日本在清末上海的居留民状况　81

第二节　港口繁盛　海防凄凉　83
一、吴淞港及至黄浦港一路　83

二、吴淞炮台　88

三、黄浦港　89

四、黄浦港内的外国军舰　93

第三节　上海县城与上海租界的鲜明对照　95
一、上海县城　96

二、上海租界　104

第四节　生活在清末上海的人们　114
一、苦力、难民、乞讨者——生活在社会底层的人们　114

二、清末在上海的书生、文人　118

三、惧怕洋人的中国人　121

四、喜好围观的中国人　122

第五节　清末上海的风俗　125
一、女人的裹脚及装束　125

二、语言及礼仪习俗　126

三、日常生活习俗　129

第四章　明治游记所见清末南京　141

第一节　城市交通:驴马轿船车各司其职　马路铁道新筑　141

第二节　市井商情：大码头谈贸易物产关税　小店铺话买卖世态人情　**154**

第三节　人物形象：从高官到乞丐　个体刻画与群体描述　**164**

　　一、清末南京的高官——两江总督端方及其他　**164**

　　二、秦淮歌妓　**169**

　　三、乞丐、赶脚、仆人等社会底层者　**171**

第四节　城市风貌：形胜依旧　古韵犹存　萧瑟没落中艰难恢复　**174**

第五章　明治游记所见清末武汉　**182**

第一节　武汉概观：九省通衢之形胜与东洋第一之前景　**183**

　　一、武汉三镇成鼎足之势　**183**

　　二、汉口概述——交通枢纽与光明前景　**185**

　　三、汉阳概述——汉阳铁厂与名胜古迹　**190**

　　四、武昌概述——传统政治城与近代工业地　传统古迹地与近代教育城　**191**

　　五、清末武汉的交通状况　**193**

第二节　汉口港与汉口租界　**197**

　　一、汉口港　**197**

　　二、汉口租界　**198**

第三节　武汉之华界　**209**

　　一、武昌　**209**

　　二、汉阳、汉口　**220**

第四节　生活在清末武汉的人们　**230**

　　一、清朝官员——张之洞及其他　**231**

　　二、社会底层民众　**232**

下篇 观念与评价

第六章 "华夷观"的日本视角 *240*

    第一节 "皇国"为"华"与东洋为"华"之间 *241*

    第二节 "文明"为"华"与实用主义华夷观的确立 *245*

第七章 幕末日本人的中国观 *252*

    第一节 清末中国的"衰世" *252*

    第二节 "鄙夷"视角下的唐土宽厚与愚昧 *257*

第八章 明治日本人的中国观 *263*

    第一节 甲午战争前的日本人的中国观 *263*

        一、"中华到处病人多" *264*

        二、中国前途二说 *272*

    第二节 甲午中日战争后的日本人的中国观 *276*

        一、"支那的根性"（一）——"支那无国"与"利己主义" *278*

        二、"支那之根性"（二）——虚言虚礼及其他 *287*

        三、"欧化"的进步与"传统"的承继 *295*

结语 *300*

参考文献 *305*

绪　论

一、选题契机与基本思考

　　自 1978 年开始的日本内阁府"关于外交关系的舆论调查",以及 2005 年开始的日本非营利民间团体"言论 NPO"与中国日报社合作进行的"中日关系舆论调查"是现今了解中日民众对中日关系和对对方所持情感的直观依据。虽然受益于以《中日和平友好条约》缔结 40 周年为契机的双方良好互动,但 2018 年日本内阁府的调查显示,对中国"没有亲近感"的日本成年民众比例仍高达到 76.4%,不认为中日关系"良好"的比例也达到 78.10%,但与此同时,认为中日关系发展实属重要的比例是 81.2%。① 中日关系重要但并不好的事实由此一目了然。2018 年日本言论 NPO 与中国零点有数数字科技集团共同发布的"第十四次中日关

---

① 日本内阁府从 1978 年起每年 10 月份左右进行"关于外交关系的舆论调查",对全国 20 岁以上日本国籍拥有者随机抽样调查,抽样数为 3000。关于日本和中国的关系,设有两个调查项目,一是"对中国的亲近感",一是"现在的中日关系"。2018 年数据中认为中日关系"不良好"的达到 78.1%,比 2017 年的 79.8%略低,统计历史上该数据在 2012 年度最高,为 92.8%。详见日本内阁府『外交に関する世論調査』(https://survey.gov-online.go.jp/h30/h30-gaiko/gairyaku.pdf)。

系舆论调查"数据显示,两国公众十分看重中日关系,同时也都认为中日关系现状十分差。好感度方面,中国公众对日好感度为42.2%,日本公众对中国的好感度为13.1%;与此相对,没有好感的比例,中国公众对日本是56.1%,日本公众对中国是86.3%。从这两项调查的数据直观看来,中日两国公众彼此均缺乏好感的事实还是一目了然。对于中日关系方面,日本民众认为中日关系现状好的比例7.2%、不好的比例是39.0%,中国民众的看法,好的是30.3%、不好的是45.1%。从这组数据来看,虽然中日两国增减幅度不同,但与2017年相比均有积极改善,这与2017年以来两国的相对友好气氛下的频繁互动不无关系。

在日本公众对中国印象不好的原因中,排在第一位的是所谓"对尖阁诸岛(即我国固有领土钓鱼岛及其附属岛屿)周边的'侵犯'";中国对日本印象不好的原因第一位的是"不认真反省历史,不就历史问题谢罪"。从近期来看,造成两国民众相互缺乏好感的原因主要是领土"纠纷"及战争历史认识问题。但在中国对日"不好印象的理由"中有一条值得关注,即"日本傲慢,在内心蔑视中国人"。这一项从2013年开始在报告中被列出,当年的数据是20.9%,之后几年分别为17.2%(2014)、22.2%(2015)、31.7%(2016)、19.0%(2017)、19.6%(2018)。[①] 这一条目本身及"稳定"的较高数值既显示出中国民众的日本观,也反向体现出中国民众对日本的中国观和中国人观的重视。对此,我们不能仅仅停留在对近几年中日关系现实的思考上,更应认真追究历史上尤其近代以来日本的中国认识的形成及变化过程。

但从历史研究的角度来看,中国人的日本观和日本人的中国观应该形成于中日两国历史、尤其近现代史的发展过程中,并仍存在于当今两国公众思想的底流。中日两国作为当今世界的第二大和第三大经济体,且作为一衣带水的近邻,无论从政经层面还是从人文层面,增进彼此理

[①] 详见日本"言論NPO"(http://www.genron-npo.net/)「日中共同世論調査」相关结果报告。

解的重要性都不言而喻。在综合运用比较文学形象学、历史地理学等研究方法的基础上,对近代日本的中国书写、中国观及其形成过程进行研究,有利于解明在互为"他者"的历史和现实中中日两国彼此认识形成的原因,这于今天中日民众了解历史、增强互信也具有现实意义。

同为东亚国家的中国和日本,19世纪中后期在西力东渐的历史背景下,呈现出两种不同的发展趋向。中国试图固守传统封建体制,虽尝试如洋务运动、戊戌变法等维新改革,但最终归于失败,沦为半殖民地半封建社会。日本则通过明治维新走上资本主义道路,不仅逐步摆脱了西方列强强加的不平等条约的束缚,还依靠内部革新和对外扩张最终加入列强行列。在如此国势相异的状况下,中日两国在政府层面和民间层面的交往状况如何?日本人眼中的清末中国是怎样的?对中国人、事、物又是如何描述、如何评价的?近代以前日本的中国观是如何被解构、否定性的中国观又是如何形成的?

基于以上问题意识,本书把日本的中国形象的研究时期定在涵盖于中国清末这一历史时段的日本江户幕府末期和明治时期,即"幕末明治",材料设定为幕末明治日本人的中国游记。通过对幕末明治游记的解读呈现日本人认识的清末中国形象,分析幕末明治日本的中国观及其建构逻辑。经历"佩里来航"后进入幕府统治末期的日本,深刻认识到沦为半殖民地的中国的现实或许就是自己的将来,通过1862年的"千岁丸"上海行,日本人看到了清末中国"老朽贫弱"的现实。之后,日本经过明治维新开始步入近代,通过甲午中日战争、日俄战争等与中国或者在中国境内进行的战争,进一步急剧改变着其对中国的原有认识。要考察当今日本的中国观,要考察日本大正、昭和时期的中国观,都有必要细致考察自幕末明治开始的日本的中国观的历史变迁过程。选择幕末明治日本人的中国游记作为研究材料,基于对先行研究的考察和对游记这一文学体裁本身性质的认识,具体将在下节详细说明。

二、选题的确定与先行研究考察

（一）选题的确定

对于近代日本的中国形象的研究，无论国内还是在日本，都有较大数量的存在。但通过检索分析可以发现，对中国形象的研究文献存在多抽象概观性研究而少实证性研究，而即便有实证性研究，又存在注重个体中国观研究而少长时段研究的状况。

在国内以"中国形象""中国观""对华观""中国认识""清末中国""晚清中国""中日近代"等关键词进行了检索。发现检索结果中涉及日本近代以来中国观和中国形象的著作主要有王升远的《文化殖民与都市空间：侵华战争时期日本文化人的"北平体验"》（生活·读书·新知三联书店，2017年），王秀丽、梁云祥的《日本人眼中的中国形象》（北京大学出版社，2016年），杨栋梁的《近代以来日本对华认识及其行动选择研究》（经济科学出版社，2015年），谭建川的《日本教科书的中国形象研究》（北京大学出版社，2014年），吴光辉的《他者之眼与文化交涉：现代日本知识分子眼中的中国形象》（厦门大学出版社，2013年），杨栋梁主编的《近代以来日本的中国观》（1—6卷）（江苏人民出版社，2012年），张玉的《日本报纸中的中国形象——以〈朝日新闻〉和〈读卖新闻〉为例》（中国传媒大学出版社，2012年），吴光辉的《日本的中国形象》（人民出版社，2010年版），史桂芳的《近代日本人的中国观与中日关系》（社会科学文献出版社，2009年版）等著作；吴光辉的《近代以来日本视域下的朱子学与中国形象》（《思想与文化》，2017年第1期），吴光辉的《"中国形象"的话语建构与想象空间——以近代日本人的中国考察为中心》（《东北亚外语研究》，2016年第4期），吴光辉的《想象与方法：战后日本的"中国形象"》（《日本学刊》，2015年第5期），张凌云、吴光辉的《内藤湖南笔下的中国人形象——以内藤湖南1899年第1次访问中国为契机》（《日本问题研究》，2014年第6期），周宁的《"巨大的他者"——日本现代性自我想象中的"中国"》(《天津社会科学》,2011年第5期),赵苗的《日本明治时期之中国观》[《首都师范大学学报(社会科学版)》,2012年第1期],王屏的《论日本人"中国观"的历史变迁》(《日本学刊》,2003年第2期)等期刊论文;李雁南的博士论文《近代日本文学中的"中国形象"》(暨南大学,2005年),安善花的博士论文《论近代日本的国际秩序观及其对中朝的外交政策》(吉林大学,2007年),徐茜的硕士论文《19世纪末20世纪初日本人产生对华蔑视观的轨迹》(东北师范大学,2013年)等学位论文。除此之外,探讨近代中日关系和近代化的文献中也有涉及日本近代中国观的相关研究。

如上罗列可知,进入21世纪以后,尤其近十年以来出现了一批研究近代日本的中国形象的著作,既有总论、概观的形式,也有具体城市研究。杨栋梁主编的《近代以来日本的中国观》,发掘使用了大量日本原始史料,如公文、时评、调查文献等,主要通过从鸦片战争到甲午中日战争再到二战时期和结束之后的日本的中国观方面史料进行了解读研究,阐述了日本近代蔑视型中国观的形成过程,被认为是"国内日本史学界对近代以来日本社会形形色色的中国观进行全方位系统研究的第一部系列丛书"①。该套丛书提供的大背景及其解读方法对本书的研究具有很大的启发意义。另外,在杨栋梁《近代以来日本对华认识及其行动选择研究》一书中对前书做出提炼并且对认识指导日本政府实际行动问题上做出了探讨。王升远的《文化殖民与都市空间:侵华战争时期日本文化人的"北平体验"》收录并提升了其近年来发表的诸多重要研究成果,以明治以降的日本文化人"北平"游记为研究对象,分析其目的、体验、"北平"都市空间书写和书写的影响,构建起日本文化人眼中多维交杂的"北平"形象。该著作无论从研究对象还是研究方法都极具启发意义。吴光辉的《日本的中国形象》是在比较文学形象学视角下对日本的中国形象进行全面研究的著作,在方法论上具有重要启示意义。以上著作提供的

---

① 郑毅:《评〈近代以来日本的中国观〉》,《世界历史》,2013年第5期,第144页。

研究思路及相关结论对本课题研究具有重要参考价值,同时,其研究并未直接涉及本课题的基本研究对象,从时间和空间两个维度来讲,本课题拥有充分的研究可能性。研究日本的中国形象的报刊论文和学位论文的数量是比较多的,特别是吴光辉的系列论文从总体探讨文化他者化的中国形象到具体探讨内藤湖南笔下的中国人形象,有宏观,有微观,加之前述著作较为全面地形成了研究日本的中国形象的方法体系。但作为日本的中国形象研究整体上存在两种倾向,第一仍然是总论性的论述较多且多浅尝辄止,如郝秉键的《日本人中国观的一次转换》、王屏的《论日本人"中国观"的历史变迁》、安善花的《近代日本中国观的变迁及其东亚强国地位的确立》,等等;第二是就某个特定日本人的中国观的研究较多,如对福泽谕吉、内藤湖南、冈千仞、中村敬宇、夏目漱石等人的研究较为集中。中文先行研究整体数量很多,其中较多都具有方法论意义和学术参考价值,为概观日本近代的中国观和了解某个特定个人的中国认识提供了有意义的先行研究资料。

　　日语中直接对应"中国形象"的词语当属「中国像」,但作为近义表达,日语中使用"中国观"(「中国観」)、"中国认识"(「中国認識」)等的情况更多,考虑到明治前后的日语语境,还需要使用"支那""清国"作为替换"中国"的词语进行检索。另外作为涵盖中国观在内的"亚洲观"(「アジア観」)、"亚洲认识"(「アジア認識」)也列入了检索关键词。检索结果中涉及明治时代的中国形象的著作主要有金山泰志的《明治期日本民众的中国观》(芙蓉书房,2014年),安藤彦太郎的《日本人的中国观》(劲草书房,1971年),松本三之介的《近代日本的中国认识:从德川期儒学到东亚协同体论》(以文社,2011年),冈本幸治的《近代日本的亚洲观》(MI-NERVA书房,1998年),古屋哲夫的《近代日本的亚洲认识》(绿荫书房,1996年)等。除著作外,先行研究中还有为数不少的相关论文。如:《中国研究月报》从1997年第10期到2001年第1期陆续刊登的以《20世纪日本的中国研究和中国认识》为题的系列论文(日本研文出版社结集出版,2001年),藤村道生的《日本亚洲观的变迁》[《上智史学》(22),1977年]等。日本方面在近代日本中国观的研究文献上,数量要比中国的多,而且研究的广度、深度上也更好一些。《明治期日本民众的中国观》是并不多见的长时段实证性研究。作者通过对明治时代的教科书、杂志、地方报纸、讲谈①、戏剧等普通民众常常触及的媒体的分析,尝试呈现一般民众而非特定个人或知识阶层的中国观,研究方法非常具有启发意义。但是,这并未改变大的研究倾向,即总说性质和特定个人的研究比较多的状况。特定个人的研究焦点多放在福泽谕吉、德富苏峰、尾崎行雄、内藤湖南等人。将研究聚焦于特定个人或知识分子阶层的中国观,继而通过特定个人研究的积累来论述整个明治时期的中国观的情况居多。

无论国内还是日本方面的研究,由个体研究所得结论推及明治时期整体中国观的归纳法研究是比较多见的。这种方法使得结论的得出看上去似乎成了一个不言自明的过程。但其实,多数研究在得出整体结论时缺乏更多确切史料的支撑,也就是说,实证性的研究开展并不充分。如《日本人的中国观》中有以下论述,"战胜老大国清国的这场战争,成为在很大程度上改变日本人中国观的契机。敌对心情转变为侮蔑感,并广泛渗透到大众中间"②。又如在《日本人的亚洲认识》中有"以日清战争为分界,日本人对中国的敬畏之感急速减退,取而代之的侮蔑中国为落后国度的想法蔓延开来"③。这样的论述均得出甲午中日战争是否定性中国观向一般日本民众渗透的契机的结论,但只是简单几行论及而已,并没有更多有效的史料支撑。

基于长时段实证性研究少的状况,本书选题在时间断限上定为幕末明治,而在史料方面选择这一时段的中国游记。选择游记作为史料,首

---

① 讲谈:日本在曲艺场演出的一种曲艺,以抑扬顿挫的声调讲述战争故事、武勇传、复仇记、侠客传、世态剧等的曲艺。江户时代一般称为"讲释"。
② 安藤彦太郎:『日本人の中国観』,劲草書房1971年,第48頁。
③ 並木頼寿:『日本人のアジア認識』,山川出版社2008年,第14頁。

先考虑到的是游记体裁的自身性质。在现代文学中,一般把游记归属于散文范畴,侧重于叙事,即"以描绘作为作者外在现象的人物、景物为主"①或也兼有说理和抒情的要素。游记在日语中可以表述为"旅行记"(「旅行记」)、"见闻录"(「见闻录」)、"纪行(文)"(「纪行(文)」)等,归属纪行文学范畴。"所谓纪行,指记录旅行中发生之事及感想的作品,具体指旅行记和旅行日记。但既然称作纪行文学,就必须伴有文艺性。……在海外旅行记中满载自己的感想,表现了作者在教养、观察和思想上的独特性。……然而,以旅行者为主人公的乔叟的《坎特伯雷故事集》和十返舍一九的《东海道中膝栗毛》,因为是虚构的,不能列入纪行文学范畴。"②田山花袋也认为纪行文"与叙事抒情文和小品文等性质相同",并认为纪行文的趣味"在于记事本身或者在作者本人对人、事和自然的看法。……纪行文既含有实用性要素,也有历史性的趣味"③。可见游记有纪实性和文学性两种属性并具有实用性和历史性的色彩,从游记所描绘的事、物的角度来说,既是记录,也包含作者对这些事、物的感想。要研究日本的中国形象,必须了解"形象"一词的含义。艾伦·S.惠廷认为"形象"可以包括两个层面,"'印象(Image)'指的是对某一国民、国家、民族先入为主的成见,而这一成见形成于对历史、经验、个人印象的选择性解释。具体说来,印象往往想定对方要么好要么坏,要么强要么弱,要么是朋友要么是敌人。而'认识(Perception)'指的是对对方声明、行为和事件的选择性认知,而这一认知又基于被圈定范围和被界定好的印象"④。金山泰志认为到现在为止的日本的中国观研究多是在"认识"层面进行的,因此,他才决定以教科书、杂志、地方报纸、讲谈、戏剧等作为研究对象,尝试从感性层面呈现明治时代日本一般大众的中国观,也就是要呈现更接近于

---

① 吴调公:《文学分类的基本知识》,长江文艺出版社,1982年,第207页。
② 福田陆太郎、村松定孝编:『文学用語解説辞典』,東京堂出版1971年,第60—61頁。
③ 田山花袋:「現代紀行文」,福田清人編:『明治紀行文学集』,筑摩書房1977年,第369頁。
④ Whiting, Allen Suess, *China eyes Japan*, University of California press, 1989, p18.

"Image"的中国形象。① 但是,从体裁性质来看,游记正好含有惠廷对"形象"分析的两种要素,既包含个人的直接"印象",又包括对对方的"认识",成为形象研究的最佳体裁。并且,游记也是比较文学形象学研究的传统体裁。"游记研究是比较文学的传统研究领域。由于'自古以来,旅行是与外国人相遇的最好办法',媒介学研究便无法绕开游记。然而从这种单纯的媒介研究,人们很容易就可切换到形象学的角度中去。"②法国比较文学学者莫哈指出,研究"游记这些原始材料"是文学形象学的主要研究方向之一。③

以上是对一般而言的"游记"所做的内涵及其极佳的形象学研究对象性质的说明。下面要对本书的研究对象——"幕末明治日本人游记"做一个范围界定。考虑到幕末明治日本与清末中国所处的历史空间,以及两国因国势相异造成的交往方式的历史状况,本书的基本史料"幕末明治日本人游记"中的游记不仅指传统意义上作者在旅行中纪实和感想性质的散文,即传统意义上的游记,而是扩展到所有行走甚至居留清末中国或在实地考察获得亲身体验的基础上撰写的作品,与作品是否以具有标志性的"游记""见闻录""纪行"等书名无关,亦不过分重视作品的文学色彩。因此,它大致包括以下几类:第一,观光旅行类游记,如竹添进一郎的《栈云峡雨日记》、冈千仞的《观光纪游》、股野琢的《苇杭游记》、内藤湖南的《支那漫游燕山楚水》等;第二,带有特定考察目的的观光纪行,如小栗栖香顶的《北京纪事》和《北京纪游》、曾根俊虎的《清国漫游志》和《北支那纪行》、小室信介的《第一游清记》、尾崎行雄的《游清记》及东亚同文书院学生调查团的报告等;第三,受政府或民间机构派遣或委托进

---

① 详见金山泰志:『明治期日本における民衆の中国観:教科書・雑誌・地方新聞・講談・演劇に注目して』,芙蓉書房出版2014年,第14—16頁。
② 孟华:《比较文学形象学论文翻译、研究札记》,载孟华主编:《比较文学形象学》,北京大学出版社,2001年,第15页。
③ [法]让-马克·莫哈:《试论文学形象学的研究史及方法论》,载孟华主编:《比较文学形象学》,北京大学出版社,2001年,第17页。

行考察而撰写的复命书、报告书之类,如幕府日本四次遣使上海形成的纪行文、河瀬秀治的《清国公出报告书》、江口驹之助等的《清国公出复命书》、高柳丰三郎的《清国新开港场商业视察报告书附回航实记》等;第四,以商人、教习等身份长时段居留清末中国而形成的日记和观察记录一类,如岸田吟香的《吴淞日记》、宇野哲人的《支那文明记》、中野孤山的《横跨中国大陆——游蜀杂俎》等;第五,日本驻清使领馆官员带有系统性、研究性的记述作品,如水野幸吉的《汉口》和内山清的《南京》等。分类只为说明本书基本史料的范围,标准不具有绝对性,况且由于主体(作者)与客体(行走、居留的地方及接触的人)等因素的复杂性,作品本身所承载的信息和观念也往往不具有单一指向性。①

由于幕末明治中国游记数量庞杂,本书选定清末中国长江中下游三重镇——上海、南京和武汉——形象作为研究对象,因此史料方面只尽量收集了与研究对象相关的游记。通过对幕末明治中国游记的解读,一是呈现清末长江中下游三重镇的上海、南京、武汉都市空间的具体形象,二是分析游记中所传递出的清末中国观。关于选定长江中下游三重镇作为研究对象的原因将在本书中篇详细阐述。

(二)先行研究考察

本节重点对有关幕末明治中国游记的先行研究进行考察,具体选择

---

① 按,张明杰在《明治时期日本人的中国游记文学综述》一文中将其大致区分为九类,分别是官僚或政治家、军人或所谓大陆浪人、学者或留学人员、记者或编辑、作家或艺术家、教习及教育工作者、实业家或商人、宗教界人士、儒学者及民间人士等。身份虽然千差万别,但如果从目的而言,则大致分为三类。一类以政治、军事考察为目的,一类以实业考察为目的,一类以游历山水、思古观今、歌咏情怀为主要目的。而且游记作者的外在身份并不一定与其游历目的一致,甚至身份本身有可能成为其掩护真正目的的"外衣"。如诗人、翻译家身份的小林爱雄、东亚同文书院学生等都抱有明显的政治考察的倾向和目的。由于当时日本人出游中国多与日本进一步向中国大陆的利益扩张相关联,所以,无论作者外在身份如何,单纯游历山水而作游记者为数不多。正如张明杰所言,如果把游记"笼统分为纯粹以游山玩水为目的的观光游记,以及以特殊使命或特定目的而出游的行役记两种性质的话,那么明治日本人留下的中国游记则多属于后者。"(张明杰:《明治时期日本人的中国游记文学综述》,《日语学习与研究》2013年第5期,第59页。)

的幕末明治游记及其作者、创作背景将在本书上篇论述。幕末明治游记分为幕末和明治两部分。幕末部分主要指幕末上海游记,包括幕末日本四次遣使上海及当时少量民间人士(如岸田吟香等)居留上海留下的游记,而明治部分则数量众多。从先行研究来看,对于幕末明治游记的研究经历着三个阶段。第一个阶段是史料的挖掘、梳理,第二个阶段是对个别作家、作品的个案研究,第三个阶段是以多部游记为史料开展的一定时段的日本的中国观研究。

在日本,对于幕末部分的研究起步很早,已经比较完善。1925年2月出版的《商业与经济》杂志上便刊登了武藤长藏的《关于文久二年官船第一次上海派遣和文久三年—元治元年第二次上海派遣的相关史料》和新村出的《元治元年幕吏上海考察记》两篇文章,这成为日本研究幕末中国游记的起点。从20世纪20年代开始至四五十年代,是史料挖掘和梳理的时代。1946年大阪全国书房出版的《文久二年上海日记》收录了纳富介次郎和日比野辉宽的作品。从七八十年代至今,关于具体游记和游记作者的研究广泛展开,研究重点围绕名仓予何人、高杉晋作、峰洁、日比野辉宽、中牟田仓之助等人及其著作进行。而利用幕末游记研究日本人的中国观的论文也已出现,如日比野丈夫的《幕末日本的中国观变化》[《大手前女子大学论集》(10),1986年]和横山宏章的《文久二年幕府派遣"千岁丸"随员的中国观》[《县立长崎Siebold大学国际信息学部纪要》(3),2002年]等。对明治中国游记的研究,史料的挖掘和梳理阶段已经取得了很大成果,1997年,小岛晋治监修、日本人文书房(ゆまに書房)①出版的《幕末明治中国见闻录集成》,共20卷,是第一阶段成果的最

---

① 按,「ゆまに書房」是成立于1965年东京的以人文图书出版为主的出版社,翻刻、影印书籍以资料集成形式出版发行是该出版社的重要出版内容。按照对其主页(http://www.yumani.co.jp/np/index.html)登载的「出版理念」中「"ユマニスム"という一寸法師の脇差にも満たないような短剣を携えてはみた」(试携"人文主义"之短剑,虽其自比一寸法师之小刀亦不如)的理解,笔者把「ゆまに書房」译称为"人文书房"。有文献把此出版社名称音译为"游摩尼书房"亦无不可。

重要体现,这为明治游记的研究提供了便利。小岛晋治在1998年发表《明治日本人的中国纪行》[《中国研究月报》52(6),1998年6月]一文,对《集成》的出版做了介绍。对于个别作家及其作品的研究,正在进行中,如崔明淑的《夏目漱石〈满韩漫游〉——明治知识人的界限和"朝鲜·中国人"像》[《解释与鉴赏》62(12),1997年12月]等。但整体看来,明治游记往往被零散用于一些论述日本的亚洲认识、中国认识研究,较少被专门论及。

在国内,对于幕末明治游记的关注和研究主要是在进入21世纪以后。虽然中国研究者多没有直接参与到史料挖掘阶段,但也有史料的介绍过程。中华书局从2007年开始陆续出版自幕末到明治乃至大正时期的中国游记,目前共出版13册。或许由于知识结构的问题,译本中存在一些错译的情况,虽然如此,但《近代日本人中国游记》丛书的出版还是为国内学界在这一领域开展研究提供了便利。丛书主编张明杰也先后发表《明治汉学家的中国游记》(《读书》,2009年第8期)、《明治时期日本人的中国游记文献综述》(《日语学习与研究》,2013年第5期)等文章,对丛书的出版做了介绍,并对这一领域的研究做了引导。对于幕末游记的研究,以2001年冯天瑜的著作《"千岁丸"上海行——日本人1862年的中国观察》为代表。该书是中国研究幕末日本中国游记的代表性成果,其中对清末上海书写的解读及对日本的中国观的思考具有开拓意义,文末附有部分游记的中文翻译,也为读者提供了便利。论文有刘岳兵的《幕末:中国观从臆测到实证的演变》(《南开日本研究》,2011年),徐静波的《幕末与明治时期日本人的上海认识——从高杉晋作的〈游清五录〉到远山景直的〈上海〉》(《外国问题研究》,2011年第3期)和《〈吴淞日记〉与近代日本人的中国认识》(《外国问题研究》,2013年第4期)等。对于明治游记的研究,除了张明杰的论文外,还有冉云飞的《一位日本人1876年的巴蜀观察》(《青年作家》,2007第6期),陈华的《从〈观光纪游〉看冈千仞眼里的中国》(《楚雄师范学院学报》,2010年第7期),吕超的《明治日本人的山东印象——桑原骘藏〈考史游记〉相关内容述评》(《青年文学家》,2011年第3期),武光辉的《〈栈云峡雨日记〉所折射的晚清社会状况初探》(《华夏文化》,2012年第3期),郭雪妮的《历史情感与都市想象——论明治日本人长安游记的单一性》(《江淮论坛》,2012年第5期),王晓梅的《晚清时期日本学者的两部中国西南纪行》[《贵州大学学报(社会科学版)》,2013年第3期],胡天舒与韩宾娜的《近代日本学人的中国观察——以小林爱雄的〈中国印象记〉为中心》[《东北师大学报(哲学社会科学版)》,2013年第3期],胡天舒的《内藤湖南的中国观——以〈燕山楚水〉为中心》[《历史教学(下半月刊)》,2013年第11期],等等。这些文献主要为对个别作家及作品的单独研究,也有如苏明的《"诗意"的幻灭:中国游记与近代日本人中国观之建立》(《学术月刊》,2008年第8期)等少数以游记材料研究近代日本的中国观的论文。国内对幕末明治日本人中国游记的研究整体上处于针对个别作家、作品的研究阶段。

综上可见,日本和国内对于幕末明治游记的研究论文已有一定数量的存在,其重要意义和参考价值随文献介绍已做说明,在此简单提一下先行研究比较明显的不足之处。第一,整体而言,缺乏幕末明治时段游记的全面把握和整体解读。幕末上海游记的研究虽然国内外都较为充分,但是如日比野丈夫的《幕末日本的中国观变化》、横山宏章的《文久二年幕府派遣的"千岁丸"随员的中国观》均依据的是部分"千岁丸"上海行的游记,而冯天瑜的《"千岁丸"上海行——日本人1862年的中国观察》也是仅依据了"千岁丸"上海行的部分游记①,难言全面。明治游记部分的研究,国内外目前也尚处于个别作家及作品的研究阶段。第二,研究视角比较单一。要么通过个体研究便以归纳法言及明治时期日本的中国观,要么是被当作证明材料用于概观性研究,缺乏对于游记的整体把

---

① 冯著所依据的主要史料是《幕末明治中国见闻录集成》第1卷和第11卷,引用时有明确页码标注;另外较多引用高杉晋作《游清五录》,但引用时鲜见标注页码的情况,而对中牟田仓之助材料的引用很少,页码标注亦较少。

握并通过较为完整的游记的解读来呈现清末中国的形象,也就是上面提及的,缺乏长时段的实证性研究的视角。

众多先行研究的存在,说明幕末明治中国游记作为研究清末中国形象的史料具有重要价值,但是,目前这一价值尚未得到充分重视和挖掘,有待于进一步研究。日本方面,小岛晋治在《近代日中关系史断章》中,对曾根俊虎、冈千仞、尾崎行雄、德富苏峰的中国游记进行了分析。但如作者自己所说,"想在短时间总括全部日本人旅行记非常难,"所以,作者只是选择了少数几部游记,特别以明治时期旅行记中体现的日本人的中国国家观——"在中国不存在国家的论点,又或者认为中国人缺乏国家意识进而缺乏公共意识"——为中心进行了论述。① 草森绅一在《文字的大陆 污秽的都市——明治人清国见闻录》中,对尾崎行雄、原敬、冈千仞、榎本武扬、伊藤博文等明治政治人物的中国旅程及其纪行进行了解读,其中也加入了作者本人对中国的认识。但该研究的侧重点似乎并不在于呈现中国形象,而更多在于梳理游记作者的旅程,阐述对游记作者本身的认识。而"污秽"一词,在前三卷中多见,而在榎本武扬、伊藤博文两卷中很少出现,著作题目的决定有出版社出于吸引一般读者而考虑的因素②。

中国方面,张明杰作为中华书局《近代日本人中国游记》丛书的主编,先后发表《明治汉学家的中国游记》和《明治时期日本人的中国游记文献综述》两篇文章。前文重点对竹添进一郎、冈千仞和山本宪的三部汉文中国游记进行简略解读,目的是得出他们的中国观。"他们心目中的文化中国和亲眼看见的现实中国之间自然会有极大的反差,这种反差

---

① 小岛晋治:『近代日中関係史断章』,岩波書店2008年,第95—96頁。
② 在该书《编辑者笔记》中有如下记述,"关于书名,基于李贺《赠陈商》中的一句,'《楚辞》系肘后',而取名《肘后集》,这应是先生(草森绅一,笔者注)之喜好吧。但是,这书名之意毕竟难以传递给普通读者,因此,以商量时多次出现的'污秽'一词作为关键词,由我们(出版社,笔者注)思考了现用的书名"。草森绅一:『文字の大陸 汚穢の都:明治人清国見聞録』,大修館書店2010年,第438頁。

投射在他们身上,就表现出一种貌似分裂的中国观。加之日本明治维新后,所谓西方文明史观的影响,使得他们在看待中国时有一种居高临下的姿态,而且动辄使用所谓'文明尺度'来衡量一切,把落后的中国完全定性为'固陋之国'。"①后文与作者在《近代日本人中国游记》丛书的"总序"内容多有相似之处,重点以游记作者身份分类为纲对明治中国游记的书目进行了列举,并指出了游记重要价值所在。"游记本身已远远超出文学的范畴,而是涉及历史地理学、国际关系史学、经济史学、文化史学等多个领域、多门学科的综合门类,是研究近代中日两国的社会、经济、政治、军事、外交、思想、文化等时不可或缺的参考资料。而且,这些游记中不少还配有图画、照片等,非常珍贵。……另外,不少游记不仅详细描述了各地的山川景物、风俗民情及物产,而且还记录了作者所拜会的知名人士的逸事等,有非常高的史料价值。对于了解当时的中国情况,复原瞬间历史,弥补或佐证我国相关领域的一些史料,都将起到一定作用。"②张学锋在《中国文明记》的《译后记》中对部分游记做了解题式介绍,同时也指出了游记的重要价值。"他们的见闻录,多在中国写成,如实地反映了19世纪末20世纪初中国的政治、经济、社会、风土、风俗以及人们的日常生活,是认识这一时期中国的珍贵史料。……幕末明治时期,特别是明治后期的中国见闻录,又是研究近代中日关系史的好材料,尤其是在一般日本人如何认识中国这一方面有着重要的参考价值。"③两篇文章对明治游记价值的评论为本书的选题提供了重要启示。苏明在《"诗意"的幻灭:中国游记与近代日本人中国观之建立》一文中,游记仅选择了芥川龙之介的《中国游记》和小林爱雄的《中国印象记》,并且如董健所指出的,"论文侧重于日本人游记对中国形象的负面塑造,其真实可

---

① 张明杰:《明治汉学家的中国游记》,《读书》,2009年第8期,第89页。
② 张明杰:《明治时期日本人的中国游记文献综述》,《日语学习与研究》,2013年第5期,第59页。
③ 张学锋:《译后记——幕末明治时期的中国见闻录及宇野哲人的〈中国文明记〉》,载[日]宇野哲人:《中国文明记》,张学锋译,中华书局,2008年,第234页。

靠的一面及其对中国现代思想史、文学史的发生、发展所起的推动作用，则语焉不详"①。但是，该文把论说重点放在游记文体特征——互文性的重要作用上，为本书研究提供了方法论方面的启示。另外，如前所述，对于幕末明治游记的研究多以对特定作家或单部作品的研究为主，并且多存在以个体研究归纳整体结论的倾向。因此，比较全面地通过幕末明治游记的解读呈现清末中国形象存在很大的研究空间。

  本书将在先行研究的基础上，综合运用比较文学形象学、历史地理学等多种方法，对幕末明治中国游记进行更为全面、更加深入的解读，以呈现日本人笔下的清末中国长江中下游三重镇形象，并寻求明确幕末明治日本的中国观及其建构过程。

三、研究方法

  对幕末明治游记的研究，存在学科交叉研究的可能，并且可以期待由此带来的新的研究成果。幕末明治游记远远超出单纯的文学范畴，涉及历史地理学、国际关系史、经济史、文化史等多个领域，是一个学科交叉的综合体。因此，对它的研究也必然需要多种视角和方法。但通过对先行研究的梳理可以发现，对幕末明治游记的研究现在多采用历史学的方法，并从中日各自近代史和国际关系史的角度进行。但也有少数研究作品，如王升远的《文化殖民与都市空间——侵华战争时期日本文化人的"北平体验"》是采用都市空间及文化侵略视角，吴光辉的《"中国形象"的话语建构与想象空间——以近代日本人的中国考察为中心》关注日本的中国形象话语体系建构方式，周宁在《"巨大的他者"——日本现代性自我想象中的"中国"》中运用了比较文化形象学方法，苏明在《"诗意"的幻灭：中国游记与近代日本人中国观之建立》中对游记文体的关注及比

---

① 董健的"同行专家评点"载苏明论文之后，见苏明：《"诗意"的幻灭：中国游记与近代日本人中国观之建立》，《学术月刊》，2008 年第 8 期，第 115 页。

较文学形象学运用等,都具有很强的启发意义和重要的参考价值。

本书尝试用比较文学形象学的研究方法和历史地理学的研究理念对幕末明治游记进行解读,以期呈现日本人眼中清末中国的多维度的历史面貌。本书选择长江中下游三重镇——上海、南京和武汉形象作为研究对象,通过对幕末明治日本人游记的解读,从白描呈现日本人眼中的清末上海、南京和武汉的城市形象(image),再到研究其中国认识(Perception)。

借助历史地理学研究理念,主要目的是扩展形象研究的空间。本书研究的是幕末明治游记中的清末长江中下游三重镇,这里面涉及一个时间段落(幕末明治、清末)和一个空间范围(中国长江中下游三重镇)。"历史地理学的一个根本论点,就是说人类的生活环境,经常在变化中,而不是一成不变的。属于自然的景观如此,属于人为的景观,更不例外。"[①]"历史地理学是地理学的分支学科,但它在以空间为研究对象的地理学的庞大家族中,又具有独特的特点,即空间过程和时间过程相结合,通常称之为时空观。"[②]本书要呈现的清末中国形象也是一个对动态过程的描述,重视形象的"变化"过程和形象的"空间过程和时间过程相结合"的"时空观"。

形象学是比较文学的一个研究领域,自20世纪80年代后期在法、德等国受到重视并有较快发展。在我国,2001年由孟华主编的《比较文学形象学》在此领域起到了导引作用。书中介绍了形象学奠基者卡雷的主张,"在研究国际关系时,不要拘泥于考证,要注重探讨作家间的相互理解,人民间的相互看法,游记、幻象等"。卡雷定义形象研究为"各民族间的、各种游记、想象间的相互诠释"。同为法国学者的亨利·巴柔定义"他者形象"为"在文学化,同时也是社会化的过程中得到的对异国认识

---

① 侯仁之:《历史地理学刍议》,《北京大学学报(自然科学)》,1962年第1期,第73页。
② 刘盛佳:《历史地理学的研究对象》,《华中师范大学学报(自然科学版)》,1997年第2期,第232页。

的总和"。并进一步说明,"一切形象都源于对自我与他者,本土与异域关系的自觉意识之中,即使这种意识是十分微弱的。因此,形象即为对两种类型文化现实间的差距所作的文学的或非文学的,且能说明符指关系的表述。"形象学研究的主要方向,或者说研究的主要思路、方法有"注重'我'与'他者'的互动性"、"注重对'主体'的研究"、"注重总体分析"、"注重文本内部研究"。① 在形象学视角进行的中日比较文学研究成果中,著作、论文并不多。中国文学中的日本形象研究方面,论著有张哲俊的《中国古代文学中的日本形象研究》(北京大学出版社,2004年),张志彪的《比较文学形象学理论与实践——以中国文学中的日本形象为例》(民族出版社,2007年),马宁的博士论文《中国现代小说中的日本形象研究》(吉林大学,2009年)等。日本文学中的中国形象研究方面,可见的主要是李雁南的博士论文《近代日本文学中的"中国形象"》(2013年6月,由北京大学出版社出版,题为《在文本与现实之间——近现代日本作家笔下的中国》)。该论文中有"明治日本文学中的中国形象"一章,但仅对国木田独步的《爱弟通信》、森鸥外的《歌日记》和夏目漱石的《满韩处处》做了解读,得出了如下结论,"他们的文字游移于对古代中国的美好想象和对近代中国丑陋面孔的震惊和厌憎之间,是从文本到现实的过渡"。② 这一结论本身并没有和迄今为止的史学研究视角下得出的结论有任何不同,但文中体现出的,文本形象学解读方法在日本文学研究中的使用,值得借鉴。

本书题目为"他者之镜:日本人笔下的清末上海·南京·武汉",对幕末明治游记文本的解读是研究清末中国形象的基础。研究分两个层次并关注两个"现实"。形象学研究的传统方法是描述性的,主要是对文

---

① 孟华:《比较文学形象学论文翻译、研究札记》,载孟华主编:《比较文学形象学》,北京大学出版社,2001年,第2—5页。
② 李雁南:《近代日本文学中的"中国形象"》,博士学位论文,暨南大学中文系文艺学专业,2005年,第25页。

本中的异国形象做或粗或细的勾勒和介绍。本书重视这一传统方法,将其作为第一层次形象描述的方法,力图呈现幕末明治游记中清末长江中下游三重镇的具体形象。游记是作者对自身在异国地理空间内和历史时间中的位移所做出的记录,因此,这一记录毫无疑问具有"复制性"特征。这一传统方法主要把形象看作"再现式想象",因此重视形象与现实存在间的真伪程度。当代形象学研究主要使用结构主义方法,并充分利用符号学原理,对文本自身结构进行条分缕析的研究,亦对文本与外部语境相互铰接的情况进行研究。强调内外结合的重要性,在文本内部研究之中纳入外部研究的内容。这是第二层次的形象,它区分于第一层次的形象描述,具有鲜明的"主体性"。因为当代的研究方法更加重视形象的"创造式想象"性格,研究的重点也就转移到了形象创造者——想象主体一方,研究关注的"现实"则指时人对某一异国的集体想象。在这一层次上研究形象与"现实"间的关系,可以识别作者是复制了集体描述,还是对其进行了批判。具体到本书的研究内容,也就是在第一层次着重进行幕末明治游记之清末长江中下游三重镇的具体描述,通过参考其他相关文献,关注形象与清末中国其时现实存在的真伪辨别;在第二层次关注幕末明治游记作者对清末中国形象的"创造性",也就是形象中作者"主体性"的体现,并结合其时日本的中国观(集体想象),对作者在形象"创造"时是否对集体想象自觉采取了"区别行为"进行分析,并最终从游记文本中抽象作者对清末中国的认识。

在对两个层次的形象的具体研究过程中,本书将依据亨利·巴柔提出的形象建构成分理论。亨利·巴柔认为从理论上形象可区分为三个建构成分:词汇、等级关系、故事情节。词汇是形象的第一种构成成分,在特定文化中可或多或少地传播他者形象。研究词汇要关注所有的重言和反复,在具体研究"地点的标注(异国空间),时间的显示(对他者做编年的、历史的、现时的或时代错位的表现),对人物外表和内心的描述,人名地名的选择(所偏爱的名字的象征体系)"时,要关注一切有规律的表现。另外,还应关注"形容词化的问题,它能使我们理解某些修饰语的形成过程"。等级关系指存在于形象建构中我与他者间作为分界线的东西。一般说来,在形象建构中作者往往确定具有区分性的定性体系,这一体系能通过使属性和文化相融合的一组组的对立物来表达相异性,如"未开化的对应文明的,野蛮的对应于有教养的,人对应于动物(兽化的人),男人对应于女人,成年人对应于儿童(我是成年人,而他者则是儿童……),高级人对应于下等人"等。而跨越结构方面,人们对文本的关注涉及文本生产的一切文化原则。形象不再是一个文本内部的等级关系的系列,而是对在我与他者两种文化间"对话"的完成和未完成的说明。"这种说明是通过把异国置于舞台上来进行的,这也就是将美学和文化形式化。"①这也就是作为故事情节的形象。具体到本书的研究内容,关注幕末明治游记中对清末中国形象描述在词汇方面的"重言和反复",如在都市与农村、华界与租界、建筑与交通、华人与洋人等各方面有规律的词汇表达和形容词化描述。例如都市描述中华界的"污秽"与租界的"清丽",对人群描述中华人的"利己主义"、洋人的"跋扈"等。在等级关系方面,通过游记解读,看走向近代化之路的日本的游记作者如何把清末中国置于"近代化"的对立面,又如何把中国人在思想上置于"文明开化"对立面的。在故事情节方面,日本把清末中国置于"西力东渐"背景下中日走向不同发展路径的历史舞台之上,通过游记解读分析把中国美学和文化"角色化"、把中国形象"形式化"的建构方式。

  本书由绪论及上中下三篇共八章构成。上篇第一章和第二章对幕末明治日本人游记进行了解题。解题涉及作者的游历时间、身份、游记的概要和基本评价,分幕末中国游记和明治中国游记两部分。中篇包括第三、四、五章,分别是幕末明治游记所见清末上海、明治游记所见清末

---

① [法]达尼埃尔-亨利·巴柔:《从文化形象到集体想象物》,载孟华主编:《比较文学形象学》,北京大学出版社2001年,第130—137页。

南京和清末武汉。从概观、城市空间、社会风貌、政治生态、贸易金融、交通状况、华洋两界之区别、各类人群之描写等多个方面,具体呈现幕末明治日本人游记中建构的三重镇城市形象。下篇六、七、八三章,分别就日本视角下"华夷观"的演变及幕末明治日本人的中国观进行了讨论。传统的华夷观以中国为中心,而日本近世以来开始尝试建立以日本为中心的东亚国际关系。在经历了"皇国"为"华"、东洋为"华"、"文明"为"华"的变化过程后,逐步确立了日本视角下的实用主义华夷观。而这一观念成为指导近代日本处理与中国外交关系时的基本理念,也成为后来近卫笃麿等人提出的"同人种同盟""一括亚洲对抗欧美"等观念的母体。幕末明治日本的中国观基本趋向于否定性。幕末还有对中国人"鄙夷",即鄙视西洋视角下的"唐土宽厚"的认识阐述,而到了明治时期则已是"中华处处病人多"。甲午中日战争后,虽然也出现过类似内藤湖南所谓中华文明深厚可以"复燃"的观点,但多数游记中出现中国人国家观念淡漠的"支那无国"、视"唯利是图"为"支那之根性"的中国国民性的描述,否定性的中国观进一步强化。

上篇
史料解题

1871年签订的《中日修好条规》是近代中日正式外交关系确立的开始。条规与《中日通商章程》一起为中日两国外交通商提供了文件基础,两国的公使互派又为两国处理具体事务提供了现实保障。然而由于国势相异,甲午中日战争爆发并以中国战败而告终。1895年4月,中日两国签订《马关条约》,清末中国衰弱之势一目了然。甲午中日战争的结果深刻影响了中日两国近代史的走向。对中国而言,《马关条约》丧权辱国,加深了民族危机,也刺激了中国的民族觉醒。有识之士检讨中国战败原因并谋求革新自强时,开始赞扬日本效仿西方而强大起来的事实,"师敌型"日本观开始形成,进而促成了为数众多的中国留学生前往日本学习并成为赴日中国人的主体。对日本而言,甲午中日战争改变了明治日本国内的政治生态,提高了日本的国际政治地位,为日本近代化产业结构的筑成打下了经济基础。甲午中日战争是日本成为有实力的近代国家的开端,是日本近代史上具有划时代意义的事件。

　　甲午中日战争在政治、经济、军事、外交等各方面对日本造成的影响,直接反映在当时进入中国的日本人的群体特征上。根据副岛昭一的整理统计,滞留中国关内的日本人按公事、留学、商事、其他等四类目的区分,1896年的人数是62、12、645、180。[①] 这与甲午中日战争对日本的影响相对应,进入中国的日本人以公事(政治、军事、外交)和商事(经济)为主。具体到游记作者的身份,张明杰在《明治时期日本人的中国游记文学综述》一文中将其大致区分为九类,分别是官僚或政治家、军人或所谓大陆浪人、学者或留学人员、记者或编辑、作家或艺术家、教习及教育工作者、实业家或商人、宗教界人士、儒学者及民间人士等。身份虽然千差万别,但如果从目的而言,则大致分为三类。一类以政治、军事考察为目的,一类以实业考察为目的,一类以游历山水、思古观今、歌咏情怀为

---

① 详见副岛昭一:「戦前期中国在留日本人職業別人口統計―1889年―1929年」,『和歌山大学教育学部紀要　人文科学』(34),1985年,第34頁(第9表)。

主要目的。而且游记作者的外在身份并不一定与其游历目的一致,甚至身份本身有可能成为其掩护真正目的的"外衣"。如以诗人、翻译家为身份的小林爱雄,以及东亚同文书院的学生等都抱有明显的政治考察的倾向和目的。由于当时日本人出游中国多与日本进一步向中国大陆扩张利益相关联,所以,无论作者外在身份如何,单纯游历山水而作游记者为数不多。正如张明杰所言,如果把游记"笼统分为纯粹以游山玩水为目的的观光游记,以及以特殊使命或特定目的而出游的行役记两种性质的话,那么明治日本人留下的中国游记则多属后者。"①

日本人文书房以日本近世史、近代史、日本近代文学相关学术资料的影印本为主要出版对象,出版有多种游记系列丛书。其中,1997年出版的《幕末明治中国见闻录集成》20卷(收录44种),1988—1989年出版的《明治北方探险记集成》14卷(收录的26种探险记中足迹涉及中国的有8种),1988年出版的《明治丝绸之路探险纪行文集成》23卷(收录26种),内容多或少涉及中国,其中内容较为集中记录中国事物的有7种。另外,日本雄松堂2006年出版《东亚同文书院大旅行志》②33卷,其中记录清末中国部分的是前5卷。日本东洋书库近代中国研究委员会1980年出版的《明治以降日本人的中国旅行记(解题)》中,列出明治时期中国游记38种(包含在以上四个系列里的有31种),再加上通过日本国立国会图书馆等途径收集的涉及长江中下游三重镇的高杉晋作的《游清五录》、小栗栖香顶的《北京纪事》《北京纪游》等著作,一并作为本书的基本史料。研究对象选定的理由将在中篇引言中阐述。

---

① 张明杰:《明治时期日本人的中国游记文学综述》,《日语学习与研究》,2013年第5期,第59页。
② 按,根据复旦大学薄井由的博士学位论文所言,《大旅行志》并非东亚同文书院当时学生调查团的完整日志,但考虑该部分材料对于本书史料整体而言只是一小部分,且限于材料收集能力,本书选用的是《大旅行志》的材料。"《大旅行志》与《旅行日志》是有所差别的,前者往往省略单调无趣的部分,不一定能够了解旅行全貌。"([日]薄井由:《清末民初云南商业地理初探——以东亚同文书院大旅行调查报告为中心的研究》,博士学位论文,复旦大学历史地理研究所,2003年,第2页。)

解题以作者游历年份为序,内容包括作者身份分析和游记主要内容介绍。分析作者身份无论对于了解作者创作游记时的个人背景,还是辨别作品中体现的中国认识是作者个人观点还是来自集体无意识,都是必需的。"对每部作品都应具体考察作者的处境及其创作方式,以便证实哪些是个性化、情绪化的表现,哪些则源自集体想象出来的形象。"①因为作者与集体描述之间既可能保持一致,也可能是完全离心的。这里所说的作者既包括个人作者,也包括以机构为名义的集体作者。以下分幕末和明治两个时间段落,对中国游记进行解题。

---

① [法]让-马克·莫哈:《试论文学形象学的研究史及方法论》,载孟华主编:《比较文学形象学》,北京大学出版社,2001年,第31页。

第一章　幕末日本人上海游记

经历"黑船来航"事件后,日本在感受强大西洋"文明"带来的震惊之中被迫开国,江户幕府进入末期。为对外交涉及师法西方,日本幕府及藩国从19世纪60年代初期开始遣使欧美,1860年2月派出万延元年遣美使节团,1862年1月派出文久遣欧使节团。在遣使欧美之后,1862年5月,幕府第一次遣使中国,而目的地选择为上海。自1862年至1867年,日本幕府先后四次遣使上海,分别是1862年的"千岁丸"、1864年的"健顺丸"、1865年搭乘英国邮轮"北京号"、1867年搭乘英船"恒河号"的上海行。幕末日本遣使上海留下了大量的上海游记,除此之外,还有如岸田吟香等个人的上海居留日记,都为呈现当时的清末上海形象提供了重要的史料支撑。

第一节　四次遣使之上海见闻录

一、高杉晋作和《游清五录》

高杉晋作,生于1839年(天保10年),卒于1867年(庆应3年),江户时代长州藩士。自幼入汉学塾,1852年入长州藩校明伦馆,1857年入吉田松阴主办的松下村塾,1858年起游学江户,饱学汉学并受吉田松阴影响有了倾向于倒幕维新的思想。1860年返回长州。1862年随"千岁丸"使节团出使上海。后来,作为"尊王攘夷"志士活跃一时,曾建立"奇兵队"等,在指引长州藩走向倒幕运动中发挥了重要作用。1866年,为备战幕府的第二次长州征讨,经土佐藩坂本龙马等介绍,高杉晋作等推进的"萨长盟约"在京都建立,这也直接影响到了倒幕运动的最终结局。1867年,确信江户幕府走向终结却未能看到"大政奉还"的高杉晋作病死于肺结核。①

高杉晋作的上海游记分甲乙两部,甲部为《航海日录》《上海淹留日录》《续航海日录》三册,乙部为《长崎淹留杂录》《航海日录》《内情探索录》《外情探索录》四册,去除内容重复部分成为记录五种,故命名为《游清五录》。1916年由民友社以《东行先生遗文》为名初次公开发行。高杉晋作以汉文撰写《游清日记序》,原文抄录于下,以明其出行上海的基本状况和其作游记的目的。

> 予受支那行之命,告家君曰,儿性钝才疏、不计承此大命。且儿无兄弟,今远游于海外,无为家君膝下之养者也。家君曰,汝暗愚少年何以得当此大任,然君命一下不可如何也,汝勉强,不以我为念,而可以死奉君命矣,予因决策。发江户,到崎港,陪从幕吏某,游支那上海港。其间所闻见录为一册子,谓游清五录,航海日录、上海淹留录、外情探索录、内情探索录、崎阳杂录是也。初余发江户,欲紧随过庭之教,勉强以奉君命,而不计不幸罹疫疾。虽游中病不全痊,渐不能复平素,加之钝性疏才,遂至因循息愒负君父之命。实不堪慨叹也。唯区区日记欲以备他日之遗忘。岂谓有益于国家乎。壬

---

① 详见高杉晋作著,東行先生五十年祭記念会編:『東行先生遺文』,民友社1916年,「略伝」第1—152頁。

戌夏,墨生春风书于崎港客舍。

此书,或以汉字,或以国字,随便取笔,务记实事,不敢用意于文字,唯要使真知己、知幕府支那行之始末,为他日我邦外国行之鉴,不欲博示诸友人也。

探形势,查情实,智者之所难,非吾生之所及也。区区杂录,记所闻见耳。写山水之景,吐风雅之言,予所不敢好。乃托诗文诗家先生而已。默生又志。①

由高杉晋作此序可见上海之行是受"君命",也就是官方派遣,其请教于其父说明其尚礼重孝的性格。"性钝才疏"等措辞有自谦之意,其《游清五录》特别是《航海日录》所记详尽,的确是"务记实事,不敢用意于文字。唯要使真知己、知幕府支那行之始末",也是"探形势,查情实"的记录,达到了"为他日我邦外国行之鉴"的目的。当然,如冲田一指出,其文也有舛误和武断之处,需要认真推敲使用。②

二、中牟田仓之助和《上海行日记》

中牟田仓之助,生于1837年(天保8年),卒于1916年(大正5年),受佐贺藩主之命随"千岁丸"出行上海。中牟田仓之助为佐贺藩士金丸文雄次子,后成为母弟中牟田武贞养子,随母姓。于佐贺藩校弘道馆学儒学,后入兰学寮学荷兰语,1856年入长崎海军传习所学习航海、算术、船具运用和炮术等。1859年因认为学习英语将成为海军实务之必需而开始学习英语。③ 中牟田仓之助"长于西洋学,对夷人索问诸事,且对航

---

① 高杉晋作:「遊清五録」,東行先生五十年祭記念会编:『東行先生遺文』,民友社1916年,「日記及手録」,第72頁。(此部分,原稿即是汉文撰写,仅作句读和错别字之改动。)
② 详见冲田一:「幕府第一次上海派遣官船千歳丸の史料(上)」,『東洋史研究』(第10卷第1号),1947年12月,第49頁。冲田一举高杉文中"点耶洋行"之错写为"默耶"和其断定"长崎商人是为谋私利"与事实不符,来说明其舛误和武断之处。
③ 详见「中牟田倉之助年譜」,中村孝也:『中牟田倉之助伝』,大空社1995年,第1—36頁。

海之事等平素得意,然自己亦叹息短于诗文,难得要领。"①"中牟田懂航海技术,而且会一点英文,好像在查阅从长崎到上海航路的情况。"②纳富介次郎和高杉晋作对中牟田仓之助的描述与其成长背景吻合。中牟田后来参加日本海军,曾升任中将并官至海军军令部长。

根据中村孝也《中牟田仓之助传》可知中牟田上海行留下游记五种,分别是《长崎至上海航海日记》《长崎至唐国上海航海日记》《上海行日记》《上海逗留期间杂录》《公仪御役役唐国上海表中道台及其他接待文》,原文并未刊行。中村孝也所著传记虽有这些文本的介绍,但他可能是出于传记撰写的需要,在著作中任意把高杉晋作《游清五录》引入进行对比,导致单纯阅读中牟田仓之助著作变得十分困难。春名徹在《中牟田仓之助的上海体验:以〈文久二年上海行日记〉为中心》一文中述及,"承蒙中牟田家之好意,得以阅读《上海行日记》以下三册。……在此把最重要之《上海行日记》加注铅印以作介绍"③。如此,在该文后附上了《上海行日记》。

三、松田屋伴吉和《唐国渡海日记》

松田屋伴吉,长崎会所商人,生卒年不详。1862年随"千岁丸"赴上海,并记有《唐国渡海日记》。1922年3月,川岛元次郎在《商业与经济》上发表《开国以后最初的上海贸易》一文,第一次介绍了松田屋伴吉的著作并指出了其在商业贸易方面的史料价值。④《唐国渡海日记》从一个普通商人的视角记录了其随团赴上海的过程,重点记录了其出售和购买货物的清单、价格。另外,还详细记录了上海的商业状况、商业习惯等。除

---

① [日]纳富介次郎:《上海杂记》,陶振孝译,载《1862年上海日记》,中华书局,2012年,第21页。
② [日]高杉晋作:《游清五录》,阎瑜译,载《1862年上海日记》,中华书局,2012年,第173页。
③ 春名徹:「中牟田倉之助の上海体験—「文久二年上海行日記」を中心に」,「国学院大学紀要」(第35卷),1997年3月,第59页。
④ 详见川岛元次郎:「開国以後最初の上海貿易」,『商業と経済』(第二年第二册),1922年3月,第31—64页。

商业设施外,作者还游览了上海各处,尤其是对烟花巷的描写着墨不少。

四、峰洁和《船中日录》《清国上海见闻录》

峰洁,大村藩家臣,生卒年不详。据冲田一援引1942年1月16日《大阪每日新闻》报道①可大体了解其状况。"幕末之际,曾有勤王藩大村之家臣峰洁,通称'传治'。食禄二十四石,通天文,学兰学,留有藩土实测、乡村记、红毛密告书以及天文学、兰学相关著作。"②峰洁的见闻录言及航海途中状况、上海地形风土、清朝制度等,对于上海街道情形做了细致的描写。

五、名仓松窗和《海外日录》《支那闻见录》

名仓松窗,生于1822年(文政5年),卒于1901年(明治34年),幕末明治时期的幕臣、汉学家、儒学家、大陆浪人、官吏。石川兼六著《名仓松窗传》对其介绍,原文为汉文,摘抄如下。

> 名仓松窗。名信敦。字先之。松窗其号。又号予何人。……父信芳。奉滨松藩主井上公。从公移奥州棚仓。生松窗。幼颖悟。年甫十一。任为吏。……文久元年。复游江户。慨然有感时事。就诸名家修兵法。明年春。航海游清国上海。海外之游。以是为始。其夏归朝。十二月特命赐世禄七十石。……明年冬。再游西洋。是为第二航。元治元年七月归朝。……庆应二年十二月。府特命赐游清印章。明年正月。率商民游上海及金陵。是为第三航。四月归朝。③

---

① 按,通过"每日新聞社のデータベース"查阅了该日『大阪每日新聞』早报4页、晚报2页,并未发现冲田一所言报道,可知其提供的报纸日期等相关信息有误,但不能由此断定这篇报道内容的真实度有问题。又因别处未见峰洁身世相关资料,姑且进行转引。
② 冲田一:「幕府第一次上海派遣官船千歲丸の史料(上)」,『東洋史研究』(第10卷第1号),1947年12月,第55頁。
③ 转引春名徹:「過渡期の一知識人における異文化接触の意味——名倉予何人の場合」,『調布日本文化』(11),2001年3月,第57—58頁。

根据春名徹对该文的介绍,名仓在幕末两次出使上海。1862年上海行,著有《海外日录》《支那闻见录》《沪城笔话》《沪城笔话拾遗》四种,1867年二度上海行,著《三次壮游录》。现在能收集到的仅《海外日录》《支那闻见录》两种。由于"千岁丸"上海行时使节团活动范围局限,《沪城笔话》《沪城笔话拾遗》所记内容应该与同船其他成员(如日比野辉宽等)所记"笔语"内容相似。而其二度上海行,即幕末第四次遣使上海所著《三次壮游录》收集不到,实感遗憾。如果能收集到,一则可以对比时隔五年的两次上海记录的不同,看上海的变化;二则可以看名仓在经历欧洲游后,对上海及清末中国的看法的改变,应该十分有意义。但是,春名徹亦言,"关于这庆应三年(1867年)之旅有《三次壮游录》,但我只见到京都大学誊写的内田旭的藏本的卷之三(笔语),即笔谈记录"①。后笔者查到其时在上海拜访过名仓的岸田吟香留下的《吴淞日记》,记录了当时上海的情况,可以在一定程度上弥补这一遗憾。

六、纳富介次郎和《上海杂记》

纳富介次郎,生于1844年(天保15年),卒于1918年(大正7年),画家、工业设计家、教育家。自幼学习日本画,16岁时成为佐贺藩士,儒学家纳富六郎左卫门之养子。1862年作为根立助七郎的随从参加"千岁丸"上海行,为参与人员中最年少者。

"余亦病弱临危,幸有同乡中牟田亲切护理,悉心照料,才侥幸得生。……不遇此患,则扩大见闻。苦难之余,叹息不已。"②由于纳富到上海后,多数时间处于病中,所以杂记中也多为听闻。但也许正是其走上市街的机会比较少,所以其观察才更加认真,并且记录有条有理、颇得要

---

① 春名徹:「過渡期の一知識人における異文化接触の意味——名倉予何人の場合」,『調布日本文化』(11),2001年3月,第49頁。
② [日]纳富介次郎:《上海杂记》,陶振孝译,载《1862年上海日记》,中华书局,2012年,第19页。

领,虽年少但文章不显稚嫩。作为画家,纳富在文中插入了"乡勇图""帐篷图""流通货币图"等三幅图。

七、日比野辉宽和《赘肫录》《没鼻笔语》

日比野辉宽,生于1838年(天保九年),卒于1912年(明治四十五年),高须藩士,曾入仕明治政府大藏省,1878年辞官后在京都过起儒雅生活。日比野辉宽的《赘肫录》《没鼻笔语》和纳富介次郎的《上海杂记》,都经由日本东方学术协会出版的《文久二年上海日记》第一次公刊。关于日比野辉宽的个人状况,引外山军治为该书所写《解说》如下。

> 辉宽为高须藩士,名掬治,号懽成,称伦次郎,讳辉宽。天保九年四月生于岐阜县美浓国下石津郡高须村,高须藩士原田錬斋之次子,出嗣同藩日比野家。……文久二年(二十五岁)游于清国,归国后再入门绿静塾。……后为大藏省官吏,十一年退官。翌明治十二年以来移住京都,始文雅之生活。四十五年殁,七十五岁。①

日比野的上海纪行分两部,一部为日记体裁的《赘肫录》,一部为与在上海的某中国人笔谈的《没鼻笔语》。"《赘肫录》为上海行之详细日记,从长崎出发之事起,至渡海之艰难,再至到上海后使节及众从者之动向。上海城内外之实况自不必说,日常之事宜细心记录,此点甚为宝贵。其观察涉及方面之多、记述之详细,此二书优于高杉、中牟田记录之处颇多。"②

---

① 納富介次郎,日比野輝寛:『文久二年上海日記』,全国書房1946年,第8—10頁。
② 納富介次郎,日比野輝寛:『文久二年上海日記』,全国書房1946年,第5頁。

八、1864 年的上海游记——《黄浦志》①

《黄浦志》为 1864 年"健顺丸"上海行纪行文的结集。在日记体正文之后,附《见闻书》一章介绍上海概况,"此外还有较为详尽的有关通货、物产、关税等的介绍,这些有关上海的记叙虽有少许舛误,但较之'千岁丸'一行的记述,有较大的补足,在某些领域也更为详尽,对上海的认识,似也更加全面"②。

第二节　岸田吟香的《吴淞日记》

岸田吟香,生于 1833 年(天保 4 年),卒于 1905 年(明治 38 年),新闻记者,实业家,教育家。幼习汉学,四岁能背《唐诗选》,被称神童。1853 年赴江户,1856 年赴大阪,继续学习汉学。1863 年,为治眼疾拜访美国传教士詹姆斯·柯蒂斯·赫本③(James Curtis Hepburn,1815—1911),以此为契机开始帮助赫本编辑日本第一本日英词典——《和英语林集成》,同时期开始学习英语。1866 年 9 月,为印行该词典渡航上海,1867 年 5 月返回日本,其间所记日记即《吴淞日记》。1867 年 2 月 19 日到 3 月 16 日期间,日本幕府使节团逗留上海,此间岸田吟香曾拜访名仓予何人。自 1866 年到 1899 年,岸田在上海断断续续居住了五年之久。岸田

---

① 按,未见《黄浦志》单独发行版本。语言学家、文献学家新村出(1876—1967)整理并添加注释以《元治元年幕吏的上海视察记》为题,在长崎高等商业学校编辑出版的《商业与经济》中登载该作,"绪言"写有"原书题曰《黄浦志》。底本一册乃帝国图书馆之藏本,京都帝国大学附属图书馆有其誊写本。"一句。新村出:「元治元年に於る幕史の上海視察記」,『商業と經濟』第五年第二册,1925 年 2 月,第 126 页。

另外,多见以使团正使山口锡次郎为《黄浦志》编者或作者的情况,如日本上海史研究会主页(http://shanghai-yanjiu1.sakura.ne.jp/mysite2/index.html)刊登的文献目录中便是如此。本书中涉及该著作注释时依此例。
② 徐静波:《幕末与明治时期日本人的上海认识》,《外国问题研究》,2011 年第 3 期,第 34 页。
③ 按,詹姆斯·柯蒂斯·赫本,美国长老派教会传教士,1859 至 1892 年,在日本逗留 33 年,对日本医疗和教育做出贡献。其编著的《和英语林集成》创造了用罗马字母标注日语发音的方式,被称作"平文式罗马字"。

吟香于1864年创办《海外新闻》，被认为是日本民间报纸创始人之一。1874年作为《东京日日新闻》记者随日本军队赴中国台湾，发回大量随军报道，确立新闻记者地位。1875年，利用赫本传授的知识，成功研制眼药水，确立实业家地位。1877年在东京设立乐善堂，1880年在上海设立乐善堂支店。1886年，援助荒尾精建立汉口乐善堂，从事中国情报收集活动。①

《吴淞日记》共六册，"现仅存第三册、第五册、第六册，第一、二、四册下落不明。不过，其中第二册曾于昭和六年经圆地与四松整理发表于《社会及国家》，并配原画为插图，由此推测该册应存在于某处"②。第二册为1867年1月6日（庆应2年十二月朔日）至2月4日（十二月三十日）期间的日记，第三册为同年2月5日（庆应3年正月元日）至3月10日（二月五日）期间的日记，第五册为同年4月5日（三月一日）至5月3日（三月二十九日）期间的日记，第六册为同年5月4日（四月一日）至5月7日（四月四日）期间的日记。《吴淞日记》为岸田吟香私人日记，与幕府使节团成员担负使命的记录有所不同，不受制约，行文自由，记录个人生活及思考。其对1867年上海城市及社会生活的观察，对清末上海形象研究有重要的史料价值。

本书所选幕末游记版本如下：高杉晋作的《游清五录》，选择日本民友社《东行先生遗文》1916年版；纳富介次郎的《上海杂记》和日比野辉宽的《赘肬录》《没鼻笔语》，选择日本全国书房《文久二年上海日记》1946年版；松田屋伴吉的《唐国渡海日记》，名仓松窗的《海外日录》《支那闻见录》，选择1997年小岛晋治主编、日本人文书房出版的《幕末明治中国见闻录集成》（第11卷）；峰洁的《船中日录》《清国上海见闻录》，选择春名徹《峰洁的上海经历——〈船中日录〉和〈清国上海见闻录〉》[《调布日本

---

① 参见杉浦正:『岸田吟香:資料から見たその一生』,汲古書院1996年,「年譜」第377—407頁。
② 山口豊編:『岸田吟香「呉淞日記」影印と翻刻』,武蔵野書院2010年,第415頁。

文化》(8),1998年3月25发行,第27—100页]一文的附录;①中牟田仓之助的《上海行日记》,选择春名徹《中牟田仓之助的上海体验——以〈文久二年上海行日记〉为中心——》[《国学院大学纪要》(第35卷),2007年3月15日发行,第57—96页]一文的附录;《黄浦志》选择新村出《元治元年幕吏的上海视察记》[《商业与经济》5(2),1925年2月1日发行,第126—163页]一文中的附录;岸田吟香的《吴淞日记》(第二、三、五、六册),选择山口丰编、日本武藏野书院发行的《岸田吟香〈吴淞日记〉影印与翻刻》2010年版。

---

① 以上各游记中文译本收于《1862年上海日记》(中华书局2012年);另外,纳富介次郎的《上海杂记》、日比野辉宽的《赘肬录》和《没鼻笔语》、名仓松窗的《海外日录》、高杉晋作的《游清五录》(除《长崎淹留杂录》《内情探索录》)的中文译本还见于《"千岁丸"上海行——日本人1862年的中国观察》(冯天瑜著,商务印书馆2001年版)的附录部分。又见葛正慧译注峰洁的《清国上海见闻录》(只选译部分文稿,以《清代上海日侨杂记》为名,载于《上海公共租界史稿》,上海人民出版社1980年版)。

第二章　明治日本人长江中下游游记

明治时期,尤其在《中日修好条规》签订和甲午中日战争发生的影响下,日本官民大量进入中国,所留下的游记数量众多。

第一节　甲午中日战争前部分

一、满川成种的《支那通商必携》

1871年,李鸿章在天津与日本钦差伊达宗城签署《中日修好条规》,历史上第一部中日条约诞生。其时随行者之一的满川成种于次年,也就是1872年受日本"开拓使"①派遣进入长江流域考察。其目的,一则确认日本商品,尤其北海道海产品与中国市场的相适性,二则实地考察各开放口岸贸易环境,为建立贸易公司实现日本商业利益最大化提供基本情报。满川在1873年编著的《支那通商必携》中写道:"互市贸易乃富国之

---

① "开拓使"是日本明治政府以北方开拓为目的设立于明治二年(1869年)至明治十五年(1882年)的政府机构,在较短时间内巩固了北海道的发展基础。关键人物是后来官至首相的黑田清隆(1840—1900),他于1870年任开拓使次官,并于1874年任第三代长官,主导的《桦太放弃论》和《北海道经营十年计划》确定了北海道之后的发展方向。

要务,强兵之根源。……溯扬子江而上,过江西湖北之地,观闻内地情状,可观之处颇多。当今正乃有志之士奋起之时,若着力此贸易之道,则于国而言必大有裨益也。"①《支那通商必携》由三编组成,第一编介绍清末中国十五个开埠通商港口情况、可广开销路的日本物产、销售地及税则等;第二编介绍上海租界及界内规则,包括租地、租房、租仓库等规定,涉及雇佣中国人及租用车船的费用,特别记录了推销日本海产品的方式;第三编记录了自上海至镇江、南京、九江、汉口等地的里数并绘制地图,而且详细记述中国物产的各省产地名称。满川是明治政府在与中国正式签订条约后派出的考察者,其以贸易兴国的目的十分明确。该书不仅提供给开拓使,还于1875年就交付给日本文部省,这对日本人把长江视为"支那之富源"认识的促成起到了重要作用。

二、小栗栖香顶的《北京纪事》和《北京纪游》

日本净土真宗东本愿寺讲师小栗栖香顶,1873年开始为了解中国佛教状况进而输出日本佛教,曾赴上海、北京和五台山考察。1873年7月,小栗栖经上海赴北京,寄居清慈庵而师事附近的龙泉寺僧本然,学习北京话并讨议佛法。在其近一年的中国生活中,不仅留下了大量的日记和学习笔记,还完成了《北京纪事》《北京纪游》等书稿。《北京纪事》所记之事始于1873年7月起程长崎至上海,截至同年12月底留居北京的所见所闻,文体为北京话口语体。《北京纪游》的祖本是小栗栖日记《八州日历》第31册至38册(明治6年七月一日至明治7年九月一日),为汉文文言体。虽然内容主体围绕北京,但两者都有上海相关记录。1876年7月,小栗栖再渡上海,"在英租界北京路499号,开设'真宗东派本山本愿寺别院',即中国人所称的'东洋庙'"②。在那之后,近代日本佛教主动进

---

① 满川成種:『支那通商必携』,醉軒書屋1873年,绪言第1页。
② 谯枢铭:《早期进入上海租界的日本人》,《史林》,1989年第1期,第61页。

入中国大陆的行动就不曾断绝。

三、久米邦武的《特命全权大臣 米欧回览实记》

岩仓使节团于 1871 年 12 月 23 日至 1873 年 9 月 13 日，历访与日本缔结条约的欧美十二国。《米欧回览实记》由使团书记官久米邦武编纂，1978 年刊行，共 100 卷（5 编）。其中第五编《欧罗巴大洲之部　下》中"第一百卷"为"香港及上海之记"，记录了自 1873 年 9 月 2 日至 9 月 4 日在上海的相关情况。2 日的记录中写到长江入海口的宽阔壮观及海岛的情况，"扬子江入海口处流势浩瀚，宛如观海"①。接着又写到了上海的行政隶属及开埠通商、租界设立及进出口贸易的情况。3 日记录的是去上海县城的情况，记述了城内的商业街、城隍庙的详细状况，并记录了时任上海知县陈副勋招待的"非洋非和"的晚宴情形。4 日，前往造船厂参观，记录了造船厂的员工、外国人雇员、学校设立、轮船和枪炮的生产情况。一行于 9 月 5 日离开上海，虽然仅仅三天，然而记录十分详细，里面掺杂的基于欧美与清末中国、日本与清末中国比较的心理值得细细考察。

四、曾根俊虎的《清国漫游志》和《北支那纪行》

曾根俊虎生于 1847 年，为日本幕末武士、明治海军军官。1873 年，为《中日修好条规》换约，曾作为日本外务卿副岛种臣的随从来到中国。曾根俊虎曾前后六次来到中国，到达广东、香港、上海、天津、辽东等地，主要从事谍报活动。1874 年日本政府决定出兵台湾，9 月曾根俊虎被派往上海，目的是筹措军需物品并搜集情报。《清国漫游志》是其 1874 年 12 月 11 日至 28 日，从上海到杭州的游览记录。11 日从上海出发，经龙华港、青浦县、朱家角、西塘、嘉兴府、石门县等，16 日到达杭州。在杭州

---

① 久米邦武编：『特命全権大使　米欧回覧実記　欧羅巴大洲ノ部　下』，博聞社 1878 年，第 385 頁。

参观名胜，并从净慈寺僧人处了解了有关"长毛贼"太平天国运动的详细情况，并从僧人手上获得1858年以洪秀全及诸王名义发布的檄文复刻本。20日离开杭州，28日回到上海。书中记录游览各地的地形、物产及行政官名，还有偶得诗文等。

《北支那纪行》分前后两篇。前篇收录"天津总说""纪行""杂记"以及"别录江苏浙江二省纪行"四部分。前篇是1875年曾根俊虎再次被派往中国时的情报收集记录。别录部分与《清国漫游志》实际上是同一次旅行记录，只是所记文字或详略有所不同而已。1876年至1878年，曾根又被派往中国收集情报。《北支那纪行》后篇就是1876年4月9日至6月10日间，始于上海止于天津的旅行日志。《北支那纪行》中详细记录了曾根经过各地的气温、道路、桥梁、旅社、物价及各地点间的距离，其作为情报收集记录的性质十分明显。曾根俊虎在1883年《清国漫游志》出版序言中，借其友人之话阐述了出版目的。"夫日清者非辅车相依之国乎？然则岂可欧美视之乎？谙人情风土者于和战两时为上策，若知我不知彼，则通商失利，交战取败，订盟招疑矣。"①可见，作为"兴亚家"的曾根俊虎，其著述虽冠以为日中"辅车相依"之名，实则是通过谙熟中国以达到日本与中国通商获利、交战取胜且订盟不致招疑的目的。

五、河濑秀治的《清国公出报告书》

明治政府大藏省商务局1879年出版的《商务局杂报》第二十七号全文刊载了局长河濑秀治的《清国公出报告书》。"明治十一年四月，余奉命公出清国，巡查上海、汉口、宁波、香港及广东诸港。"②报告中，"上海之部"包括上海港记、上海外国人居留地政事、纹银金块及铜钱解说、度量衡之事、银行及金融融通之情况、仓库、银行金融、与日本贸易相关的进

---

① [日]曾根俊虎：《北中国纪行　清国漫游志》，范建明译，中华书局，2007年，第344页。
② 河瀨秀治：『清国出張報告書』，『商務局雑報』（第二十七号），大蔵省商務局1879年，趣旨部。

出口产品情况等,另外特别写到居留上海的日本商人的状况。上海部分记录最为详细,汉口部分也同样着墨不少。这与汉口在中国中部的重要位置有关。"内地进口商品均经由此港而向前述各省散布,故此交易量极大。此港于贸易之上所占重要紧要之地位亦因此而生。"[①]河濑秀治进而列出1877年日本输出到汉口的产品数量以资证明其言不虚。在"汉口出口商品略解"中,记述了茶、煤炭、蚕丝、烟叶等多种商品的生产、产地、用途及交易情况等。

六、竹添进一郎的《栈云峡雨日记》

竹添进一郎(1842—1917),日本明治时代著名的外交家、汉学家。1874年前往东京进入日本政府修史局,后转入法制局。同年末,竹添以随员身份陪同驻华公使森有礼赴中国,这主要得益于其良好的汉学功底和能文善诗的文学素养。竹添随森有礼在天津等地滞留一段时间后,于1876年1月进入北京。但其在尚未完全适应任职地及工作环境后,便因外务机构人员简编而失去工作。竹添趁此机会实现了其前往中国内陆川陕地区旅行的愿望。1876年5月2日从北京起程,经涿州、正定、顺德、邯郸、彰德府、新乡等地至洛阳,然后经函谷关入陕,横跨秦蜀栈道险阻进入四川,后顺长江而下,过三峡,8月21日抵达上海。此次旅行的见闻录即为《栈云峡雨日记》。虽着墨不多,但顺长江而下,对于武汉以下也有所述及。

七、冈千仞的《观光纪游》

冈千仞(1833—1914),是日本幕末明治至大正初期著名的儒学者、汉学家。1877年末中国驻日使馆开设,冈千仞于翌年初始即与何如璋、黄遵宪等使馆官员密切交往。1879年又与访日报业人士王韬结下深厚

[①] 河瀨秀治:『清国出張報告書』,『商務局雜報』(第二十七号),大蔵省商務局1879年,第147頁。

友情。"日国人才,聚于东京,所见多不凡之士,而鹿门尤其佼佼者。"①获得王韬如此高的评价的"鹿门"便是冈千仞,而其与王韬的交往也直接促成了他的中国之行。此行自1884年5月9日从东京起程,翌年4月18日返回日本,历时三百余日。其自序中记录了相关行程。"岁在甲申五月,航上海,游杭苏,闻法虏构难,归上海。是秋游北京,穷居庸、八达之胜,南经保定,出于天津,归上海。次春游广东,不幸感瘴毒,就治香港,疗养十旬,至四月东还。"②《观光游记》及其续纪等即为其此次游历的收获。《观光游记》是一部格调高雅的汉文体游记,由《航沪日记》《苏杭日记》《燕京日记》等十卷组成,近十万字,是近代日本人所著汉文体中国游记中最长的一部。游记虽冠以"观光"之名,但着眼并不在山水而在清末中国社会,是一部考察记。冈千仞以严厉的目光审视了当时的中国,对清末中国社会的种种弊端痛加抨击,这与竹添进一郎的《栈云峡雨日记》有鲜明的不同。

八、小室信介的《第一游清记》

小室信介(1852—1885),是一名政治运动家、报社记者。他为实地考察中法战争状况,1884年8月27日离开东京,同年11月2日返回长崎,在中国逗留两个多月。其中在上海逗留一月左右,9月24日至天津,10月4日经通州入北京游览,10月19日离开北京经天津返回上海,在上海逗留至10月31日。在其所著《第一游清记》中,记录了中国当时各色人物对中法战争的反应,记录了当时中国报纸对中法战争的报道状况,并指出报道真实度极低。另外,还记录了他所谓中国人自私自利的性格以及城市市容的不洁、道路之差、乞丐之多等状况。

---

① (清)王韬:《扶桑游记》,载钟叔河主编:《走向世界丛书》(第3册),岳麓书社,2008年,第412页。
② [日]冈千仞:《观光纪游 观光续纪 观光游草》,张明杰整理,中华书局,2009年,第3—4页。

九、尾崎行雄的《游清记》

尾崎行雄(1858—1954),是日本著名政治家,有日本"宪政之神""议会政治之父"的称号。作为报知新闻社记者担负观察中法战争并撰写相关报道的任务。《游清记》是他以日记体裁写成。他于1884年9月4日到达上海,同年11月6日离开上海。在两个多月的时间里,通过上海的报纸以及与王韬等当地学者和报社人的交往,多方面了解了中法战争的状况,也透过上海对清末中国的状况进行了描述。另外,在上海期间还曾和岸田吟香、曾根俊虎、小室信介等中国游记作者会面。

十、高桥谦的《支那时事》

《支那时事》的作者高桥谦,是岸田吟香全面支持、荒尾精主导建立的日本间谍机构汉口乐善堂的重要成员。1884年,高桥谦来到中国。首先在上海逗留四个月而略通中国风俗,之后考察长江一带,先后游历了通州、江阴县、镇江府、南京、芜湖县、安庆府、九江府、庐山、武汉三镇。旅居汉口一年有余。汉口乐善堂建立于1886年,高桥谦在汉口的一年与此事紧密关联。之后,高桥谦考察长江上游各地,途经新堤镇、沔阳、岳州府、沙市、南昌府、夔州府、万县、忠州等地,进入重庆。汉口乐善堂作为本部,后来在北京(积善堂)、重庆、长沙设立支部。其中,高桥谦被任命为重庆支部长。所以,高桥谦进入重庆建立乐善堂支部、从事间谍活动的目的是明确的。之后,他重返上海并且启程漫游南方各省内地,游历了嘉兴府、杭州府、徽州、景德镇、饶州府、南昌府、吉安府、赣州、南安、韶州府、佛山镇、广州府等地。该书前半部为"纪行",后半部为地理、历史、制度等相关概述。在"纪行"部分中,除上面所列到的地名外,沿途通过的村落与中小市镇也一一列举,更详细记下了彼此间的距离、地形、物产、人口、政情、风俗、古事等。如此详尽的记录,皆因其军事目的。"南起百粤,北至燕赵,而西远游于巴蜀,与其人士亲近交往,于其风俗人情亦深入观察。"①《支那时事》初版发行于1894年9月4日,正是甲午中日战争期间。在其序言中,作者写到了甲午中日战争之后的"期盼",话语中表现出对日本胜利的毫不怀疑。"唯望事后我帝国能更主动密切彼此关系,采取日支两国国民唇齿相助、辅车相依之政策,此乃著者祈愿之所在。"②此言不免冠冕堂皇,让日本人广为了解中国状况,从而配合战争的目的是显而易见的。

十一、黑田清隆的《漫游见闻录》

黑田清隆(1840—1900),是幕末武士、明治陆军军人和政治家,1888至1889年任日本首相。"汝今欲游历清国地方,清国乃我同盟之最邻近之地,且方今正与法国交战之中,经历中见闻之事状宜逐一上奏。"③1885年2月,黑田接受上奏中法战争见闻的命令,获明治天皇准许前往中国游历。1885年3月6日从横滨出发,同年9月5日返回。行程中到访香港、广东、澳门、西贡、新加坡、福州、澎湖岛、淡水港、鸡笼港、上海、天津、大沽、北京、宣化、张家口,之后返回上海,逆长江而上,经镇江、安庆至汉口、宜昌。黑田清隆根据此次实地考察撰写了游记《漫游见闻录》,游记分上下两篇,主要从贸易角度对所到各地进行了记录。卷末录有日记,内容主要涉及漫游期间的气候、气温、出行工具、同行者、到访之处、所见之人、所做之事等。

---

① 髙橋謙:「支那時事」,小島晋治監修:『幕末明治中国見聞録集成』(第三卷),ゆまに書房1997年,第99頁。
② 髙橋謙:「支那時事」,小島晋治監修:『幕末明治中国見聞録集成』(第三卷),ゆまに書房1997年,第89頁。
③ 黒田清隆:「漫遊見聞録」(下),『明治シルクロード探検紀行文集成』(第8卷),ゆまに書房1988年,第313頁。

十二、安东不二雄的《支那漫游实记》

安东不二雄(1871—1939),是东邦协会会员,职业不详①。东邦协会成立于1891年,一开始时,很多南进论者、亚洲主义者、贸易立国论者混杂其中,后来渐渐发展成为亚洲主义、国粹主义性质的团体。"迄今为止,远在数千里外之彼岸欧美各国之情势,多为邦人所知,无论善恶,事无巨细。然于一衣带水之西邻旧交国之情势,虽与我邦利益最为紧要相关,却无法引起我同胞之注意。"②安东漫游中国并作实记的目的就在于引起日本人对中国的更多关注,同时也为日本人了解中国、为日本商业、航路扩展提供便利。安东1891年9月从东京出发,到中国后主要在长江流域漫游数月,记录了当地实情和财富来源,1892年夏返回日本。其著作《支那漫游实记》的内容包括对中国各省面积、人口、政府收入、贸易额的概述,还包括对各地服饰、饮食、房屋、商店组织、交易方法的见闻,另外论及中国各贸易港口的地势特征,最后是关于婚丧祭祀等民俗学性质的记述。

十三、原田藤一郎的《亚细亚大陆旅行日志并清韩露三国评论》

原田藤一郎,生卒年不详,1892年1月11日从北海道小樽出发前往大陆,在之后的一年八个月的时间里,进行了四次旅行。为有益于实业家和外交家的工作,原田依据旅行见闻和考察的资料写成《亚细亚大陆旅行日志并清韩露三国评论》。四次旅行中,前两次为到中国旅行。其中第一次旅行漫游上海、镇江、瓜州、扬州、清江、水阳、沂州、济南、德州、

---

① 见于朝井佐智子:「日清戦争開戦前夜の東邦協会:設立から1894(明治27)年7月までの活動を通して」の「東邦協会会員名簿」部分,爱知淑德大学2013年博士(学术)学位论文,第167页。
② 安東不二雄:「支那漫遊実記」,小島晋治監修:『幕末明治中国見聞録集成』(第十一卷),ゆまに書房1997年,第291页。

天津、北京等地。在上海逗留至 3 月 26 日,长达 50 余天,因此该书第一部分即为《上海港的概况》。该书日志部分记录途中体验和观察,评论部分则涉及当时中国商业、工业、物价、风俗、农业、行政官、陆军、水军、对外政策、道路、通货以及洋烟之害等,并指出日本没有寻求中国开放港口是日本外交的失策。

第二节　甲午中日战争后部分

一、高柳丰三郎的《清国新开港场商业视察报告书附回航实记》

1895 年 10 月,日本政府农商务省牵头对中国工商业和通商口岸进行考察,同时号召各府县派员前往,由此形成了多份考察报告。甲午中日战争以 1895 年 4 月 17 日《马关条约》的签订而告终,中国战败,割地赔款且增开沙市、重庆、苏州、杭州四地为商埠,并且允许日本在中国的通商口岸投资办厂。"时维明治二十有八年十月六日,我爱知县名古屋市商业会议所召开总会,决定派遣商业视察委员前往我帝国依《马关条约》所获清国新开港互市场,即江苏省苏州、浙江省杭州、湖北省沙市及四川省重庆市等四港。盖消耗数亿万资财、赌上数十万生灵所得战胜之荣誉,若于商战之上输上一筹则徒招外邦耻笑耳。吾等当知,若如此,则至大之光荣遂归于泡影也。故此,我会议所率先体认商业视察之必要,以他日经营者筹措从事日清贸易之时不错于方针策略为要。由此而为事谓商业军之侦察也。"① 高柳丰三郎当时是名古屋商业学校的校长,受名古屋市商业会议所派遣,其言语中透出日本作为甲午中日战争胜者的"自豪"和在之后商战中"抢占先机"的意图,"商业军之侦察"一词准确表达出其考察的性质和目的。

---

① 高柳豊三郎編:『清国新開港場商業視察報告書附回航実記』,名古屋商業会議所 1896 年,緒言第 1 頁。

二、中村作次郎的《支那漫游谈》

中村作次郎是古董商人。1898年4月12日从东京新桥出发,在朝鲜逗留数日后,进入中国。先后去过芝罘、大沽、天津、北京、上海、苏州、杭州等地,游览名胜并寻访日本人居留地。而其最重要的目的是考察各地的古董店并寻找自己喜欢的古董。其考察结论是,中国很少日本人喜欢的宋、元、明时的古董,而多是清朝时期的古董。作品《支那漫游谈》对上海的描述主要集中在日本人居留地和茶馆上。

三、西本愿寺教学参议部的《清国巡游志》

西本愿寺当时的新门主大谷光瑞和武田笃初(西本愿寺内部机构教学参议部总裁)等人,1899年1月19日,从神户出发,踏上了到中国巡游之途,并于当年5月返回神户。归国后,以随员本多惠隆为主执笔所记游记称作《清国巡游志》。所记内容的约五分之一,是向中国推广佛教之课题的解说和新门主中国巡游的意义,剩下的是旅行日志,部分兼为地志,插入照片颇多。巡游地点,首先是香港、九龙、广东、上海、杭州、南京、武汉三镇的航路,接着坐马车从汉口至信阳、开封、卫辉、顺德、保定等。进入北京(3月15日—4月7日),游览长城,访问名山名园后,4月24日踏上归途,路过天津、大沽和上海。推广佛教是他们考察的主要目的,与诸多在中国的佛教界日本人会面。另外,还会见所到之处的日本人高官,并且访问各地名胜古迹。

四、内藤湖南的《支那漫游燕山楚水》

内藤湖南,名虎次郎,"湖南"是其号。内藤湖南是日本近代著名的东洋史学家,曾任京都帝国大学东洋史讲座教授。1899年,内藤湖南在中国游历近三个月,当时的身份是报社编辑,次年出版游记《支那漫游燕山楚水》。作者1899年8月30日离开东京新桥,9月5日从神户离开日本,经芝罘、大沽,漫游顺序为天津、北京、天津、上海、杭州、苏州、上海、武汉、南京、上海,同年11月29日返回神户。在北京游览了长城及周边的名胜古迹,在杭州游览西湖,在苏州历访虎丘、寒山寺等,所游路线是典型的日本人喜好的观光路线。另一方面,在天津与严复、王修植,在上海与陈锦涛、蒋国亮、文廷式、张元济等会谈,讨论时局,这些笔谈收录到该书的"禹域鸿爪记"中。除笔谈之外,还记有途中地形、景色、所见人物、历访名胜古迹的景观及由来等,是一部博学的印象记。在漫游途中所感、所获知、所思考之事,按不同话题片段记录,谓"鸿爪记余";漫游前后所写中国论、中国时局论性质文章,谓"禹域论纂"(14篇);这两部分也收录于该书之中。"本书出版后,成为不少日本青年游华时的必备指南,于日本对华认识的形成上占有一席之地,也为我们研究甲午战争后的中日关系提供了珍贵的资料。"①

五、石原市松的《北清韩国长江苏杭视察之复命书》

石原市松奉大阪商船会社社长中桥德五郎之命前往中朝两国进行商业考察。其于1899年9月10日从神户出发并于14日到达上海,之后乘船或火车考察威海卫、芝罘、牛庄、塘沽、天津、秦皇岛、北京等中国北部,后前往朝鲜考察京城和仁川,后折返长江流域考察南京,顺运河考察了苏州和杭州。石原市松是大阪商船会社的主事,观察其行进路线及所作记录可以发现,其目的并非一般意义上的商业考察而是有水路、航线及汽船公司情况考察的痕迹。在"南京"一节中,有如下一句,"现时于南京航行汽船者唯招商局一家,其他汽船会社仅为他日设备考量购地而已"②。在"长江沿岸"一章中专列"南京"一节,重点写到了南京商业及贸易比较落后的原因,还特别记下省城不宜商业的"支那人之说法"。

---

① [日]内藤湖南:《燕山楚水》,吴卫峰译,中华书局,2007年,译者序第2—3页。
② 石原市松:『北清韓国長江蘇杭視察の概略』,石原市松発行1899年,第34页。

六、冈崎高厚的《南清漫游杂记》

1900年3月,冈崎高厚从神户出发前往上海,后溯长江而上,考察沿岸及湖南湖北等地的矿山和工商业情况。冈崎高厚是明治时代自由民权运动的活动家,曾主持《大阪日报》《日本立宪政党报》《浪华新闻》等,也曾担任大阪府和大阪市议员,后转向企业经营。就杂记编纂的目的,冈崎在绪言中写道:"虽不足以具有供工商业者参考资料之价值,或有几分裨益之处亦为望外之幸也。"①《南清漫游杂记》分"清国工商业视察一斑""通信""杂记"三部分。在工商业视察部分中重点对清末中国的工业布局、矿业分布进行了记述,还包括"清国长江航路见闻录"二则,即"上海汉口间""汉口宜昌间"。通信部分是冈崎在考察过程中以书信形式在《神户新闻》《爱媛新闻》《海南新闻》等三份报纸上刊登的文稿。杂记部分包括"汉口居留地所见""清国对外国交涉所见""东瀛俱乐部""武昌汉口居留人名"四部分。《南清漫游杂记》对于长江流域尤其上海、汉口的记录和见解十分丰富,尤其见闻录和通信部分,其所经历之事和所感所想直接来自"现场",具有很高的史料价值。

七、村木正宪的《清韩纪行》

1900年4月12日,村木正宪带着考察中朝两国通商体制的任务,从东京新桥出发前往中国。首次从上海溯长江而上,经过通州、镇江、南京、芜湖、九江、汉口、沙市等地(并非全部登陆),至宜昌,返回上海。二次从上海出发,去往苏州、杭州,同样返回上海。再次从上海出发,乘船去往芝罘、大沽、塘沽。之后,乘火车去往天津、北京。之后,从芝罘出发,5月19日进入仁川,考察朝鲜各地,于5月27日回到东京。考察内容以《清韩纪行》为题于当年出版。作品中有关上述各城市(包括足迹未

---

① 冈崎高厚:『南清漫遊雑記』,冈崎高厚発行1900年,绪言。

至之重庆)的记录,除基于作者自己观察所得知识之外,还有来自乘船时各船运公司乘务员、同船中国官吏、在当地为官的日本人的见闻。作品以日记形式,详细记录了各地的地形、交通(航路、铁道)通信(电报和邮政等)网的实际状况(包括机构和费用等内容)、关税、物产、地方行政、风俗、居留当地日本人的活动和居留地的实际状况等。对日本应新设基地的地点和中国人的特征等也进行了考察。附录中,含《长江通商规程》在内,收录了有关关税、交通通信等内容的各种各样的规则、章程、约款、命令书等11份。

八、小山田淑助的《征尘录》

小山田淑助曾任学堂教习。其《征尘录》包括《初游大陆》《西征记》《南征记》三个部分,并附有《殉难六烈士》《支那劳动者的境遇》和《我所见之支那风俗》等三篇小的论述文。1900年5月末,小山田从东京出发,经长崎抵达上海。在上海逗留两日后,前往汉口,数月后因义和团运动而回国。1902年4月,其再度赴中,在北京逗留数月。以上部分游历见闻写入《初游大陆》。1902年七八月份,小山田接受陕西省三原县宏道大学堂教习聘请,于10月1日从马关出发前往中国。在北京逗留数月后,于1903年1月9日出发前往三原县。《西征记》前半部分记录了从北京到三原县的途中见闻,后半部分则是其在中国内地旅行的心得,以及其对道路、车马、气候、城市等的考察。1903年末,小山田辞去教习一职,踏上归途。骑马走过蓝田、商县、龙驹寨,后换船驶过荆紫关、老河口、襄阳,从汉口顺扬子江而下,1904年2月6日抵达上海,逗留十日左右回到日本。《南征记》多数内容都是这一途中的见闻记录。

九、稻松松之助的《清国视察报告书》

稻松松之助是著名长崎商人,作为日本农商务省的特约调查员于1901年3月11日启程前往中朝调查海产品销路情况。调查路线,先是自上海至苏州,然后溯长江而上至镇江、南京、芜湖、九江、汉口,后返程自上海至芝罘、天津、牛庄、北京、大连湾青泥洼、旅顺口等地。调查经过了长江中下游主要通商口岸和上海以北沿海各地及北京。稻松之后进入朝鲜京城、仁川和釜山调查,6月5日返回日本,共77天。调查时间的分配上,上海逗留一个月,汉口一周,其余均短短数日。稻松在绪言中阐述调查旨趣并言及他对官民协同调查的看法,摘译如下。"政府派遣专业官员作调查员之外,特约民间实业家参与调查,然后官民所查之处合二为一以详见其真相。愚信此举可达成对清贸易之目的。政府如此劝诱、奖励渡航调查,其结果,作为特约调查员之民间实业家,其间必将多少保持商业之关联,由此间接促进日清贸易之发达。愚思如此可生大利益。"①由此可知,日本政府为详细掌握中国商贸各方面情况,对于民间人士赴中调查给予了积极的鼓励和资助。而作为资助的回报,被资助者要以某种形式向资助机构报告,《清国视察报告书》便是这样的产物。该报告主要关注各地日本海产品的销路问题,其中对于上海、南京和汉口都有较多记述,其中涉及各地经营海产品的店铺、人员、行情等,对于丰富清末中国各地商贸和日常生活状况的认识有很大意义。

十、上海东亚同文书院的《清国商业惯习及金融事情》

东亚同文书院由东亚同文会于1901年在上海设立,表面目的是培养精通日中贸易实务的人才。"东亚同文书院有其前身。那就是1890年同样在上海设立的日清贸易研究所,同样以培养日中贸易实务者为目标。"②1939年,东亚同文书院改为东亚同文书院大学,一直存在到1945年日本战败。该书院从第一期学生开始就重视学生户外以调查为目的的修学旅行,但是刚开始限于经费原因,旅行地点是局限的。《清国商业

---

① 稻松松之助:『清国视察报告书』,稻松松之助发行中井制本印刷所1903年,第1页。
② 藤田佳久:『東亜同文書院生が記録した近代中国の地域像』,ナカニシヤ出版2011年,第1页。

惯习及金融事情》是书院调查指导教授根岸佶选择第一期学生调查报告中的佳作——《神津助太郎组和大原信组的报告》——出版而成的,故分两卷,一是《清国商业惯习》,二是《金融情况》。① 在绪言中根岸写道:"三年级学生渐通英、清国语,熟悉支那事物且已修完必要之科目,现在刚好到了其从事支那商界实地调查之时机。"②《清国商业惯习》部分包括总说、上海之部、汉口之部三编。以上海部分为例,内容包括在上海的内地商人、在上海的会馆及公所、上海商业会公所、行栈或栈房、报关行、茶馆、上海的度量衡等,内容十分详实具体,且考虑到调查者的身份,具有很高的史料价值。

十一、水野幸吉的《汉口》

水野幸吉(1873—1914),东京帝国大学政治科毕业,外交官,1905年秋任日本驻汉口领事馆领事,1913年任中国公使馆参事官,1914年死于北京。《汉口》一书在水野幸吉1905年转任汉口领事时即着手筹备。水野幸吉利用一年半的时间潜心收集有关材料,并在回日本养病期间将此书完成。此书内容依据至1905年止的日本领事馆报告、清朝海关报告、通商汇纂等,包含地理、衣食住、气候与卫生、汉口之过去与现在及将来、工业、畜牧与渔猎、航运、金融通币及度量衡、外国银行、商业机关、外国贸易、物产、公益及公共机关、税关及邮便制度、铁路等十四章及附录,详尽介绍了辛亥革命前夕汉口各方面的状况。其撰写该书的目的是为日本工商业者了解并进军汉口提供便利,更是为日本对中国中部的利权争夺和势力扩张提供情报。"汉口乃长江之眼目,清国之中枢,制中央支那死命之地也。……(日本)帝国染指此地之经营仅数年,而先进列国已蓄

---

① 详见田中孝治:「東亜同文書院と清代末の中国固有の簿記」,『愛知大学東亜同文書院大学記念センター報』(26),2018年3月31日,第57頁。
② 上海東亜同文書院:『清国商業慣習及金融事情』,『明治後期産業発達史資料 第129巻』,龍溪書舎1992年,绪言。

积气势且深扎根蒂,欲介在经济割据之间而占终局之胜,必在利权之竞争,首要之事乃须待我商工业者奋起之活动。著者公刊本书之动机实存于此。"①

十二、香川悦次的《支那旅行便览》

香川悦次是日本明治大正时期的报纸记者和杂志编辑,1882 年从东京法学院(中央大学前身)毕业后进入政教社。以"怪菴"为笔名在《日本人》杂志上连载政治报道而广受好评。明治末期,作为《日本》《万朝报》的政治记者参与对外强硬派活动,后来参与孙中山革命运动的支援活动。《支那旅行便览》由博文社于 1907 年出版,内容由八编组成,分别是政治、交通(上)、交通(下)、实业、教育、风俗社交、旅行日记、杂纂等,所记内容丰富,涉及清末中国的方方面面。香川在序言中介绍了此书的来由。"予本年五月,游于苏浙之间,更溯长江而上,入长沙,乘京汉铁道至北京,经天津、芝罘、朝鲜而归朝。本篇即为当时见闻并参照所及诸书而成。"②根据"旅行日记",香川在中国的行程如下:1906 年 5 月 16 日到达上海,20 日至杭州,30 日返回上海,6 月 5 日至汉口,次日至长沙,12 日返回汉口,6 月 18 日乘京汉铁路列车于 21 日到北京,逗留三周之后,7 月 13 日前往通州、天津、塘沽,14 日到芝罘,15 日离开中国前往朝鲜仁川和京城,最终 24 日返回神户。游记涉及各地商贸、市街、风土人情、日常生活、日本领馆及相关人员等等,并且以政治记者的笔触做出很多评论。在"杂纂"部分中包含两节"支那人的根性"的内容,对中国人的性格进行了评论。1901 年到 1906 年任日本驻中国全权公使,在明治、大正、昭和均做过外交大臣的内田康哉为该书作序。序中写道:"迄今相关支那之欧美人著作汗牛充栋。虽可谓不同寻常,然两者之间人种不同,而

---

① 水野幸吉:『漢口:中央支那事情』,冨山房 1907 年,「自序」第 1—2 頁。
② 香川悦次:『支那旅行便覧』,博文館 1906 年,「序言」第 1 頁。

言语文章相异、风俗习惯有别,故往往难以看穿事物之真相。独我邦人,与欧美人相比,有所谓同文同种同俗之便,当有向世界介绍真实支那之责任。然迄今未能见履行此责任而贡献于世界者。此乃余深感遗憾之事。"①内田的序言既体现他本人对当时日本对中国真实情况考察状况的不满,也反映出其对香川著作的期待。

  该书虽名为"便览"②,但基于实地游历所作,加之其记者、编辑的身份,从内容的全面性到评论的深刻性,都是明治时代日本观察清末中国的重要著作。当然其对孙中山革命活动的支援及著作的全面、深刻均不代表其中国认识出发点的善意,其中国观尤其在著作"风俗社交"部分中体现出来,鄙夷、轻蔑甚至污蔑之词语比比皆是。尤其《吃人族进化的支那》一文更是如此。该文是宫崎来城1905年4月发表在文艺杂志《天鼓》上的一篇文章。宫崎是明治到昭和初年的日本文人,曾作为《二六新闻》的从军记者参与日俄战争报道。《吃人族进化的支那》③副标题为"基于文学历史上的研究",宫崎认为倡导日中"同文同种"是谬见,是"自取其辱"的行为。他从中国文学中断章取义摘出关于"食其肉"的句子证明中国人本身就是食人族进化而来的野蛮人,介子推"割股奉君"的故事也成为其笔下的证明材料。而香川转录此文在其"风俗社交"一编之中,虽然没有任何评论,但其用于加深和佐证鄙夷清末中国风俗的观点的用意是十分明确的,其不在目录中列出此文是否是他的"故意"也不那么重要了。

---

① 香川悦次:『支那旅行便覧』,博文館1906年,「序言」第3頁。
② 按,香川在自序中写道:"初题为支那旅行谈,改曰便览者乃因书肆之所求。"(香川悦次:『支那旅行便覧』,博文館1906年,「序言」第2頁。)
③ 按,宫崎来城(1871—1933),日本久留米藩(现福冈县久留米市)人,游历日本国内及中国大陆及台湾,工于书法和诗文,为《天鼓》杂志撰文。《食人族进化的支那》原题为「食人族の進化せる支那人——文学歷史上よりの研究」(『天鼓』(3),1905年4月,第52—56頁。)

十三、德富苏峰的《七十八日游记》

《七十八日游记》是德富苏峰于 1906 年以贵族院议员和日本《国民新闻》记者的身份游历中国时所写之游记。德富苏峰(1863—1957),原名猪一郎,是日本近现代著名的作家、记者、历史学家和评论家。《七十八日游记》的作者署名为德富猪一郎。甲午中日战争前,他提出"日本膨胀论",成为狂热的军国主义鼓吹者。1905 年日俄战争后,其主宰的报纸被认为是日本政府的喉舌而受到民众冲击。1906 年 5 月 26 日,作者从日本新桥出发,经过朝鲜的釜山、京城、平壤、义州,顺安奉铁路进入中国奉天,游览城市街道和名胜古迹。乘"满铁"列车到大连,乘马车观光市内。在旅顺参观日俄战争遗迹,实地察看营口设备。进入北京,察看城内城外,并就政情、生活、思想等进行了考察。游览明十三陵、长城、万寿山、玉泉山等古迹,惊讶于其零落荒废。从芝罘乘船去往上海,又溯长江而上,访汉口、长沙,至湘潭,游洞庭,再到南京。重回上海后,下杭州、苏州,游西湖、虎丘等名胜。8 月 4 日,从上海踏上归途。该书前半部题为"过眼记程",收录的是途中写于明信片并寄送出去的即兴印象。后半部是"触目偶感",是就"支那及支那人"进行的短评集,认为中国人没有国家观念。其列出的中国人的共通性:文弱、懦弱,进攻方面显得拙劣,易于放弃;暗地里精于利害算计,自私自利,认可彻底的权宜之策。作者从这些方面进行了中国论和中国人论,其评论和主张带有明显的政治色彩。这篇游记虽然以游历为中心,但从作者的身份和游记中传达出来的政治主张来看,应该把其归入政治考察为目的的游记之列。

十四、释宗演的《欧米云水记》

释宗演是日本明治大正时期临济宗的僧人,作为第一位将"禅"以"ZEN"传到欧美的禅师而广为人知。1893 年曾在福泽谕吉支持下赴美参加万国宗教大会,1906 年再度赴美,担任其翻译的是被梅原猛称之为

"近代日本最大的佛教学者"的铃木大拙。赴美其间,释宗演指导美国人禅宗修行,并会见了时任美国总统西奥多·罗斯福。在其返程途中,1906年8月31日登岸上海,9月1日下午离开,《欧米云水记》中所记"上海"一节就是此间事情。两天时间中,释宗演主要是访友和拜访寺庙,其对中国寺庙情况的描写有一定价值。其在拜访十时寺时作诗一首,"沪上清风起,白云绕梵台。龙华未看发,弥勒入堂来。"①诗中透出自诩之意。

十五、宇野哲人的《支那文明记》

宇野哲人是日本近现代著名中国哲学史研究者,《支那文明记》是作者自1906年开始的中国留学两年期间写下的旅行记,当时他的身份是东京帝国大学文科大学副教授。"此书本是寄给故国双亲之书简。言及予在支那之日,于支那之风俗习惯、社会情况、名胜古迹等所记之点点滴滴。"②这些书信最初刊登到《熊本日日新闻》上,广受好评。1912年由大同馆结集刊行,并于1918年修订再版。该书包含三篇旅行记,《山东纪行》《长安纪行》和《长沙纪行》。《山东纪行》是1906年秋的旅行记录。作者从芝罘经青岛、济南、泰山,到达河南省开封。作者到访之处分别进行了地志说明,并记下了当时的印象。其中也有详细记录的部分,如雨中登泰山的情形,孔孟相关历史遗迹——曲阜圣庙、至圣林、孟子庙的状况等。《长安纪行》记录的是1907年秋的旅行。从河南省清化镇至洛阳,再沿现在的陇海铁路坐马车或骑马一路往西旅行。西安似乎是作者宿愿之地,作者徒步游览了众多史迹。之后,作者再往西,探访了汉武帝茂陵和唐太宗昭陵。最后,原路返回洛阳,并经郑州前往了汉口。《长沙纪行》的内容包括从汉口至长沙的乘船旅行和在长沙几处名胜的观光记录。长沙有建于宋代的岳麓书院(时称湖南高等学堂),访问此处的记录

---

① 释宗演:『欧米雲水記』,金港堂書籍株式会社1907年,第323頁。
② 宇野哲人:「支那文明記」,小島晋治監修:『幕末明治中国見聞録集成』(第八卷),ゆまに書房1997年,第10頁。

比较详细,另外,还写到了访问叶德辉的内容。本书除以上三篇游记外,对北京、武汉、南京、镇江、苏州、杭州等名胜进行了介绍;作者旅居北京时所见所闻的当地风俗,还有对中国社会和中国人的社会学考察方面的文章。虽然本书有南京名胜古迹的详尽介绍,但没有南京纪行,所以对于研究清末南京的城市风貌意义较小。

十六、中野孤山的《横跨中国大陆——游蜀杂俎》

四川总督锡良推行教育振兴政策,向日本请求派遣教育家。中野孤山当时为广岛县立中学教师,接受朋友建议应募此职。1906年(明治39年)10月3日抵达上海,6日溯长江而上,11月2日到达万县。从万县走陆路进入成都。1906年7月6日,补习学堂兼优级师范学堂开学。在成都,中野获得了这所学校的教习之位,并一直任职到1909年。在此期间,1907年7月12日到8月3日,中野去峨眉旅行,游览了峨眉、嘉定的名胜古迹;1909年12月离开成都,走水路顺下嘉定、叙州、泸州,入重庆;翌年1月,离开重庆,1910年春回到东京。《横跨中国大陆——游蜀杂俎》记录了作者从上海至成都的旅程,以及在峨眉的旅行和去往重庆的旅途。全书似乎是对其日记缩略后形成的文稿,还有好像后来补记的在上海、汉口、成都等地的见闻录。概述长江沿岸都市和港口的沿革、地势、贸易、气候、人情、风俗等,对四川省物产进行了研究性叙述。全书分21章,各类内容杂糅其中。作者认为长江流域是世界性财富聚源地,而四川是天下宝库。该书正是基于详细展现四川情况而写成的。书中对四川特产白蜡做了研究性记述。"从一个日本人的视角看,我国幅员辽阔,风光无限,人聚物丰,商机万千,颇具开发价值。然而,我国旧时的政风、教化、商业、交通、国民素质等方面存在的问题无不令人感慨难抑、痛楚遗憾。……叙及国民陋习,作者言辞有些过激,但似无特别中伤之嫌。"①

---

① [日]中野孤山:《横跨中国大陆——游蜀杂俎》,郭举昆译,中华书局,2007年,译者序第1页。

十七、东亚同文书院第五期学生调查团的《踏破录》

东亚同文书院第二期学生毕业时,有五人受院长托付前往西域调查。两年后完成的调查报告受到日本外务省肯定,而获得奖金。这一奖金事实上证明了学生调查报告所提供的信息对日本政府的有用性。利用这笔奖金,该书院从第五期学生毕业时开始资助其在中国国内的"大旅行"。"如此,从1907年到1942年(一部分到1943年),在大约半个世纪的时间里,进行了700条路线的'大旅行'。这样的路线遍及到中国角角落落。"调查后形成的调查报告书或日志由书院命题结集出版。日志内容极其丰富生动且具体,"庞大数量的新鲜的信息包含在其中"[①]。东亚同文书院对中国的调查,事实上为日本在中国的侵略扩张提供了情报支持,其培养的学生充当侵略军的翻译、间谍者不在少数。

东亚同文书院第五期学生调查团从1907年6月下旬至10月上旬,分京汉铁道线路、淮卫河线路、浙赣湖广线路、闽浙粤海线路、粤汉铁道线路、河南陕西湖北线路、山东省线路等七个旅行班,主要对中国大陆的中东部进行了调查。这是东亚同文书院第一次派出的学生调查团,其调查报告结集出版为《踏破录》。

十八、内山清与梶原熊雄的《南京》

《南京》出版于1910年7月,作者为内山清,插图作者为梶原熊雄。1901年2月,日本在南京设立上海总领事馆分馆,1907年9月28日升格为领事馆。内山清在1910年4月12日上任事务代理负责领馆管理,直到当年5月8日井原真澄上任领事。该书作者自序有写"著者在金陵仅二年有半",按自序所记时间1910年6月推算,内山清应该是1908年初

[①] 藤田佳久:『東亜同文書院生が記録した近代中国の地域像』,ナカニシヤ出版2011年,第1—4頁。

到南京赴任的。照片及插图的作者梶原熊雄当时在南京高等学堂任教，后来在1919年创办旭光学工业。《南京》是笔者目前发现的明治时代日本人笔下唯一一部以"南京"命名的著作。著作首页便是张人骏为其作的序。"梶原、内山两君适有金陵要述之作，编次十章，冠以绪言。虽句读不同，而译义可解。其亦本古者考俗问禁之遗而重加之意焉。维宣统纪元之二年暮春三月，著者因候补道郑氏汝骥请序于余，乃受而读之。爰弁数言以志向往云尔。大清钦差南洋大臣张人骏识。"①张人骏所说候补道郑汝骥，从资料看是精通日语之人，曾作为翻译官随清政府使者赴日。如此看来，该书著者是拜托郑汝骥请张人骏为《南京》作序的。在张人骏看来，该著作是作者对入乡问俗、入国问禁的古代遗风的传承。

自序中，作者写道："著者在金陵仅二年有半，尚未得窥此地全豹，敢记述此小册者，因未见有关于南京之著述，窃以为忧故也。惟书肆促稿付刊行，此稿告成约三星期，况学浅才疏，加以纸幅有限，正憾未能尽其责。即著者以往年所调查徒摘其要而述之，亦不过救一时之急。"②《南京》的正文部分是作者序中所说"往年所调查徒摘其要"的部分，包括十章：概说（位置、名称、广袤），沿革（三国以前、三国时代、六朝时代、隋唐宋元时代、明朝时代、国朝时代），南京的开港及现状（开港条约、各国领事馆、作为通商港的位置及现状），人口、气候及卫生（居民、在留外国人、气象、医院），学校、官衙、军营（名称及位置），农牧渔矿业（农产品、牧场渔场、矿产），工业（机械工业、手工业），交通（铁路：津浦铁路、沪宁铁路、宁芜铁路、宁省铁路；汽船：上海汉口线、下关六合线、下关芜湖线、下关扬州线），货币及金融（流通货币、银行及钱庄业），商业（进出口货物、重要日本及支那商人、南京及浦口之将来），各章皆附备考。从内容来看十

---

① 内山清，梶原熊雄：『南京』，日本堂书店1910年，張人骏序。按，原文为汉文，笔者尝试句读如上。
② 内山清，梶原熊雄：『南京』，日本堂书店1910年，自序。按，自序原文为汉文，笔者尝试句读如上。

分全面详实且夹叙夹议,又配以插图,可读性较强。其记述的相关事项的位置、名称及数据等十分具体,具有很高的史料价值。

作为附录的"应该如何游览南京"部分应该是作者自序中所说短时间创作的内容。该部分内容分为六部分,首先是序言,其中阐明建议游览安排的基本思考,即以最少时间实现最多游览、充分有效利用时间为出发点,"余述南京游览之顺序以旅行者滞留三日为假定。"序言之后,写明了自上海至南京的水路和铁路路线并介绍沿途可观览的风景名胜。无论水路还是铁路均到达南京下关,作者接着详述了自南京下关至中正街间的路线和乘宁省铁路各站情况及重要建筑、景观。最后是以中正街为出发点的"南京三日游"的建议行程。第一日是中正街明孝陵间、中正街秦淮间;第二日是中正街雨花台间、南门清凉山莫愁湖间、清凉门中正街间、中正街覆舟山间;第三日是中正街北极阁间和北极阁博览会场间。三日行程十分紧凑,基本包含了当时南京可观之自然及人文风光,除了有些景观已经不在,放在当今也是极为恰当的安排。因此,这一部分从旅游史的角度来看具有十分重要的史料价值。

十九、东亚同文书院第六期学生调查团的《禹域鸿爪》

1908年7月上旬开始的为期四个多月的东亚同文书院第六期学生调查团的中国调查,范围大幅度扩大。调查团分口外喇嘛庙热河线、晋蒙线、晋豫线、津浦线、河南湖广线、鄂蜀线、楚粤线、赣闽粤线、辽东海岸线、长江线、沅江线、北京驻在班(政治科)等十一个旅行班。调查范围北至东北,西至巴蜀,南至闽粤,而东查海岸线。在北京所设政治科的驻在班则体现了对北京及清末中国政治的特别调查需要。

二十、股野琢的《苇杭游记》

股野琢是日本明治后期和大正初期的汉学家,明治维新后步入仕途,曾官至帝室博物馆总长、内大臣府秘书官长、临时帝室编辑官长、宫中顾问等。1908年9月末至11月中旬,股野琢经朝鲜游历中国,所写游记名为《苇杭游记》。其时,股野琢的身份是帝室博物馆总长。其行进路线大致为马关、釜山、朝鲜京城、平壤、奉天府、旅顺、大连、北京、汉口、长沙、南京、苏州、杭州,最后从上海返回日本长崎。由于其官员身份,所到之处均受到当地日本使领馆及政府衙门的热情接待,尤其在南京时还受到了两江总督端方的特殊招待。游记本身多为观光行程简录及所赋诗词,作者虽为官员,但游记内容并没有太强的政治性。

二十一、小林爱雄的《支那印象记》

小林爱雄是日本近代诗人和翻译家,毕业于东京帝国大学英文专业,专攻西洋文学。1908年底,时年26岁的小林爱雄以青年诗人和歌剧翻译家身份到中国游历。在来中国之前,曾把中国的现状想象为浸泡在老酒和鸦片之中的"沉睡国度"。作为一个忘却了曾经为这样一个"沉睡国家"培育过的事实、而膜拜并模仿"清醒国度"——西洋并自觉洋洋得意的年轻人,认为来中国旅行应该就如"巨人"前往"小人国"那般。但是,与预想相反,小林爱雄发现在中国新思想已抬头,想到中国已经在觉醒的拂晓,他回国时感到兴奋。小林在《支那印象记》一书的自序中做了如上的阐述。小林的兴奋似乎显示出了自己对中国前途命运的关切。但事实上,这是一种要把日本当作拯救者来实现所谓亚洲共荣的思想,是一种侵略中国论的变体而已。"'新建东洋文明之理想……要实现此目标前途尚远,即便如此,逐年增长五六十万的日本人,将来可埋骨之青山,除去中国还有何处?''您回到日本后,请一定要告诉同胞,要研究支那、来支那,在支那开展事业。而且要热爱支那。''热爱支那……的确必须热爱支那。'"①这"热爱支那"的实质是显而易见的。1908年(明治41

---

① 小林爱雄:「支那印象記」,小島晋治監修:『幕末明治中国見聞録集成』(第六卷),ゆまに書房1997年,第364頁。

年)12月21日,作者从神户出发,在上海、苏州、南京、镇江、汉口、北京、天津、奉天、旅顺、大连等地旅游一个月,访问了张园、愚园、孝陵、古鸡鸣寺、天坛、孔子庙、北陵等在闻名于诗文之中的名胜古迹。另外,在清朝商务大臣盛宣怀、两江总督端方,以及北京公使馆、天津领事馆等中日高官之处受到了款待。该书出版时得到了森鸥外、服部宇之吉、佐佐木信纲等撰写的序文。书中就风景、风俗、建筑、料理、女性美等所见之事物,自然而然地和日本、西洋进行了对比。中国在风俗、建筑等方面与西洋有几多相近之处,让作者感到羡慕。而其眼中的在华日本人的房屋、料理和商店等,无不显得贫寒。作者论及,尽管如此,应该心怀"爱支那之心",日本人要继续住在中国并在当地发展事业。书中还收录了同时期在同地旅行的寺崎广业、横山大观的10余幅风景画和20余张照片。小林爱雄虽不是官员和政治家,但是,作品中"体现出的中国观可以用两方面概括:蔑视中国论和侵略中国论。"①《支那印象记》的内容显示出作者明显的政治考察目的。

二十二、胜田主计的《清韩漫游余沥》

该书由胜田主计述说,并在《东洋时报》连载,而后在1910年集结成册。胜田主计是明治到昭和期间日本政坛重要的官僚、政治家,官至贵族院议员、大藏大臣。1909年(明治42年)5月4日,当时胜田主计刚刚上任大藏省理财局局长便受日本大藏省派遣,前往朝鲜和中国考察。胜田从东京出发,经由釜山考察了朝鲜京城、平壤等地,之后从安东进入奉天,按照大连、旅顺、营口、哈尔滨、长春、铁岭、奉天、山海关、秦皇岛、昌黎、开平、塘沽、北京、南口、武汉三镇、大冶、南京、上海、杭州、苏州的顺序考察游览,7月14日返回东京。大藏省赋予的考察目的是对中朝的产业、贸易、经济、财政等进行研究。另外,尽可能多的会见中国的高官,听

---

① [日]小林爱雄:《中国印象记》,李炜译,中华书局,2007年,译者序第9—10页。

取中国现状。上述路线并非从一开始就规定好的,而是作者基于尽可能体验利用铁路和内地水路的想法而确定,每次都是在当地才确定下一站的去向。通过体验和资料,作者对清末中国铁路及长江航运情况作了完整详尽的介绍。另外,在奉天与锡良(东三省总督)、张锡銮(奉天度支司)等,在北京和庆亲王、肃亲王等,在南京和端方(两江总督)等进行了会见。该书将漫游所得见闻大致区别为"韩国所见""满洲所见""支那本部所见"三部分,分别明确其论题,具体且实际地进行了记述。卷末附有中朝两国相关参考文件表格160余种,附有文件名称并其作者、发行部门等信息。

二十三、东亚同文书院第七期学生调查团的《一日一信》

1909年夏秋两季,东亚同文书院第七期学生分为关内外蒙古班、北京驻在班、晋燕班、秦晋班、皖北鄂豫班、西鄂巴蜀班、两江班、皖南赣闽班、汉口厦门班、三江班、桂黔班、海南粤西班、镇南百色班等十三个旅行班,在三到四个月的时间中几乎考察了中国全境。调查报告次年出版,题为《一日一信》。

二十四、竹越与三郎的《南国记》

竹越与三郎(1865—1950),是日本明治、大正、战前昭和时代著名政治家、历史学家,并且参与多个报社,引导了日本言论界。1906年担任《读卖新闻》主笔,并担任东亚同文会的评议员。1909年盛夏出发,游历上海、香港、广东、新加坡、爪哇、荷属东印度诸岛、法属印度支那、台湾等地,同年冬回国。竹越与三郎在著作中以英法战争后英国被迫放弃谋求大陆霸权的企图为例,指出岛国向大陆发展是衰亡的开端。他认为日本应放弃北进中国东北,并提醒日本国民"不能再追随这自杀式的政策"[①],他主张日本应该向南方海洋发展。

---

① 竹越与三郎:『南国記』,二酉社1910年,第11页。

二十五、栃木县观光团的《满韩观光团志》

日本栃木县下野新闻社1907年提出以中国东北、朝鲜考察研究为目的的团体旅行企划,1909年8月开始公募。矢板屋(下野银行行长)和栃木县的实业家、有声望之人共34名应募。观光团成员分为4组,下野新闻社2名职员同行。1909年9月4日从东京新桥出发。首先在釜山、朝鲜京城等朝鲜各地观光,之后乘安奉铁路于9月16日进入中国奉天。先后在长春、哈尔滨、抚顺、辽阳、营口、大石桥、大连、旅顺等地观光,9月27日返回大连,并在30日解散旅行团。去往北京的两组留了下来,甲组观光天津、北京、保定、汉口、九江、南京、苏州、上海、杭州,10月28日返回长崎;乙组观光北京、武汉三镇、南京、苏州、上海,10月18日回到长崎。《满韩观光团志》便是这次旅行真实的记录,也记录了所到之处的欢迎者名单和欢迎宴的情形;以及访问的事务所和各机构的详细记录与观光景点的解说。本书从实业家视角观察到的中国东北、朝鲜的工矿业、商业、贸易、通货情况,还有政情、风俗等。作为附录的"去往北京"的经过是游山玩水性质的记述。

二十六、三宅克己的《欧洲绘行脚》

三宅克己是日本明治至昭和初期著名的西洋画画家,1910年至欧洲旅行路上经过上海和香港,并有所记录。1910年1月26日至27日,书写了所谓"上海二昼夜"的经历。"在此需事先声明,本书与一般欧洲旅行导览图书不同,仅仅是不具条理、随性而为、逍遥各方途中之事的记录,是一本朴素的旅行记。"[1]由此可以认为,三宅克己观察上海的视角是不具特殊目的的,可以视之为普通旅行者、参观者的视角。虽然只有两天,三宅一行游览上海租界繁华之地及县城愚园、张园等景点,并进行了具有画面感的细致刻画。

---

[1] 三宅克己:『欧州絵行脚』,画報社1911年,緒言第8—9頁。

二十七、赴清观光实业团的《赴清实业团志》

赴清观光实业团在日本涩泽荣一主导下组建,团员来自东京、大阪、京都、横滨、神户、名古屋等各地的推荐。1910年5月5日举行旅行团成立仪式后,从马关出发。成员包括团长日本邮船公司总经理近藤廉平在内的12名日本当时企业、商会等机构重要领导人物,另外有团长随员2名。实业团一行先顺道前往釜山、朝鲜京城、安东等地,会见当地日本实业家和朝鲜高官后,5月14日进入中国奉天,先后到达抚顺、大连、旅顺、营口、天津、北京、张家口、汉口、大冶、九江、南京、镇江、上海、苏州、杭州等地,会见各地的日本实业家、日本高官、清朝官员和实业家等,6月末到7月上旬陆续返回日本。之后,赴清观光实业团志编纂委员会编写《赴清实业团志》,于1914年出版。该书主要内容为旅行日程和各地的欢迎者名录,欢迎会上双方的演说摘要等,其组织和出发延期事由,附在卷末,并收录了沈仲礼在内65人的团员名单。

二十八、永井久一郎的《观光私记》

永井久一郎(1852—1913),著名汉诗人,作家永井荷风之父,曾任日本文部省官员,1897—1900年任日本邮船公司上海支店店长。1910年5月跟随观光实业团赴清,汉文体的《观光私记》的主要内容就是此次赴清见闻日录。关于此次"观光",永井在卷首写道:"明治四十三年庚戌五月,日本邮船会社长近藤廉平与东京、京都、大阪、横滨、神户、名古屋之实业家数名,结赴清观光团。将由韩国及南满洲入北京,出汉口下江到南京观南洋劝业会,且游镇沪苏杭等地。余亦陪行。别留有诗云,迎宾话别醉何嫌,万里行吟掀皓髯。老境未忘周览好,十年重渡壮心添。沈阳烟树新诗料,楚甸晴波旧镜奁。最爱江南佳丽地,秦淮画舫定留淹。"① 此段说明了永

---

① 永井久一郎:『観光私記』,永井久一郎发行1910年,第1页。按,《观光私记》原文即为汉文写成,以下从此书引用皆为原文,笔者只尝试句读。

井随赴清观光实业团赴中国观光的基本路线和其期待,也可以看出其深厚的汉学素养。所谓"十年重渡"是指其1900年后仅有的中国之行。"十四年前(1897年)余始来上海,留寓三年。回国后,来游者两回,已经五年。"①赴清观光实业团成员的回程时间并不一致,永井久一郎是6月28日从上海踏上归途的。《观光私记》以日志形式记录了从1910年5月3日至8月1日的事情。永井作为多次来到中国的日本人,在著作中透过前后比较的视角对清末中国状况进行了考察。作为赴清观光实业团一员,其对南洋劝业会所作记录十分详细。

二十九、东亚同文书院第八期学生调查团的《旅行纪念志》

东亚同文书院第八期学生在1910年7月初开始了为期四个多月的中国调查,共分山东班、楚鄂班、"北满"驻在班、北京驻在班、赣粤班、海开班、燕晋班、锦爱班、"北满"旅行班、云南四川班、甘肃鄂尔多斯班等十一个旅行班。调查报告翌年出版,题为《旅行纪念志》。

三十、佐藤善治郎的《南清纪行》

《南清纪行》作者是教育家佐藤善治郎,初版于1911年。作者于1910年(明治43年)7月28日从横滨出发,游览了上海、南京、武汉三镇、苏州、杭州,8月23日离开上海,踏上归途。虽然完全不懂汉语,却依靠勇气单独完成了旅行。所到之处,拜访领事,寻访报社记者,首先获取知识,然后再游览各处。该书着眼于向更多人推荐到中国南方旅行,所以作者有意将其写作成一部旅行指南。旅行途中曾投稿至《横滨贸易新报》,归国后又在两三本杂志上刊登相关文章,最后把这些修正增补集结成册。书中概括说明了上海、南京、武汉三镇、苏州、杭州的地理、历史、

---

① 永井久一郎:「観光私記」,小島晋治監修:『幕末明治中国見聞録集成』(第十九巻),ゆまに書房1997年,第450頁。

经济等情况,接着详细介绍了自己游览的名胜古迹。另外,对中国人的国民性进行了分析和评论:"利己且虚伪,善独立经营,不清洁且毫不在乎,文弱且超然自我。"最后,书中还附上了旅行时的实际注意事项。

三十一、东亚同文书院第九期学生调查团的《孤帆双蹄》

东亚同文书院第九期学生调查团在1911年7月至11月,分湖南四川班、北京驻在班、天津循环班、江苏山东班、江宁武昌班、湖广循环班、宁波镇江班、宁波厦门班、江阴厦门班、汕头广州班、清化县汉中班等十一个旅行班,进行了较以往更注重地方市镇的调查。其调查报告以《孤帆双蹄》为题于1912年出版。

日本人文书房《幕末明治中国见闻录集成》(1997)中收录的以上部分游记,为本书研究提供了便利,笔者在研究中同时部分参考原版本。在中华书局出版的《近代日本人中国游记》丛书中收录了部分游记的中文译本。或许由于译者专业背景等问题,译文水平参差不齐,有的存在明显错误。因此,本书写作时主要依据日文原文资料,在翻译时亦有参考学习中文译本之处。如果直接引用中文译本将全部严格按照论文规范在脚注中注明。部分史料原文即为汉文撰写,笔者只尝试进行句读和明显错别字等的修改,以方便理解。本章明确了日本幕末明治中国游记的创作背景,并对本书研究材料进行了解题式介绍,这也是呈现幕末明治游记中的清末长江中下游三重镇形象以及分析幕末明治日本人的中国观的前提。

中篇
描述与认识

幕末明治中国游记所记范围几乎涉及中国全境,数量庞大,由于笔者资料收集能力及研究能力有限,本书只选定长江中下游三重镇——上海、南京和武汉——作为研究对象。选定原因主要基于对长江流域及这三个城市形象的代表性和典型性的考虑,还有相关可以解析材料的适当存在以及较大的研究空间的因素。具体说来,原因可列出如下两点。

第一,地理位置上,长江横亘东西,把中国大陆一分南北。沿长江航道溯流而上,从入海口的上海可到六朝古都南京,再到九省通衢武汉,进而可到达西南枢纽重庆,长江干流串联起来的长江流域,在政治、经济、军事、交通以及人文上,对于清末中国而言意义都极为重要。列强也认识到这一点。"中国方面如允准扬子江上的自由航行,则无疑是放弃他们的独立。"①但是,羸弱的清末中国正是在列强的侵略下一步步丧失了独立和主权。长江航道航行权为列强夺取的经过集中体现着清末中国权益被蚕食的过程,具有很强的代表性。1842年《南京条约》签订,列强攫取了中国沿海航行权和长江入海口上海的航行权。1858年《天津条约》规定长江沿岸的镇江、南京、九江和汉口等开埠通商,列强攫取的航行权从长江入海口的上海延伸到长江中游的汉口。1876年《烟台条约》又规定芜湖、宜昌开放通商,列强在长江的航行权进而延伸到宜昌。1895年中日《马关条约》进一步规定开放沙市、重庆、苏州、杭州为通商城市。这样,列强侵占长江干流航道的航行权进而延长到重庆,并向其他内河延伸。

近代交通工具以铁路和轮船为代表,在清末中国铁路修建滞后于轮船航运,这与列强本就是航船而来,攫取航权在攫取路权之前密切相关。1876年,英商擅自修筑的吴淞铁路成为中国大地上最早出现的铁路。之后,连接长江流域多条重要铁路不断修筑通车。如1898—1906年的京

---

① [美]泰勒·丹涅特:《美国人在东亚——十九世纪美国对中国、日本和朝鲜政策的批判的研究》,姚会广译,商务印书馆,1959年,第270页。

汉铁路、1905—1908年的沪宁铁路、1910—1911年的津浦铁路等。1900年冈崎高厚在《清国长江航路见闻录》一节中所写:"扬子江一带地方乃清国贸易之中枢,近时于通商之上所示之发达形势十分显著。外国人居住者愈来愈多,于本邦人亦希望寄志于此者渐多。政府亦知此处有可观之处,故命大阪商船会社开通上海汉口间之定期航船,以此作为振作长江贸易之一策。大阪商船会社领命于明治三十一年一月起,启用两艘新汽船开始通航。此乃我商船于扬子江之上飘摇日章旗之嚆矢也。"①伴随长江航道航行权和通往长江流域路权的被侵夺,包括日本人在内的大量外国人以不同的路径进入中国沿江腹地,从而也留下了大量有关长江流域的记录。所说不同路径,如自上海溯长江而上,可至南京、武汉、重庆等地;在沪宁铁路修筑完成后,自上海可乘沪宁铁路至南京;在京汉铁路修筑好后,可自京城一带先至汉口,然后顺长江而下至南京、上海,又或逆流而上至重庆等;在津浦铁路修筑好后,可自大沽、天津一带至南京,然后再选择长江航道。这些路径在日本幕末明治中国游记中均有所体现。

第二,上海是清末中国走向近代化的缩影,无论从工商、金融、市政建设和城市现代化上,还是从社会结构及东西人文碰撞上,上海形象都具有典型意义。从鸦片战争结束后的《南京条约》到太平天国、中华民国定都于此,南京在清末民初的中国历史之中是一个特殊而重要的符号。"武汉"一词,明代已用于民间,清代,汉口镇崛起后有"武汉三镇"或"武、阳、夏"的合称。② 在幕末明治游记中,出现的多是对于"汉口"的记录。武汉自清乾隆时期就有"九省通衢"的说法。19世纪70年代末,汉口成为中国中部对外贸易转销的重要口岸,1906年京汉铁路的开通使得汉口具备了水上东西、路上南北的现代贸易条件。外国租界的建立、城市的

---

① 冈崎高厚:『南清漫遊雑記』,冈崎高厚发行1900年,第35页。
② 详见武汉地方志编纂委员会主编:《武汉志 总类志》,武汉大学出版社,1998年,第100—101页。

发展使得武汉成为清末中国中部城市的代表性形象。幕末明治游记中，关于长江中下游三重镇的记录材料十分丰富。重庆属于长江上游，虽然如蓝勇在《近代日本对长江上游的踏察调查及影响》中指出的那样，"从清末的20世纪初开始，日本对长江上游的踏察调查呈现后来居上的趋势"。① 但在幕末明治中国游记当中，其相关记录无法与上海、南京、武汉相比。而且，蓝勇在此文中已经对包括重庆、四川在内的长江上游相关日本著述做了较为全面的解析，这也是本书将研究对象只限定于长江中下游三重镇的原因之一。

幕末明治中国游记中大量相关长江流域记述的存在，说明了其时日本人对长江流域的特别关注。而之所以特别关注，一则主要源于长江流域由地理上的战略性价值衍生出的政治、军事和经济意义，如1906年中野孤山所记，"主宰支那四百余州之存亡、左右世界之命运者，乃贯流中原之扬子江也。欲洞察达观当今世界之大势者，亦方汇聚于此流域也"②。另一部分源于对长江本身魅力的热爱，如同年游历中国的德富苏峰在《七十八日游记》中专辟一节所写：

> 予心醉于长江矣。长江实为江河之帝王也。予虽非地理学者，但亦知长江为支那大陆之大动脉。或曰，若合算其干支流及注入此江之湖面，可广于日本之面积。果如其然，则日本全国可浮于扬子江之上也。又曰，汉口、上海间约六百英里，其高下落差过六十尺，且潮水之涨落为四百英里许。以上确与不确，皆无关大碍，在不在理亦不能否长江之壮观也。船中无他客，偶得一诗。无限浊流无限时，壮观如此有谁知。杜陵艳说洞庭水，却对长江不作诗。③

---

① 蓝勇：《近代日本对长江上游的踏察调查及影响》，《中国历史地理论丛》，2005年第3期，第127页。
② 中野孤山：「支那大陸橫斷遊蜀雜俎」，小島晋治監修：『幕末明治中国見聞録集成』（第十七卷），ゆまに書房1997年，第29頁。
③ 德富猪一郎：『七十八日遊記』，民友社1906年，第182—183頁。

第三章　幕末明治游记所见清末上海

鸦片战争后,中国近代史上第一个不平等条约《南京条约》签订,英国提出"五口通商"的要求,上海便在其中。1842年12月1日,英国驻上海第一任领事到任,并于翌年11月14日设立领事馆,宣布于11月17日上海正式开埠。此后,上海在中外贸易的推动下急速发展,在短短几十年的时间里,从普通的滨海县城一跃成为远东商业巨埠。而上海的崛起"带有明显的'速成性'。……就社会变迁而言,速成又给上海带来许多社会问题,譬如华洋关系、人口的骤增、苦力与游民阶层的过度膨胀、三界(公共租界、法租界和华界)社会的非平衡发展、社会控制系统的各自为政,以及市民心态的严重失衡"[1]等。作为"速成"过程中诸多社会问题的载体,上海的具体形象出现在各种文本之中,其中,幕末明治日本人的中国游记便是极为重要的组成部分。而在透过这些游记解读上海形象之前,了解幕末明治日本与上海的关系是必要的。

---

[1] 周武、吴桂龙:《上海通史·第5卷·晚清社会》,上海人民出版社,1999年,第3页。

第一节　幕末遣使之地与明治日本人在关内最聚集之地

一、幕末日本四次遣使上海

　　幕末的到来,伴随与西方各国各种条约的签订,出于对外交涉及师法西方之目的,日本幕府及藩国从 19 世纪 60 年代初期开始遣使欧美。1860 年 2 月,为交换《日美修好通商条约》批准件而遣使美国,其中以护卫为名幕府另外派遣"咸临丸"随行,此即万延(1860—1861)元年遣美使节团。1862 年 1 月,为与欧洲列强交涉两港(新潟、兵库)两都(江户、大阪)开港开市延期事宜,幕府第一次遣使团赴欧,即文久(1861—1863)遣欧使节团。在遣使欧美之后,1862 年 5 月,幕府第一次遣使中国,而目的地选择正是上海。

　　从幕府锁国政策实施到 1854 年开国,幕府严禁日本人海外渡航。当然,在长达两百多年的锁国状态下,也曾有不少日本人因在海上遭遇风暴而漂流到外国的情况。这其中为中国商船、抑或由他国商船救助并登陆或经由中国的人很多。① 这些人得以踏上中国土地并亲身体验中国事物,但这难言对中国的深入了解,也无法对日本认识中国产生重要影响。江户幕府时期,能够和日本进行贸易的国家限定为朝鲜、中国、荷兰三国,并且,外国商船可以入港的港口只有长崎一处。虽然中国商人可以抵达日本,但是,他们的居住场所限定在长崎十善寺地区称作"唐人屋敷"的住宅区内,而在市区行走仅限于祭祀仪式或寺庙参拜等少数机会,更不用说日本的国内旅行之类。可以看出,在日本幕府锁国期间,日本人与中国人接触的机会是非常少的。日本自古代以来,无论精神还是物

---

① 参见春名徹:「漂流民送還制度の形成について」,『海事史研究』(第 52 号),1995 年 7 月,第 1—45 頁。论文正文后有「(付)中国から送還された日本船全覧」一文,"本年表,不仅包括漂流至中国的日本船,也含有漂流地相异但经由中国,通过传统救助手续而被送还的全部漂流船的名单。"此表列出了 1644 年到 1868 年间的被中国送还日本船名单。

质上学习中国之处颇多,加之锁国期间,江户幕府为维持封建统治以重视上下关系的儒教为其教育思想,把以儒家经典为代表的中国典籍当作学问的象征。于是,不仅在以荻生徂徕等儒学家心中,而且在普通民众心中也广泛出现以中国为圣人君子之国的倾向。中国形象被不断抽象化、理想化。当然,这期间也有如本居宣长等日本国学家,对儒学家身上多见的崇拜中国的态度进行了非难。① 而兰学的兴起,其所持西欧自然科学与儒学之自然观也曾出现过对决的局面。② 但这些思想领域的变化,并没有在根本上改变儒学作为日本江户幕府思想主流的地位,也没有改变日本近世对中国的看法。可见对日本而言,由于两百多年来没有官方允许的使团踏上过近邻中国的土地,他们并不能很好地把握中国当时的状况。

而鸦片战争的爆发和中国战败消息的传入,给了日本强烈的刺激,这在改变着日本近世中国观的同时,也使得实地了解中国变得更加必要。在实地考察中国之前,日本幕府的锁国政策也走到了尽头。日本被迫开国后,尤其在《日美修好通商条约》签订以后,幕府内部"出贸易论"(主动前往外国开展商品交易的论调)形成。日本在与欧美列强签订通商条约并遣使欧美的情况下,却没有与历史上最重要的贸易对象国建立正式条约关系。这也使得日本与中国间的贸易权益为西方列强以中转的方式大量赚取,出使中国建立直接贸易关系已是十分迫切。而选择上海作为遣使目的地,除了上海自身地理位置的便利性和重要性外,另一点也无法忽视,"19世纪以降,上海因贸易兴盛、西洋文明移植,而在日本播名广远"。并且,在1862年,上海也是日本19世纪50年代以来一直关注的太平天国运动的重要战场。"从就近观摩西洋文明的东方范本计,又从实地探查太平战事计,

---

① 参见田原嗣郎:「近世政治思想史における徂徕学と宣長学」,『史学雑誌』(第66编第7号),1957年7月,第1—31頁。
② 参见池田哲郎:「儒学と蘭学」,『福島大学学芸学部論集』(第15号第1册),1964年2月,第12—19頁。

幕府决定以上海为官方贸易使节团渡航清国的首选地。"①

自1862年至1867年,日本幕府先后四次遣使上海。

(一)"千岁丸"上海行

时间是1862年,日本文久2年,清同治元年。5月27日(文久2年四月二十九日),千岁丸从长崎出发,6月2日(五月五日)抵达吴淞港,翌日到达上海港,在上海逗留近两个月,于8月1日(七月六日)离开上海,8月9日(七月十四日)回到长崎。② 千岁丸上海行的目的,高杉晋作记录为,"官吏惟观商法形势为他日之谋而已。盖此行幕府欲渡支那为贸易,宽永以前朱章船以来未尝有之事,官吏皆拙于商法,因使英人及兰人为其介"③。商

---

① 冯天瑜:《"千岁丸"上海行——日本人1862年的中国观察》,商务印书馆,2001年,第37页。
② "千岁丸"启程、返回的时间,尤其是日本旧历与西历的转换等,的确存在一些问题。在冯天瑜《"千岁丸"上海行——日本人1862年的中国观察》问世后,陈希亮曾撰文指摘冯著中的"日期讹误",冯亦有所回应(详见陈希亮:《〈"千岁丸"上海行〉中的日期讹误及其他》,《中国图书评论》,2004年第10期,第19—20页;冯天瑜:《关于〈"千岁丸"上海行〉中、西、日纪年转换等问题的说明》,《中国图书评论》,2005年第2期,第70—71页)。"1862年5月27日(文久2年四月二十九日),从长崎发航,6月2日(五月五日)抵达黄浦江,8月1日(七月六日)离开吴淞口,在上海逗留两个月,8月8日(七月十二日)返回长崎港。"(冯天瑜,第39页)这中间"8月8日(七月十二日)"有明显错误,陈文中已指出,应该为8月7日。另外,关于千岁丸返回长崎的时间,根据各个游记的记录,并不应该是"七月十二日",而应是8月9日(七月十四日)。如日比野辉宽记录,"十四日晴……少顷,'千岁丸'起锚,小船一起拖起'千岁丸'。然而,东北方劲吹,船被风吹不能前行,故又抛锚。船里呜呼之声不停。余与金子兵吉登上小船,破浪前行,日落时抵达崎港"。(《1862年上海日记》,中华书局,2012年,第100页)又如松田屋伴吉的记录,"同十四日,晴天……下午四点的时候,风浪平静了,又叫来了牵引船。最后,下午酉时中刻在西泊前抛了锚。所有人都上岸了"。(《1862年上海日记》,中华书局,2012年,第290页)再如名仓予何人的记录,"十四日晴……已牌,小舟三十余只走来,欲导官船至长崎,以风恶,中途而罢。……到长崎埠码头上陆,入西府"。(《1862年上海日记》,中华书局,2012年,第341页)按名仓记录,七月十二日时,"风力颇烈,舟行如矢",当不是返回长崎的时间。另外,顺便抄录《"千岁丸"略记》相关一段,对照上文亦可发现存在一些不准确之处。"1862年5月29日(日文久2年四月二十九日),'千岁丸'从长崎出发,历时八天,于6月6日(日文久2年五月六日)到达上海,在上海逗留至8月3日(日文久2年七月四日)。"(《1862年上海日记》,中华书局,2012年,第2页)
③ 高杉晋作:「遊清五録」,東行先生五十年祭記念会編:『東行先生遺文』,民友社1916年,「日记及手録」,第73页。(此部分,原稿即是汉文撰写,仅作句读和错别字之改动。)宽永:1624至1645年,其时江户幕府将军为德川家光。朱章船,即朱印船,指16世纪末到17世纪初,获得当时统治者的朱印状(海外渡航许可证)而进行海外贸易的船只。朱印船贸易制度终止于江户时代宽永年间。

人松田屋伴吉的记录,"为了国家的利益,并尝试调查当地的风土、贸易"①。根据松田屋伴吉的记录,其接到渡海通知是在文久元年(1861年)九月二十一日,而幕府购入"千岁丸"则是在翌年三月十二日。即是说,此行是先确定了派遣人员组成,之后才确定了渡海船只。这期间经历了从打算雇佣船只、因租金过高而改为购买船只的过程。千岁丸原为英国商船"阿米斯迪斯(Armistice)号",日本幕府以洋银三万四千美元(相当于日元十九万两)②购得,其载重量是三百五十八吨。由于日本人不掌握西洋帆船的驾驶技术,驾驶等仍交给英国原乘组人员掌握。

千岁丸共搭乘67人。船上日本人员组成可见于中牟田仓之助的《上海行日记》、纳富介次郎的《上海杂记》、高杉晋作的《航海日记》、名仓予何人的《海外日录》、松田屋伴吉的《唐国渡海日记》等游记。日本使节团由御勘定③根立助七郎率领,包括使团正式成员、随从、翻译、医生、商人以及仆人、炊夫、水手等共51人。另外,包括船长亨利·理查德逊(Henry Richardson)在内英国人15人,以及"以货主之名义雇用"④的荷兰人1人。因为日本尚未与清朝建立正式商贸关系,雇用荷兰人通过荷兰领事馆对贸易进行托管。"销售日本货物时,每一百洋银要交给(荷兰)领事两元半洋银。购买唐国货物时同样也要上交两元半洋银。不论

---

① [日]松田屋伴吉:《唐国渡海日记》,阎瑜译,载《1862年上海日记》,中华书局,2012年,第231页。
② 冯天瑜著作《"千岁丸"上海行——日本人1862年的中国观察》(第49页)中写有"结果以'洋银三万四千枚'(34000美元,相当于日本银币三万两)"。其根据可能来自高杉晋作在《游清五录》中的记录。高杉晋作在《游清五录》"内情探索录"部分记录,"此船的购买价格为三万四千美金(换算成日元为三万两)"(高杉晋作:《游清五录》,载《1862年上海日记》,中华书局2012年,第169页)。但根据春名徹论文「一八六二年幕府千歲丸の上海派遣」(田中健夫编:『日本前近代の国家と対外関係』,吉川弘文館1987年,第557—601页)注解(16)所示,参照勝部真長、松本三之介,大口勇次郎编:『勝海舟全集』(十三卷),(勁草書房1974年,第448页)记载的文久二年的汇兑行情和石井孝利用欧洲人记述材料明确出的1863年的汇兑情况(石井孝:『幕末貿易史の研究』,日本評論社1944年,第46页)推算,洋银三万四千美元为日元十九万两应该是妥当的。
③ 御勘定:江户幕府职务名称之一,主管财政、民政事务。
④ [日]纳富介次郎:《上海杂记》,陶振孝译,载《1862年上海日记》,中华书局,2012年,第16页。

是销售还是购买都要由（荷兰）领事进行成交。"①可见贸易托管既不方便而且也要付出代价，而消除这些不便和代价正是日本遣使中国的目的之一。使节团到达上海后拜访了当时的上海道台吴煦，得到了"贸易由荷兰人托管不要紧"和在上海参观"当然没问题"②的许可。这使得使节团成员得以自由调查上海，对上海的地理位置、历史沿革、城市布局、人口分布、教育制度、百姓生活与生产情况，乃至驻守上海的军队的兵力与武器装备情况，还有清政府与太平军交战的情况，洋人在上海的活动情况以及租界分布等都进行了详细调查。另外，无论是藩士出身的随从还是商人，都与身处上海的中国人进行了大量"笔语"交流。这些内容通过游记的形式保存了下来，成为研究清末上海形象重要且有价值的史料。

（二）"健顺丸"上海行

时间是1864年，日本元治元年，清同治三年。3月16日健顺丸从兵库出发，3月28日抵达上海，在上海逗留至5月14日。使节团以箱馆奉行③所的山口锡次郎为正使，共搭乘约50人。使节团在上海期间拜访了英、荷等国的领事和江海关，为购买武器前往停泊上海的美国船会商，并至道台府拜访了以候补松江知府代理上海道的应宝时。健顺丸之行使命有三："（一）外国贸易。（二）秘密使命乃为处理生麦事件④的善后而与在上海的英国官吏进行交涉。（三）从航海技术上来看是一次冒险事件，船为洋式帆船，船员全部是日本人，并且所行航路是日本未知之海洋。"⑤与第一次幕府使节团"千岁丸"由英国船长指挥、并且船员主体也为英国人不同，"健顺丸"的操作和搭乘人员全都是日本人，作为一种新

---

① ［日］松田屋伴吉：《唐国渡海日记》，阎瑜译，载《1862年上海日记》，中华书局2012年，第269页。
② ［日］松田屋伴吉：《唐国渡海日记》，阎瑜译，载《1862年上海日记》，中华书局2012年，第259页。
③ 日本武家时代职务名，负责执行公事者，始于镰仓幕府（1185—1333）。
④ 生麦事件：发生于1862年9月14日日本神奈川县生麦村的武士攻击外国人事件。该事件导致7艘英国军舰炮袭鹿儿岛，史称萨英战争。
⑤ 武藤長藏：「元治元年上海派遣官船「健順丸」に関し石渡博士提供の史料」，『商業と経濟』（第八年第一冊），1927年11月，第133页。

的航海尝试具有特别意义。而且,和千岁丸通过荷兰人完成通关手续不同,健顺丸"以'日本编号'办理了入关手续,"可以说,日本由此"开启了(与清朝)走向通商正式化的道路"①。健顺丸乘员的纪行文结集为《黄浦志》。在日记体正文之后,附《见闻书》一章介绍上海概况,"此外还有较为详尽的有关通货、物产、关税等的介绍,这些有关上海的记叙虽有少许舛误,但较之'千岁丸'一行的记述,有较大的补足,在某些领域也更为详尽,对上海全面。"②

(三) 搭乘"北京号"上海行

时间是 1865 年,日本元治 2 年,清同治四年。4 月 12 日(元治 2 年三月十七日)由幕府外交事务官员石川岩司、杉浦爱藏和西吉十郎组成的使团,肩负幕府秘密命令从江户出发。翌日,于横滨搭乘英国邮轮"北京号",并于 4 月 20 日到达上海。使团肩负的秘密命令是调查长州藩出售蒸汽船、购买枪支的情况。长州藩曾于 1863 年(文久 2 年)9 月,从英国商会购得汽船并以当年干支纪年更名为"壬戌丸"③。该舰虽为军舰,但战力有限,性质上更接近于运输舰。1865 年(元治 2 年)3 月,长州藩代表大村益次郎(1824—1869)率团赴上海,卖掉"壬戌丸",以其款购买大量枪支。这是长州藩的私自行动。当幕府获知了类似"卖掉壬戌丸癸亥丸④,为求火器,进航上海江"⑤的情报,也就有了幕府密令三人出使上海之举。使团到达上海后,多次与荷兰、美国领事交涉,并拜会上海道台

---

① 閤立:「清朝同治年間における幕末期日本の位置づけ——幕府の上海派遣を中心として」,『大阪経大論集』(第 59 巻第 1 号),2008 年 5 月,第 92 頁。
② 徐静波:《幕末与明治时期日本人的上海认识》,《外国问题研究》,2011 年第 3 期,第 34 页。
③ 关于"壬戌丸"具体参数和购买价格,可参见北正巳:「19 世紀後半の大英帝国と日本——海洋技術移転の一研究」,『創価経済論集』(第 32 巻),2003 年 3 月,第 34 頁。
④ 癸亥丸,1863 年长州藩从英方购买,和"壬戌丸"一样以干支纪年命名。"长州海军有丙寅、乙丑、癸亥、庚申、丙辰等五艘军舰。"(野口武彦:『長州戦争 幕府瓦解への岐路』,中央公論新社 2006 年,第 207 頁。)根据作者对 1866 年第二次长州征讨战的记述,可知"癸亥丸"在 1865 年并没有被卖掉。
⑤ 三好昌文:「幕末期宇和島藩の動向(11)伊達宗城を中心に」,『松山大学論集』(第 12 巻第 4 号),2000 年 10 月,第 134 頁。

丁日昌。但由于长州藩一行行踪不明,加之当时日中尚没有条约关系,最终调查无果而终。使团在上海逗留十天,于4月29日再乘"北京号"踏上归途。长州藩卖"壬戌丸"而购置枪炮之事,也成为幕府第二次"长州藩征讨"的口实之一。笔者没有收集到此次出使上海的相关游记资料。

(四)搭乘"恒河号"上海行

时间是1867年,日本庆应3年,清同治六年。2月15日(庆应3年一月十一日),使节团在名仓予何人的率领下搭乘英船"恒河号"从横滨出发。使节团由来自浜松藩和佐仓藩的9名藩士组成,2月19日到达上海并逗留至3月16日。根据名仓的游记,此次使团游玩的气氛较浓。岸田吟香曾到名仓处交游,气氛异常轻松。3月17日,名仓前往南京,后又返回上海并于5月5日(四月二日)启程返航。关于此行的目的并不明确。"关于工作的内容已是无法弄清之事。"①

幕末日本遣使上海留下了大量的上海游记,除此之外,还有如岸田吟香等个人的上海居留日记,都为呈现当时的清末上海形象提供了有价值的史料。而进入明治,尤其是1871年《中日修好条规》签订后,日本人开始更多地出现在了上海。

二、明治日本在清末上海的居留民状况

根据统计,在明治时期(1868—1912)很长时间内,上海都是日本人在中国最集中的居留地。②"从明治元年到明治十四五年,居留上海的日

---

① 春名徹:「過渡期の一知識人における異文化接触の意味——名倉予何人の場合」,『調布日本文化』(11),2001年3月,第51頁。
② 根据副岛圆照的统计,1899年居留上海的日本人为639人,1892年为896人。这一数量在甲午中日战争后,尤其是在日俄战争后有了大幅度的提升,1906年达到5825人。之后数量不断上升,1909年为8057人是明治期的最高数字。但也正是在1909年,居留上海的日本人数量少于了奉天(9823人)。详见副島円照:「戦前期中国在留日本人人口統計(稿)」,『和歌山大学教育学部紀要 人文科学』(第33集),1984年,第9(第1表)、10、24(第2表)頁。下文中出现的1893、1896、1899、1905、1906年的在上海日本居留民的数量,均源于该论文第24页第2表。

本人数量有十人乃至百人,每年有五六人左右的增加。并且不论是何时代,大凡男性占三分之一,而女性占三分之二。男性大多数还是从事杂货、陶器、小百货的商人,其次是商社职员,再次是官吏。女性则十之六七从事对外国人的性交易。"①池田桃川在《上海百话》中对居留上海的日本人的数量、性别比例和从事职业做了述说,虽然数量仅给出了一个很不准确范围。②《中日修好条规》不承认在中国日本人的"治外法权",不包含"最惠国条款",并且禁止日本人携带武器。这些规定在一定程度上对进入中国的日本人数量起到了限制作用。但随着日本领事馆的设立及企业的进驻,日本人数量还是逐渐有了增加。1872年,日本在上海正式设立日本领事馆(升格为总领事馆是在1891年);1875年,日本三菱商会开通横滨至上海的定期航路;1877年,日本三井洋行在上海开设分店;1876年,日本净土真宗在上海开设分院。这些都发生在池田桃川所述"明治十四五年"(1881、1882)之前。"1887年,日本居留民数量达到二百五十余人"③,1890年有可查数据为644人(男339人、女305人)④。1893年为866人,甲午中日战争期间多数日本人返回日本,战后1896年

---

① 池田桃川:『上海百話』,日本堂1923年,第1—2頁。
② 按,关于在上海日本人男女比例和女性所从事行业,在冈千仞《观光纪游》的"沪上再记"部分中有所言及。"吴书记来话,曰邦人寓此者,妇女逾其半,皆言间买嚥笑者。公署嫌其秽行,设法防之。而此辈概因缘外人,非三尺所能防云。"(岡千仞:「観光紀遊」,小島晋治監修:『幕末明治中国見聞録集成』(第二十卷),ゆまに書房1997年,第245頁。)又,高桥谦在《支那时事》记述:"贱业者大抵自长崎、神户、横滨等地渡海而来,从事卖淫抑或赌博等贱业。此等人,勿说国体,连自己脸面都不顾。故而已为外人及支那人等所摈斥。"(高橋謙:「支那時事」,小島晋治監修:『幕末明治中国見聞録集成』(第三卷),ゆまに書房1997年,第103頁。)并极力表达了希望日本政府应尽快改变这一状况的愿望。又,胡祥翰在《上海小志》中对高桥所言日本人所从事"贱业"者及其处理有所言及。"光绪初在虹口及四马路一带有所谓三盛楼、开东楼、玉川品香社、登瀛阁诸名目,皆日本茶社也。执役其中者,均为彼邦二八妖姬,高髻盘云,粉妆替雪,亦觉别饶风韵。入其中者,费茶资银二角,春浮螺碧,板拍红牙,索笑调情,了无愧意,故少年寻芳者趋之若鹜。继则,遍设法租界借小东门等处。迨后,彼邦不欲留此污点于上海,始由日领事宫川品君迫其停业回国云。"(转引自顾炳权编著:《上海风俗古迹考》,华东师范大学出版社,1993年,第411页。)
③ 高綱博文:「「国際都市」上海のなかの日本人」,研文出版2009年,第30頁。
④ 『上海新報』(第一号)(五)(1890年6月5日),修文書館:『上海新報 復刻版』(第1巻),不二出版2011年,第15頁。

的 773 人仍少于战前。伴随原居留民的返回和新渡海而来的日本人的增加,1899 年突破千人,达到 1088 人。这种慢慢增加的状况伴随日俄战争的爆发和日本的获胜有了巨大改变。1905 年居留上海的日本人数量达到 4331 人,翌年达到 5825 人。甲午中日战争中日本战胜,中日签订《马关条约》,日本不仅获得了领事裁判权和租界设定权,更获得了资本输出的权利。但当时日本并不具备充分的资本输出的能力,因此,甲午战后日本所获得的这些权利并没有立刻显现作用,也没有带来进入中国日本人数量的显著变化。日俄战争后,日本开始扩大对中国的资本输出,以纺织业为代表,包括制粉、机械、榨油等方面的日本资本正式进入上海。伴随贸易的扩大,在上海设立分店的日本有实力的企业增多。由此而来,日本与上海之间人员往来以及在上海的日本居留民数量都急剧增加了。

在这样的历史背景下,日本人对上海的关注增多,往返于日本和上海之间、又或者居留于上海的日本人,把其对上海的观察和在上海的体验记录下来,便成为考察清末上海形象有价值的史料。上海形象承载在出入上海港的一船一舰上,承载在县城、租界的一街一道、一店一铺上,承载在华洋官民的一言一行上。接下来从第二节开始,笔者将透过幕末明治中国游记中上海篇章的解读呈现清末上海的具体形象。

第二节　港口繁盛　海防凄凉

一、吴淞港及至黄浦港一路

日船要进入上海黄浦港,先在吴淞停泊,租到领航船并在其引领下方能继续前行。关于此段水路的情形及其航行方法,幕末明治游记多有记录。日比野辉宽在《赘肬录》记吴淞江情形,"此处水深,锚链二十四寻[①],

---

[①] 寻:中文应为"庹",此处译者依日文原字。日本惯用长度单位。1 寻为两臂左右平伸时双手指尖间的长度。也用于表示水深。1872 年(明治 5 年)起规定,1 寻相当于曲尺 6 尺,约合 1.8 米。也用作水深单位,与渔网等水产用品相关时,1 寻相当于曲尺的 5 尺,约合 1.5 米。

江之宽十余里①。四面皆船,其数几百千。问此江名,答曰吴淞。"②又记"千岁丸"到达吴淞江是在 6 月 2 日(文久 2 年五月五日)。虽"时值中午",但"千岁丸"选择在此抛锚而不是继续前行。峰洁在《清国上海见闻录》中,记其理由为,"江底浅,且有其水脉,若不借助蒸汽拖船则难以逆流而上"③。"健顺丸"纪行《黄浦志》也可见其原因。"洋子江(the son of the Ocean's River)口至凡三十里洋面,海水黄浊,随靠近江口,诸岛棋布,又处处暗洲,实令船客苦恼。"又记解决方法,英国常设领航船三艘,"每船搭乘引水员④十人,若招此船,以前樯悬挂红白旗示之。"⑤这与日比野所记解决办法基本一致,"未时下,兰人驶船至,乃兰馆之使者。又来唐船二艘,其一为引水员之船。我船至江口时,于桅杆挂一小旗,乃招示引水员来船之举。故而与来者相约明日入港。"⑥二者所记唯领航船归属不同。名仓予何人记"千岁丸"于 7 月 31 日(文久 2 年七月五日)离开黄浦港归途至吴淞时的情形,也可以印证以上情形。"有英人所著之黄江之密图,水之深浅,舟路之便宜,记之甚细,然时有暗沙之变幻,是以兰人雇佣熟知上海水路之人,至吴淞。"⑦可见,其时从长江吴淞口之黄浦江上海县城的黄浦港,一则由于溯江而上,二则由于水浅,以及暗洲的存在和暗沙的变幻,需要领航员的引导和蒸汽船的拖曳。

---

① 按,此处"里"为日里。日里:日本距离单位。1891 年(明治 24 年)日本加入《米突公约》后,规定 43.2 公里为 11 日里,1 日里约为 3.927 公里。以下游记译文中若无特别注明,"里"皆指日里。
② 日比野辉宽:「贅肬錄」,小島晋治监修:『幕末明治中国見聞録集成』(第一卷),ゆまに書房 1997 年,第 62 頁。
③ 峰潔:「清国上海見聞録」,小島晋治监修:『幕末明治中国見聞録集成』(第十一卷),ゆまに書房 1997 年,第 25 頁。
④ 引水员,即领航员。
⑤ 山口錫次郎:「黄浦誌」,新村出:「元治元年に於る幕史の上海視察記」,『商業と経済』第五年第二册,1925 年 2 月,第 148 頁。
⑥ 日比野辉宽:「贅肬錄」,小島晋治监修:『幕末明治中国見聞録集成』(第一卷),ゆまに書房 1997 年,第 62 頁。
⑦ [日]名仓予何人:《海外日录》,皮细庚译,载冯天瑜:《"千岁丸"上海行——日本人 1862 年的中国观察》,商务印书馆,2001 年,第 435 頁。

1885年,黑田清隆到上海,通过列举数据,比较详细地记下了吴淞口情形。"江中各处有浅滩等,加之潮流甚急,并且,吴淞炮台近旁之平常小潮仅高五尺半,若非吃水十五尺以下之船舶,断难航行。大潮时,则在吴淞灯船近旁潮高可达十二尺余,吃水近二十尺之大船亦能航过此处而得以进入内江。"黑田还在著作中指出,"应依据引水规则雇佣引水者,以托其向导航路。"并在文中抄录了"同治十二年①所定引水总章并上海分章"②。黑田所抄记的引水规则是1867年制定、试行并于1868年修订、实施的《各海口引水总章》,以及1868年制定实施的《上海分章》。《总章》第一款写道,"凡各口应定之分章及定明引水之界限,并应用引水者若干名,其引水各费一切事宜,均应由理船厅准情酌理,约与各国领事官并通商总局,妥为拟定。"③日本幕末使节团所看到的引水船(1862的"唐船",1863年的"英国航船")和引水员虽已存在,但都还在章程订立之前,而这和进入明治(1868—1912)之后来到上海的日本人所看到的是有根本不同的。清末《各海口引水总章》及各分章的制定,在表面上只是确立起了一个较为完整的、全国性的引航管理体制。但是,由于章程是由担任海关总税务司的英国人赫德主导、在西方列强控制下制定的,实质上

---

① 按,黑田清隆记章程的制定时间为"同治十二年",即1873年,这与实际时间不符。《中外旧约章汇编》中王铁崖标注的日期是"一八六八年十一月三日,同治七年九月十九日"(王铁崖编:《中外旧约章汇编》(第一册),生活·读书·新知三联书店,1957年,第264页),但在此条注释部分写有"本章程的订立日期未查明,暂以英国公使同意的日期为订立日期。"(王铁崖编:《中外旧约章汇编》(第一册),生活·读书·新知三联书店,1957年,第268页)一句。又见,"1867年4月26日,赫德以总税务司的名义,向全国海关系统发布通告,宣布该章程从1867年10月1日开始试行。一年以后,根据在各港的试行情况,赫德又对它作了修订。修订后的章程经总理衙门照会英、法、俄、美等国公使,取得他们的同意后,于1868年11月25日颁行各省执行。……上海港在总章修订的当年就颁行了引水分章。"(李恭忠:《〈中国引水总章〉及其在近代中国的影响》,《历史档案》,2000年第3期,第105—106页。)可见,引水总章和上海分章的颁行实施时间应该是在1868年(同治七年)。
② 黑田清隆:「漫遊見聞録」(上),『明治シルクロード探検紀行文集成』(第7卷),ゆまに書房1988年,第208—209,211頁。
③ 王铁崖编:《中外旧约章汇编》(第一册),生活·读书·新知三联书店,1957年,第264—265页。

这是中国完全丧失引水权这一主权权利的开始。由此,在明治游记作家眼中上海港的引水员慢慢就不再有中国人的身影了。①

幕末"千岁丸""健顺丸"为使节团行为,故而必须整体行动,在以后的明治游记中,亦有选择乘坐领航船或其他船只直接前往上海的情况。如1884年的冈千仞在船至吴淞后,"自此至上海,半日程。以潮涸碇泊。小轮船来迎"②。1908年的小林爱雄,"(12月)25日早晨9时,离开停泊于吴淞的轮船,乘领航船逆长江入海口而上到达上海"③。又如1909年的竹越与三郎,"上午十时,入扬子江,因退潮不能溯航上海,故止于吴淞口。乘小蒸汽船入上海"④。另外,从吴淞至上海还可以选择在吴淞上岸,然后通过陆路前往上海,但在明治游记中鲜有采用这一路线的记录。虽然有存在于1876至1877年的吴淞铁路,但并未发现明治游记中有通过该铁路前往上海的记录。后来建成的淞沪铁路也只是在游记中出现,并未见搭乘的记录。在1898年游历上海的中村作次郎的记述中有"吴淞至上海之铁道,今正在施工之中。"⑤一句。中村看到的修筑中的铁路便是"淞沪铁路",自上海至吴淞炮台湾,1898年1月至12月期间修筑完

---

① 按,"为了排斥中国引水人起见,一八五九年十二月二十三日,英、美、法三国领事又联合签署《上海外籍引水人管理章程》。章程内容与一八五五年的《上海引水章程》基本相同,另外又加上外籍引水人只引领外国船舶,不引领中国船舶,中国船舶由中国人引领的规定。"由于"引水本来是用于外国船的,中国船根本就无须引水引领。所谓中国船由中国引水人引领完全是排斥中国引水人的计谋。"(尚刚:《上海引水史料》,《学术月刊》,1979年第8期,第72页。)又,"1868年,上海港的55名引航员中,中国人还有15名,到1889年就只有4名,1896年则只剩下2名,至1900年只剩下张玉1名。1903年,在外籍引航员和上海港务长的压办下,张玉被迫退休。此后,从1903到1928年,25年时间里,上海港竟然无一位中国籍引航员在执业。"(李恭忠:《〈中国引水总章〉及其在近代中国的影响》,《历史档案》,2000年第3期,第106页。)
② 冈千仞:「观光纪游」,小岛晋治监修:『幕末明治中国见闻录集成』(第二十卷),ゆまに书房1997年,第28页。
③ 小林爱雄:「支那印象记」,小岛晋治监修:『幕末明治中国见闻录集成』(第六卷),ゆまに书房1997年,第254页。
④ 竹越与三郎:『南国记』,二西社1910年,第20页。
⑤ 中村作次郎:「支那漫游谈」,小岛晋治监修:『幕末明治中国见闻录集成』(第三卷),ゆまに书房1997年,第320页。

成,共 16.1 公里。淞沪铁路还出现在 1910 佐藤善治郎的游记中,在其船进入吴淞港时记述道,"河附近有铁道,可以看见有火车往返于此地与上海间。"①

由于船舶多要在吴淞口停泊以待领航员和拖船,这就给了船客观察记录吴淞口的时间。这些记录承载着三个方面的信息,一是吴淞口两岸光景,一是吴淞口停泊船舰情形,一是作为海防重地的防务情况。"五月五日,天晴,风顺,船驰如矢,忽至吴淞江,吴淞江乃洋子江中小名也。观望两岸,相隔三四里计,四面茫茫草野,更不见山。外国船唐船皆碇泊,樯花如林。此地尝支那人与英人战争之地,故人家尽,至吴淞江口,北岸尽炮台,炮台以土泥造之,此边昔时为英人所夺,故人家殆尽云。"②"此称吴淞江之处,于入海口建有土堤。唐渔舟之外亦有四桅之唐舟,数量极多,异邦之舟亦是舟楫相连。"③"吴淞帆樯林立,两岸处处可见村落。南岸长堤凹凸,炮台并列,此处为大江与黄江合流之处"④。"南岸炮台相连,成凸凹之形,觉其坚固为要地,然未备大炮。船长云,此炮台二十年前备有大炮且房屋鳞次栉比。当时,英人欲至上海港,因此防而未得。故放火烧尽人家,夺去大炮,故今只存炮台也。"⑤在停泊吴淞口各种舟船数量众多这一点上,各种记录是一致的。而在两岸情景的描写上则有些不同。高杉晋作和日比野辉宽的记录大意一致,形容凄凉,如"人家殆尽""烧尽人家"等。而名仓予何人则言"两岸处处皆村落",虽不能由此

---

① 佐藤善治郎:「南清紀行」,小島晋治監修:『幕末明治中国見聞録集成』(第十八卷),ゆまに書房 1997 年,第 40 頁。
② 高杉晋作:「遊清五録」,東行先生五十年祭記念会編:『東行先生遺文』,民友社 1916 年,「日記及手録」,第 75 頁。(此部分,原稿即是汉文撰写,仅作句读和错别字之改动。)
③ 松田屋伴吉:「唐国渡海日記」,小島晋治監修:『幕末明治中国見聞録集成』(第十一卷),ゆまに書房 1997 年,第 54 頁。
④ [日]名仓予何人:《海外日录》,皮细庚译,载冯天瑜:《"千岁丸"上海行——日本人 1862 年的中国观察》,商务印书馆,2001 年,第 416 页。
⑤ 日比野辉宽:「贅肬録」,小島晋治監修:『幕末明治中国見聞録集成』(第一卷),ゆまに書房 1997 年,第 52 頁。

说人烟繁盛,但至少是不那么凄凉的。高杉和日比野记录其所述内容来自传闻,日比野述及其言是听"船长"说的,或许不是他们对当时情景的视觉观察。如果把名仓在"千岁丸"归途时"吴淞又一都会之地,人烟颇为稠密"的记述,与"两岸处处皆村落"关联在一起来看,名仓的记述应该来自其对当时吴淞口两岸情景的观察,而更接近真实。"至吴淞,万家簇拥,炮台盛土砂,屹然壁立。"①虽然冈千仞到上海已是"千岁丸"之行的22年后,但也可以对名仓的记录起到一点印证的作用。

二、吴淞炮台

关于吴淞炮台,高杉晋作记"北岸尽炮台,炮台以土泥造之",名仓予何人记"南岸长堤凹凸,炮台并列",日比野辉宽记"南岸炮台相连,成凸凹之形,觉其坚固为要地,然未备大炮。"高杉说"北岸"炮台,而名仓和日比野却记为"南岸"炮台,其故何在?《"千岁丸"上海行——日本人1862年的中国观察》中制有"1862年的上海示意图"②,此图标出"炮台"一处,位于吴淞口之北;日比野辉宽的"黄浦之图"③标出"炮台"一处,位置则在吴淞口之南。吴淞镇,清朝属于江苏省宝山县,位于长江和黄浦江的交汇处,称"吴淞口",棋镇江海二路,位置十分重要。"是吴松江者,为上海门户,西为苏、常藩篱,备吴松即所以备上海,备上海即所以备苏、常也。"④吴淞在地理位置上对于海防十分重要,吴淞炮台的修筑亦源于此。但是,查阅《宝山县志》后发现,记载中并没有"南岸""北岸"炮台之说,而

---

① 冈千仞:「観光紀遊」,小岛晋治監修:『幕末明治中国見聞録集成』(第二十卷),ゆまに書房1997年,第29頁。
② 见冯天瑜:《"千岁丸"上海行——日本人1862年的中国观察》,商务印书馆,2001年,目录后正文前插图页。
③ 日比野輝寛:「贅肬録」,小岛晋治監修:『幕末明治中国見聞録集成』(第一卷),ゆまに書房1997年,第65頁。
④ (清)顾祖禹:《读史方舆纪要·卷二十四·江南六》,乐天出版社,1973年,第一部《直隶》第六册,第24页。

只有东炮台、西炮台之说。① 可见"南岸""北岸"只是由东向西而来的"千岁丸"使团成员对炮台所做的方位指定。"西炮台在宝山县城南面,吴淞镇北面,距离两地均约三里。原名杨家嘴,现则称为炮台湾。东炮台在杨家嘴北首的对岸,原名宝山湾,也就是现在浦东高桥附近。"②结合冯天瑜著作制图和日比野辉宽所画示意图分别标出的炮台位置,大致可以断定高杉所言"北岸"炮台应是西炮台,名仓和日比野所记"南岸"炮台则应为东炮台。对于日比野所言炮台"无大炮"的描述,可以从《宝山县续志》中找到解释。"东炮台……旧址在高桥……周十六丈,高一丈五尺,用砖甓建,因防海盗而设。道光后海防之局变,兵备集重于西岸,斯台逐成废垒。"③吴淞口如此重要的地理位置,却只见炮台而无炮,海防之空虚令人倍感凄凉。

三、黄浦港

1863年6月3日(文久2年五月六日),"千岁丸"在蒸汽船的拖曳下,从吴淞口入黄浦江,驶向上海港。黄浦两岸景象与上海港之繁盛可见于诸游记。《赘肬录》记录如下:"自停泊处盖行十余里,既有亚国④之商馆,美丽广大之极。其馆前有蒸汽船,此亦广大。船又南行,两岸之村落、树木与我国无异。田地之间,细麦青青,牛游堤上,又屡见晾晒渔网者。其形乃我国扳罾网之类,虽无甚特别,但观之亦觉其雅致。船驶向西南,且江之宽窄不定,已去港口不远。各国商馆相连,停泊之船,数量之多无可比拟。南面连樯林立无尽外。千岁丸行于各国船间十余里,于离岸里余处下锚。水上舟船满了江面,陆上房屋鳞次栉比,实乃繁盛之

---

① 详见(清)梁蒲贵等修、(清)朱延射等纂:《宝山县志(二)·兵防志》,成文出版社,1983年,影印版。"西炮台"见于第538页,"东炮台"见于第541页。
② 任晓初、刁一云:《吴淞东、西炮台地理位置辨析》,《历史教学》,1986年第9期,第62页。
③ 吴葭修、王钟琦纂:《江苏省宝山县续志·附再续志新志备稿(二)》,成文出版社,1970年,第548页。
④ 亚国,指美国。

地矣。"①《游清五录》所记亦大致相同。"蒸汽船来,引本船左折溯江。两岸民家风景与我邦无异,右岸有米利坚商馆……午前渐到上海港。此支那第一盛津港。欧罗波诸邦商船军舰数千艘碇泊,樯花林森,欲埋津口。路上则诸邦商馆粉壁千尺,殆如城阁,其广大严烈,不可以笔纸尽也。"②可见,当时上海黄浦两岸之风景与民居,与幕末日本无异。但西方列强所建领馆、商馆之壮观,上海港停泊各国商船数量之巨大,都深深震撼了"千岁丸"使团。"上海在港可有百艘之多,而唐船亦有万艘之巨,着实出乎意料之外。"③"出至江滨,帆樯林立,前岸不可望见。数万船舶泊于江中,绵亘我二里余,本港之繁盛,非吾浪华④可比也。"⑤"港内者商舶军舰,大小辐辏,帆樯之多不知几千万云。就中英船最多,但支那船之多本不待言。右岸,西洋诸国之商船栉比,极为壮观,实为支那诸港中第一繁华之所,比之传闻犹有过之。同舟诸士中有两人曾于前年赴美利坚,据其所云,比之美利坚之华盛顿、纽约,其繁华犹远胜之。"⑥清末中国上海港非日本大阪港所能比,又与华盛顿、纽约相比不落下风,更是彰显了清末上海港的繁盛。

1864年,日本幕府第二次遣使上海的"健顺丸"之行,也记录了上海港的情况。"上海港即在黄浦 Hwangpoo(Whangpoo),去县城仅数步,民户数千,山积星罗,海舶帆樯如林,实可谓支那五港中之盛港也。此地昔日为长毛贼侵夺所占也,西历千八百五十六年(我安政五年),支那政

---

① 日比野辉宽:「贅肬録」,小岛晋治监修:『幕末明治中国见闻录集成』(第一卷),ゆまに书房 1997年,第63—64页。
② 高杉晋作:「遊清五録」,東行先生五十年祭记念会编:『東行先生遺文』,民友社1916年,「日记及手録」,第75—76页。(此部分,原稿即是汉文撰写,仅作句读和错别字之改动。)
③ 中牟田仓之助:「文久二年上海行日記」,春名徹:「中牟田仓之助の上海体验—『文久二年上海行日記』を中心に」,『国学院大学纪要』(第35卷),1997年3月,第73页。
④ 浪华:大阪市附近的古称。除"浪华"外,还有"难波""浪速""浪花"等表记。
⑤ 名仓予何人:「海外日録」,小岛晋治监修:『幕末明治中国见闻录集成』(第十一卷),ゆまに书房1997年,第104页。
⑥ [日]名仓予何人:《海外日录》,皮细庚译,载冯天瑜:《"千岁丸"上海行——日本人1862年的中国观察》,商务印书馆,2001年,第435页。

府借法军之力征讨之,遂又得复原样。"① 自那以来,通商稍盛,人心稍和。时至当今,港内已无立锥之地,大凡此港之繁盛,皆英法之力也。故道台议港内之事,必先谋于英法,英法不听则勿能施行。此港内之权,实不在道台而在英法也。"②在对上海港繁盛的描述上,与一年前"千岁丸"之行相比,有过之而无不及,但其对把上海港的繁盛说成"皆英法之力"则是"千岁丸"之行游记所不见的。另外,从该记述可见,治理港口之权实属英法的原因之一在于清政府借洋人之力灭太平天国之兵,由此受英法"恩惠"而必须"报恩"。

在明治游记中,对上海港繁盛的描述也非常多见。1873年小栗栖香顶记上海港,"两岸洋馆列峙。清国军舰数十艘,及英俄米佛诸国船舰碇泊。其余船艇,不知其几千艘。帆樯林立,汽笛浏亮,往来不断,真是东亚第一大埠"③。1884年冈千仞到上海,记上海为"西连长江,负苏杭,东南控闽越,万舰旁午,百货辐辏,为东洋各埠第一"④。高桥谦在同一年所记上海港,"广阔壮观之工场、巨大之船舰以及巍巍高楼大厦皆触及我耳目,其繁华热闹之光景,立刻让我觉得上海的确为东洋第一之良港"⑤。1895年10月到上海的高柳丰三郎对比十年前自己所见写到,"余曾十年前游览此地,与当时相比,滔滔黄浦江之浊流依然如故,而其岸上情况却已全然不同。船舶出入、货物集散自不待言,如曾是茫茫平原之虹口、浦东等沮洳之地,今亦是巍然大厦高楼相接,各种制造所之烟囱猛然向天

---

① 按,此处原文存在错误。文中所言安政五年应是1858年,所言太平天国军第二次进攻上海失败应该是1862年,而非文中所说安政五年。
② 山口锡次郎:「黃浦誌」,新村出:「元治元年に於る幕史の上海視察記」,「商業と経済」第五年第二册,1925年2月,第131頁。
③ 小栗栖香頂:「北京紀遊」,魚返善雄:「同治末年留燕日記(上)」,「東京女子大学論集」(第八卷第一号),1957年11月,第21頁。
④ 岡千仞:「觀光紀遊」,小島晋治監修:「幕末明治中國見聞錄集成」(第二十卷),ゆまに書房1997年,第23頁。
⑤ 高橋謙:「支那時事」,小島晋治監修:「幕末明治中國見聞錄集成」(第三卷),ゆまに書房1997年,第101頁。

喷出黑烟。东洋贸易之中心进而兼成工业之中心,此种壮观已呈现。于我自是吃了一惊。"①1898年,先游天津、北京再去上海的中村作次郎写道:"船到上海,发现和北京等地非常不同,好似来到了欧罗巴一样。江岸建有很多二层、三层的大的西洋馆。"②1900年村木正宪也记录了类似的感受,"观吴淞至上海间之景象,宛然如游欧洲"③。1906年,中野孤山描述上海港,"港内甚阔,碇泊及出入港之船舰之多者,实为东洋第一。港区为英、佛、米三国之居留地,房屋构造壮美,街道规模宏大,其美妙亦为东洋第一"④。1908年,股野琢游玩苏杭之后,乘船进入上海。记上海港情景,并作一诗。"舟愈进河愈阔,帆樯林立,船舰碇泊,不知其数。两岸巨屋层楼,连檐屹立,大壮人目。……申浦繁华胜所闻,埠头船舰簇如云。人言市况压香港,大厦康衢车马纷。"⑤"上海是东洋第一大港,经济中心,贸易额占支那全国一半以上。这种景象展现在眼前。两岸高楼大厦鳞次栉比。正面犹如大门之处,四栋四层大建筑巍然林立。刚想这是哪国的建筑,竟有如此威势,就听闻说是属于我国而欢喜雀跃。其中三栋属邮船会社,一栋是帝国总领事馆。日章旗迎风呼呼飘扬。"⑥1910年佐藤善治郎的记录中,重点似乎不在对欧美租界建筑的艳羡,更加关注了日本势力在上海的存在,并表达出深以此为傲的心情。

---

① 高柳豊三郎編:『清国新開港場商業視察報告書附回航実記』,名古屋商業会議所 1896 年,第 8 頁。
② 中村作次郎:「支那漫遊談」,小島晋治監修:『幕末明治中国見聞録集成』(第三卷),ゆまに書房 1997 年,第 321 頁。
③ 村木正憲:「清韓紀行」,小島晋治監修:『幕末明治中国見聞録集成』(第五卷),ゆまに書房 1997 年,第 83 頁。
④ 中野孤山:「支那大陸横断遊蜀雑俎」,小島晋治監修:『幕末明治中国見聞録集成』(第十七卷),ゆまに書房 1997 年,第 35 頁。
⑤ 股野琢:「葦杭游記」,小島晋治監修:『幕末明治中国見聞録集成』(第二十卷),ゆまに書房 1997 年,第 394 頁。
⑥ 佐藤善治郎:「南清紀行」,小島晋治監修:『幕末明治中国見聞録集成』(第十八卷),ゆまに書房 1997 年,第 41—42 頁。

四、黄浦港内的外国军舰

在上海港公然停泊着外国的军舰,上海的"繁盛"便是在这炮口之下形成的。"黄浦中,来泊蛮船百余艘。中有军舰十四五艘。且唐船以几千云,不知其数。帆樯之多,如万顷之麻。"①"正午时,至上海港口。遥远眺望,诸国商船集六百余艘,其桅如冬山之林。其中有火轮舟五六十艘,军船有二十余艘。"②"今日上海异国船入港,据消息灵通者讲,百十七艘船中有十六艘军舰。"③中牟田仓之助、纳富介次郎、峰洁于1863年6月3日分别言军舰"十二艘"、"十四五艘"、"二十余艘",松田屋伴吉又言6月7日进港军舰"十六艘"。虽然不能推算外国军舰的具体数量④,但停泊于上海港内异国军舰为数众多的事实是毋庸置疑的,再关联前述无炮之吴淞炮台,可知上海之海防是何等凄凉了。1864年"健顺丸"上海行也记载,"英法常于(黄浦)港中泊大船六艘,或贮兵器或贮兵粮云"⑤。英法于港内常驻储存着兵器、兵粮的军舰,也意味着上海随时都在其武力威胁的阴影之下。这也是《黄浦志》所说港内之权"实不在道台而在英法"的重要原因。1884年,冈千仞在上海港参观日本军舰,并记述"中法构难

---

① 纳富介次郎:「上海雑記」,小島晋治監修:『幕末明治中国見聞録集成』(第一卷),ゆまに書房1997年,第13頁。
② 峰潔:「清国上海見聞録」,小島晋治監修:『幕末明治中国見聞録集成』(第十一卷),ゆまに書房1997年,第15頁。
③ 松田屋伴吉:「唐国渡海日記」,小島晋治監修:『幕末明治中国見聞録集成』(第十一卷),ゆまに書房1997年,第57頁。
④ 冯天瑜认为,"日本以目测,估计外国军舰在14至20艘之间。"(冯天瑜,《同治元年日本人对上海社情的观察》,《学术月刊》,2002年第1期,第60页。)因其推测依据不包括中牟田仓之助《文久二年上海行日记》,只依据了其他三人所言及的数字,所以得出了这个结论。但是,即便不顾及中牟田所说的数字,考虑到三人所列数字并不是同日,且松田屋伴吉并非观察而是听闻的结果,况且松田屋伴吉所言是6月7日当日入港的异国船。加之,松田屋伴吉在其紧接记述有"据说当时入港之船不在少数,且提前停泊港内者有二百余艘。"一句,如此,便更说不清到底有多少艘船,而这当中又有多少军舰了。由此,冯天瑜做这样的数字推测,于依据而言是很不好说可靠的。
⑤ 山口錫次郎:「黄浦誌」,新村出:「元治元年に於る幕史の上海視察記」,『商業と経済』第五年第二冊,1925年2月,第131頁。

以后,各国发军舰,巡视中土各埠。军舰碇泊埠内,并我扶桑、天城二舰,凡八只。"①日舰在上海港停泊并注意观察中国海军的状况。"我邦军舰大炮操练,航海测量,不雇一外人。中土军舰,机关运转,一雇外人。一旦有事,各国中立,外人不敢致力,凡百机关,不可得而运转。"这是冈千仞所记日本海军少尉平野文夫的话,他根据中日军舰运转的对比对中国海军战力进行了推想,反映了一旦有事时上海海防可能出现的危机。平野文夫说日本扶桑舰进入吴淞口时鸣炮二十一响,"祝皇帝之寿"。因为"凡军舰有军礼,吉凶节时,互通使问,符号约规,各国一律。"但是,当时吴淞炮台却是没有鸣炮还礼。"遣人问故,不见一将校。见道台问是事,直曰'欧米军舰无行是礼者'。"平野文夫由此推测"中土不讲军礼,故各国亦外之也。"②吴淞炮台上"不见一将校",军舰训练又靠"外人"且不知"军舰之军礼",这再次暴露了上海海防的薄弱。西本愿寺僧众一行到达上海是在1899年2月11日。"因此日乃纪元节③,碇泊(于上海港)的本邦军舰'大岛''筑紫'皆悬挂满旗,以示祝贺之意。"④小林爱雄在1908年12月25日到达上海港。"渐近上海港,见很多军舰碇泊于此,其中有日本军舰四五艘。"⑤佐藤善治郎在1910年8月3日到达上海港。"负责长江警备的帝国军舰宇治号(六二〇吨)碇泊于此,舰上士兵正在不停操练。此外,长江中还有伏见号(一八〇吨)、隅田号。在外国看到自己国

---

① 冈千仞:「観光紀游」,小岛晋治监修:『幕末明治中国见闻录集成』(第二十卷),ゆまに书房1997年,第32页。
② 冈千仞:「観光紀游」,小岛晋治监修:『幕末明治中国见闻录集成』(第二十卷),ゆまに书房1997年,第35页。
③ 按,日本以其神话传说人物神武天皇即位的2月11日作为其建国之日,1873年(明治6年)定为"纪元节",1948年(昭和23年)在战后占领军要求下废止。但在1966年,日本政府改其名称为"建国纪念之日",并于翌年作为日本国民假日施行。
④ 教学参议部编:「清国巡游志」,小岛晋治监修:『幕末明治中国见闻录集成』(第十四卷),ゆまに书房1997年,第143页。
⑤ 小林爱雄:「支那印象记」,小岛晋治监修:『幕末明治中国见闻录集成』(第六卷),ゆまに书房1997年,第254—255页。

家的军舰,愉快心情自是不同寻常。"①上海的海防,在甲午中日战争之后,随着列强对中国侵略的加剧而变得更加空虚和凄凉了。

清末上海港之繁盛,震撼了幕末日本使节团成员,但从其留下的记录可见,上海港繁盛的背后存在的百姓的艰辛和海防的凄凉。日比野辉宽的一首汉诗,较好地概括了这一情形,引录如下:

> 帆樯林立渺无边,终日来去多少船。
> 请看街衢人不断,红尘四合与云连。
> 忆从曾有大沽患,市利网收老狒奸。
> 休言上海繁华地,多少藩船捆载还。②

第三节　上海县城与上海租界的鲜明对照

岩仓使节团历访与日本缔结条约的欧美十二国的返航途中,于1873年9月2至上海停留三日。久米邦武在《米欧回览实记》中记有对上海租界和县城的整体印象。"河岸乃外国人之居留地,道路已修,屋宇宏壮。河中商船森布,桅樯簇簇,陆上垩壁皎皎,绿树列植,各国旗章翻飞舞动,不负东洋大贸易场之名。陆地内部有支那人之市街,中央筑沪城。城内乃殊为繁昌之域,然街路狭隘。"③1873年,时明治6年,日本幕末四次遣使上海,岩仓使节团对上海的观察虽是路过便览,但也有承前启后的意味,之后日本人上海游记中的华洋两界对比愈发鲜明。

---

① 佐藤善治郎:「南清紀行」,小島晋治監修:『幕末明治中国見聞録集成』(第十八卷),ゆまに書房1997年,第42頁。
② 日比野輝寛:「贅肮録」,小島晋治監修:『幕末明治中国見聞録集成』(第一卷),ゆまに書房1997年,第64頁。
③ 久米邦武編:「特命全権大使　米欧回覧実記　欧羅巴大洲ノ部　下」,博聞社1878年,第386頁。

一、上海县城

　　上海建镇于北宋末的1074年,建县于元初的1292年。"熙宁七年,设市舶提举司及榷货场,是为上海镇。……至元二十九年析华庭东北境地置上海县,此立县所自始也。"①而上海城池的建立则远在此后。"元建县后二百六十余年,犹无城,故前明倭寇数蹢焉。嘉靖三十二年,邑人顾从礼疏请建城,知府方廉始筑之。"②自上海建县到筑城之前的两百多年,很少遭受兵灾贼患。但自入明之后,倭寇开始入侵,到嘉靖三十二年(1553年)竟侵入县市,烧杀抢掠。倭寇时常侵扰,遍地烽火,筑城自固成为吏民的共同愿望。"上海县城周长九里,城高二丈四尺。城门共六座:东门为朝宗门,南门为跨龙门,西门为仪凤门,北门为晏海门,小东门为宝带门,小南门为朝阳门。水门有三座:肇嘉浜横贯县城,东西各置水门一座,方浜在小东门附近入城,也建水门一座。……城墙外围绕水濠,宽六丈、深一丈七尺。城墙和水濠勾划出一座齐整森然的古代封建城市堡垒。"③城池的建立,有效抵御了后来的倭寇入侵,上海市邑得以恢复往昔比较安定的生活环境。而展示在幕末日本人眼前的本为抵御倭寇而建的上海县城,经过鸦片战争后的开埠与当时太平军的进攻,已经大不同于以前。1860年至1862年,太平军曾三次进攻上海,攻占上海县城周围的广大乡镇。1860年(咸丰十年),"七月,闻上海欲失,幸守土官击退"。这是太平军第一次进攻上海城。1861年(咸丰十一年),"六月,闻得上海前月廿七日,贼匪犯境。廿八、廿九日,贼直逼城下离三里许。时城内薛抚台及各大官逃走,而刘知县率三百乡勇力与贼战,贼为之大退。前佛兰国与薛抚台索银五十万,犒赏夷军。薛未允,以故贼来夷人不理,其狡狯如此"。此乃太平军第二次进攻上海。1862年(咸丰十一年),"十二

---

① (清)应宝时等修:《同治上海县志　沿革》,卷一第二页,同治岁次辛未刊于吴门臬署。
② (清)应宝时等修:《同治上海县志　城池》,卷二第二页,同治岁次辛未刊于吴门臬署。
③ 郑祖安:《上海旧县城》,《社会科学》,1981年第3期,第145页。

月……廿三日上洋告警,贼兵离城三里,城内居民铺户俱移至夷场,以为护卫"。① 此为太平军第三次进攻上海。太平军进攻上海,对上海造成影响是多方面的。如经济方面,体现在物资紧张造成的物价上涨;军事方面,英法以防卫之名进入上海县城,控制了县城的防务;人口方面,外地人群,主要是大量难民的涌入。而这些影响也清晰地展现在幕末来到上海的日本人面前,并通过日本人的视角,留存在了幕末上海游记之中。

(一) 街道及环境

幕末上海游记中对于上海租界的描述较少,除了如上所述和上海港联系在一起进行的描写外,还有少数在整体上进行的记述。如在名仓予何人的《中国闻见录》中有如下记述:"上海夷场(居留地)甚为广袤,屋宇结构宏丽之极,其数不知几千百屋。(夷场在城北。)""夷场中各国买地,犬牙相接。其分界之处有石标,以汉字题某国某馆之界。"②而游记中对于上海县城、城内状况及城边的记述很多,较为集中的关注了"市肆""街路""房屋"等。幕末上海游记最大组成部分是1862年日本"千岁丸"上海之行的纪行文。虽然,使节团是一个整体,但组成人员却存在着藩属、身份、文化背景乃至出行目的等诸多差异,这在其游记中有所体现。高杉晋作所著《游清五录》中就包含《内情探索录》的部分,显示出其幕末武士强烈的藩属意识。而如"我是个读书并喜欢兵法的书生,不愿意和俗人交往,因此同行的人中有许多人都不认识。"③的阐述,很好地体现了使节团中成员的差别。如中牟田仓之助通晓英文,"长于西洋学,对夷人索问诸事。"④在诸游记中,以日本纪年、西元纪年而且明确标出星期几的日

---

① 南京大学历史系太平天国研究室编:《江浙豫皖太平天国史料选编》,江苏人民出版社,1983年,第114页,第119页,第122页。
② [日]名仓予何人:《中国闻见录》,陈婕译,载《1862年上海日记》,中华书局,2012年,第358页,第359页。
③ [日]高杉晋作:《游清五录》,阎瑜译,载《1862年上海日记》,中华书局,2012年,第196页。按,本句未能在《东行先生遗文》收录的《游清五录》中找到原文。
④ 納富介次郎:「上海雜記」,納富介次郎,日比野輝寬:『文久二年上海日記』,全国書房1946年,第12—13页。

记只有中牟田仓之助的《文久二年上海行日记》①。这些差别使得他们对清末上海观察多有共性的同时也存在着个体差异。

峰洁通过自己的观察和与当地人交谈,记述了上海县城的街道、住户、人口等基本情况,摘抄如下:

> 城内除官府、庙堂外,多是店肆。街路极窄,宽一间②许,往来甚为混杂。其中亦有两三町③无店肆之小街。因而问曰:此近巷市井乎?抑官人所居乎?答曰:此处市井多而官居少。现因避难者多,杂处不分。又问曰:巷中无店肆者,以何事为产乎?曰:凡店肆皆在大街之上,小巷中无店者其所居之人大半是店肆眷口也。房屋皆二层,屋顶以瓦葺,楼下地面铺有木板或砖,与我长崎唐馆之房屋无异。……问曰:城中纵横街道几条?答曰:纵街四条,横街三条,而小街不在。又问曰:城中户数若干?答曰:大约以万计。后详问得知,户数一万二千余,人口三万六千余。然而,近来避贼难而来者众,其数无法辨明。④

"宽一间许",也就是说上海县城内的小街巷多是在两米左右,"街路极窄"。街道之窄是伴随居住者的增多而来的。明嘉靖《上海县志》记载上海县城内"坊巷"有包括三牌楼街、四牌楼街在内的 12 条,60 余年后的明万历《上海县志》记载"坊巷"只增加了一条,名为"瞿家湾"。但进入清

---

① 按,在"千岁丸"上海行相关游记中,注意到欧美人习惯的"星期"概念的除中牟田仓之助外,还有一人是商人松田屋伴吉,如"五月十一日 晴天 今天是星期天,为工作休息日。"([日]松田屋伴吉:《唐国渡海日记》,阎瑜译,载《1862年上海日记》,中华书局,2012年,第261页。)
② 间:日本长度单位。1891年(日本明治24年)根据度量衡法决定作为尺贯制长度单位,把1间定为6尺(约1.818米)。1958年(日本昭和33年)以后废止,不再作法定单位。
③ 町:日本度量衡长度、面积单位。1891年(日本明治24年)日本加入《米突公约》后,作为长度单位,规定1.2公里为11町,1町约109.09米;作为面积单位,规定120公顷为121町,1町约为0.991735公顷,即约9917.35平方米。此处用作长度单位。
④ 峯潔:「清国上海見聞録」,春名徹:「峯潔の上海経験:〈船中日録〉と〈清国上海見聞録〉」,『調布日本文化化』8,1998年3月,第87頁。

朝后,尤其是康熙二十四年(1685年)废除"海禁"之后,上海由于河海交汇的便利交通,贸易往来频繁,商业日益繁盛,县城内人口集中,楼宅相连。清康熙《上海县志》所载上海县城街巷达25条,近明万历时一倍之多。而在上海开埠以后,四方汇聚,上海县城内大建房屋,街巷相应增加。清同治《上海县志》记载上海县城街巷已有近80条之多了。相同的空间内,居住者增多带来的建筑增多,由此窄小的街巷也就增多了。幕末游记中对上海县城街道的记录除了"窄"外,还集中在"脏"上。"城郭与我国大不同。市肆万余,但城内市街甚窄且颇为肮脏。"①"上海城中粪土草芥满地,泥土埋足,臭气穿鼻,其污秽无可言状。"②"上海市坊通路之污秽无法言说。就中小衢间径,尘粪堆积,无处踏足。人亦不清扫之。"③"出书坊,天降雨,路难行。城内市街皆铺石,但行人多,故两脚污泥。"④虽然城内以石铺路,但十分脏乱,达到了无法言说的程度。峰洁不解上海城内污秽的原因,便寻问当地人,得到如下回答。"以前不洁不至如此,因夷人来住后上海繁昌,道路之不洁才至此状。土人耽于眼前之利,专事日佣而不重农业。不净之物不用以肥田而弃之,自然成了路旁之秽物。"⑤这个解释体现了上海开埠以后西方列强对上海本地产业结构的影响,当地人弃农业而"专事日佣",所以原来用作肥料的粪便等便成了污染街道的重要原因。这体现了当时人们的一种认识,有一定的道理。不管原因如何,多数幕末明治上海游记中,上海县城形象一直是街道狭窄、

---

① 日比野輝寬:「贅肮録」,納富介次郎,日比野輝寬:『文久二年上海日記』,全国書房1946年,第60頁。
② 峯潔:「清国上海見聞録」,春名徹:「峯潔の上海経験:〈船中日録〉と〈清国上海見聞録〉」,『調布日本文化化』8,1998年3月,第87頁。
③ 納富介次郎:「上海雑記」,納富介次郎,日比野輝寬:『文久二年上海日記』,全国書房1946年,第7頁。
④ 日比野輝寬:「贅肮録」,納富介次郎,日比野輝寬:『文久二年上海日記』,全国書房1946年,第73—74頁。
⑤ 峯潔:「清国上海見聞録」,春名徹:「峯潔の上海経験:〈船中日録〉と〈清国上海見聞録〉」,『調布日本文化化』8,1998年3月,第87頁。

环境肮脏、往来混杂的。

但是,在同样来自"千岁丸"使节团的名仓予何人笔下,上海县城却是另外一副模样,"雅致""壮丽"而与"江户无异"。"余闻之,在城里者为老街,城外近世盛设洋馆,由是渐成街市,列店铺,(但城之东南自古有街坊云)。故城外有茅场之地,颇有能解舆语者。入城内,始觉脱西洋之臭气,颇有唐人之雅致。"①"起先,出点耶洋行,经街坊,行数十町始至城内(小东门),城门狭窄,仅容双轿并行。入门,街衢纵横通达。但街间之路虽窄,比之城外则各户结构更为壮丽。路幅不过八九尺②,店铺亦窄,每店约有二步③或一步半。其繁华杂沓与本朝江户无异。"④在通过与西洋("脱西洋之臭气")和江户("与本朝江户无异")的双重比较的视角下,名仓予何人对上海县城整体上进行了正面的描述,在其笔下,街道、店铺的狭窄也仅仅是白玉微瑕而已,这也体现了幕末上海使节团中的个体差异性。

从欧美一路航行而来的岩仓使节团对上海县城也做了细致的描写。

> (1873年9月3日)朝至沪城。此城乃吴之孙权时所筑云。外壁垒砖瓦,环绕有小濠,城中有市店。街路狭窄,三人并行不得过处居多。市店栉比,陈列百货,居民行人混杂往返,可比蜂聚蚁屯。下水不利,溲溺漂流。居民居止其内亦恬然。路上甃石而稍宽之处,似以太利之那不儿。城中有公馆,甃石而环池,装设庭园,觉其于土

---

① [日]名仓予何人:《中国闻见录》,陈婕译,载《1862年上海日记》,中华书局,2012年,第346页。
② 尺:日本度量衡长度单位。1891年(日本明治24年)日本加入《米突公约》后将曲尺1尺定义为10米的1/33(约30.3厘米)。
③ 步:日本度量衡长度、面积单位。1891年(日本明治24年)日本加入《米突公约》后,作为长度单位,规定20米为11步,1步约为1.818米;作为面积单位,规定400平方米为121步,1步约为3.306平方米。此处用作面积单位。
④ [日]名仓予何人:《海外日录》,皮细庚译,载冯天瑜:《"千岁丸"上海行——日本人1862年的中国观察》,商务印书馆,2001年,第417—418页。译文中对"町""步"加括号简要作注,此处省去。

木之工颇为用力。然洒扫不至,尘埃埋檐,渟水腐败,臭气滋生。支那人之不清洁每每类此。①

久米邦武笔下上海县城街道狭窄、下水不畅、市容不洁与幕末游记所记大体相似,但也对建筑精巧、居民恬然生活的状况做出了描写,更多了与欧美城市的类比,即与意大利那不勒斯相似的说法。在《南清漫游杂记》中,1900年到上海的冈崎高厚对比上海华洋两界,指出上海"贸易的中心在居留地,县城之内仅有从事杂货小买卖者",上海县城"城内虽可谓颇为繁华,然狭隘污秽不可名状",而租界"市街整然,道路广阔,房屋结构极为壮丽"。②

(二) 县城内西洋的存在

除了对街道、环境的关注之外,列强在鸦片战争开埠以后的上海的存在方式也是幕末上海游记的重点关注对象。如前所述,幕末上海游记更多关注的是上海县城,所以对列强在上海的存在方式的观察也多是以上海县城为背景的。

首先,从城门开始就有洋人士兵的身影。"上海城门为西洋人所把守,自国人却不能自由出入,此固然为贼乱所致,然何以让西洋人如此势盛乎?余可怜唐人,支那之衰微由此可见也。"③"过万生桥,自西门入城内。此门由清兵英人共守,设大炮以防长毛贼。余举目观之,不胜感叹。引兽更趋兽,奇功果有无。纵夷尽狐貉,何使虎依峒。"④中牟田和日比野的记述大体一致。一方面,城门有西洋人把守,县城已不是上海人的县

---

① 久米邦武编:『特命全権大使 米欧回覧実記 欧羅巴大洲ノ部 下』,博聞社 1878 年,第 387 頁。
② 详见冈崎高厚:『南清漫遊雑記』,冈崎高厚发行 1900 年,第 1—2 頁。
③ 中牟田倉之助:「文久二年上海行日記」,春名徹:「中牟田倉之助の上海体験—『文久二年上海行日記』を中心に」,『国学院大学紀要』(第 35 巻),1997 年 3 月,第 85—86 頁。
④ 日比野輝寛:「贅肬録」,納富介次郎、日比野輝寛:『文久二年上海日記』,全国書房 1946 年,第 86 頁。

城,因为"自国人却不能自由出入"。另一方面,客观原因上来看,西洋人守城是"贼乱所致",是"防长毛贼"的必要,但显然他们都不赞成这种"引兽更趋兽"的做法,并由此看出了"支那之衰微"。"(峰洁:)今闻(上海现兵)一万二千余兵。然则何为借英法之兵哉?(管庆梅)曰:上年十二月时,新抚台尚未到上海,所有兵勇均在安庆地方。离此有七百余里。是以请借英法二国助守城池。曰:今借英法兵,他日贻石晋之患,其如之何?抑以英法心情为可倚信乎?曰:此乃上年危急之秋,不暇虑及,且顾目前之计。"①峰洁认为"英法二国助守城池"之举有可能衍生"石晋之患",而清政府的做法是"且顾目前之计",只为维持清王朝的封建统治。

其次,孔庙成为幕末日本人前去观览的地方,因为那里被看作维护封建统治伦理的重要象征,是一个圣地。然而,他们想象中万人尊崇的孔圣人的庙宇却成了眼前英人的阵营。"到孔圣庙,庙堂有二,其间空地种草木,结宏颇备。然贼变以来,英人居之,变为阵营。庙堂中,兵卒枕铳炮卧,观之不堪慨叹也。英人为支那防贼,故支那移圣像他处,使英人居于此云。"②高杉晋作"不堪慨叹",因为圣庙里只有英人、枪炮,别说尊崇仰拜的气氛,就连"圣像"都移到他处去了。日比野为圣庙由"英人持步枪守之"而"大惑不解"。"吾等欲进庙中,英人不允。经翻译解释,良久方引导吾等进入。余过儒学门,举目观望,不胜感慨。不曾料想,此堂堂圣庙竟成英人之驻地。学校无咿呀读书之声,唯有操练兵卒喇叭之音。嗟夫!世道之变何其甚哉。李鸿章率数万之兵防贼于野外,岂非驱狐而养虎乎?其失策何其甚哉。"日比野表达了与看到城门为西洋人把守时相同的心情,认为清政府"驱狐而养虎"的做法是极其失策的。"瘴气蕃烟天地昏,大成殿里虎狼蹲。男儿决眦不堪感,叱咤李鸿万马屯。"③

---

① 峯潔:「清国上海見聞録」,春名徹:「峯潔の上海経験:〈船中日録〉と〈清国上海見聞録〉」,『調布日本文化化』8,1998年3月,第91頁。
② 高杉晋作:「遊清五録」,東行先生五十年祭記念会編:『東行先生遺文』,民友社1916年,「日記及手録」,第81頁。
③ 日比野輝寬:「贅肬録」,納富介次郎,日比野輝寬:『文久二年上海日記』,全国書房1946年,第90頁。

日比野的这首汉诗准确地表达了长期以来以中国文化为规范的日本武士，在看到寄托儒教伦理的圣庙被肆意蹂躏的感慨，同时也流露出对西洋之野蛮的厌恶之情。"1860年太平军进攻上海，清军勾结外国侵略者协防守城，于是洋兵纷纷进入县城，……太平军退走后，洋兵仍赖在城里，直到1864年才外撤。"①幕末"千岁丸"上海行是在1862年夏天，正是在太平军第二次进攻上海之后至第三次进攻之前的时间，也正是英法军队在上海县城的存在最为显著的时间段。"观当今上海之势，内为长毛贼所迫，外为洋人所制，只于城内苟延残喘而手脚不得动弹。"②峰洁对当时上海的整体形势作出的评述体现了当时上海的所处的真实情况。

进入明治之后，尤其是1871年《中日修好条规》签订以后，更多的日本人来到上海，也留下了更多有关上海的游记。在渐渐变少的关于上海县城的记录中，仍然呈现着其"狭窄""肮脏"的形象。1884年冈千仞所记上海县城亦是如此。"自小东门而入，市廛杂沓，街衢狭隘，秽气郁攸，恶臭扑鼻。"③同年到访上海的尾崎行雄，认为"英法米租界皆属新开之地，故不观城内则未见上海也"。所以，逢熟悉上海县城者便求其作为向导，但屡遭拒绝，尾崎深感不解。终于找到人愿意带路，1884年9月7日得以前往上海县城。关于上海县城城内状况的描写，多如以前，不再赘述。只通过其入城前的准备和出城时的状态的描述也可以看出当时日本人对上海县城的评价。"乘人力车横穿英法租界，至人家狭陋之处，向导二氏忽然停车，余怪而问其故。答曰：'此入城之门也，城内道窄人力车不能通行。'并且告知城内甚为污秽，为冲臭气，皆各自点烟以为防臭剂方可。"④"同行

---

① 郑祖安：《上海旧县城》，《社会科学》，1981年第3期，第146页。
② 峯潔：「清国上海見聞録」，春名徹：「峯潔の上海経験：〈船中日録〉と〈清国上海見聞録〉」，『調布日本文化』8，1998年3月，第92—93頁。
③ 岡千仞：「観光紀遊」，小島晋治監修：『幕末明治中国見聞録集成』（第二十巻），ゆまに書房1997年，第34頁。
④ 尾崎行雄：「遊清記」，小島晋治監修：『幕末明治中国見聞録集成』（第三巻），ゆまに書房1997年，第17頁。

之士皆厌恶臭而强吸卷烟,乃至有为此而险些昏倒者。乃寻路疾行,过海防同知署前,从玉带门(又云小事门)①出,至法人居留地始得呼吸清新之气。"②游览县城之后,尾崎言其终于明白了找向导为什么那么难了。1885 年来到上海的黑田清隆重点关注了上海县城的商业,他的描写是:"大东、小东、新北三门之内有绸缎铺、书铺、杂货铺等,颇繁华。然街衢狭窄,多污秽之地。"③

二、上海租界

相对于幕末上海游记多关注上海县城及城边相比,明治游记对于上海租界的关注则更多。

（一）整体观察

小栗栖香顶是在 1873 年 7 月来到上海的。在其游记中有对上海租界的整体观察。"城外十万户,多洋馆,三层或五层,森立海垠,皆宏壮华丽。天主堂耸立各处,巍然摩空。街路广阔,铺碎石,以修治,挽巨石,平地面。马车洒水,以防飞尘。瓦斯灯夹街路,终夜煌煌。花园栽四季卉木,红紫掩映。四匝栅栏,许日本人游观,不许华人之入。欧人夫妻相携,朋友相伴,或倚椅子,或坐乐堂,以畅意散怀。花街最盛,丝肉坌场,终夜喧闐。"④另外,小栗栖还特别对让租界"终夜煌煌"的瓦斯灯的情况做了详细记录。"上海欧馆伟丽,人人所知。有法单⑤、英单、米单。单者,市坊也。单内街巷四通,日暮,街上点瓦斯灯。以玻璃作之,有红有白,有碧有紫,圆者方者,不知其几千万点。凡欧馆前,作铁门铁栅。门

---

① 按,原文所说"玉带门"应是"宝带门",而"又云小事门"疑是"小东门"之讹。
② 尾崎行雄:「遊清記」,小島晋治監修:『幕末明治中国見聞録集成』(第三卷),ゆまに書房 1997 年,第 18 頁。
③ 黑田清隆:「漫遊見聞録」(上),『明治シルクロード探検紀行文集成』(第 7 卷),ゆまに書房 1988 年,第 317 頁。
④ 小栗栖香頂:「北京紀遊」,魚返善雄:「同治末年留燕日記(上)」,『東京女子大学論集』(第八卷第一号),1957 年 11 月,第 20 頁。
⑤ 单:英语"town"(城镇、市镇)的音译。

柱上装玻璃灯,馆内楼上亦装数十点。"①1874年12月28日,曾根俊虎游览杭州之后返回上海,从青浦县方向乘舟至徐家汇。"二时至徐家汇。此地多别墅花园等,即外国富人、巨商之聚居之地。地上无尘污,树木葱郁,风景闲雅。"②十年之后的1884年,冈千仞对上海租界也做了详细记述。"出观市街。分为三界。曰法租界、英租界、米租界。每界三国置警署,逻卒巡街警察。沿岸大路,各国公署、轮船公司、欧米银行、会议堂、海关税务署,架楼三四层,宏丽无比。街柱接二铁线,一为电信线,一为电灯线。瓦斯灯、自来水道,皆铁为之。马车洋制,人车东制。有一轮车,载二人自后推之。大道五条,称马路。中土市街,不容马车,唯租界康衢四通,可行马车,故有此称。市街间大路,概皆中土商店,隆栋曲榱,丹碧焕发,百货标榜,烂然炫目。人马络绎,昼夜喧阗。"③高桥谦也是在1884年到达上海,并对上海租界做了描述。"三租界之地,大路纵横相通,大厦高楼并立,市街甚为繁华美丽。就中有如英租界之四马路者,剧场、妓院、酒楼、烟馆成林,游人蚁集,彻夜歌舞。"④黑田清隆1885年记述,"英法两租界,数条大路通东西,小路横南北,市街整然,往来最为便利,房屋构造颇为壮丽"⑤。释宗演1906年8月再次来到上海,在法租界登陆,作诗曰:"风景令人忆往时,客船闻雨独吟诗。而今沪上无陈态,人笑山僧旧面皮。"⑥1908年股野琢到游上海,"去游愚园而还。街衢之盛,炼瓦石屋大抵三层至七层,车马如织,往来杂沓,可以知商业之繁荣矣。"⑦述及租界整体状

---

① 小栗栖香頂:「北京紀遊」,魚返善雄:「同治末年留燕日記(上)」,『東京女子大學論集』(第八卷第一号),1957年11月,第21頁。
② 曾根俊虎:「清国漫遊誌」,小島晋治監修:『幕末明治中国見聞録集成』(第一卷),ゆまに書房1997年,第303—304頁。
③ 岡千仞:「観光紀遊」,小島晋治監修:『幕末明治中国見聞録集成』(第二十卷),ゆまに書房1997年,第30—31頁。
④ 高橋謙:「支那時事」,小島晋治監修:『幕末明治中国見聞録集成』(第三卷),ゆまに書房1997年,第102頁。
⑤ 黒田清隆:「漫遊見聞録」(上),『明治シルクロード探検紀行文集成』(第7卷),ゆまに書房1988年,第319—320頁。
⑥ 釈宗演:『欧米雲水記』,金港堂書籍株式会社1907年,第321頁。
⑦ 股野琢:「葦杭游記」,小島晋治監修:『幕末明治中国見聞録集成』(第二十卷),ゆまに書房1997年,第394頁。

况,如建筑、街路、商业、氛围等,冈千仞、高桥谦、股野琢等与小栗栖香顶大体一致,甚至"宏壮华丽""宏丽""喧阗""繁华"等用词都大多无异,释宗演所说"沪上无陈态"更体现出了上海租界的持续发展和繁盛。1910年1月26日,三宅克己在上海英租界税关前登上海岸,写道:"海岸大街之光景终究是日本神户、横滨等不可比拟的。首先,鳞次栉比之建筑巍巍宏大,然后电车、汽车、马车、人力车穿梭如织。我等一行初次观此光景竟一时吃惊到闭不上嘴巴。"①西洋画画家三宅克己完全从一个旅行者的角度直白地描述了自己的感受,也反映出当时上海租界的繁盛情景。

(二) 电力的应用

为1873年小栗栖重点讨论的"瓦斯灯"在冈千仞的记述中只是一带而过,因为电灯已经开始在租界推广,其时与瓦斯灯并用且在慢慢取代之。"归路入夜,经英、米二界。……瓦斯、电气二灯,烂然如昼。"②所说"街柱接二铁线,一为电信线,一为电灯线。"便是明证。1882年,上海租界工部局授权英商在上海成立上海电气公司,创办公共租界电力照明系统,催生了近代上海新兴电力工业的诞生。"1884年工部局又授权'上电'分别在广东路、福州路、汉口路、九江路、南京路、宁波路、北京路新增25盏电灯,替代了99盏煤气灯,使2000支光的电气路灯总数增至60盏。"③冈千仞记"电灯线"而不像小栗栖那样对"瓦斯灯"大书特书便是在这一背景下产生的。

(三) 交通状况

对于1873年至1884年间的租界的交通变化,冈千仞所述马车、人车在小栗栖的游记中亦有相似记述。"人车,一轮在中间,从后推之,客可坐左右。马车欧制,欧人多坐,华人执白麈尾御之。"④而高桥谦以上海

---

① 三宅克己:『欧州絵行脚』,画报社1911年,第14页。
② 冈千仞:「観光紀遊」,小岛晋治监修:『幕末明治中国見聞録集成』(第二十卷),ゆまに書房1997年,第32—33页。
③ 杨琰:《"自上而下":近代上海电力照明产业的兴起与初步发展1882—1893》,《兰州学刊》,2013年第2期,第34页。
④ 小栗栖香顶:「北京紀遊」,鱼返善雄:「同治末年留燕日记(上)」,「東京女子大学論集」(第八卷第一号),1957年11月,第20页。

周围"大小都邑""四里八乡"为舞台对当时的上海交通工具做了完整的呈现。"上海四周繁华之大小都邑,星罗棋布,而沟渠纵横,舟楫络绎不绝。陆路甚窄,乃至不能通行两轮车。然有称'小车'者,一轮,可独能行小径运输货物。小车由一人推行,装载大凡四十贯①货物则并非难事,又能供人乘坐,通常载二人,多行于村落间。如马车、人力车等运输工具,因道路狭窄,故不能用于四里八乡。人力车,初从日本传入,因当地俗称日本为东洋,故又称东洋车,另有称日本车者云。上海周围水路四通八达,故远行多依舟楫之便。若欲以陆路远行则多乘轿子。轿子者,舆也,二人抬之。良家妇女即便往来近邻,亦必乘轿子。"②高桥所述比较全面呈现了当时上海的交通工具③,描述出一幅上海、尤其是在"四里八乡"的

---

① 按,贯:日本尺贯法中的重量单位,为3.75千克,1贯目为1000文目。
② 高橋謙:「支那時事」,小島晋治監修:『幕末明治中国見聞録集成』(第三卷),ゆまに書房1997年,第104—105頁。
③ 按,成书于1883年(清光绪九年)的《淞南梦影录》有记录当时上海交通工具相关的段落,与高桥谦1884年所见情形相比仅是上一年之事,所以抄录如下,以方便更加全面的理解。"上海之有车始于同治初年,初惟江北人推独轮小车,沿途揽载货物,兼可坐人。嗣于辛未、壬申间,有英人某购东洋车数十乘,在租界中载客往来,而江北车遂无人肯坐矣。马车者,始惟欧洲巨贾得以用之,中人可赁以游行者,迄今不及十数辆。从前尚有脚踏车,虽行路如飞,而草软沙平,尚虞倾跌,一遇瓦砾在途,则不能行走矣。近因不便,其制遂废。"[(清)黄式权著、郑祖安标点:《淞南梦影录》,载(清)葛元煦等:《沪游杂记 淞南梦影录 沪游梦影》,上海古籍出版社,1989年,第113页。]高桥谦没有述及的陆路交通工具只有"脚踏车",一则高桥所述以"四里八乡"为舞台,本就不适合脚踏车的使用;二则可能如黄式权所记"近因不便,其制遂废。"的缘故。
另外,对于人力车引入上海的时间,关系到小栗栖香顶1873年在上海看到人力车的可能性问题,在此稍作讨论。学者观点主要分为两种,一为1874年说,一为1871年说。前者认为是法国人米拉引入,如邵建认为,"一个很有商业头脑的法国人米拉,在同治十三年(1874年)从日本引进了三百辆人力车,并开办了上海最早的洋行,上海人称之为'东洋车'。原因无他,车自东洋而来。"(邵建:《近代城市用语的形成——以上海城市交通工具用语为例》,《史林》,2003年第3期,第54页。)但邵建并未在文中阐述其依据。又如邱国盛指出,"1874年,一法国侨民名叫米拉者将这一新式交通工具最早带入中国上海,并于该年三四月间由法租界和公共租界许可,开始作为一营业性载人交通工具而在两租界正式运营"。(邱国盛:《从人力车看近代上海城市公共交通的演变》,《华东师范大学学报(哲学社会科学版)》,2004年第2期,第97页。)邱国盛依据的是《上海法租界史》[[法]梅朋、傅立德:《上海法租界史》,倪静兰译,上海译文出版社,1983年。]。后者认为是1871年引入,从其依据来看,应该认为是英国人引入的。如李长莉论文指出,"人力车是日本人在1869年创制的,1871年上海最早引进了人力车"。其依据是胡祥翰的《上海小志》,并引述说,"同治(转下页)

107

交通情境图，特别提到了水路以及乘舟出行的便利。在清末上海渔民多用的小船是"舢板"。"舢板就像苏东坡画里有的那样，长三间许，中央有凸起的弓形遮盖，船体为彩色。这种船在江岸大量存在，无论从何处都可以摆渡到对岸。"①另外，高桥还述及了1873年小栗栖笔下没有出现的"东洋车"。1906年中野孤山描述上海租界交通又有了新的变化。"外滩马路以水泥固之，其路面作为鱼子纹状。……街道上，既有汽车亦有马

（接上页）十年（1871年）间，始有英人某购得双轮车数十乘，在租界中载客，以一人前曳之而行，故又称'腕车'。或谓……由日本人创制，故俗呼为'东洋车'。"（李长莉：《近代交通进步的社会文化效应对国人生活的影响》，《学术研究》，2008年第11期，第92页。）这与上述黄式权《淞南梦影录》记述观点基本一致。黄式权记述人力车是在清同治"辛未、壬申间"，也就是1871年、1872年间出现在上海的，且同样指出是英国人引入的。另外，文茵的论文中引述了《申报》的内容，"《申报》于1873年8月18日说，洋泾浜一带已有人力车的往来，当天的报道还有'拟购东洋小双轮车'的消息，说在洋泾浜一带，独轮车'日甚一日'，'坐之者喜其便而且捷'，但式样和'西人双马车相似'的东洋所制小车更胜于独轮小车，并说沪上西人正打算'集本银二万'创办一家公司，从日本引进900辆小车，租于华人，每月收租金2元。"（文茵编译、姚平校：《人力车发明史》，《寻根》，2001年第4期，第99页。）小栗栖香顶1873年10月27日于北京所记文中，言及收到草野范一10月4日发自上海的书信，其中有内容言及人力车之事。"英商赴日本，投二万弗，购人车九百挺。贷一车要二弗，一年得二万千六百弗。"（小栗栖香頂：「北京紀遊」，魚返善雄：「同治末年留燕日記（上）」，『東京女子大学論集』（第八卷第一号），1957年11月，第48頁。）这与《申报》内容一致，或是参考《申报》内容所写也未可知。起码《申报》所述1873年"洋泾浜一带已有人力车的往来"一事，可以证明1874年法国人把人力车"最早带入中国上海"是错误的。

综上所述，依据清末黄式权及清末民初胡祥翰所记，人力车应该是在1871年至1872年左右引入上海的。学者主张1874年说，依据主要来自于西方著作（除《上海法租界史》外，日本学者指出美国人卜舫济著作中也有相同主张）。"据卜舫济（Hawks Pott）著《上海简史》，人力车最早从日本出口到上海是在1874年（明治7年）。"（斉藤俊彦：『人力車』，産業技術センター1979年，第223頁。）从《申报》1873年的报道可以看出，1874年应该是大量引入并且实行了公司运营的年份。所以，法美学者所记1874年可能跟此背景相关。小栗栖香顶1873年7月19日夜至8月2日晨逗留上海，其间，虽多为访问寺庙、领馆，但也言及去往租界大马路等。结合上述讨论以及小栗栖所记交通相关时没有言及人力车的事实，说明1873年的清末上海街头人力车还是比较少见的。

另外，《沪游杂记》中言及租界车行方向的基本规则，抄录如下。"马路定例，往车向左，来车向右，不容紊乱。"[（清）葛元煦著，郑祖安标点：《沪游杂记》，上海书店出版社，2009年，第72页。]
① 佐藤善治郎：「南清紀行」，小島晋治監修：『幕末明治中国見聞録集成』（第十八巻），ゆまに書房1997年，第63頁。

车。电车亦已通行。"①可见其时道路修筑水平进一步提高,除了水泥筑路外,还注意了凸纹的作用。对于汽车进入上海的时间,有1902年、1903年两种说法,而至1906年在沪注册的汽车有六十四辆。② 而关于电车,虽然中野孤山最初是在1906年10月3日抵达上海,并于10月6日从上海出发溯长江而上,但是由于其游记第一部分《上海表里之见闻》是综述性质而非纪行性质③,考虑到其1910年春天从上海返回日本的事实,这里所说道路上有电车是符合事实的。④ 1908年12月25日到达上海的小林爱雄采用对照的方式记录了上海租界街头的交通状况。"电车从中央部位区分头等、二等两种坐席,车内清爽,似为迎合支那人而制作。然而,乘客却好似很少⑤。无意间侧目一瞧,发现正有一一

---

① 中野孤山:「支那大陸横断遊蜀雜俎」,小島晋治監修:『幕末明治中国見聞録集成』(第十七卷),ゆまに書房1997年,第35—36頁。
② 详见江文君:《交通的现代性:汽车与近代上海的物质进步》,《历史教学问题》,2013年第4期,第81页。
③ 按,在该部分在言及日本旅馆时,有"余归国时,便宿于东和洋行。"(中野孤山:「支那大陸横断遊蜀雜俎」,小島晋治監修:『幕末明治中国見聞録集成』(第十七卷),ゆまに書房1997年,第40頁。)一句,由此可知该部分见闻并非完全是其初至上海时的见闻。
④ 按,清末上海的有轨电车,公共租界方面,"1906年,英商上海电气建设公司最终取得公共租界经营电车的专营权以后,即加紧电车路轨等工程的建设与公司的筹备工作。……1908年1月31日,在爱文义路上试车,同年3月5日,上海第一条有轨电车线路正式通车营业"。法租界方面,1906年6月26日,法商电车电灯公司"总管理处在巴黎成立,并在吕班路设立上海营业办事处。同年开始在法租界架线铺轨工程,1907年1月铺轨完成,……(1908年)5月6日,法电的第一条有轨电车线路——2路正式开通营业"。(陈文彬:《近代化进程中的上海城市公共交通研究(1908—1937)》,博士学位论文,复旦大学历史学系,2004年,第21、28—29页。)由此可知,中野孤山1906年10月初是不可能看到道路上行驶的电车,但在其1910年春从上海返回日本时,电车已经线路极多了。
⑤ 按,小林爱雄在其后内容中探求了乘客少的原因。在其乘马车前往愚园时,"途中屡屡超过电车。马车超过电车虽有些奇怪,但此地电车一站五文的价格比较高,且车辆不足,实为不便,故乘客较少。贵人多乘汽车或马车。其结果是电车权威丧失,后面来的马车只要请抽一鞭,就能立刻堵在电车前面。若马车如此悠悠行于电车道上,则电车只能更加徐缓前行了。"(小林爱雄:「支那印象記」,小島晋治監修:『幕末明治中国見聞録集成』(第六卷),ゆまに書房1997年,第266頁。)受各种因素的影响,电车为普通民众所接受经历了一个过程。"由于客流少,为减少成本,电车公司只得将行车里数进行最大限度的压缩,并在1909—1910年间,暂时停止了七、八两线路的营运。……1910年后,有轨电车的乘客数量开始已明显的速度上升,并且一度增势十分迅猛。"(陈文彬:《近代化进程中的上海城市公共交通研究(1908—1937)》,博士学位论文,复旦大学历史学系,2004年,第23页。)

轮车从旁而过。"①近代化的电车和传统的一轮车并行在清末上海租界的大路上,两相对照的真实一幕显示着清末上海交通近代化的行进过程。伴随电车使用的推广,1909年10月来到上海的日本栃木县实业家中朝观光团,已经不再和一年前小林爱雄那样倾向于搭乘马车,而是更多地选择乘坐电车。"租界清洁之电车、汽车、人力车、自行车等,往来如织。"在观览租界市街后,观光团前往公园,"得以乘电车往复"②。1910年8月来到上海的佐藤善治郎也多乘电车出行。"从学校门前乘电车,到公园桥南面的上海公园前下。电车的发达程度和东京相当。此外的交通工具还有马车、汽车、人力车、舢板等。"③1910年6月底来到上海的永井久一郎,通过与前三次来上海时情况的对比,写道:"十四年前余始来上海,留寓三年回国。后来游者两回,已经五年。此次淹留仅十日,然统观大势,则贸易日进,商业年盛,租界致扩大,人家顿增加,电车开通,自动车奔驰,沪宁铁路及沪杭铁路亦全告成,行旅之便实为大。"④永井久一郎和其所在的"赴清实业观光团"就是乘坐沪宁铁路从南京去往上海的。通过对比和亲身感受,永井才会对交通大为便利特别感慨。另外,与租界街上近代交通工具不断登场和各种交通工具共存相对照,通过佐藤善治郎的记述可以知道,在上海港码头较多出现的交通工具是人力车。"待客之车有数十台。日本的人力车之样式,称东洋车,其中约半数为橡胶车轮,其特点是车把偏长。"⑤

---

① 小林愛雄:「支那印象記」,小島晋治監修:『幕末明治中国見聞録集成』(第六卷),ゆまに書房1997年,第256—257頁。
② 下野新聞主催栃木県実業家満韓観光団:「満韓観光団誌」,『韓国地理風俗誌叢書』(第240卷),景仁文化社1995年,第395、396頁。
③ 佐藤善治郎:「南清紀行」,小島晋治監修:『幕末明治中国見聞録集成』(第十八卷),ゆまに書房1997年,第63頁。
④ 永井久一郎:「観光私記」,小島晋治監修:『幕末明治中国見聞録集成』(第十九卷),ゆまに書房1997年,第450頁。按,因原文为汉文,故直接抄录,"自动车"为汽车之意。
⑤ 佐藤善治郎:「南清紀行」,小島晋治監修:『幕末明治中国見聞録集成』(第十八卷),ゆまに書房1997年,第43頁。

(四)"华人不可入"的租界公园

明治上海游记中还多述及了小栗栖所写"不许华人之入"的"花园",并且对此种情形阐述了自己的观点。"夜与二宫姓步公园,园为洋人游步而设者。大江当前,坡陀迤逦,花卉斑斓,为胜游之地。门置警卒,以中人垢污,大损园观,禁入观。是夜洋人奏乐。"①"居留民之公园建于申江之滨,树木葱郁,甚为清静闲适。然支那人不准进入。此地之外人,威势甚盛,居留地宛如法英美三国之殖民地。居留地有外人成立之小政府,且以此施行居留地内之立法、司法、行政等事务。又,为居留地之保卫而编成义勇队,以备不虞之变。呜呼!堂堂支那帝国今既已到如此地步。回想其盛时,不觉让余等万里孤客感慨不已,不知支那人亦有此感叹否?"②高桥谦从公园对华人的歧视看到了大清帝国的衰落。"公园者日本人可入,而支那人则概不能入。问其原因,言支那人不洁。然事实乃是自己之土地租界于外国人,而自己却不能入,可谓国之耻辱。日本从七月始允外国人'内地杂居'③,断要有不受此等耻辱之觉悟。"④1898年的中村作次郎,指出这对中国人而言是一种耻辱,并借此以提醒日本人。1899年到中国的内藤湖南,其游记《鸿爪记余》部分的第一篇题为《支那人和狗》,先后言及天津和上海租界的外国公园不许中国人入内的情形。天津的公园,"禁止入内者两种,一曰支那人,一曰狗"。上海的公园,"和天津的公园一样,禁止支那人入内,不过若为外国人孩子保姆之

---

① 冈千仞:「観光紀遊」,小島晋治監修:『幕末明治中国見聞録集成』(第二十卷),ゆまに書房 1997 年,第 115—116 頁。
② 高橋謙:「支那時事」,小島晋治監修:『幕末明治中国見聞録集成』(第三卷),ゆまに書房 1997 年,第 103 頁。
③ 按,"内地杂居"又称"内地开放",指允许外国人在日本国内自由居住、旅行、营业等。1894 年(明治 27 年)7 月 16 日签订的《日英通商航海条约》,内地杂居作为废除领事裁判权和废止居留地的交换条件约定五年后实施。(见宮地正人、佐藤能丸、櫻井良樹編:『明治時代史大辞典』,吉川弘文館 2011 年,第 914—915 頁"内地雑居問題"条。)又,中村作次郎虽是 1898 年游历中国,但《支那漫游谈》是以回忆性记述形式撰写,成书于 1899 年 4 月。因此,"日本从七月始允外国人'内地杂居'"中的"七月"正是指的 1899 年 7 月。
④ 中村作次郎:「支那漫遊談」,小島晋治監修:『幕末明治中国見聞録集成』(第三卷),ゆまに書房 1997 年,第 341 頁。

支那妇女,则可借婴儿之威光而得以入内"①。从其记述可以看到租界中中国人被歧视的卑微地位。1906年的中野孤山在描述了公园之美后,也言及华人禁止入内之事。"公园入口写有'华人不可入'之大字。"②1910年到公园游玩的佐藤善治郎也提及此事,另外还记述了前面游记作者所没有写到的一点。"入此公园的重要须知是穿西服或和服。而若穿和服,则无论在公园内外,均须戴帽子、穿袜子。如若违背,将会被科以一美元的罚款,必须注意。"③由此可见,上海租界公园对日本人入园也是有所限制的,而这一点应是多数游记作家刻意回避了。"初禁止华人入内之时,日本人也在其禁内,后来日俄战争日本得胜,就不受限制。"④由于在1905年以前,明治游记中多提到进入公园游玩,所以,"日本人也在其禁内"的说法应该是过于绝对了。但由佐藤善治郎的记述可知,日本人也受到一些限制应当是事实。

幕末游记中虽比较直白地流露出对吴淞港、上海港、上海租界宏大壮丽的羡慕,却更多地关注了上海县城及城边。而在明治游记中,也还有对县城的描述,但从时间上来说,1884年是个节点。1884年到上海的尾崎行雄,难以找到向导愿意带其进入县城,虽然他最终进入县城游览了一遭,但极为失望。在之后,虽然也有如1885年黑田清隆的《漫游见闻录》中对县城的概述,除1910年的佐藤善治郎外,游记中很少有实地游览的痕迹了。之后的游记把关注的视线都集中到了租界上。县城和租界的对照渐渐转移到了租界内部华洋的对照。如禁止华人入内的租界公园便是华洋对立的典型体现,其实这种对立体现在租界的角角落落。"在上海最令人感到不愉快者,莫过于观洋人坐人力车之事。洋人

---

① 内藤虎次郎:「支那漫遊　燕山楚水」,小島晋治監修:『幕末明治中国見聞録集成』(第四卷),ゆまに書房1997年,第255頁。
② 中野孤山:「支那大陸横断遊蜀雜俎」,小島晋治監修:『幕末明治中国見聞録集成』(第十七卷),ゆまに書房1997年,第36頁。
③ 佐藤善治郎:「南清紀行」,小島晋治監修:『幕末明治中国見聞録集成』(第十八卷),ゆまに書房1997年,第63—64頁。
④ 顾炳权编著:《上海风俗古迹考》,华东师范大学出版社1993年,第496页。

坐在人力车的虾茶色长椅上,边催着赶路边用皮靴踢着车夫屁股。屡见此情形,亦可推知在其他方面洋人对支那人之态度了。"①当然,这种对立只是对照的一种形式,因为对照本身发生在一个共同体之中。可以说,清末上海租界是传统与近代、东方与西方、富贵与贫穷对立共生的一个有机体。清末上海最繁盛的地方是英租界,而英租界中又数四马路(今福州路)最为热闹。佐藤善治郎所记1910年8月4日的四马路的情景,可以成为清末上海这一诸多因素对立共生之有机体的典型写照。"轻车络绎,衣香氤氲,令人应接不暇。观此地方知何谓'摩肩毂击'。东京之银座、大阪之千日前、京都之京极、横滨之伊势佐木町等,都不可与其同日而语。试观街上,通行者若百人,则外国人居二三,支那妇人居三四。商店内之支那人,从掌柜到小厮,四成以上裸露上体,令人惊讶。此处商店、饭店绝不见妇人身影,她们只会出现在远离闹市之小店中。女人当然不会裸露身体。步行于街上者,多衣衫完整,其中亦可见裸露上体者。妇人外出乘轿或腕车,艺妓之类必乘轿。抬轿之人高声叫嚷而行。予惊讶于乞丐之多。破席之上仰面躺着一七八十岁老翁,苦痛挣扎,作欲死之状,旁边一后生痛哭流涕,颤声喊着:'就要死了! 就要死了!'以乞求怜悯。的确是卖力之表演。"②而竹越与三郎在1909年游历上海后留下的"上海之光景",把清末上海"新旧东西"杂处并立的状况描述的栩栩如生。"可见新旧东西之风俗杂然而存。汽车已是此地不可或缺之必需品,然而同时,杜牧曾搭乘并作出'霜叶红于二月花'之诗句的独轮车犹为支那人所使用;Palace Hotel、Aster House 等宾馆得意于欧式菜肴,而雅叙园、杏花楼等饭馆亦能令众多食客饱享口福;摆放法国塞夫尔的花瓶、德意志产的马约利卡的墨壶的杂货店旁,便是卖徽州墨、湖北笔的地方,而在卖巴黎绢衣的旁边,则是蜀地的缎子、山东的绣、江苏的丝绸,九

---

① 勝田主計:「清韓漫遊余瀝」,『明治北方調査探検記集成』(第11卷),ゆまに書房1989年,第411—412頁。
② 佐藤善治郎:「南清紀行」,小島晋治監修:『幕末明治中国見聞録集成』(第十八卷),ゆまに書房1997年,第67—68頁。

江的陶器和清水烧也并列摆在店头;既可以看见在英国居留地中容貌漆黑、身躯雄伟的印度巡查走来走去,也可以看见在法国居留地中身体矮小、如日本人版的安南人巡查。盖上海不独为欧洲人之共和国,以为藏清国人大部财富之地。"①

第四节　生活在清末上海的人们

在清末上海的县城与租界、河海与陆地,生活着来自不同地域国度、不同身份阶层的人们。既有占据"文明"高地的洋人,又有"惧西人"的清朝人,既有"千百居一二者"的士大夫,又有"闾阎小民"、难民、苦力,既有懦弱文人,又有良知商人……在幕末明治上海游记中一一呈现。在《南清慢游杂记》中,冈崎高厚写有概论清末上海人性格并体现对洋人态度的一段,如下:

> 上海在住之支那人一般重商业而多勤俭,且有厚遇外国人之风。其敏于发现且巧于占据商机,至于此点着实令人吃惊。然,又有支那绅商之类,其衣服饮食之豪奢远凌驾于欧人之上,在大街之上策驷马之车而得意扬扬。与此相反,中等阶级多有质朴之风。另外,与他地无异,在当地人性之中盖见利而动之俗最能体现,其圆滑老练莫可名状。②

一、苦力、难民、乞讨者——生活在社会底层的人们

"自吴淞江至上海,行约五里,唐之渔舟不计其数,如世界最热闹之处。往吴淞③,有法国领事馆、美国领事馆,另隐约可见或人家或城阁之

---

① 竹越与三郎:『南国記』,二西社1910年,第23—24页。
② 冈崎高厚:『南清漫遊雑記』,冈崎高厚发行1900年,第3—4页。
③ 此为原文,但考虑当日是前往上海港方向,再考虑美国领事馆和法国领事馆的位置,此处可能是笔者笔误,应为"往上海"或"往黄浦"。

处。……上海江边泊有英国船,长久未见之异邦船,约有五十艘相连而停,另外有唐船、蒸汽船之类。各种形状特异、罕见之船也栓停在岸边。狭小的唐舟或为家船,妇人、小儿住于舟上,实在简陋。船多而不知其数,乃古今罕见热闹之处所也。"①商人松田屋伴吉在反复发出上海港之"罕见"和"热闹"的感叹的同时,也观察到了住居在船上的普通清末中国人生活的简陋。"一丑妇人乱发敞衣,摇橹划舟,其貌无法形容。此乃为贫苦所迫而难以养活父子之故。入夜,数千舟船皆点一盏灯,其为佳景。"②这"佳景"之中却也包括着"丑妇"的那艘小船。在各游记后续内容中,也有关于舢板船争抢摆渡生意,乃至在舟船之上从事妓女行当的底层中国人真实生活的记录。1892年原田藤一郎所记上海港情形也有类似的对比。"上海于东洋可谓'人类博览会'之会场,地球之上之各国人种辐辏相依,素不为怪。英法美三国居留地为中央,车船交织,百货纵横转运。然就中首先令初航者吃惊之事,莫过于清国下等人种之众者。我邮船抵埠头,则旋即有几百千之下等清人群集而来,吵嚷着争相进入船中搬运行李。此时,船员之斥责、鞭挞无以复加。呜呼,清人非人乎?"③1906年到上海的中野孤山称上海为"东洋的巴黎",但接着就描写了处于极端生活窘境的上海的"苦力"。"说到苦力的举止,看一眼便会令人毛骨悚然。手脚表面都是是由污垢形成的特殊'皮肤',满身瘿瘤而且衣衫褴褛。他们会来回窥探客舱,有时会从垃圾堆中搜寻乘客吃剩的肉食,一旦寻得便吧嗒着嘴巴吃起来。其不洁之举,无人不为之震惊。"④对于1908年到上海的小林爱雄来说,对"苦力"早有耳闻,"苦力"已经成为上海码头的"一景"了。"船一抵岸,传说中'苦力'蜂拥而至,不管是何物,

---

① 松田屋伴吉:「唐国渡海日記」,小島晋治監修:『幕末明治中国見聞録集成』(第十一卷),ゆまに書房1997年,第54—55頁。
② 日比野輝寬:「贅肬錄」,小島晋治監修:『幕末明治中国見聞録集成』(第一卷),ゆまに書房1997年,第66頁。
③ 原田藤一郎:「亜細亜大陸旅行日誌并清韓露三国評論」,小島晋治監修:『幕末明治中国見聞録集成』(第十二卷),ゆまに書房1997年,第37—38頁。
④ 中野孤山:「支那大陸横断遊蜀雑俎」,小島晋治監修:『幕末明治中国見聞録集成』(第十七卷),ゆまに書房1997年,第35頁。

只要看见行李便抢搬上岸。这是他们激烈争夺、辛酸生活的舞台。"①1910年来到上海的佐藤善治郎对此情形的描写更为具体。"船终于到了邮船会社的码头（浮栈桥），横向停靠。在船将停未停之时，极为肮脏之数十名支那人，一齐登上船舷。予甚感惊愕。此人群半数为支那旅馆之揽客员，半数为搬顾客行李者。揽客员把写有某某客栈（旅店）之宽二寸、长五寸许的红色厚纸，塞到予等胸前抑或颚下。行李若稍撒手便会被抢夺而去。'他人不可轻信'这句谚语用在此等人身上最合适不过了。船员面对彼等蜂拥而来，奋力将其撞开。彼等脸上不存半点温情，亦无笑容。宛如幽灵，极为凄惨。"②由此可见，在清末西洋贸易引出的上海港繁盛的外表下，有无数清末中国底层民众悲惨地生活在其中。

上海县城及周围，苦难民众也十分多见。1862年纳富介次郎和日比野辉宽的记述。"凡避贼难而来之难民，皆居无定所。或伫立路旁，或栖于船上。风餐露宿，困于饥渴，仅为谋一日一日之生计。其命如悬丝，实为可怜之衰世。听闻难民多为苏州人，约十余万，而官府无救其之能，饿死者日日增多。"③"野外有木箱，长六七尺，其数不可计，臭气尤甚。问行人，皆曰棺。恶病流行，死人颇多，故有此情景。"④再看20多年后的1885年冈千仞的记述，会发现苦难情形更加严重。"自新北门而入，门外丐徒，褴褛百结，兀者、尪者、劓者、盲者、聋且哑者、恶疾者，尾人后乞钱。闾巷隘窄，臭气扑鼻，时见僵尸。"⑤"专观也是园。垣壁峥嵘，堂阶秩序，回以池沼，荫以卉木，望以楼阁，接以桥梁，沉沉富贵之相，与门外隘陋，

---

① 小林愛雄：「支那印象記」，小島晋治監修：『幕末明治中国見聞録集成』（第六巻），ゆまに書房1997年，第255頁。
② 佐藤善治郎：「南清紀行」，小島晋治監修：『幕末明治中国見聞録集成』（第十八巻），ゆまに書房1997年，第42—43頁。
③ 納富介次郎：「上海雑記」，納富介次郎，日比野輝寛：『文久二年上海日記』，全国書房1946年，第17—18頁。
④ 日比野輝寛：「贅肬録」，納富介次郎，日比野輝寛：『文久二年上海日記』，全国書房1946年，第85頁。
⑤ 岡千仞：「観光紀遊」，小島晋治監修：『幕末明治中国見聞録集成』（第二十巻），ゆまに書房1997年，第243頁。

复然别天地。"有此对照,冈千仞作出了自己的判断。"中人以衣冠文物自负,观其文辞,则郁乎如天仙;观其容仪,则哗乎如神人,此士大夫,千百居一二者。若夫闾阎小民,眼无一丁,鄙猥丑秽,卑污贱陋,自海外人而观之,与蠢狚野蛮,相距一间。"此言之中对"闾阎小民"的评价有明确的"海外人"的立场,但所言及清末士大夫与社会底层生活的对照又是十分写实而准确。"盖中土士大夫与闾阎小民,贵贱悬隔,不止云壤。"①1910年,佐藤善治郎来到上海县城,这是在冈千仞之行的25年之后了。他写道:"乞讨孩童颇多,予等至石桥,孩童胡乱坐在地上,用头叩着石头。予第一次见到了所谓叩头。予等前行,孩童们又绕至前方,又叩头五六次。这些孩童赤身裸体,如此叩头实在有趣。如果看到巡查前来叫骂,他们便会四散而逃。"②这让佐藤觉得"着实有趣"的苦难的乞讨者,在整个清末的上海县城里从来没有消失过。另外,在清末上海租界最繁华的大马路、四马路乃至人群熙攘的茶楼也可以看到社会底层民众求生的身影。1862年日比野辉宽在大马路所见,"过迂曲市街至大马路。此街甚宽,是上海第一街。余清早而来,故可见两畔鱼、菜之市,人声喧喧。而乞丐立于路旁,求救于行人"③。1910年佐藤善治郎在四马路青莲阁所见,"有卖点心者,有卖支那饭菜者,有卖烟管、花簪者,也有乞丐混在当中"④。这种情形于郊外也存在着。名仓予何人所记1862年上海县城西门外村落的情形。"过诸村落,看民间之风俗。耕耘之样,田亩之形,居民之模样,都与吾邦无异,但水牛驴马多,又有客民避乱之人来假居。

---

① 冈千仞:「観光紀遊」,小島晋治监修:『幕末明治中国見聞録集成』(第二十卷),ゆまに書房1997年,第244頁。
② 佐藤善治郎:「南清紀行」,小島晋治监修:『幕末明治中国見聞録集成』(第十八卷),ゆまに書房1997年,第71頁。
③ 日比野辉宽:「贅肬録」,納富介次郎,日比野輝寬:『文久二年上海日記』,全国書房1946年,第114—116頁。
④ 佐藤善治郎:「南清紀行」,小島晋治监修:『幕末明治中国見聞録集成』(第十八卷),ゆまに書房1997年,第69頁。

或仅有巍然之门,其内皆田塍,实乃乱世之光景,不堪愍然"①。1892 年 5 月 5 日,安东不二雄就记述了在郊外乞讨的儿童的情形。"租了一辆马车,到距此六英里的郊外徐家汇游玩,并参观了天文台。途中看到成群的贫穷儿童,他们不断追着马车,并不停喊着'Master, ten cents!'"②

在清末上海,无论港口、租界、县城还是郊外,在这个朝向近代化发展的繁盛都市的角角落落,无数苦力、难民和乞讨者存在着,成为构成并促使这一时期上海社会生态变化的重要因素。

二、清末在上海的书生、文人

王韬在《瀛壖杂志》中写有"海滨之民,气质刚劲,举止率卤。读书子弟亦皆俗氛满面,绝无深识远虑可与谈者。"③如 1884 年 6 月到上海的冈千仞所记,"问上海名流,曰胡公寿、扬佩甫④、葛隐耕、袁翔甫、钱昕伯、万剑盟、吴鞠潭、黄式权,而王君紫诠为第一流。"⑤所列上海名流之中,上海人不过二三人⑥。1862 年的纳富介次郎就曾述及到这一点。"上海素为俗地,舞文弄墨者不多。偶有来我旅馆作风雅之交者,皆难民中人。"⑦这里有较大的真实。太平天国运动蓬勃发展,攻占江南大部。为躲避战乱,江南诸多大户、贵族、书生文人和大量难民涌入上海。待到太平军三次攻打上海时,更是有大批华人避居租界,打破了上海开埠之初华洋分居的状况。在幕末上海游记中,记载了不少与书生、文人交往的事例。

---

① [日]名仓予何人:《海外日录》,皮细庚译,载冯天瑜:《"千岁丸"上海行——日本人 1862 年的中国观察》,商务印书馆,2001 年,第 425 页。
② 安東不二雄:「支那漫遊実記」,小島晋治監修:『幕末明治中国見聞録集成』(第十一卷),ゆまに書房 1997 年,第 396 頁。
③ (清)王韬:《瀛壖杂志》,广文书局,1970 年,第 23 页。
④ 按,原文"扬佩甫"应为"杨佩甫"之讹。
⑤ 岡千仞:「観光紀遊」,小島晋治監修:『幕末明治中国見聞録集成』(第二十卷),ゆまに書房 1997 年,第 30 頁。
⑥ 按,冈千仞所列 9 人中,除万剑盟籍贯不明外,只有胡公寿、黄式权为上海人。杨佩甫是嘉禾人,葛隐耕是平湖人,袁翔甫、吴鞠潭是钱塘人,钱昕伯是吴兴人,王紫诠是长洲人。
⑦ 納富介次郎:「上海雑記」,納富介次郎、日比野輝寛:『文久二年上海日記』,全国書房 1946 年,第 18 頁。

通过这些事例,可以了解当时书生、文人的一些行为、思想,以及当时日本人对此的认识。

"千岁丸"上海行时,正直太平军进攻上海之时,避难而来的书生、文人很多。游记中说他们一则为听闻东瀛之事,更多则是携书画来卖于日本人,以维持避难生活。"有带《战国策》来者,余想应为书坊之人。问其姓名,答曰,姓施,名熊,号渭南。问其何等人物,答曰,作诗写文之人。余初识文人,与其笔语。此人颇有兴致、文才。施熊写诗相赠,余亦还一小诗。此人生于渭水,距上海甚远,为避贼患而来,一老穷书生也。少顷,又来两人。问其姓名,曰'松江府学优生顾麟,字祥甫,别号芷卿。今春避乱而来,又号海巢生。''南汇县廪膳生顾鬻,字松亭,别号秋岩,又号卧松散人。'"①既有卖书者,也有卖画者,并且"避乱者持书画来,以换糊口之资,故名家书画尤多。"②"入夜,张棣香带书画六盒而来。画上人物栩栩如生。余问此为何人藏品,答曰,为求轻便唯带书画之远来避乱者也。时至今日已无糊口之策,故卖却此等以续其命。听来着实令人怜悯。"③

纳富介次郎对书生文人避难者,也有同情之心,而书生诚实正直的气质更是令其佩服。"某时,一贫穷书生,年二十四五许,持一古旧木制砚台漆套来售。人人论其价之高低而不要其物。生向予泣诉,我邑为贼所犯,携老母漂流至此,既无家产,亦无糊口之术,屡屡断炊。请君买下此物,以钱换米,以救老母之饥。言毕悲泣。予闻其困苦而于心不忍,遂加价买之。书生获金,拜谢而归。翌日,生持水井印材一枚而来。曰,昨日不胜感谢,承蒙眷顾而使老母得救于水火。然物轻而价重,实于心有愧。今加此物,恰抵昨日所得。予云昨日之物足矣,生不听。故一并收

---

① 日比野辉宽:「贅肬録」,納富介次郎,日比野辉宽:『文久二年上海日記』,全国書房1946年,第69—70頁。
② 日比野辉宽:「贅肬録」,納富介次郎,日比野辉宽:『文久二年上海日記』,全国書房1946年,第79頁。
③ 日比野辉宽:「贅肬録」,納富介次郎,日比野辉宽:『文久二年上海日記』,全国書房1946年,第95頁。

下。予钦佩其正直意诚。"①而岸田吟香在遇到在街头求助的书生时,虽也表示同情,但认为其乞讨行为有自弃之嫌。岸田吟香见到众人围观一年轻书生,书生近处摆着楷书、行书写的诗文。诗文大意是家势中落,现以缺衣少食、居无定所。岸田认为这是乞丐之举给了他一百文。但他认为,"年仅二十四五岁且稍通文事,缘何做这等蠢事,着实是没出息的家伙"。年轻人弯腰行礼连声说,"谢谢侬,谢谢侬"②。

同为"千岁丸"使节团的成员,日比野对"莫谈国事"的秀才之举表示敬佩,而高杉则对"空谈圣人之言"而不求实用大加批判。两者意见虽非完全对立,但的确有不同。类似高杉所提见解在以后的游记中也多有出现,当然,从后来的历史来看,高杉晋作的批判似乎更符合时势的发展。"周士锦不日再三询问病情,余感其深情厚谊,故前去通告病愈并致谢。笔语片刻,余问及洋夷又或长毛之事,周辞之曰,秀才莫谈国事,且云可谈海外轶事以消遣。其既不问我国之事,亦不言清国事务。余感唐人多持笔妄答国家之事。然周士锦不愧为濂溪先生二十八世孙,且登科秀才。余交往之人中,觉其为人品文才之魁首。"③高杉晋作在与温忠彦笔谈中阐述了自己观点,也等同于指摘了清末文人好空谈、不讲实用的缺点。"治天下齐一家,内自诚心诚意工夫,外至以航海、炮术、器械等。尽不研穷其至理,则不能治天下也,不能齐一家也。不能穷航海、炮术之等之理,则所以诚心诚意工夫之不至也。故以所为利之器械为义是用,乃取舍折中之道也。不然则口虽唱圣人之言,身以为夷狄之所奴仆矣。"④在《黄浦志》中也出现了批评清末文人善空谈而思想闭塞的缺点。"支那

---

① 納富介次郎:「上海雑記」,納富介次郎,日比野輝寛:『文久二年上海日記』,全国書房1946年,第17頁。
② 山口豊編:『岸田吟香「呉淞日記」影印と翻刻』,武蔵野書院2010年,第362頁。
③ 日比野輝寛:「贅肬錄」,納富介次郎,日比野輝寛:『文久二年上海日記』,全国書房1946年,第105頁。
④ 高杉晋作:「遊清五録」,東行先生五十年祭記念会編:『東行先生遺文』,民友社1916年,「日記及手録」,第112—113頁。

书生凌缟前来,于其出示盐谷弘藏之《隔靴论》①,彼有愧色。入港以来支那人来访者不可胜数,然骗人无视人者众,唯凌缟能知自愧也。"②

另外,在岸田吟香《吴淞日记》还述及了中国文化理念中的"敬惜字纸"的传统。"我们常常拆解书本,又或用废纸擤鼻涕、擦东西,然后扔出窗外。不知从什么时候,我开始注意到扔了的废纸很快就看不见了,心想或是被风吹走了。而今却看到一个衣着整洁的男人走过,把擤过鼻涕的脏纸展平带走了。这其中有个奇妙的理由。在支那有'敬惜字纸'一说,认为糟蹋写有字的纸会遭报应。因此,也不能把带有字的纸带去厕所。"③

三、惧怕洋人的中国人

在幕末上海游记中,多记述了清末上海中国人惧怕洋人或甘愿为洋人奴役的内容。"支那人尽为外国人之便役,英法之人步行街市,清人皆避旁让道。实上海之地虽属支那,谓英法属地,又可也。"④这些也引起了如高杉晋作等幕末日本志士的警觉,也成为刺激其后来参与"尊王攘夷"运动的重要因素。普通民众怕洋人,"旅馆有小童,或五六岁,引我等至街头。途与支那人,小童斥骂,皆纷纷乱跑而去。支那人惧西人如此"⑤。文人也怕洋人,"某日,荷兰领事前来理事。渭南见之愕然,脸色如土,颤栗起而拜之。予以为怪而问其故。答曰,彼走过睨于吾,起意恶吾来此

---

① 按,《隔靴论》是为日本幕末儒学家盐谷弘藏所著,王韬在《弢园文录外编》第十卷中有《书日本人〈隔靴论〉后》一篇,对其评述介绍。"呜呼!毋谓日本之无人也。我尝读其国近人所著《隔靴论》,皆论我国中外交涉之事,直不啻咨嗟太息以言之,顾犹未若今之已甚也。"(引自"殆知阁":http://wenxian.fanren8.com/05/06/103/18.htm)
② 山口锡次郎:「黄浦誌」,新村出:「元治元年に於る幕史の上海视察记」,『商业と经济』第五年第二册,1925年2月,第134页。
③ 山口豊编:『岸田吟香「吴淞日记」影印と翻刻』,武藏野书院2010年,第357页。
④ 高杉晋作:「游清五録」,东行先生五十年祭记念会编:『东行先生遗文』,民友社1916年,「日记及手録」,第79页。
⑤ 山口锡次郎:「黄浦誌」,新村出:「元治元年に於る幕史の上海视察记」,『商业と经济』第五年第二册,1925年2月,第134页。

与贵邦之人交谈,长坐恐其生怒。旋起身归去。……施渭南,北京学府皆知其名。然此等人物竟如此恐惧于洋人,清国国势之情状,不胜慨叹。"①

在明治上海游记中,记述的更多是那些为了生存而甘愿为洋人所役使的中国人。"清国人辄骂欧人,为戒[戎]狄,为禽兽,见欧馆之盛,志念忽挫,甘供彼驱役。嗟乎! 人心向利,甚于火就燥。"②人力车夫等中国苦力对待洋人的跋扈也不敢反抗,"人心向利"或许更多是为了生计的坚忍。"洋人乘坐低矮的人力车,人力车涂着虾茶色。洋人一边让车夫赶路,还从后踢其屁股,这是我在上海最感不愉快之事。此等情景屡屡可见,由此可推知在其他方面洋人对支那人的态度。"③在当时日本人的观察之中,他们甚至已经被认为是没有人格的存在了。"有不言去处而乘车者,彼等亦不问而立刻执车把拉车出发。如此怎能到达目的地呢? 原来车上乘客使用手杖指挥的。彼等在有岔路出现时,会回头请示,故不会有差错。车费是乘客随便给的。不管多少,彼等一律都好说不够,这是通例。再给一、二文,如若还来追要,则取手杖抑或扇子,敲打其额头一下,彼等绝不会面露怒色而悄然退去。这是常见的情形。让人初感惊讶的便是如此人格不被认可之人的存在。"④

四、喜好围观的中国人

幕末"千岁丸"上海行游记中多出现了遇到中国人围观的描述。围观之严重,让这些第一次到中国的日本人感觉难以接受。"余徘徊街坊,

---

① 納富介次郎:「上海雜記」,納富介次郎,日比野輝寬:『文久二年上海日記』,全國書房1946年,第11—12頁。
② [日]小栗栖香顶:《北京纪事 北京纪游》,陈继东、陈力卫整理,中华书局,2008年,第97页。
③ 勝田主計:『清韓漫遊余瀝』,秀英舍1910年,第401—402頁。
④ 佐藤善治郎:「南清紀行」,小島晋治監修:『幕末明治中國見聞錄集成』(第十八卷),ゆまに書房1997年,第43—44頁。

稍有驻足,则人群聚观,其炎气难堪。"①"少顷,出旅馆,左折入市街。观者如堵,吾等脚步稍停,便聚集过来,围拢数圈。"②虽然如此,但此时的游记作者多从善意角度进行了解读,认为围观最基本的原因在于好奇。"身着短裙裤,头戴斗笠,横挎长刀,挥舞拳头,意气昂扬走过市街。行人纷纷让开前路。然左右两侧观者聚集,或尾随或立于前方回望。余摘下斗笠,观者皆指点吾发而绝倒。"③日比野的日式着装、带刀以及发式都是引起人们兴趣的地方。根据名仓予何人的记述,当时普通的上海人对日本并不了解,甚至区分不出日本人、琉球人和朝鲜人,所以好奇心就更加强烈。"余于馆门小立,唐人群集观余,向余写字,有人问曰'琉球人欤?'实为可笑。此日官吏数名至点耶洋行,大飨。未牌,陪侍官吏逍遥于本城内外。观者甚多,几觉眩晕。……余于馆门小立,有视余为高丽人者。"④对于被认为是琉球人,名仓自己尝试做了推测。"沪城人见吾辈,多目为琉球人。(详《笔话》《日录》。)由此推之,琉球使臣来聘中国或其商舶来上海之时,或吾邦人亦窃随至此,伪称同为琉球人者,此其故乎?"⑤商人松田屋伴吉并不觉得这是中国人才有的习惯,他认为这和日本人遇到新鲜事物时的表现完全一样。"日本人上岸后,许多看热闹的人群顿时就围了过来,就像前些年外国妇人在日本上岸时一样,无法通行,非常热闹。"⑥纳富介次郎和名仓予何人把围观理解为亲密。"抵岸之时,初次登陆已观者云集,其中儿童之辈尤狎亲,携其手,则跟随而来。

---

① [日]名仓予何人:《海外日录》,皮细庚译,载冯天瑜:《"千岁丸"上海行——日本人1862年的中国观察》,商务印书馆,2001年,第419—420页。
② 日比野辉宽:「贅肬錄」,纳富介次郎,日比野辉宽:『文久二年上海日記』,全国書房1946年,第57页。
③ 日比野辉宽:「贅肬錄」,纳富介次郎,日比野辉宽:『文久二年上海日記』,全国書房1946年,第65页。
④ [日]名仓予何人:《海外日录》,皮细庚译,载冯天瑜:《"千岁丸"上海行——日本人1862年的中国观察》,商务印书馆,2001年,第418—419页。
⑤ [日]名仓予何人:《中国闻见录》,陈婕译,载《1862年上海日记》,中华书局,2012年,第349页。
⑥ [日]松田屋伴吉:《唐国渡海日记》,阎瑜译,载《1862年上海日记》,中华书局,2012年,第258页。

说来此乃倭汉之人心自然相通之故也。"①"唐人与吾辈亲密胜于西洋人。儿童辈最为亲狎。"②

对于一般民众的围观做出的善意理解，并不适用于所有人。如纳富介次郎对道台府仆人的描写就充满了鄙夷之感。"观仆人，不成体统，于主客之坐席无所顾忌，喧闹不止。或有数十人于客厅屏风后窥视，或来我辈身旁，抚摸衣服，评其品价者，或取草鞋而笑其制作之异。其最感珍奇者乃刀剑，频求观之，不允，则欲偷拔之，形状鄙野。……待客人既欲归去之时，盗盘中剩余之点心，又或取残酒而饮之。实无异于犬猫。"③在道台遭遇的围观和取笑之所以引起纳富的反感，主要基于纳富对于道台府这一地点本应威严、作为道台府仆人这一身份本应有其本分的理解，再加上仆人盗取残羹冷炙等做法，更是加深了纳富的厌恶感。

在"千岁丸"之行之后仅仅一年，"健顺丸"纪行就表现出了对围观的不同认识。当然这未必来自于日本对中国整体认识的变化，也有可能来自是个体认识的区别。如山口锡次郎的记述："散步于支那街上，道路上观者如云，英国巡逻兵以鞭驱之，急散而去却复有聚回，犹如蚊蚋之于残羹剩饭。"④

如此围观的情形，在明治游记之中就鲜有出现了。1910 年到县城的佐藤善治郎曾记，在上海县城里"外国人还比较少见，彼等皆关注予等，并言'东洋人'"⑤。即便在县城，也只是关注而不会有围观之类情况出现了。

---

① 納富介次郎:「上海雑記」，納富介次郎，日比野輝寬:『文久二年上海日記』，全国書房 1946 年，第 10 頁。
② [日]名仓予何人:《中国闻见录》，陈婕译，载《1862 年上海日记》，中华书局，2012 年，第 348 页。
③ 納富介次郎:「上海雑記」，納富介次郎，日比野輝寬:『文久二年上海日記』，全国書房 1946 年，第 21—22 頁。
④ 山口錫次郎:「黃浦誌」，新村出:「元治元年に於る幕史の上海視察記」，『商業と経済』第五年第二册，1925 年 2 月，第 138 頁。
⑤ 佐藤善治郎:「南清紀行」，小島晋治監修:『幕末明治中国見聞録集成』（第十八卷），ゆまに書房 1997 年，第 71 頁。

第五节　清末上海的风俗

冈千仞在《观光纪游》中有"我邦风化,皆源于中土。故中土风俗,与我出入"①一句。或许正是怀有这样一种意识,作者们在幕末明治上海游记中记下了很多对于风俗方面的观察,当然风俗本身未必限于上海,而更多的存在于整个清末中国。岸田吟香列举了他看到的清末中国的怪异之事。"支那最怪异之事莫过于女人裹脚,之后是男人头上留尾巴之事,之后是吸鸦片烟之事,之后是鞋头儿削上个尖儿之事,之后是留长指甲之事。"②

一、女人的裹脚及装束

岸田所言"支那最怪异之事"的清朝女人裹脚,在其他幕末明治游记中也多有记述,而且涉及更多不同于日本女性其他方面。如下:

> 妇女多坐轿,自幼约足跗,耳朵穿环。③
>
> 盖清国女子以细腰小足为上品。故其脚之小无法形容。皆因自幼小既穿小鞋而使之成。故步履如鸭,十分有趣。出门多乘轿。广东女人则大不同,腰粗脚大,且衣服亦相异,且以奇物包头,仿佛如西洋人。清国女人之妆饰,与我国虽无意外之不同,但其不剃眉,不染齿④。故成年亦似少女,媳妇抑或姑娘甚难分辨。窃闻额前发

---

① 冈千仞:「観光紀遊」,小岛晋治监修:『幕末明治中国見聞録集成』(第二十卷),ゆまに書房 1997 年,第 35 頁。
② 山口豊編:『岸田吟香「呉淞日記」影印と翻刻』,武蔵野書院 2010 年,第 369 頁。
③ 小栗栖香頂:「北京紀遊」,魚返善雄:「同治末年留燕日記(上)」,『東京女子大学論集』(第八卷第一号),1957 年 11 月,第 20 頁。
④ 按,染齿在日语中有"铁浆付"和"齿黑"等说法。"染铁浆庆祝仪式是女子第一次染铁浆,即把牙齿涂黑的仪式。……具有成女式(女性成人仪式)的意味。……染齿的时间本来作为成女式多在十三到十七岁左右进行,但时间渐渐推后,变成在第一次回门时或妊娠第五个月时等,染齿渐渐成为已婚者的象征。"(福田アジオ〔ほか〕編:『日本民俗大辞典』(上),吉川弘文館 1999 年,第 381 頁。)

际剪圆者为媳妇,未剪圆者为处女。……耳穿小金环,实为可笑之风俗。然彼若见我国染齿之习俗,当如何评说亦未可知。①

根据以上记述,可以知道,除了裹脚之外,清朝女性戴耳环、出门多乘轿也是让幕末明治日本人感到奇异的地方。而日比野辉宽关于中日区分成年女性的方式相异的记述,可以看出习俗的明显差别。"妇女不分贵贱,皆穿耳边,悬以金银等环。大户妇人外出者甚少,出时必乘肩舆。街坊中往来者,皆贱女下婢也。妇人皆尚小足,故尊贵家之妇人所穿之履甚小。"②名仓予何人的记述特别提到了"大户妇人外出者甚少"的情形,冈千仞在论及郭嵩焘因"夫人外交"③而被罢黜一事时,也曾言及。"其在英国,携家眷赴人飨。中俗妇女自非姻戚,不出见,以是为御史所弹,褫官废黜,乡人不齿,泥古亦甚。"④久米邦武记述女人爱用花做装饰的情形。"妇人之装饰用鲜花,饰之于鬟鬟之上,乃是豪奢之事。其价高,五元乃至十元。日日更换以示夸耀。"⑤

二、语言及礼仪习俗

中日同属汉字文化圈,清末汉语日语的汉字表记大同小异,汉字及汉语词汇的表意则有同有异,而至于发音虽有类似之处,但对于达意基

---

① 日比野輝寬:「贅肬録」,納富介次郎、日比野輝寬:『文久二年上海日記』,全国書房 1946 年,第 110—111 頁。
② [日]名仓予何人:《中国闻见录》,陈婕译,载《1862 年上海日记》,中华书局,2012 年,第 346 页。
③ 按,刘锡鸿密劾郭嵩焘"十大罪状"中有"谓以妇女迎合洋人,令学洋话、听戏,指为乱俗。"(郭嵩焘:《伦敦与巴黎日记》,载钟叔河主编:《走向世界丛书》(第 4 册),岳麓书社,1984 年,第 810 页。)又,关于郭嵩焘通过夫人梁氏在英国开展"夫人外交"的前因后果及其评价,可见《郭嵩焘与"夫人外交"》一文。(冀满红、林广荣:《郭嵩焘与"夫人外交"》,《江西社会科学》,2008 年第 7 期,第 122—126 页。)
④ 岡千仞:「観光紀遊」,小島晋治監修:『幕末明治中国見聞録集成』(第二十巻),ゆまに書房 1997 年,第 227 頁。
⑤ 久米邦武編:『特命全権大使 米欧回覧実記 欧羅巴大洲ノ部 下』,博聞社 1878 年,第 387 頁。

本没有帮助。如冈千仞所记表记、表意,"土语谓早餐为点心,午饭其名相同,晚饭称夕膳,又称晚膳"①。如岸田吟香所记发音,"和汉之字义同而音训殊,言语不通。有深怪之者,或请余读笔话之文字,余乃以邦音朗读。请者且怪且笑,有抚掌者"②。幕末明治游记中还记有在清末上海人们交往的基本习惯和用语。如初次见面之人之间互相询问之事。"凡中人始相见,先问姓名,次问乡贯,次问父母兄弟俱在,次眷族多少,次年庚几何。"③而平日见面寒暄的情况,1862年名仓予何人所记,"两人相逢见面必相揖云'请、请'"④。1884年冈千仞所记,"逢人问食否,盖问安否之意"⑤。而关于见面时的称呼,"古人朋友之间每以字相呼,方今不然。今人虽有字,非通称也。朋友相称以号,如拜客、写信,贴上所记俱用名"⑥。若投刺拜访或写书信,一般情形下"作柬牍累番,先书红筏。"而如果对方有丧事,"有丧者,名刺用白纸,经时月贴白纸。"至于拜访与受访时,茶起到十分重要的作用。"宾至必进茶,宾不轻饮,待将起而一啜,主见之,为送宾之虞。"⑦而若收到礼物,则"中土赠物,却其半,投金价人为俗。"⑧

日比野辉宽在上海期间,与从南汇县黑桥避难进城的顾嚣、顾麟兄弟多有交往。在《赘肬录》中所记二者身份为"松江府学优生顾麟""南汇县廪膳生顾嚣",又记"顾氏兄弟诗文尤巧"。1862年6月29日(文久2年六月五日),日比野辉宽拜访了顾氏一家,并在顾父邀请下共进午饭。

---

① [日]名仓予何人:《中国闻见录》,陈婕译,载《1862年上海日记》,中华书局,2012年,第359页。
② [日]名仓予何人:《中国闻见录》,陈婕译,载《1862年上海日记》,中华书局,2012年,第359页。
③ 冈千仞.「観光紀遊」,小岛晋治监修:『幕末明治中国見聞録集成』(第二十卷),ゆまに書房1997年,第35頁。
④ [日]名仓予何人:《中国闻见录》,陈婕译,载《1862年上海日记》,中华书局,2012年,第359页。
⑤ 冈千仞:「観光紀遊」,小岛晋治监修:『幕末明治中国見聞録集成』(第二十卷),ゆまに書房1997年,第35頁。
⑥ [日]名仓予何人:《中国闻见录》,陈婕译,载《1862年上海日记》,中华书局,2012年,第360—361页。
⑦ 冈千仞:「観光紀遊」,小岛晋治监修:『幕末明治中国見聞録集成』(第二十卷),ゆまに書房1997年,第35頁。
⑧ 冈千仞:「観光紀遊」,小岛晋治监修:『幕末明治中国見聞録集成』(第二十卷),ゆまに書房1997年,第135頁。

"余观其食物与我国无异。案上摆酒肴一盘、蔬菜一盘,踞榻而食。饭碗颇大。筷子为象牙制,极长。仆人立于旁以盛饭。少顷,仆人撤去餐具而持手巾、热水来。人人拭面。大概餐后必定拭面。余感动者,乃父母兄弟子孙吃饭时男女不同席之事。女子在里屋用餐。其别甚严。"①通过这一记述可以了解清末上海文人家庭的用餐习俗,尤其"男女不同席"的严格规定。而通过日比野对城外一农家的记述可以知道,这种严格的规定并不限于文人大户。"观其吃午饭,淡薄无菜肴。然男女之别,泾渭分明,着实令人感动。"②

岸田吟香1866年9月至1867年5月居留上海,得以在同治六年新年时观察记录了部分清末过年的习俗。《吴淞日记》第三册从清同治六年正月初一记起。"元日,天气佳,清晨一大早起床,……城镇角角落落传来的爆竹声非常响。……到小东门外华美书馆,黄廷元、涂子巢、高鹤亭等约二十人聚集在一起,正在办贺年之宴。……'一同去城隍庙游玩如何?''极好,极好。'五人同行,从小东门溜达入城。……城隍庙只有在每月朔望才允许人进入。"③城隍庙是上海县城的繁华所在④,岸田吟香对城隍庙的假山、水池、曲径、竹林、湖心亭等都进行了细致描写,其中尤以湖心亭为最。"至湖心亭,登此楼吃茶。最爱此亭楼上,可以眺望四方远景。而且,茶器、椅子、台子都非俗物,悬灯等亦是精致。……匾额上有不知何人用隶书书写的'湖心亭'三字,而亭壁上有山水古画,应是元人所作。两旁柱上挂有对联,极为雅致,曰:'四面峰回路转,是西湖或是

---

① 日比野輝寛:「贅肮録」,納富介次郎,日比野輝寛:『文久二年上海日記』,全国書房1946年,第79頁。
② 日比野輝寛:「贅肮録」,納富介次郎,日比野輝寛:『文久二年上海日記』,全国書房1946年,第85—86頁。
③ 山口豊編:『岸田吟香「呉淞日記」影印と翻刻』,武蔵野書院2010年,第305—306頁。
④ 按,关于城隍庙,久米邦武在《米欧回览实记》中也有记述。"城隍庙乃城中第一香火场,往来之人成群结队,乃最繁华地区。域内有春申君之庙,庙宇颇为美观其清洁。"并称"城隍庙之繁华可譬东京之浅草"。(久米邦武編:『特命全権大使 米欧回覧実記 欧羅巴大洲ノ部下』,博聞社1878年,第387頁。)

南湖。一亭明月清风,在水上如在天上。'"①岸田在湖心亭与友人笔谈至日西,又由涂子巢引至葛芝眉家。"行礼后,看'芝眉请入后堂'后,便走了进去。果然是新年,后堂十分干净整洁。他们说要上酒,我拒绝了。不过在笔谈的时候,端上来热腾腾的包子让我品尝,非常美味。"日暮时分,岸田在老北门外告别涂子巢后回家。在这一天的日记里,岸田还详细记述了爆竹的制作、种类和燃放方式,因为他"无论走到哪里,爆竹声都十分喧闹"。关于这一天的商店,岸田写道:"因为今天是正月元日,所以到处都关门歇业,如果看到有开门营业的,那一定在卖一些应时商品。……在路边到处都是卖年画的,他们把年画铺开摆着,这也是新年的应时货。"②关于门口的装饰,他写道:"处处都关着门。门上有一洞,从洞里伸出一只清朝号角,可以吹响。号角形似卖糖人用的小喇叭,声音非常奇怪,类似鹤的声音。……门口两侧贴着寓意吉祥的红纸对句,大小不定。"③

冈千仞还记述了中国人以中国方式祭祀耶稣的事情,让其觉得不可思议。1884年12月25日,"是日耶稣诞辰,大小洋舰,悉装红白旗,街衢间时闻爆竹之声,曰此中民归外教者。中俗祭祀用爆竹,以中俗祭耶稣,未知享否?"④

三、日常生活习俗

幕末明治上海游记对清末上海的日常生活多有观察记录,如饮水问题,又如茶馆,还有教育相关的学塾、书院,等等。

(一)饮水

1862年"千岁丸"幕末使团到达上海后,所遇到的最大难题是饮用水的问题。在此行所留下的游记中多言及此难,更有为此而生病乃至三人死亡

---

① 山口豊编:『岸田吟香「呉淞日記」影印と翻刻』,武蔵野書院2010年,第306页。
② 山口豊编:『岸田吟香「呉淞日記」影印と翻刻』,武蔵野書院2010年,第307页。
③ 山口豊编:『岸田吟香「呉淞日記」影印と翻刻』,武蔵野書院2010年,第307—308页。
④ 冈千仞:「観光紀遊」,小島晋治監修:『幕末明治中国見聞録集成』(第二十卷),ゆまに書房1997年,第237页。

的记录。"此次上海之行,最难以忍受之艰苦之事乃水之浊也。……上海街中水井仅五六处云。且亦甚为浑浊。故皆饮江水。多以大瓶汲之,投入石膏又或矾石而静置,数刻既得清水。……若非平素饮惯此恶水者,皆因此得病。就中如我等麻疹初愈之人,怎堪如此恶水。且正是炎暑之时,硕太郎、传次郎、纹藏等三人终于病死。"①"城中挖有水井,只三四处云。故皆汲江水而饮。然江水甚浊,不能直接饮用。以明矾沉浊泥污物,而后渐可饮用。此乃我国人居留此处之第一难事。"②"渡边与八郎之仆病故,谓其或为冷彻疫。其他同来之人卧病者过半。但上海之地,井泉少,大抵取江水,江水浑浊,其色黄,故投明矾使之澄清,仅够充饮。故病人之多,乃饮浑浊江水所致云云。"③"上海的江水平时没有清澈的时候,像浮着泥似的。喝的时候要用明矾,浑浊的部分沉下去以后,水就变清了。"④日比野辉宽也因饮用浊水而患上泻痢。"十三日……泻痢仍然严重。故身体疲惫,乃至不扶栏杆则无法下楼。友人伊藤饭前亦患上霍乱,与余并枕而卧。原因无他,皆因饮用凉药滤清之污水之故。此水致使泻痢,更何况霍乱流行,又有几人能所幸免? 十四日,晴。仍然卧床。公役金子某泻痢严重而卧床。我国人患泻痢者有半,面色如土。此并非地气之异,皆因浊水所酿成也。"⑤待到其回到长崎,仍对上海之水心有余悸。"早起拭面。水清洁、凉爽,余不禁对水叹息一声。余何以那么多日吃黄浦江之浊水,患上泻痢,使五脏俱疲。若沪上能有此清冽之水该有多好啊。"⑥"沪城内河

---

① 納富介次郎:「上海雑記」,納富介次郎,日比野輝寬:『文久二年上海日記』,全国書房 1946 年,第 7—8 頁。
② 峯潔:「清国上海見聞錄」,春朱徹:「峯潔の上海経験:〈船中日録〉と〈清国上海見聞録〉」,『調布日本文化化』8,1998 年 3 月,第 88 頁。
③ [日]名仓予何人:《海外日录》,皮细庚译,载冯天瑜:《"千岁丸"上海行——日本人 1862 年的中国观察》,商务印书馆,2001 年,第 419 页。
④ [日]松田屋伴吉:《唐国渡海日记》,阎瑜译,载《1862 年上海日记》,中华书局,2012 年,第 258 页。
⑤ 日比野輝寬:「贅肬錄」,納富介次郎,日比野輝寬:『文久二年上海日記』,全国書房 1946 年,第 68 頁。
⑥ 日比野輝寬:「贅肬錄」,納富介次郎,日比野輝寬:『文久二年上海日記』,全国書房 1946 年,第 124 頁。

渠浅狭,比户皆乘潮来汲水而食。潮退腥秽异常,故饮者易生疾病,初至之人,尤觉不服。即凿井而饮,水味亦不甘美。"①《沪游杂记》成书于光绪二年(1876年),可见1862到1876年间上海饮用水的状况并没有太多变化。当时在上海虽然有几口水井,但饮用水主要来自用明矾处理过的黄浦江水。而"从荷兰领事那里用一百四十文铜钱买来一斤四合明矾"②的记录,可以反映这种饮用水处理方式在县城和租界应该都是一样的。

而有关这一问题的解决在后来明治游记中也有记录。"自来水"一词最早出现是在1884年冈千仞的游记中。"瓦斯灯、自来水道,皆铁为之。"③"过自来水公司(Water Work)门前,停车欲求一观,守门者不许,终不得见而去。……自来水公司者机器滤水局也。"1884年9月7日,尾崎行雄所记。进而又记送水设施如下:"街头多设直径五六寸之铁桶,附螺旋,转之则清水喷出。施以此法后上海始得清水。"④其实,1875年,英商立德洋行(Little&Co.)在杨树浦建造了中国第一家自来水公司,用木船和水车向过往行船和租界内居民提供滤后水。在这之后,"沪中官商曾议仿西洋法,设机器铁管引江水灌注城内四隅,以济民食。后以费巨不果"⑤。而立德洋行所提供之水也因价格昂贵、购用居民少而于5年后停业。英商上海自来水公司在自己建设并铺设水管的基础上,在1881年和1883年分两次购得立德洋行水厂的土地、财产和业务,并于1883年8月1日,开始从杨树浦水厂向英法美租界以及城厢供水。⑥ 1862年"千岁丸"幕末上海使节团的饮水烦恼从此以后便不再出现在日本的上

---

① (清)葛元煦著,郑祖安标点:《沪游杂记》,上海书店出版社,2009年,第157页。
② [日]松田屋伴吉:《唐国渡海日记》,阎瑜译,载《1862年上海日记》,中华书局,2012年,第258页。
③ 冈千仞:「観光紀遊」,小島晋治監修:『幕末明治中国見聞録集成』(第二十卷),ゆまに書房1997年,第30頁。
④ 尾崎行雄:「遊清記」,小島晋治監修:『幕末明治中国見聞録集成』(第三卷),ゆまに書房1997年,第21頁。
⑤ (清)葛元煦著,郑祖安标点:《沪游杂记》,上海书店出版社,2009年,第157页。
⑥ 详见[日]菊池智子:《从晚清上海自来水建设看城市社会的形成》,《城市史研究》,2009年,第171—195。

海游记中。1884年明治游记中出现有关上海"自来水"的记述与这段历史相符。1885年黑田清隆在《漫游见闻录》中以"上海自来水局"为题,记述了制取自来水的必要性、过程及意义,特别详细记录了对滤水法的顺序及镇泥池、滤水盘、清水仓、送水机器等数据。①

(二) 喝茶

清末上海,无论城厢租界,小茶馆、大茶楼数量众多。简陋的小茶馆是一般劳苦民众歇脚、解乏之处,遍布大街小巷。大茶楼则多在"十里洋场"。"同治初大马路红栅外有一洞天,三茅阁桥沿河有丽水台,皆杰阁三层,楼宇轩敞。"②无论茶馆大小,它都是人们生活中集社交、集会、交易等多种功能为一体的重要公共场所。佐藤善治郎也曾写到茶馆"不单为解闷、散心之场所,亦有我国约客碰头及商业交易场所之性质。"③茶馆的经营方式也多种多样,特别是上海租界的大茶楼里,有的"以说书、唱曲等艺术形式招揽顾客",更有"开设赌局烟馆以获利"④的。另外,茶馆还是解决纠纷、信息传播的重要场所,幕末明治游记中对上海茶馆的描述虽有简有详,但多有涉及。

> 酒店旁必有茶店。……人出酒店必顺至茶店吃茶。酒店有挂匾,上书"随意小酌"。⑤

> 我们在城内参观的时候,有两位唐人带路,来到了位于租借地的茶室,大井成家的下层和二层有很多桌子和椅子,我们站在那里稍微歇了歇脚,店里马上就有人拿来了一盆洗脸水、手巾和水烟。

---

① 详见黑田清隆:「漫遊見聞録」(上),『明治シルクロード探検紀行文集成』(第7卷),ゆまに書房1988年,第331—338頁。
② (清)葛元煦著,郑祖安标点:《沪游杂记》,上海书店出版社,2009年,第123页。
③ 佐藤善治郎:「南清紀行」,小島晋治監修:『幕末明治中国見聞録集成』(第十八卷),ゆまに書房1997年,第69頁。
④ [日]铃木智夫:《清末江浙地区的茶馆》,《江海学刊》,2002年第1期,第142页。
⑤ 納富介次郎:「上海雜記」,納富介次郎,日比野輝寛:『文久二年上海日記』,全国書房1946年,第23頁。

在这里歇脚的人很多,非常热闹。①

　　支那的酒楼茶亭多是不太干净的。今天的算是好的,虽然比湖心亭要差一些,但器皿都还不错。不过,支那饮食店有它的优点,就是在饮食中间会送来盛有热水的面盆,上面搭上一条毛巾。②

通过以上这几段记述可以知道,清末上海的茶馆多有为客人提供脸盆、热水、毛巾以方便擦拭的服务。而从日比野辉宽在顾麟家用午饭后所记"少顷,仆人撤去餐具而持手巾、热水来。人人拭面。大概餐后必定拭面。"③来看,这种习惯可能是较为普遍的,而非限于茶馆酒楼。

1884年9月15日,从法租界散步归来的尾崎行雄和朋友们在阆苑第一楼吃茶。尾崎行雄对阆苑第一楼从外观到内部构造、从来往客人到桌椅样态到都做了详细介绍。

　　阆苑第一楼在英租界福州路,即四马路之上,杰阁四层④,巍巍耸入天。第一层为弹子房,楼上为吃茶吸烟之所。大室豁开,不设隔扇区分。唯吸鸦片烟处稍存区划,然不足以隐蔽安卧吸烟之状者,行其旁皆可得见之。楼上四隅摆列四方桌子,绕之以椅子,恰如我邦内之西洋料理店。高桌大概为紫檀木制,大小无毫厘之差,中央皆嵌云状纹样之白石(似我之寒水石⑤)。来客入座,仆人立刻供

---

① [日]松田屋伴吉:《唐国渡海日记》,阎瑜译,载《1862年上海日记》,中华书局,2012年,第266页。
② 山口豊编:『岸田吟香「呉淞日記」影印と翻刻』,武蔵野書院2010年,第317頁。
③ 日比野輝寛:「贅肬録」,納富介次郎、日比野輝寛:『文久二年上海日記』,全国書房1946年,第79頁。
④ 按,尾崎行雄所言"杰阁四层"与黄式权所记不同。"茶馆之轩敞宏大,莫有过于阆苑第一楼者。洋房三层,四面皆玻璃窗,青天白日,如坐水晶宫,真觉一空障翳。"((清)黄式权著、郑祖安标点:《淞南梦影录》,载葛元煦等:《沪游杂记　淞南梦影录　沪游梦影》,上海古籍出版社,1989年,第109页。)
⑤ 按,寒水石为产于日本茨城县北部多贺山地的大理石。白色或暗灰色,多有绿灰色的条纹花样。

茶。有单吃茶而去者,有茶外再加点心者,亦有入鸦片室吸毒烟者,又有不吃一物唯于楼中徘徊而去者。四层楼室,所到之处皆喧哗杂沓,来游者常数百之上者。余等既已逐层浏览,便于三层高桌就座,小厮迅疾端来茶水、点心。又有卖笔墨者、卖茶器者,争先而至,频求购买。余等斥之,方得此等贩夫退去。楼之结构亦非不雄伟,什器亦非不精良,然来游者之多之喧嚣骚乱者着实难堪。稍留此处,便顿觉耳聋、头热,乃投茶钱而去。……听闻来此楼吃茶吸烟者不独为墨客骚人,上至高官巨贾,下至贩夫走卒,只要得空则来此助增楼中之杂沓。另言,诸行业诸族类,数百名日日会于此楼以生诸多生意之便利。①

虽也见如清人黄式权等介绍此楼,但不及尾崎所述详尽。"计上、中二层,可容千余人,别有邃室数楹,为呼吸烟霞之地。下层为弹子房。"②而1898年游历上海的中村作次郎则对租界繁华街道的茶馆进行了整体介绍。

云上海繁盛之所在者,乃一马路、二马路、三马路、四马路,及至五马路。其中四马路又最为繁盛。往四马路行走,可见所谓'茶馆'之所。茶馆有二十余家,大抵为三层、四层之楼房。每日从早十时至晚十二时,三楼、四楼亦是茶客满盈。一家茶馆概有客人七八百,多时或逾千,皆坐椅而谈。一入茶馆,即有茶壶、茶碗端来。朋友、同道漫谈交游。欲食点心者,其处各种茶点应有尽有,可购而食之。茶馆内又有吸烟室,乃吸食鸦片之所。其按时计费,一时何价,二时则倍之。入室吸烟者常三五十人,皆边吸边谈。此种场所有数处。

---

① 尾崎行雄:「遊清記」,小島晋治監修:『幕末明治中国見聞録集成』(第三卷),ゆまに書房1997年,第52—53頁。
② (清)黄式权著,郑祖安标点:《淞南梦影录》,载葛元煦等:《沪游杂记 淞南梦影录 沪游梦影》,上海古籍出版社,1989年,第109页。

日暮之后乃茶馆最盛之时,夜十时许,拥挤异常,各自喝茶喧嚷。其中亦有盛装女子为拉客而来者。茶馆之中亦有设曲艺场者,亦摆座椅。坐而品茶之时,可听艺妓和琵琶弹奏而高声歌谣,又有敲打木琴等演奏各种音乐者。多五人或七人轮番演奏。大抵二十文许可听此演奏。若遇技艺出色之艺妓,赏其一元,则立刻上前点烟,侍之以各种殷勤。正因如此,支那人皆往茶馆,谈无聊之话而交游。往来四马路者多乘马车、人力车,而艺人又或乘轿。①

中村作次郎对四马路茶馆的整体记述、尾崎行雄对阆苑第一楼的内部状况的记述都极为详细,这对于研究清末上海茶馆而言是有价值的资料。

1906年,德富苏峰来到上海,赴张园游玩。"张园乃支那人之茶铺,自大堂至堂外之楼上楼下,茶客充溢其间。茶碗有十年前之茶渍,不堪下咽。点心有荔枝、如梅果般之杨梅。焉能满足馋嘴乎。"②1910年,佐藤善治郎去四马路青莲阁喝茶,所记情形与尾崎行雄所记阆苑第一楼相差无几,唯有多了对所喝茶水本身的描述。"打开茶碗盖儿一看,大茶叶满满一杯。正为如何饮用犯愁,有人告知说,就如此盖着盖儿喝即可。"③另外,佐藤还提到了作为茶点,时人有吃焙西瓜子的习惯。

对于上海的茶馆,1903年出版的《清国商业惯习及金融事情》中,东亚同文书院学生实地调查后所作的总结介绍最值得一说。书中说茶馆在上海多在最繁华之所,其种类也很多并列出三类。"普通一般人民之

---

① 中村作次郎:「支那漫遊談」,小島晋治監修:『幕末明治中国見聞録集成』(第三卷),ゆまに書房1997年,第342—343頁。
② 德富猪一郎:『七十八日遊記』,民友社1906年,第129—130頁。
③ 佐藤善治郎:「南清紀行」,小島晋治監修:『幕末明治中国見聞録集成』(第十八卷),ゆまに書房1997年,第69頁。

登楼茶叙之所,歌妓前来弹曲之所,各个同业者集会谈论市情之所"①。该书目的在于调查清末中国的商业习惯,因此,重点关注了第三种茶馆的状况,并从同业者和茶馆所发挥作用的两个角度做了简括。

同业者角度:

一、为一定之商业之经营者设有一定之茶馆;

二、同业清商每日定时集会于茶馆,开随意之谈话(但集合每日上午下午各一次);

三、同业清商在茶馆签订交易之契约;

四、虽说是非同业者之人,然知其为茶馆之常客,又或与其商人进行交易,亦不阻止其出入。

从茶馆发挥作用的角度:

一、出入茶馆会同业者、开营业相关之谈话,通晓市场之情况、评判其他商人,清商借此可知其信用;

二、关系同业者整体之商业策略,即主要与他行或外商进行随机应变之商业策略,大多可于茶馆进行;

三、同业商人皆于一定之时刻集合,需有短时间一定之场所,可供多人会谈及商业上之洽谈;

四、在茶馆,获知当日市场之上交易之有无、货物之多少、金融之迟缓,确定市场之行情。②

---

① 上海東亜同文書院:『清国商業慣習及金融事情』,『明治後期産業発達史資料 第129卷』,龍溪書舎1992年,第135頁。
② 上海東亜同文書院:『清国商業慣習及金融事情』,『明治後期産業発達史資料 第129卷』,龍溪書舎1992年,第137頁。

书中认为清末上海的茶馆基本承担了类似日本交易所的功能,但是在参与者身份、管理方式和交易方式等方面又存在不同。① 关于此种茶馆的费用支付,书中写道:"茶馆和常聚商人之间互相认识,于是不需要逐日支付茶钱。将其记于一赊销账簿之上。除茶钱没人二十文再加上座位费,每日来时便写入其中。在一年三结之结账日时一并核算。"② 另外书中还介绍了当上上海的主要茶馆,整理表格如下:

茶馆名	街名	茶馆种类	茶	费用(文)	来聚商人	来聚人数
怡园	(英)五马路	供茶	一碗	二十八	洋货商 杂货商	100 70—80
怡芳	(英)四马路	供茶	一碗	三十五	洋纱商	100
同春	(英)棋盘街	供茶	一碗	二十八	石炭商 木材商	50—60 50—60
北协	(英)四马路	供茶	一碗	三十五	棉花商	50—60
龙泉楼	南市	供茶	一碗	二十八	土布商 谷物商	20—30 50—60
同信昌	(英)大马路	供鸦片	—	—	鸦片商	70—80

由此表③可清楚了解茶馆的名称、所在街道、是否供应鸦片、基本费用和主要利用者及人数,调查工作可谓十分细致,为日本了解清末上海茶馆及其在商业交易中作用提供了清楚的情报。

除了去茶馆、茶楼,清末上海街头还有持桶卖茶的儿童,当然,这与

---

① 按,关于两者的区别,书中写道:"在我国交易所中交易多为买空卖空,来聚者非滑商市侩即投机商人,踏实之商人反倒不屑出入此间。清国之茶馆中却是真正之交易,其来聚之商人乃老实而讲信用者,抑或其二掌柜。在此点上,前者与后者不可同日而语。"(上海東亜同文書院:『清国商業慣習及金融事情』,『明治後期産業発達史資料 第129巻』,龍溪書舍1992年,第138頁)这可以看作是对中国传统商会抑或商业交易模式、协商机制的一种正面肯定,也侧面反映了当时东亚同文书院对清末中国商业习惯调查和思考的深入程度。
② 上海東亜同文書院:『清国商業慣習及金融事情』,『明治後期産業発達史資料 第129巻』,龍溪書舍1992年,第139頁。
③ 按,根据书中相关内容整理,详见上海東亜同文書院:『清国商業慣習及金融事情』,『明治後期産業発達史資料 第129巻』,龍溪書舍1992年,第138—139頁。

生水不可直接饮用有很大关系。1891年来到上海的安东不二雄记述了儿童街头卖茶的情形。"支那人绝不饮生水,故可见卖茶之可怜儿童等,携小桶持大茶碗,向各大路上的车夫等提供这等'解渴良药'。恰似我国之卖寒冰者。街头巡警亦不时招呼其前来,投一厘钱而得茶一大碗。"①

（三）娱乐

戏院,又称作剧场或戏场,在清末上海与茶馆有着相似的功能。1884年6月7日（清光绪十年五月十四日）,冈千仞与平野文夫、岸田吟香等一同"观戏场"。"场广容千人,四架楼栏,中央设舞台,煤灯灿烂,鼓板喧阗。演岳飞、包拯、商辂故事,及男女相悦杂戏。"②6月28日,冈千仞又与王韬（紫诠）、倪鸿（耘劬）一同看戏。"观丹桂园剧场,方演《死诸葛走生仲达》。跳身旋转,刀光躲闪,使人不可端倪。余笑曰:'练熟至此,兵始可用。'紫诠曰:'天地一大剧场,唯冷眼看过,为旷人达士耳。'次演《寡妇训子》《嫖汉鏊妇》,略同我邦杂剧,唯服饰华丽,珠玉烂灿,我邦所不及。"③1900年4月18日,村木正宪所记剧场情形。"至支那剧场桂仙茶园,靠椅而坐,对桌饮茶。观戏时,跑堂送上来热水蒸熏过的西洋手巾。花旦小喜凤为当园之头牌,容姿端丽,吐音清秀,不由心神为之恍惚。乐器为二胡、大鼓、铜锣及磬等。演艺每到妙处时,观客皆高呼'好！好！'"④

在日本,多以夏目漱石《满韩漫游》对麻将的介绍作为最初述及麻将的文献,所以,发现名仓予何人对麻将的记述后,觉得有必要把此摘录出来,作为麻将向日本传播相关的一条史料。

---

① 安東不二雄:「支那漫遊実記」,小島晋治監修:『幕末明治中国見聞録集成』（第十一巻）,ゆまに書房1997年,第395頁。
② 岡千仞:「観光紀遊」,小島晋治監修:『幕末明治中国見聞録集成』（第二十巻）,ゆまに書房1997年,第30頁。
③ 岡千仞:「観光紀遊」,小島晋治監修:『幕末明治中国見聞録集成』（第二十巻）,ゆまに書房1997年,第114頁。
④ 村木正憲:「清韓紀行」,小島晋治監修:『幕末明治中国見聞録集成』（第五巻）,ゆまに書房1997年,第85頁。

余在一友人家见竹牌之战,盖博弈之一种。如此形之牌百有余枚,表面有数点,或为一二,或为三四,四人环坐争输赢。是乃余在本朝未曾见闻者。①

幕末明治日本人游记所见上海,由于观察者(主体——幕末明治日本人)所处空间的时代更替及被观察者(客体——上海)的华洋并存等,与清末其他城市形象相比,形象更加丰满而复杂。幕末日本人对上海的观察,其视角是多重的。幕末日本遣使上海的目的是"探形势查情实""为他日我邦外国行之鉴",全面了解清末上海尤其县城情况是其主要目的,所以游记中对租界多以概述为主,而对县城则有较多细节的描述,描述多出自日中对比的视角。另外,面对外来列强的压力,1862年的幕末日本尚未找到合适的对应方式,遣使成员注重与中国人交往,并关注中国人对日本和西洋的不同评价,这一观察出自日本与西洋或者说东亚与西洋对比的视角。而在相对占次要位置的租界描述中,租界的壮观与清末中国的丧权、洋人的跋扈与中国人的懦弱,出自中西对比的视角。在三重视角之下,幕末日本人的上海形象呈现为港口繁盛而海防空虚,租界繁盛、环境清丽而县城热闹、市街不洁,洋人跋扈而中国人多惧怕洋人

---

① [日]名仓予何人:《中国闻见录》,陈婕译,载《1862年上海日记》,中华书局,2012年,第351页。按,在日本,一般认为在文献中第一个言及麻将的人是夏目漱石,可见于日本诸多麻将等游戏相关杂志,又如日文维基百科(http://ja.wikipedia.org)"麻雀"条等亦是如此介绍。夏目漱石在《满韩漫游》关于麻将记述如下:"其中一个房间里有四个人正在赌博。赌博的用具非常优雅,四个人把五六十张厚度和大小相当于将棋的飞车角那么大的牌分开,进行各种各样的排列组合来决定胜负。牌是用磨光滑的竹片和薄薄的象牙黏合在一起做成的,象牙的表面雕刻着各种花纹儿。大概是打出几张花纹相同的牌就赢了。实际上,我只听到竹子和象牙碰到一起发出的噼噼啪啪的声响,根本不明白他们是怎么赌博的。只是很想跟他们要两三张竹子和象牙接合在一起的牌。"([日]夏目漱石:《满韩漫游》,王成译,中华书局,2007年,第191页。)可见夏目漱石是第一次见到麻将,并且对此十分感兴趣。由于夏目漱石在1909年10月返回日本后即在《朝日新闻》上连载了《满韩漫游》,所以,引起的关注较大,尤其引起了后来成为日本麻将联盟第一任总裁的作家菊池宽的兴趣,并由此在日本大力推广了麻将。有此缘由,所以,夏目漱石常常被作为在文献中第一个提到麻将的日本人。但名仓在1862年所做的麻将相关记录显然更早。

并被其奴役,书生文弱但鄙视洋夷而显得"唐土宽厚",等等。整体而言,在幕末日本人的眼中,上海港口与租界的繁盛起于清末中国的利权被侵占和中国人的被压迫,因此清末中国呈现明显的颓败之势。明治日本人游记中对上海的描述,目光主体转向租界,县城多成为古迹观览之地,这与维新之后日本自我认识发生改变密切关联,意欲"脱亚入欧"的日本开始以"文明"的视角审视清末中国。对于华界的描写一如既往地描述为"狭窄""杂沓"和"不洁",而对于租界则更注重明治日本人在租界的地位,这与走上维新之路日本寻求自我定位有关。佐藤善治郎在记述"华人不可入"的租界公园时,写到入园者必须穿西服或和服,而穿和服者"则无论在公园内外,均须戴帽子、穿袜子"。这一事例写出了在上海租界西洋、日本与中国的关系,也成为日本已是受限制的"文明国"的一种象征。明治日本人眼中的上海是"东洋第一"的繁盛之地,但其观察视角,尤其在甲午中日战争之后,演变为如何与西洋争夺在华权益之视角了。

第四章 明治游记所见清末南京

南京,在中国近代历史上是一个特殊而重要的符号。只说清末民初。1840年的鸦片战争开启中国近代史,1842年,《南京条约》签订宣告这场战争结束的同时标志着中国进入了半殖民地半封建社会。1853年,太平天国攻克南京,改名天京并定都于此。1912年1月1日,中华民国临时政府在南京成立。说其特殊,在于其符号色彩的多重性,有悲有喜;说其重要,在于其符号定位的标志性,有终有始。本章选择幕末明治游记中有关清末南京的篇章进行分析,立足于构建日本人眼中的清末南京城市空间,呈现其时南京物象,进而对游记中有关清末南京社会人文所做论述进行讨论,力求立体呈现明治日本人眼中的清末南京形象。

第一节 城市交通:驴马轿船车各司其职 马路铁道新筑

1899年11月14日晚,内藤湖南在汉口乘上大阪商船公司大井川丸,于次日到达南京。"立刻下船,从下关登岸。农商务省留学生平冈、杉山二君骑驴前来迎接,令人欢喜。自下关入仪凤门,沿张之洞(甲午乙未之役时暂代刘坤一署理两江总督之际)所修筑马路,行近二里,抵达近总督衙门之科巷的东本愿寺学堂,暂居于此。此马路平整,细柳夹道,树间距仅二三尺,树皆在离根部约三尺处生出树杈。此时已值孟冬,枝叶难免萧疏。不禁想到,若为初春,草木萌生,朦朦嫩绿定会让行人车马意气风发。若巡路者用心修理清扫,持之以恒,单是此处可比拟上海,甚至强过我国帝都了。"①得到内藤湖南如此评价的马路名曰江宁马路,开始修建是在1895年。"1895年(清光绪二十一年)6月,张之洞又着手修筑下关江边至碑亭巷的江宁马路,参照上海租界的马车道路技术结构标准修筑,路幅6米至9米,以两江总督署(今长江路292号)为中心,东南至通济门驻防城边;西北穿碑亭巷经鼓楼出仪凤门至下关江边,成为贯通南京城区南北的主要干道。"②江宁马路是下关码头进入南京城必走的、贯穿南北的马路,在以后的日本人南京游记中多会出现。17日上午,内藤湖南拜谒明孝陵。"孝陵的残阁丹壁遥远,但犹可认。傍城壁北行,从燕雀湖畔径入原野间,座下的驴子不待驱策径自奔驰起来,似是喜悦于这田野景色的广阔一般。"③下午,参观刘园后沿护城河向西。"走过城西南角之赛虹桥,北转乃西水关,秦淮河与护城河在此合流。水波平稳,舟船往来,保留着往昔繁华痕迹。"④19日,观看燕子矶。"自北极阁下折向北,靠城墙前行良久,一路颠簸多石,马行极难。"⑤20日离开南京时则是"乘马车到下关"。⑥

1906年7月21日晚,德富猪一郎乘大阪商船公司大利丸从汉口出发,7月23日上午到达南京下关码头。"南京领事馆馆员池部政治君,因

---

① 内藤虎次郎:「支那漫遊　燕山楚水」,小岛晋治监修:『幕末明治中国見聞録集成』(第四卷),ゆまに書房1997年,第221—222頁。
② 孙建国:《南京通商口岸开埠始末》,《档案与建设》,1999年第8期,第25页。
③ 内藤虎次郎:「支那漫遊　燕山楚水」,小岛晋治监修:『幕末明治中国見聞録集成』(第四卷),ゆまに書房1997年,第224頁。
④ 内藤虎次郎:「支那漫遊　燕山楚水」,小岛晋治监修:『幕末明治中国見聞録集成』(第四卷),ゆまに書房1997年,第227頁。
⑤ 内藤虎次郎:「支那漫遊　燕山楚水」,小岛晋治监修:『幕末明治中国見聞録集成』(第四卷),ゆまに書房1997年,第231頁。
⑥ 内藤虎次郎:「支那漫遊　燕山楚水」,小岛晋治监修:『幕末明治中国見聞録集成』(第四卷),ゆまに書房1997年,第234頁。

予为乡友,蒙其迎为宾客,乘其马车行七英里地到达南京领事馆。于所走道路之修洁,略感惊讶。"①

1908年10月29日,明治汉学家、时任日本帝室博物馆馆长的股野琢乘船来到南京。"晚碇于芜湖,二时余而发,十一时半抵南京城外狮子山下。领事馆员来迎,乘汽车②,二里余入城中蓬莱馆小憩。抵领事馆,井原领事命马车俱观明朝城址及方孝孺血痕石。"③

1908年12月末,小林爱雄从上海乘火车进入南京。"从上海出发,花了小半天时间,到南京已是黑夜八点左右。……从这里又乘坐了一小时左右的市内列车,下车后有马车在等候。"④清政府通过向英国借款,于1905年4月25日全面开工建设沪宁铁路,1908年4月1日,沪宁铁路全线通车。从上海北站至南京下关站,全程311公里,需时间10小时。小林爱雄所乘坐线路便是沪宁铁路。沪宁铁路的开通,使得往来南京上海间原来单一的长江水上航线得到补充,铁路成为日本官民从上海进入南京的另一选择。小林爱雄所乘坐"市内列车"是由时任两江总督端方主持修建的。"1907年11月24日,南京城区铁路正式开工建设。当天端方率城内大小官员参加了开工典礼。……1908年8月26日,南京城区铁路首期路段顺利建成通车。"⑤小林于翌日游览孝陵。"马车即将驶到郊外时,对面一台人力车有气无力地走来。……在城门处下了马车,见驴子成群,十来个年轻赶脚的叫唤着'骑我的!''骑我的!'"⑥小林还言及他在半山寺游览时看到的铁路道口的情形,"途中过一道口,立一大门,

---

① 德富猪一郎:『七十八日遊記』,民友社1906年,第177頁。
② 按,股野琢的《苇杭游记》为汉文体游记。原文写作"汽车",中文意义为"火车"。
③ 股野琢:『葦杭游記』,小島晋治監修:『幕末明治中國見聞錄集成』(第二十卷),ゆまに書房1997年,第381—382頁。
④ 小林愛雄:「支那印象記」,小島晋治監修:『幕末明治中國見聞錄集成』(第六卷),ゆまに書房1997年,第277頁。
⑤ 张海林:《端方与清末新政》,南京大学出版社,2007年,第307—310页。
⑥ 小林愛雄:「支那印象記」,小島晋治監修:『幕末明治中國見聞錄集成』(第六卷),ゆまに書房1997年,第282—283頁。

上大字写着'眼见火车,往来人等,车马勿过'"①。12月31日晚,小林爱雄前去参加总督在秦淮画舫之上举办的宴请。"傍晚,我们的马车停在南京郊外,那闻名于诗歌中的秦淮河畔。从前面一辆马车走下的翻译汪君,换了支那服装,显得格外雅丽。我跟着乘上渡船。"②

日本大藏省理财局局长胜田主计,以考察产业、贸易、经济、财政为目的来到中国。1909年6月30日上午6点左右乘船到达南京。在《南京杂观》一节开头写道:"南京停船之处谓下关,与津浦铁路南起点浦口隔江相对。下关距南京市区约二里半路程,该段路程铺设有南京市区铁道。该铁路全长共计七英里,宽轨铁道,十分清新,乘坐十分舒适。"③胜田7月1日下午前往明孝陵游览。"去往明孝陵需出朝阳门向北,约三十町的距离,在紫金山山麓。到朝阳门勉强可通行马车,但自门外只能乘人力车或骑驴了。我雇了人力车,但仍十分艰难,上坡下坡都几乎无路可走,而且所行之处非泥泞即砂砾,终于不得已屡次下车徒步前行。如此看来,还是驴子才是最好的选择。"④

1909年10月16日正午,日本栃木县实业家中朝观光团乘日清汽船公司船舶抵达南京。该团由日本栃木县下野新闻社主办。"自南京北关分乘两辆马车,投宿到城内宾来馆。从旅店请了导游,再驾马车去南京市区游览。"⑤当日下午前往了明孝陵和江南贡院等地游览。"及至城郭

---

① 小林愛雄:「支那印象記」,小島晋治監修:『幕末明治中国見聞録集成』(第六卷),ゆまに書房1997年,第290頁。
② 小林愛雄:「支那印象記」,小島晋治監修:『幕末明治中国見聞録集成』(第六卷),ゆまに書房1997年,第300頁。
③ 勝田主計:「清韓漫遊余瀝」,『明治北方調査探検記集成』(第11卷),ゆまに書房1989年,第394頁。
④ 勝田主計:「清韓漫遊余瀝」,『明治北方調査探検記集成』(第11卷),ゆまに書房1989年,第399頁。
⑤ 下野新聞主催栃木県実業家満韓観光団:「満韓観光団誌」,『韓国地理風俗誌叢書』(第240卷),景仁文化社1995年,第383頁。

东门,马车无法行驶,换乘驴子,前去拜谒了相隔一里余的明孝陵。"①"沿来路骑驴返回到城郭东门,换乘马车去往市区南端的贡院。"②

日本汉诗诗人、日本文部省官员、曾任日本邮船公司上海支店店长等职的永井久一郎,1910 年 6 月 11 日,随参观南洋劝业会的赴清实业观光团来到南京。一行从汉口搭乘日清汽船公司大贞丸抵达南京下关码头。"登岸,巡警数骑警护,导到浮桥北文德里'文德里旅馆'。途上口占云:驱车先占嫩荫凉,得得进城忘路长。远客长怀香帅德,两行官柳抵甘棠。"③江宁马路旁的"两行官柳"可以遮荫蔽日了,永井认为这功劳当然应该记在"香帅"张之洞身上。永井所记南京之行主要围绕南洋劝业会展开,所乘坐交通工具有人力车、马车和火车等。如 6 月 14 日,"已入夜,雇人力车到提学使衙门前,换坐马车赴劝业会陈坐办及事务所员之约"④。又如,同月 15 日,"联马车到下关。沪宁铁路总办罗肇煌特备观望车供专用"⑤。

佐藤善治郎是日本近现代一位教育学者,1910 年 8 月初乘船到达南京下关。"下关是南京附属港,户数千余。下关是上海方向(沪宁铁路)、城内方向(宁省铁路)火车的始点站。港内停泊有数百帆船和两艘炮舰。"⑥有幸碰到日本旅馆的揽客员,"掌柜的帮我拿着行李,用他搭乘来

---

① 下野新聞主催栃木県実業家満韓観光団:「満韓観光団誌」,『韓国地理風俗誌叢書』(第 240 卷),景仁文化社 1995 年,第 383 頁。
② 下野新聞主催栃木県実業家満韓観光団:「満韓観光団誌」,『韓国地理風俗誌叢書』(第 240 卷),景仁文化社 1995 年,第 384 頁。
③ 永井久一郎:「観光私記」,小島晋治監修:『幕末明治中国見聞録集成』(第十九卷),ゆまに書房 1997 年,第 406 頁。
④ 永井久一郎:「観光私記」,小島晋治監修:『幕末明治中国見聞録集成』(第十九卷),ゆまに書房 1997 年,第 416—417 頁。
⑤ 永井久一郎:「観光私記」,小島晋治監修:『幕末明治中国見聞録集成』(第十九卷),ゆまに書房 1997 年,第 421 頁。
⑥ 佐藤善治郎:「南清紀行」,小島晋治監修:『幕末明治中国見聞録集成』(第十八卷),ゆまに書房 1997 年,第 100 頁。

码头的人力车把我送到了领事馆。"①在其去往南洋劝业会的途中,看到高官坐轿出行的情景。"有高官的轿子走了出来。两三个骑士护卫着,走在前面的人手举彩色的、如笏一样的长板,其他人为轿子撑起阳伞,一同行进。这着实富有支那意味。"②在其游览北极阁回宾馆的途中,看到货运队伍的情形。"途中首先看到的奇景是驴子的队伍。这是一支由五六头又或十头驴子组成的队伍,由一个男人赶着,驮运着谷物。……(驴子)套着笼嘴,脖子上挂着当当作响的铃铛。在回来的路上,那人会骑着一头驴子而赶着其他的驴子。如此队伍持续往复,倒也有一点诗趣。还看到一辆推运石材的独轮车,发出吱吱的声响。"③

　　东亚同文书院第七、八、九期学生都曾有班组到南京考察。第七期"皖北鄂豫班""两江班"先后进入南京考察。"皖北鄂豫班"1909年7月5日乘船到达下关码头。"决定驾马车到城内,暂时投宿到五云楼。"7月9日参观明孝陵。"乘东洋车闯过深及车轴的水浸路面,到了朝阳门。在此弃东洋车,为交涉价钱先步行起来,走了一二町路方谈好价钱,骑上驴子。"④"两江班"于1909年8月6日乘船到达南京下关。"盼咐马车,驶向宾来馆。最先惊讶于城门之巨大。大道并沿轨道,两排柳树分立两边,车音辚辚,疾驰而去。"⑤第八期"海开班"在1910年7月2日凌晨两点乘船抵达南京下关。7月3日,"乘市内火车到中正街。七点半拜访了

---

① 佐藤善治郎:「南清紀行」,小島晋治监修:『幕末明治中国見聞録集成』(第十八卷),ゆまに書房1997年,第101頁。
② 佐藤善治郎:「南清紀行」,小島晋治监修:『幕末明治中国見聞録集成』(第十八卷),ゆまに書房1997年,第115頁。
③ 佐藤善治郎:「南清紀行」,小島晋治监修:『幕末明治中国見聞録集成』(第十八卷),ゆまに書房1997年,第124頁。
④ 東亜同文学院第七期生:「一日一信」,東亞同文書院编:『東亞同文書院大旅行誌3』,雄松堂出版2006年,第174—175頁。
⑤ 東亜同文学院第七期生:「一日一信」,東亞同文書院编:『東亞同文書院大旅行誌3』,雄松堂出版2006年,第275頁。

领事。"①第九期"江宁武昌班"在1911年7月3日到达南京下关。"松岛君把行李装上马车,并坐在行李一边先行去了南京城内的宾来馆。……我们步行出发。从下关到南京通行的这条林荫道着实是好。绿柳枝上,有鸟儿嬉闹。真可谓之为'文明的绿门②'。"在离开南京的前一天,7月5日,由于没有赶上汽船,该班决定从下关去江对面的浦口视察。"雇了划子渡江。由于近来涨水,浊流满溢,激荡船头。老船夫流着油汗,划动着船橹。炎炎烈日照耀浊流。船越发被冲荡着,不能前行,反被冲入到苇丛间。划开苇丛前行的小船犹如走在一团炽热烈火之中。船夫已是汗流浃背,划子终于到了浦口。"③

　　首先,探讨一下明治游记作者们进入南京的路线。

　　由于地缘关系,加之交通手段的时代限制,清末日本人渡海而来,经过朝鲜半岛进入中国抑或轮渡在天津、上海、广东登陆者居多。而日本人进入南京的路线,无论其进入中国的第一站是否为上海,由上海出发或经由上海落脚后再出发者居多,如高桥谦、西本愿寺僧众团、村木正宪、胜田主计、东亚同文书院学生调查团、佐藤善治郎等;又或者先溯长江而上或者其他方式先至长江中上游,以汉口为多,然后顺流而下时进入南京,如内藤湖南、德富猪一郎、栃木县实业家中朝观光团、赴清观光实业团等。

　　日本官民进入南京选择长江航线居多,有其客观原因。一则,长江航运发达,尤其日本经营的长江航线很多,为日本官民进入长江流域提供了便利;二则,能够替代航运的交通工具——铁道兴建和火车的开行

---

① 東亜同文学院第八期生:「旅行記念誌」,東亞同文書院編:『東亜同文書院大旅行誌4』,雄松堂出版2006年,第178頁。
② 绿门:日本在举行庆祝会、运动会等活动时,临时搭建的门,上部搭成弓形,并覆一常青树的叶。"明治十八、九年(1885、1886)左右,绿门多装饰于店头或门前"。大熊喜邦:「本邦綠門の變遷」,『建築雜誌』(第二百六十六号),1909年2月,第24頁。
③ 東亜同文学院第九期生:「孤帆雙蹄」,東亞同文書院編:『東亜同文書院大旅行誌5』,雄松堂出版2006年,第178—179頁。

相对滞后。1895年4月,日本通过《马关条约》获得了宜昌重庆间以及上海苏州杭州间的中国内河航行权。日本海运终于由此获得了进入中国内河航运的机会。日本大东汽船公司于1897年5月开始运营上海苏州航线;翌年1月开航上海杭州航线。大阪商船公司于1898年1月开航上海汉口航线,1899年1月开航汉口宜昌航线。1903年10月,日本湖南汽船公司开始运营汉口湘潭航线,日本邮船公司同年开航上海汉口航线。至此,日本已有四家大的航运公司在中国长江内河开航航线,在运力越来越充足的同时,彼此之间也形成了竞争关系。此时,日本政府居间调停,成立了日清汽船公司。"经由政府居间调停,四家公司根据现有设备和出资金额,设立了资本金为810万日元的日清汽船公司。营业始于明治40年(1907年)4月。"①内藤湖南在1899年10月17日搭乘大东轮船公司的轮船前往杭州游览,而在11月4日,搭乘大阪商船公司的天龙川丸,驶向汉口,又在11月16日,乘大阪商船公司的大井川丸到达南京。德富猪一郎在1906年"七月九日夜九时,于上海搭乘上大阪商船的大吉丸。十三日晚八时许,抵达汉口。随即换乘湘江丸,十五日抵达长沙,进而十六日下午赴湘潭,十七日再次返回长沙。""予今晨离开长沙,现正在返回汉口的湖南汽船公司的湘江丸上。"②二人所走路线与所搭乘航线与前述日本航运公司分别经营的线路是相符的。股野琢在《苇杭游记》中的《从汉口乘船赴南京》一节开端记述:"二十七日,病愈。午后九时发汉口,赴南京。船号'南阳'。"③所说"南阳"即南阳丸,隶属于日清汽船公司上海汉口线。"正午十二时许到达南京。日清汽船公司与南京上海间铁路公司有六百里通票的协议,所以从轮船可以直接换乘火车,如

---

① 大阪商船三井船舶株式会社编:『大阪商船株式會社80年史』,大阪商船三井船舶1966年,第25—26頁。
② 德富猪一郎:『七十八日遊記』,民友社1906年,第131—132頁。
③ [日]股野琢:《苇杭游记》,张明杰整理,中华书局,2007年,第156页。

此,登陆南京后便搭乘火车了。"①这是 1909 年 10 月栃木县实业家中朝观光团到达南京时的记述。"六钟,日清汽船会社汽船大贞丸有约,自汉口来迎余等,换坐向南京。"②这是 1910 年 6 月赴清实业观光团从汉口至南京的交通选择。长江航路是日清商船公司"自大阪商船公司、日本邮船公司承继下来的",是该公司航路中居于首位的主干航路。日清汽船公司平时在这条航线上安排了"岳阳丸、南阳丸、襄阳丸(以上各船排水量均为三千五百余吨)、大福丸、大贞丸、大利丸(以上各船排水量当时均在二千二百余吨到二千八百余吨)等船舶六艘。"③可见,股野琢、栃木观光团以及永井久一郎的记述也符合 1907 年日清汽船公司成立后日本在长江航运的状况。内山清整体记录了 1910 年前后南京的汽船交通情况,列出四条线路。

一、上海汉口线。现今长江航路之上,定期停靠南京之汽船公司有日清、太古、瑞记、怡和、招商局、鸿安、东方、美最时等八家。……二、下关六合线。利用下关六合间之水道,日清汽船公司采用小蒸汽船拖轮运送乘客。三、下关芜湖线。下关芜湖间以太平府为停靠港,日商戴生昌之外有清国一公司用小蒸汽船拖轮运送乘客。四、下关扬州线。下关与镇江之对岸、大运河内之扬州间,日清汽船公司及日商戴生昌之外亦有清国一公司用小蒸汽船拖轮运送乘客。④

自上海乘火车到南京,是在 1908 年 4 月沪宁铁路通车之后的事情。

---

① 下野新聞主催栃木県実業家満韓観光団:「満韓観光団誌」,『韓国地理風俗誌叢書』(第 240 卷),景仁文化社 1995 年,第 383 頁。
② 永井久一郎:「観光私記」,小島晋治監修:『幕末明治中国見聞録集成』(第十九卷),ゆまに書房 1997 年,第 403—404 頁。
③ 浅井誠一編纂:『日清汽船株式会社三十年史及追補』,日清汽船株式会社 1941 年,第 193 頁。
④ 内山清,梶原熊雄:『南京』,日本堂書店 1910 年,第 53—56 頁。

"光绪三十四年（一九〇八）全路竣工通车，……沪宁干线由上海北站至南京下关共三百十一公里,支线由上海北站至吴淞十六公里。南京客站在下关,货站则在江边之煤炭港。"①1908年12月,小林爱雄便是乘坐沪宁线火车进入南京的。

接着,梳理一下南京市内道路和交通工具的状况。

日本明治游记中集中提到的南京市内道路有三条。一是以下关码头为开端的江宁马路;二是同样以下关为起点的宁省铁路;三是出朝阳门至明孝陵的小路。

明治游记中对于江宁马路有很多描述,其中对于马路的平整和路两旁的杨柳的描写让人印象深刻。德富猪一郎、东亚同文书院第七期学生及永井久一郎是乘马车走过此路,德富的描写是"所走道路之修洁,略感惊讶",而第七期学生记述为"大道并沿轨道,两排柳树分立两边",永井更是赋诗一首,言道路舒适令其"得得进城忘路长"。内藤湖南骑驴而过,描写道"马路平整,细柳夹道"。第九期学生步行走过,观察就更为细致,"从下关到南京通行的这条林荫道着实是好。绿柳枝上,有鸟儿嬉闹"。1899年内藤湖南看到的路边柳树还是"皆在离根部约三尺处生出树杈"的小树,11年后的1910年佐藤善治郎看到的是"高高杨柳庇荫两侧,还有丛竹之类"②。12年之后的1911年,展现在东亚同文书院第九期学生面前的已经是可以让道路成为"林荫道"的大树,他们把马路称之为"文明的绿门",足可见两旁柳树已可蔽日。正所谓十年树木。江宁马路"起于江干,穿下关,由仪凤门入城。循旧石路,达于鼓楼。再绕鸡笼山麓,经总督衙门,达驻防城边,而终于通济门。"这条马路干路是1895年张之洞开始修筑的,而连接市内各地的支路一直到1901年才陆续完

---

① 凌鸿勋:《中华铁路史》,台湾商务印书馆,1981年,第124—125页。
② 佐藤善治郎:「南清紀行」,小島晋治監修『幕末明治中国見聞録集成』(第十八卷),ゆまに書房1997年,第111頁。

成,"各路均可行东洋车及轻马车"①。

从下关入南京城,除了江宁马路,始建于1907年并于翌年4月建成的宁省铁路成了另一种选择。据《南洋官报》的"光绪三十三年一〇一册路矿邮电","金陵城内铁路,已经工程司勘定轨线,于十月二十日兴工。计该路起点于下关,贯仪凤门东首之金川门入城。路线入城后,即沿通行马路之东偏,辟一轨线,近者约距马路一二丈,远者约距马路五六丈。迤逦逾钟鼓楼之东,过北极阁下路,越马路之北,而至马路之南,斜度两江师范学堂之后墙。仍跳跃至马路之东北,不一二里将至珍珠桥,遂距马路略远。向东直指,以抵通济门中正街之东头为止。全路延长约十五六里。"②当时运行江口、下关、三牌楼、无量庵、督署及万寿宫,共七站。殷野琢在1908年10月29日乘船来到南京城外狮子山下。"领事馆员来迎,乘火车,二里余入城中蓬莱馆小憩。"小林爱雄1908年12月,乘沪宁铁路到南京下关,"又乘坐了一小时左右的市内列车,"所到目的地为总督府,故所到车站为督署车站。如果小林的记录无错,如此可知自下关站至督署站运行时间是一个小时左右。1909年7月来到南京的胜田主计对宁省铁路进行了具体描述,"从这里下关距南京市区约二里半路程,该段路程铺设有南京市区铁道。该铁路全长共计七英里,宽轨铁道",整体感受"十分清新",而乘坐感受则"十分舒适"。东亚同文书院第八期学生游记中也有"乘市内火车到中正街"的记录。由此可见,宁省铁路在其运行之初是十分惬意且很受欢迎的出行方式。

南京作为六朝古都,名胜古迹众多。无论怀着什么样的目的来到南京,所有的游记作者都或多或少地进行了一番观光游览。而游记内容显示,在名胜古迹中,多数人都选择拜谒或游览明孝陵。这一选择的原因,

---

① 南京市地方志编纂委员会办公室翻印:《首都志》(下),南京古旧书店、南京史志编辑部,1985年,第844—845页。
② 南京市地方志编纂委员会办公室翻印:《首都志》(下),南京古旧书店、南京史志编辑部,1985年,第851页。

暂且不论,但这一选择使得朝阳门至明孝陵的这段路和在这段路上的行走方式成了众多游记的共同描写对象。如此使得这条路或前往这条路的过程,成了清末南京普通民众乘坐交通工具的集中展示舞台。明代,南京建有13个内城门,唯一面东而建的便是朝阳门,据说"朝阳"之名由此而来。当时朝阳门上建有可驻守的城楼,因为有明三百年,这里都是皇城重地,而且,出朝阳门便是孝陵禁地。私闯禁地乃杀头之罪,所以老百姓不敢擅自进入,故朝阳门有"僻静"之门之称。清朝将明南京皇城划为总督两江驻防城,成为八旗兵及其家眷居住之地,朝阳门也有重兵把守,一般汉人不能靠近。但到了1853年,太平天国军队攻占南京,朝阳门的宁静被打破。此后十年朝阳门外变为战地。及至太平天国败退,清军重回南京,包括朝阳门在内的明故宫驻防城已毁,朝阳门也就暴露在普通民众面前了。从现存的大量明孝陵老照片可以推测,那时传教士、外国水兵等到明孝陵游览,朝阳门是必经之地。从朝阳门到明孝陵的距离,如果测算现在中山门到明孝陵的距离约为1.7公里,胜田主计记述的"约三十町"是基本准确的。这样"约三十町"的空间,内藤湖南言其为"田野",胜田主计言"上坡下坡都几乎无路可走,而且所行之处非泥泞即砂砾",可见当时虽然朝阳门以及明孝陵已经是普通民众可到之处,虽不再"僻静",却仍十分荒凉。从城内至朝阳门,道路是可以通行马车和东洋车的。小林"在城门处下了马车",胜田言"到朝阳门勉强可通行马车",栃木县实业家中朝观光团说"及至城郭东门,马车无法行驶";东亚同文书院第七期学生"到了朝阳门"后,"在此弃东洋车"。出朝阳门后的交通工具,可选择主要就是驴子了。内藤湖南在1899年是骑驴去拜谒明孝陵的。1908年12月份到南京的小林说,朝阳门外"驴子成群","十来个年轻赶脚"在招呼生意。可见当时朝阳门外已有聚落的做生意的人群了。栃木县中朝观光团、东亚同文书院第七期学生也在朝阳门换乘了驴子,书院的年轻学生还"为交涉价钱先步行起来,走了一二町路方谈好价钱"。1909年7月到南京的胜田主计言及"自门外只能乘人力车或骑驴了"，而他"雇了人力车"，结果行走"十分艰难……终于不得已屡次下车徒步前行。如此看来，还是驴子才是最好的选择了。"

　　清末南京的出行方式选择上，当以人力车和马车为主，江宁马路的修建，大大拓宽了人力车和马车的使用空间。但是，像朝阳门去往明孝陵的路段那样几近无路可走的地方，耐力更好、体型小且灵活的驴子的使用则更多。在明治游记中的清末南京，轿子的身影极少出现。小林爱雄在游览明孝陵的返回路上看到过贵人乘坐的轿子。"回去的路上，遇到了四位坐着轿子前来拜谒的贵人。紫色的袖子垂出轿子，于这个场景是那么的协调。"①清朝轿子有官轿和民轿之分。清朝政府规定"道台或知县的官轿出行时，有一伙随从人员前呼后拥，鸣锣开道。"②小林所见的为民轿，佐藤善治郎所看到的从督署出来的则是官轿，"富有支那意味"的出行方式正是这种规定的具体体现。官轿规格设置按官员级别进行区分，民轿多为两人抬的小轿，有自备，也有客轿。在西洋马车和人力车没有出现前，客轿作为短途客运方式使用广泛。但随着马车和轻便的人力车的兴起，轿子渐渐退出了历史舞台。清末南京的陆路货物运送的方式，常见使用独轮车和驴子。佐藤善治郎描述的驮运谷物的驴队和推运石材的独轮车便是很好的证明。

　　舟船在水系发达的南京，无论客运还是货运都发挥着重要的作用。从内藤湖南对西水关"水波平稳，舟船往来"，小林爱雄登船前往秦淮画舫宴会等描述可见一斑。渡江的客货运更是离不开舟船，东亚同文书院第九期学生乘坐的"划子"应该是当时普通民众渡江的主要方式。待到1908年宁省铁路开通，"宁省铁路通车后即开行了市内客车，一天数趟，从根本上改变了城市的交通状况，为市民和商贾带来了极大的便利。宁省铁路三等客票的价格为每站五分，全线单程三等票价为二角，二等四

---

① 小林愛雄：「支那印象記」，小島晋治監修：『幕末明治中国見聞録集成』（第六卷），ゆまに書房1997年，第285頁。
② 嵇果煌：《传统代步工具——轿子的兴衰》，《交通与运输》，1995年第1期，第39—40页。

角,头等八角,还可以带货,与当时主要交通工具马车、小船相比既经济又快捷,铁路营业状况极好。"① 作为近代化的交通方式,铁路的修筑和火车的使用无疑是革命性的。小林爱雄看到的"眼见火车,往来人等,车马勿过"的道口路牌,既包含着清末南京各种交通要素,也可以看作近代南京交通发展趋势的一种绝佳诠释吧。

第二节 市井商情:大码头谈贸易物产关税 小店铺话买卖世态人情

明治游记较全面地呈现了清末南京的经济状况,尤其关于下关码头的建立和金陵关开关贸易的状况,对进出口物品种类、贸易额、关税收入等都有所记录。另外,对南京市内商业布局和店铺状况也有比较直观的记录。

1858 年,在第二次鸦片战争中签订的中法《天津条约》,规定南京为通商口岸。但由于当时南京被太平天国占据并定为首都,所以并没有实际开埠通商。1864 年,清军攻占南京。1865 年英法为筹备南京开埠之事对南京进行勘察,然而结果令其大失所望。"'人民之死亡转徙者不可胜计,屋宇之存者十不及三四,疮痍残败之状几于目不忍视。'下关一带则江滩荒野'蒿莱弥望,匪类潜踪,命案抢夺,闻见叠出'。英法双方都认为南京在通商上已无多少价值,只是大致指划'狮子山城河之间'为备用之地,未提出设立租界的要求。南京通商口岸开埠因而被搁置。"但伴随长江航运的开拓,尤其是 1872 年中国官督商办的"轮船招商局"的建立,1873 年下关设立了"棚厂"用于售票和上下客,1882 年左宗棠在任两江总督期间又调来"四川号"趸船,下关成为南京第一座轮船码头。1895 年,英国洋行以下关无码头可停泊影响客运为由要求自设码头。"考虑到仅有的招商码头确已

---

① 吴本荣:《公共交通与南京城市近代化(1894—1937)》,《南京工业大学学报(社会科学版)》,2009 年第 1 期,第 33 页。

不敷使用,而南京并非通商口岸,'断不许洋行设立趸船',两江总督张之洞决定由官方建造码头一座,在供官轮靠泊的同时,亦为外轮提供方便。"①张之洞令南京地方官员筹银在下关建趸船栈桥式码头一座,俗称"官码头"。1899年4月1日,《修改长江通商章程》生效,同年5月1日,在商定关税事宜后,金陵关宣布开关,南京正式对外开放。

根据1900年村木正宪所做的记述:"南京经由上海、镇江等地,主要进口棉布、棉线、鸦片、石油和砂糖等;出口的产品主要有绸缎、天鹅绒、药材、皮革、羊毛、鸭毛、小麦以及芝麻等。""南京的海关收入仅五万六千六百五十三两。"②虽然,村木的记述中并没有写明这个收入的具体时间,但是考虑他游历南京是在1900年4月21日,这个数额极有可能是1899年5月1日南京金陵关正式开放到其访问时的收入额。从其描述措辞来看,这个海关收入额应该是比较低的。《清韩漫游余沥》对南京下关码头的吞吐量和贸易额、贸易逆差状况进行了记述。"根据1908年的统计,船舶吞吐量约五百二十万吨,货物进出口总额为一千零五十万两,其中一直处于贸易逆差。进口总值约六百九十万两,而出口只有约三百五十万两。总之,南京是一个消费性城市,虽然也有毛皮类、丝织类等一些产品,但物产并不十分显著,只是一个典型的旧都和两江总督驻地而已吧。"③对此,石原市松在1900年的《北清韩国长江苏杭视察之复命书》中也有类似的看法。他认为南京的贸易吞吐量相对于当时四十万的人口来说是非常少的,并分析了三点原因。"其一,开港日浅,购买力尚不发达;其二,迄今外国商品多经镇江再用支那帆船运至南京,此习惯已久,故诸种关联之上,未能俄而开直接进口之道;其三,支那人尚未习惯所谓

---

① 孙建国:《南京通商口岸开埠始末》,《档案与建设》,1999年第8期,第25页。
② 村木正宪:「清韩纪行」,小岛晋治监修:『幕末明治中国见闻录集成』(第五卷),ゆまに书房1997年,第152、156页。
③ 胜田主计:「清韩漫游余沥」,『明治北方调查探检记集成』(第11卷),ゆまに书房1989年,第394—395页。

洋务,即不知海关手续等"①。石原对南京之于航运业是否为"有前景"之地并不乐观,接着又记述了"支那人之说法"进一步佐证。"省城之地当然府厅之所,亦不适商业。无高官且施政不密之处可促商业之发达。若举其例,于长江之上,南京、安庆、武昌不发达,而非府城非县城之汉口与昔时之沙市则商业发达。"②石原的分析与当时中国人根据自身经验给出的说法都有一定的道理,由于清末南京在政治上的特殊地位,贸易额于城市规模而言始终并不突出。对此,内山清也从南京作为通商港口地位的角度做出了分析。"南京于通商港之地位远在镇江或芜湖等之下。此因南京无联通内地之河川,故不能为内地来往货物集散之市场。于是自南京港出口之货物或为南京市内所产,或为近邻乡里即六合、浦口而来之土产,而进口货物亦为满足市内即近邻地区所需而已。"③虽然进出口货物种类及数量都不够丰富,而且贸易逆差也很严重,但1908年南京下关港口的外观看起来已经比较成规模了。据小林爱雄的记述,"从港外看金陵,德国的旅馆、英国的洋行等,鳞次栉比,威风凛凛。这与城内的支那街道截然不同"④。小林爱雄所说的下关港口和南京城内存在巨大差异,这正是大贸易与小买卖的区别。

大贸易谈物产关税,到了城内的小买卖则可以看到南京的世态人情。关于清末南京商业最繁华的街道所在,在明治游记中有明确的记述。1899年11月17日午后,内藤湖南"在农商务省和三井公司的留学生陪伴下,前去逛了南京最为繁盛的市街——三山街。这里距离科巷应该还有半里路程。逛完一两家古董店后,回去学堂。"⑤胜田主计在内藤

---

① 石原市松:『北清韓国長江蘇抗視察の概略』,石原市松発行1899年,第34頁。
② 石原市松:『北清韓国長江蘇抗視察の概略』,石原市松発行1899年,第34頁。
③ 内山清、梶原熊雄:『南京』,日本堂書店1910年,第18頁。
④ 小林愛雄:「支那印象記」,小島晋治監修:『幕末明治中国見聞録集成』(第六卷),ゆまに書房1997年,第326頁。
⑤ 内藤虎次郎:「支那漫遊　燕山楚水」,小島晋治監修:『幕末明治中国見聞録集成』(第四卷),ゆまに書房1997年,第223頁。

湖南游历南京的 10 年之后，1909 年 7 月 1 日"傍晚，乘车游览了城区商业中心——三山街及附近秦淮天神桥等地。"①据二人所述，三山街应是南京最繁华的商业街道了。三山街后来的发展，如民国时期的状况可以看作是这一繁盛的延续。"城南作为城市的商业中心，商店门类、数量多，分布密集，城市地价为全城之最，三山街地区地价在 1928 年时就已达到 200 元（大洋）每方丈，远高于全城其他地区。"②1910 年 8 月游历南京的佐藤善治郎记述，"进入水西门。这一带是南京繁华的中心，道路两侧大厦林立，正所谓'车毂击，人摩肩'。"③差不多一年之后，1911 年 7 月东亚同文书院第九期学生记述，"考察水西门附近，感觉自己好似也成了一个够格的商人一般。"④这两段记述表明 1910、1911 年的水西门附近商业十分繁盛，但仅据此似乎并不能确定当时南京的商业中心由三山街转移到了水西门，不过可认为商业繁盛区域从三山街向西北扩展到了水西门一带，或者说西水关一带传统繁华地区有了进一步发展比较合适。水西门是内外秦淮河的汇合之处，门外设水陆码头，这里也是通往南京西郊——上新河的要道，外地商贾循水路聚集于此。"走过城西南角之赛虹桥，北转乃西水关，秦淮河与护城河在此合流。水波平稳，舟船往来，保留着往时繁华之痕迹。"⑤1899 年，内藤湖南就曾记述过水西门一带的繁华，所以十几年的发展之后，水西门渐渐有了商业中心的样子也不是不可能的。1901 年到南京调查日本海产品销路问题的稻松松之助，也记

---

① 勝田主計：「清韓漫遊余瀝」，『明治北方調査探検記集成』（第 11 巻），ゆまに書房 1989 年，第 394—395 頁。
② 王乾、徐昀、宋伟轩：《南京城市商业空间结构变迁研究》，《现代城市研究》，2012 年第 6 期，第 84 页。
③ 佐藤善治郎：「南清紀行」，小島晋治監修：『幕末明治中国見聞録集成』（第十八巻），ゆまに書房 1997 年，第 139 頁。
④ 東亜同文学院第九期生：「孤帆雙蹄」，東亞同文書院編：『東亜同文書院大旅行誌 5』，雄松堂出版 2006 年，第 179 頁。
⑤ 内藤虎次郎：「支那漫遊　燕山楚水」，小島晋治監修：『幕末明治中国見聞録集成』（第四巻），ゆまに書房 1997 年，第 227 頁。

述了包括水西门大街附近的几家店铺。"主要的海产品批发商有恒生西(在城内水西门大街)、恒生南、恒生北(以上属同一家店,其中恒生西为总店,为南京人所开),彩生西及同街的彩生南(彩生南为总店,同样是南京人所开),五云斋(南京人)及同街的大同(宁波人所开,为上海大同号的分店),以上店铺均兼零售。另外,零售规模大的店铺是庆生、福泰两家。"①

这些繁华的街道是商号林立的商业中心。在清末南京街道两侧的商号名称是怎样的呢。1910年8月,佐藤善治郎从下关坐人力车前往位于中正街(今白下路)的日本总领事馆。自鼓楼开始关注南京的商家招牌。通过这段记述,清末南京商铺名称或街道上常见字牌的大概信息可以一目了然。

  商家门前树立高柱,上面竟挂上几块招牌,着实稀奇。坐在人力车上,一边看着各种招牌一边前行很是有趣。仕官行台,即官吏的临时住所,也有上等旅馆之意。很多旅馆会在门口对面砌一砖墙,用大字把这四个字写在上面。整容,即理发处;照相或丽珠照相,即照相馆;钟表,即钟表店;刘字号,好像即是刘姓老板开的店;公司、局,即日语所说会社;洋行,即外国人开的商店;真不二价,即不报谎价;书阁,即艺妓屋(并非书店);车站,即车辆停车上下客处;学士靴,即西洋式的鞋子;头等,即一等;小便池,即公共厕所;钱庄,即兑换商;押、当,即典当商;君子自重,即禁止小便;闲人莫进,即无事者禁止进入。很多商店门口贴着半片红宣纸,写有"龙来集宝"等语句。那是每年元旦要张贴的。很多招牌为中西旅馆、中西药铺等,万不可认为是日本人开的店。② 此"中西"之"中"为中国,"西"乃西洋之意。③

---

① 稻松松之助:『清国视察报告书』,稻松松之助发行中井制本印刷所1903年,第44页。
② 中西,在日本是一常见姓氏。
③ 佐藤善治郎:「南清纪行」,小岛晋治监修:『幕末明治中国见闻录集成』(第十八卷),ゆまに书房1997年,第112—114页。

内山清在《南京》中既记录了日本商人在南京的经营情况,也详细记下了主要中国商店的情况,提供了一份有价值的商业经营名单,内容包括1910年在南京的主要日本商店店名及经营者、原籍等。根据经营内容整理如下:

> 杂货店,目贺田嘉二郎的合资公司信保洋行,名越律五郎的大福洋行,广濑美浓作的三星洋行,前田耕作的前田一二洋行,前田祯吉的日本物产馆;杂货、药品:松尾良平的大吉洋行,吉村传助的吉村洋行,阪田重治郎的阪田洋行,绫野茂的绫野洋行,高桥清治郎的二三洋行,笹仓直次郎的丸三洋行;杂货、美术品、人力车,田中庄作的庄利洋行;书籍及杂货,远山勤的远山洋行;糕点店,莲沼武夫的甘泉堂。①

内山清又列出在南京的主要的二十六家清商店铺,称作为参考之用。该部分内容包括经营者、店名及经营内容,更是写明了地点,对于呈现清末南京的商业空间十分有价值,因此总结制表如下。②

行业名称	姓名	店名	住址
土业	周植菴	坤源	行吴街
绸业	郑燮珊	九章恒	评事街
缎业	张翰儒	裕泰	李府巷

---

① 根据书中所列内容整理,参见内山清,梶原熊雄:『南京』,日本堂書店1910年,第62—63页。
② 表格根据书中所列内容整理而成,参见内山清,梶原熊雄:『南京』,日本堂書店1910年,第64—66页。原文没有的相关信息的在表格中显示为"—"。

续　表

行业名称	姓名	店名	住址
缎业	鲁祥林	泰昌	弓箭坊
洋货业	赵镜潭	亿泰鑫	小彩霞街
布业	赵瑞廷	亿泰和	行吴街
盐业	朱文波	乙和祥	水西门大街
典当商	朱培生	永隆	花牌楼
制衣业	陈玉乡	协隆	花市大街
杂货业	王凤山	彩生西	—
茶业	陈升妥	陈泰和	顾楼口
烟草业	传礼堂	—	—
金珠首饰业	孙敏豪	宝庆	驴子市
广洋货业	刘填宽	恒丰润	三山街
广洋货业	方连城	源发祥	坊口大街
药业	程子余	德泰永	油市大街
药业	王文乡	泰和	水西门大街
木业	余汇川	振泰	水西门外下河桥
陶瓷器业	朱端中	德源	南门大桥
陶瓷器业	马康候	聚泰丰	油市大街
香烛业	桂定之	老同人	膺府
铜锡业	梁德扬	东兴	三山大街
纸业	钮善之	仁记	水西门外大街
米业	吴宏瀛	瑞麟	大行官吉祥街
米业	朱振远	庆源	花牌楼
碞坊业	张绍宇	万丰	南门外

莫愁湖畔的胜棋楼在明治游记中较多出现。1899 年，内藤湖南记述，"湖之南岸有华严寺，胜棋楼与其相连而建。此楼乃金陵克复后，曾

文正公热心名胜保护,为复旧湖之风景如初而建"①。1909 年,胜田主计记述,"在胜棋楼小憩,一边吃西瓜子、饮支那茶,一边欣赏风景"②。1910年,佐藤善治郎记述,"在楼上一边饮茶,一边远眺落于榆柳之间的夕阳"③。同年 6 月 13 日,永井久一郎"与近藤团长、土居、大谷、大桥等团员,同赴莫愁湖,登胜棋楼览胜访古"。并且在游览时赋诗一首,"胜棋人去剩楼台,依旧天然图画开。欲为湖山题句去,荷花时节客重来"④。登胜棋楼吃茶并观莫愁湖风景是很多明治游记作者共同的游览经历。喝茶的地方当然不止此处。1909 年 7 月 19 日,东亚同文书院第七期学生记述他们在游览明孝陵后,"在太平门附近一茶馆小憩吃茶,之后驱马前往北极阁"⑤。

民以食为天。到了哪里,吃饭的地方总是最基本的关注点。街边饭馆在明治游记中多有记述,既有街边小饭馆,也有繁华之地的大饭店。内藤湖南记述了 1899 年其在下关吃面的经历。"到了下关,已过正午。进了一家饭馆,叫了面来吃。但面味极臭,难以下箸,只好忍着辘辘饥肠再次出发。"⑥小林爱雄记述了 1908 年 12 月到达南京当晚,他听到了沿街叫卖小吃的吆喝声。"半夜里传来摇晃一串铁片发出的声音,伴随而来的还有凄凉高亢的叫卖声,喊得好像是'锅烧馄饨'之类。"⑦小林还记

---

① 内藤虎次郎:「支那漫遊　燕山楚水」,小島晋治監修:『幕末明治中国見聞録集成』(第四卷),ゆまに書房 1997 年,第 227 頁。
② 勝田主計:「清韓漫遊余瀝」,『明治北方調査探検記集成』(第 11 卷),ゆまに書房 1989 年,第 397 頁。
③ 佐藤善治郎:「南清紀行」,小島晋治監修:『幕末明治中国見聞録集成』(第十八卷),ゆまに書房 1997 年,第 139 頁。
④ 永井久一郎:「観光私記」,小島晋治監修:『幕末明治中国見聞録集成』(第十九卷),ゆまに書房 1997 年,第 410—411 頁。
⑤ 東亞同文学院第七期生:「一日一信」,東亞同文書院編:『東亞同文書院大旅行誌 3』,雄松堂出版 2006 年,第 176 頁。
⑥ 内藤虎次郎:「支那漫遊　燕山楚水」,小島晋治監修:『幕末明治中国見聞録集成』(第四卷),ゆまに書房 1997 年,第 233 頁。
⑦ 小林愛雄:「支那印象記」,小島晋治監修:『幕末明治中国見聞録集成』(第六卷),ゆまに書房 1997 年,第 280 頁。

述了第二天他去游览明孝陵途中看到的沿街店铺的情况。"在狭窄脏乱的街上,有许多卖馄饨、家鸭的店。鸭子一只挨一只的倒挂在店里的顶棚上,这种独特的风景十分有趣。"① 在其游览归来时,又记述,"馄饨店老板在自己店前,非常美味地吃着自家的馄饨。这一极其悠然自得的举动,其实可以看作是一种最新的广告手段。"② 小林爱雄虽然留意到这么多沿街小饭馆,但他受到端方的招待,并没有像内藤湖南那样下到小饭馆吃面的经历。在秦淮画舫之上,高档的饭馆林林总总。小林便记述了端方在秦淮画舫宴请的场景。

> 为了菜品保温,在类似西欧点心盘的陶器中盛满热水,再在上面摆上菜盘。每上一道菜,主人客人便挥动长长的银筷,把菜夹道自己面前的银制小碟子里。吃上一两筷,跑堂便会换上新菜。如果是汤,则用汤匙。如果需要用叉的菜,则用两根齿的肉叉。这比只用筷子的日本热闹多了。特别是将菜送入口时,在船上响起的那银铃般的轻柔乐声,感觉似乎可以悦及江底。不到四五分钟,菜品又会更新,源源不断。燕窝、鹌鹑蛋、长江鳜鱼、苏州蔬菜、鸭掌……应有尽有。接着又上来一道羹,由动物下水和骨头炖上一两夜烹制而成,香气扑鼻。确是名副其实的山珍海味。③

内藤湖南的难以下箸的那碗"极臭"的面和小林爱雄享用的"香气扑鼻"的总督宴请可谓天壤之别。清末南京官民生活之差距,自此也可见一斑。

---

① 小林愛雄:「支那印象記」,小島晋治監修:『幕末明治中国見聞録集成』(第六卷),ゆまに書房1997年,第281頁。
② 小林愛雄:「支那印象記」,小島晋治監修:『幕末明治中国見聞録集成』(第六卷),ゆまに書房1997年,第286頁。
③ 小林愛雄:「支那印象記」,小島晋治監修:『幕末明治中国見聞録集成』(第六卷),ゆまに書房1997年,第304、305頁。

关于清末南京的通货及金融情况，内山清在《南京》一书中有所记录：

  于南京流通之硬币有如下六种。本洋(Spanish Dollar)，西班牙之银币，重量大小于墨西哥元相同，正面有女王之刻图，在当地流通极少；英洋(Mexican Dollar)，墨西哥元，正面有鹰之图像，又称鹰元；龙洋(Chinese Dollar)，支那铜元局制造，在当地流通之物，有江南、湖北、安徽三种。小洋(Small Money)，与称龙洋为大洋相对，称二十仙、十仙的硬币为小洋；铜钱(Copper Money)，等同于我国一钱之铜币，流通范围最广；铜钞，所谓一厘钱，混合各种东西并混入百分之二三之宽永通宝之物。①

由此可知，清末南京流通各种货币，甚至外币，但民众正常广泛使用的通货为铜钱。另外，该书记述当时南京并无官方银行，只有半官方半民间的裕宁官钱局，而日常汇兑依靠传统钱庄。内山记录当时主要的七家钱庄及其性质、资本额、地点等。"宝善源，合资公司，一百余万两，李府巷；和大银行，去年成立，八十余万两，评事街；唐源，合资公司，七十余万两，承恩寺；厚生豫，合资公司，七十余万两，坊口；鼎泰，私立，五十余万两，三山街；裕源祥，私立，五十余万两，坊口；生昌，私立，三十余万两，水西门。"②

明治游记从清末南京的贸易、商业布局、通货金融和店铺名称等方面，描绘出清末南京经济地理的一幅略图。清末南京下关码头的吞吐量和关税收入都比较有限，在市内商业布局上，三山街和水西门一带是商业繁盛之地，店铺有中有外，经营内容各种各样。饭馆茶馆广泛分布，既

---

① 内山清，梶原熊雄：『南京』，日本堂书店1910年，第56—58頁。
② 内山清，梶原熊雄：『南京』，日本堂书店1910年，第60頁。

有街边小店,也有像位于秦淮游览胜地的高档馆所。内山清在《南京下关记对岸浦口的将来》一节中指出,在津浦铁路未来开通之后,南京在商业方面将迎来大的发展。因为铁路开通后,原来南京位于镇江和芜湖两大河运商品集散地之间的尴尬局面有望被打破,并且原来通过京汉铁路运输的物品的一半和通过京杭运河运输的一大半物品可由此铁路运输完成。"汉口天津间与天津浦口间里程数本就有所差异,不仅如此,汉口与浦口相比,汉口在长江上游,距离上海四百里,海船到浦口又或下关四季均可以入港,而汉口冬季枯水期时则航行不便。"①结合以上几点,内山清指出从时间和运费的差别来看浦口的发展将占据很大优势。

第三节 人物形象:从高官到乞丐 个体刻画与群体描述

明治中国游记中的南京人物形象,从如两江总督端方等高官到街边的乞讨者,涉及各种身份,描述中既有对个体形象的关注,也有群体形象的刻画,较为丰富地呈现了当时南京各种人物的姿态与言行。

一、清末南京的高官——两江总督端方及其他

从 1906 年 9 月到 1909 年 7 月间担任两江总督的端方,在明治南京游记中多次出现,主要是其接见或宴请日本访客的相关记述,涉及其个人形象、为官评价、收集嗜好等。端方留给清末南京两个重要的城市标签,一是宁省铁路,二是中国历史上第一次以官方名义举办的国际性博览会——南洋劝业会。虽然南洋劝业会举办时端方已经调任直隶总督,但博览会的筹划到最后的成功举办都是在其督促关心下完成的。"端方以他不同凡响的见解和坚持不懈的实干促成了这次盛会的成功举行,其筚路蓝缕的贡献也应随着这次盛会一起彪炳史册。"②明治游记中对端方

---

① 内山清,梶原熊雄:『南京』,日本堂書店 1910 年,第 69 頁。
② 张海林:《端方与清末新政》,南京大学出版社,2007 年,第 329 页。

的关注,不仅在于其高位,更在于他"扬新抑旧"地创造出清末南京这两大重要的城市标签。1908年10月和12月端方分别接见了《苇杭游记》的作者股野琢和《支那印象记》的作者小林爱雄,次年7月又接见《清韩漫游余沥》作者胜田主计。

1908年10月30日,时任日本帝室博物馆总长股野琢"介井原领事通刺于两江总督端方氏求会见。总督喜延客馆,壁挂水拓瘗鹤铭。共午餐。"①此处可见,端方喜结外人,对当时来访的日本官员所持态度是友善的,当然这里面一定也有基于求访者身份的考虑。"在晚清满汉地方大吏中,端方是较早和较彻底从传统天下观和华夷观中觉醒过来的一个。他在对待外人诸如西方传教士、外交官、投资家、教师、专业技术人员等基本上是维持一种开放、理性和平和的态度。"②1908年12月末,青年诗人、歌剧翻译家小林爱雄到达南京当天便拜访了端方。总督府邸"是古城之中砖砌的西洋式官邸,总督不愧是在德国待过的人,可以看出其相当欧化的情趣所在。"端方在1905年作为五大臣之一,与载泽等奉命赴东西各国考察政治,在七个多月的时间里,先后访问了日本、美国、英国、德国、法国、意大利、俄国、丹麦、荷兰等14国。考察归国后的端方成为清末颇负时望的改革派政治人物。1906年9月2日,端方被任命为两江总督兼南洋大臣,随后于10月28日抵南京赴任。端方"谈吐磊落、胸襟开阔,是有贵公子风范的人物。说话间,香槟酒端了出来。在'祝您健康'的祝酒词后一起饮下,之后还一起兴致勃勃地吸了土耳其的鼻烟。"③这是小林初次拜访端方时的情景,从香槟到土耳其鼻烟,可见端方生活中丰富的西洋元素。在小林的游记中,还有一处对于端方个人的描述,"总督说话时喜欢左右晃动身体,是一位精力旺盛的贵公子,毫无常见于

---

① 股野琢:「葦杭游記」,小島晋治監修:『幕末明治中国見聞録集成』(第二十卷),ゆまに書房1997年,第383頁。
② 张海林:《端方与清末新政》,南京大学出版社,2007年,第458页。
③ 小林愛雄:「支那印象記」,小島晋治監修:『幕末明治中国見聞録集成』(第六卷),ゆまに書房1997年,第277—278頁。

支那人的那种呆滞表情"①。日本大藏省理财局局长胜田主计在 1909 年 7 月拜访端方,正好是端方接到上谕即将调任直隶总督之际。其后胜田曾补记,"据说端方氏今在直隶总督之职,乃是极为通达事理的政治家。处事应对等颇为亲切而人情笃厚,不仅在支那人中,于外国人间也极富声望"②。这种评价主要基于端方任直隶总督后在清理积案等方面所体现出的体贴民艰的基本态度,以及扬新抑旧的主政理念。

端方爱好收藏且藏品丰富,这在明治游记中也多有记载。胜田主计记述端方"非常喜欢古董,而且喜好玩味欣赏日本盆栽等。"③股野琢在 1908 年 10 月 30 日拜访端方,并共进午餐,之后端方"出示其所藏古铜古玉诸器、碑版书画,鉴赏至五时辞去。"而次日,"午后二时,复过总督府,观三代以下秦汉古印三千余颗。多出直隶、河南、山东、山西、陕西五省,而直隶省其形极小云。下庭观石佛、古棺及汉碑唐碣。"由此可见端方收藏之丰富。股野琢临别获赠绍兴酒一瓶及埃及石像拓本二幅。其答谢赋诗云:"绮壁先观水拓铭,果知鉴古眼光灵。汉碑唐碣藏神品,商鼎周彝爱伟形。槛外凿池横石艇,岩头通路架书亭。连朝玩赏辱殊过,博雅余论倾耳听。"④其所言"石艇"与"书亭"是当时两江总督署花园、今南京总统府里的"不系舟"和"石舫"。小林爱雄也收到了端方的饯别礼物——"挂轴和殷代的银杯"。小林在《南京杂记》一节中把端方的收集作为了话题之一。"端方是有名气的古代艺术品收藏家。收藏有为数巨多的、让古董店老板也垂涎三尺的书画古董。三代的酒器,北魏的金佛,前汉的陶器、铜器、赤刀、玉、印等,还有以晋顾虎头的洛神图、梅花道人

---

① 小林愛雄:「支那印象記」,小島晋治監修:『幕末明治中国見聞録集成』(第六卷),ゆまに書房 1997 年,第 315 頁。
② 勝田主計:「清韓漫遊余瀝」,『明治北方調査探検記集成』(第 11 卷),ゆまに書房 1989 年,第 395 頁。
③ 勝田主計:「清韓漫遊余瀝」,『明治北方調査探検記集成』(第 11 卷),ゆまに書房 1989 年,第 395 頁。
④ 股野琢:「葦杭游記」,小島晋治監修:『幕末明治中国見聞録集成』(第二十卷),ゆまに書房 1997 年,第 383—384 頁。

的画作为代表的绘画作品,亦是无数。"①其实,端方收藏的嗜好早在甲午中日战争之前在京城皇家内廷做"内官"时就有了。"他的家族本来就颇为富有,多年的内官肥缺更增加了他的财富。"这一时期,他开始"玩起了只有有钱人才玩得起的金石字画收藏"②。端方所撰《陶斋吉金录》正是其潜心收藏的一个集结吧。

在1910年6月南洋劝业会召开的时候,端方已经调任直隶总督,代替他的是张人骏。1910年6月11日至16日,日本政府组织的赴清实业观光团参加南洋劝业会,受到了清政府的热情欢迎,宴会、茶话会连日不断。只是第一场的欢迎宴,就聚齐了在宁大小官员。"下午五点半出门,赴总督衙门别馆——宝华庵。南洋大臣、两江总督张人骏张宴邀请团员。即与布政使樊增祥、提学使李瑞清等司道诸员,南洋劝业会总长杨士琦、同会副会长虞和德、坐办陈琪、董事会长李钟珏、江宁商务总会总理苏锡岱、江南商务总局局长厉玉麒等列坐。"③受到如此欢迎,与该团的日本政府背景,以及当时两江总督(包括前总督端方的督促)整体对南洋劝业会的重视相关。其中也包含着希望通过此团向日本政府传递一些信息的作用。通过劝业会坐办陈琪在14日另外一次招待宴上的致辞,也可见一斑。如下:

> 诸君不远数千里来游吾国,更不远数千里来宁以辱临敝会,足证诸君之盛情及两国国民之交谊,诚为敝会之光荣,尤两国国家之幸福也。谓国于今日之世界不能孤立而无所与。中日两国者天然之与国也,其地域既同在亚东,其人种复同为黄祖,且文字、宗教亦莫不同。善哉,贵国大隈伯爵之言,曰中日两国非仅同洲同种同文,

---

① 小林愛雄:「支那印象記」,小島晋治監修:『幕末明治中国見聞録集成』(第六卷),ゆまに書房1997年,第292—293頁。
② 张海林:《端方与清末新政》,南京大学出版社,2007年,第4页。
③ 永井久一郎:「観光私記」,小島晋治監修:『幕末明治中国見聞録集成』(第十九卷),ゆまに書房1997年,第406頁。

且同尊孔教，实同为孔子之门弟子也。……故中日两国其必互相提携，以一致之行动从事外竞者哉。①

清末官员会根据来访者的身份采取对待的态度，这于为官和外交都是理所当然的。因此，不是所有的外国人都有资格拜会两江总督等高位官署及官员的。东亚同文书院第七、八、九期学生为撰写中国调查报告都曾来到清末南京，显然他们没有资格访问两江总督署。1911年，东亚同文书院第九期学生曾访问了设在南京的江宁劝业道。清末因推行新政、振兴实业，清廷在各省设立了劝业道这一四品官职，下设劝业公所，专管各省实业。第九期学生的记录如下：

> （1911年7月3日）下午去了领事馆拿到介绍函，便去访问劝业道。这是调查的开端。因为对方是劝业道，所以我们曾想过这应该会是一个稍有刺激的开端。果然有了切实的感受，不过不是刺激，而是恰恰相反的感受。我们被要求在会客室稍候。正当我们对会客室的装饰评头论足时，劝业道在四五个人的簇拥下走了出来。我们起身行礼后，用从官话指南上学到的有限的支那语述说了我们的来意。而这位大人出奇地沉着，只吐出"阿好"一词。听到对方有人说"喝完茶就请回吧"的话，我们顾不上喝那杯特意端上来的茶水而立刻开始单刀直入的调查。但是，无论我们说什么，毫无反应的劝业道大人依然沉稳不动。只有"阿好"一词，我们的干劲也消失殆尽，场面陷入了短暂的沉默。这时大人突然起身给了我们每人一张他的照片。"哈哈，这也算一大收获吧。"正想着，他那支那式的作揖出现了，我们也起身行礼。调查过程仅此而已。他侧身欲送我们出

---

① 永井久一郎：「観光私記」，小島晋治監修：『幕末明治中国見聞録集成』（第十九卷），ゆまに書房1997年，第417—418頁。

去,好似在说"请速速离开。"于是,我们也不得已离开。最终在一声"改日再见"中调查结束。会见半小时所得仅"阿好"二字。①

江宁劝业道接见东亚同文书院学生的场面,丝毫不见端方会见股野琢、小林爱雄、胜田主计等人时的那般热情,甚至是冷淡和厌烦的态度,对方的学生身份应该是原因之一。

二、秦淮歌妓

据小林爱雄在《支那印象记》中记述,端方曾在1908年12月31日晚,于秦淮画舫宴请官员和"远道而来的客人"。其中有关于秦淮歌妓这一群体的记述。内藤湖南游秦淮时曾记述"岸上青楼总觉寂寥,不似苏州上海一带的繁华。"②小林的记述,"沿河两侧所建鳞次栉比的房屋,是姑娘,也就是艺妓们的家,据说有三百余众"。待到官员宾客落座,喝茶抽烟之时,便到了点叫歌妓的时刻。官员"取来红宣纸和墨壶,反复提笔,笑着写下一些文字。小桃子(李三),小银红(六家),陆琴仙(小四子),花仙宝(小司子),素娥(韩家)……一探所写为何,被告知是姑娘的名字。后面所加李三、六家等相当于'春本''林家'③之类。上面记有花仙宝(小司子)、洪菊仙(小狮子)、小松子(韩家)、小银子(小狮子)、素娥(韩家)、小桃子(李三)、小五子(六家)、小银红(六家)、李小仙(韩家)、陆云芳(刘家)、陆琴仙(小四子)等十余人,均是这秦淮之地一流的歌妓。"宴会开始,酒过三巡,"正在这时,三三两两卷帘而入的便是写在红宣纸上的那些人。在我椅子后面一左一右坐着的是洪菊仙和陆云芳二人。洪菊仙是在座者中最美丽的一个,应该用梨花、海棠之类的美丽花朵来

---

① 東亜同文学院第九期生:「孤帆雙蹄」,東亞同文書院編:『東亜同文書院大旅行誌 5』,雄松堂出版 2006 年,第 178—179 頁。
② 内藤虎次郎:「支那漫遊 燕山楚水」,小島晋治監修:『幕末明治中国見聞録集成』(第四卷),ゆまに書房 1997 年,第 231 頁。
③ "春本""林家"是当时位于日本东京赤坂花柳界齐名的两大艺妓馆。

形容她吧。但见她眉间竖画一胭脂红线,更平添几分凄艳。这是时兴的化妆方式,同座中亦有斜画于颧颥之边者。总体看来,此地并没有上海一带可见的檐发①,他们都不留刘海儿,而左右各垂一缕发丝于脸颊,保留有古都的风情。只是头顶的头发像是戴着一顶鸭舌帽,又或礼帽,让人稍有异样的感觉,然其外套无袖坎肩,所以也不会让人觉得那么不协调。上衣为黑、蓝色,其他部分则形形色色,每人都戴着戒指、手镯和耳环,她们就焕发着光彩于这熠熠闪光的金色之中。年龄都不过十四五到十八九的样子,几乎没有超过二十岁的。问过才知道,在支那,歌妓过了二十岁就都嫁做新娘了。"记述中对清末秦淮歌妓的外貌做了细致的刻画,整体而言特点在于古都风情。小林进而描述了秦淮歌妓的出身和性格,并对歌妓进行了评价。"这些歌妓,只有客人问话时才应答一下,极为寡言少语。这一方面源自东方女子忌讳言笑的道德规范,另一方面也有一流歌妓多是良家女子的原因。成为歌妓再嫁入良家是支那少女的理想。"1908年底,清朝正处于光绪、慈禧的国丧之中,所以记述中也就没有了歌妓们琵琶琴瑟的展示。"问及歌妓们出生于何地时,均回答是扬州。正如'骑鹤上扬州'所言,无论古今,扬州都是理想之地吧。如果让她们喝酒,她们会说'喝上一口便会满脸通红,请恕无法奉陪。'真是天真可爱的支那歌女啊。仅过了三十分钟,歌女轻叩我背,说声告辞便走了回去。其中一位远来的客人惊奇地问,这就回去了吗?汪君解释说,支那歌妓三十分钟就要去陪其他客人了。""支那的歌妓十分可爱,但与日本歌妓一样没有表情,甚至有过之无不及。他们不过是没有头脑的呆滞的木偶。"②秦淮歌妓是日本人眼中清末南京的一道"风景",小林爱雄的记述中有主观好恶评价,也在客观上立体呈现了清末南京的歌妓形象。

---

① 日本明治末期出现的"束发"西式发型,刘海儿和鬓发均匀膨起,刘海儿更突向前出的发型。其时流行于日本女中女学生中间。
② 小林愛雄:「支那印象記」,小島晋治監修:『幕末明治中国見聞録集成』(第六巻),ゆまに書房1997年,第300—308頁。

三、乞丐、赶脚、仆人等社会底层者

清末的中国处于半殖民地半封建社会的没落之中，处于社会底层的民众艰难维持生计，甚至沦为乞丐者也不在少数。《南清纪行》中有关于乞丐和贫民窟的记述。"通过下关鳞次栉比的旅馆妓院之处继续前行，在桥中央横躺着十余个赤裸身体的乞丐。桥畔有二三十间高三四尺的猪圈样的房屋。那是贫民窟。稻草、麦秆搭成，屋顶涂抹着土泥。稍高级一点的掩以芦席、而里面只是铺着一二坪①大小的木板。最初我颇感惊讶。但到后来，又屡次见到这样的房屋，其中甚至有聚集百余户的地方。"所言进入仪凤门之前"桥"，应该是张之洞修江宁马路时一并修建的下关惠民桥。按佐藤所记，这一带在清末南京应该存在着一片贫民窟和大量乞讨者。"一出朝阳门，见乞丐群集于此。他们不断乞求着'老爷太太'。还有小毛孩一路追赶乞讨，竟会追出五六町的距离。"出朝阳门是前往明孝陵的道路，这里同样聚集着大量的乞讨者。佐藤又在前往清凉寺拜谒时记述到"一乞讨的老妪说，'洋先生好走'"②。

在明治游记作者眼中的中国底层社会民众多是自私的、缺乏同情心的、卑贱的，甚至是愚蠢的。在明治维新后，尤其是在甲午中日战争和日俄战争获胜之后，日本人思想中渐渐生出的民族优越感，特别是区别于其他东亚民族的一种一等国民的存在感越来越强烈。所以在他们对于清末南京社会底层民众的观察记述，多出自一种俯视和卑视的视角。如小林爱雄记述的偷拿香烟的仆人、被殴打只会抱头大哭的人力车夫、衣衫褴褛的在孝陵旁卖瓦的女人、精神恍惚的吸了大烟的老人，又如佐藤善治郎记述的被日本人殴打却卑怯着不会还手的赶脚等。

小林爱雄的记述。洋务局里的仆人，"仆人拿来十来根雪茄，放入桌

---

① 坪：日本面积单位。1 坪约为 3.306 平方米。
② 佐藤善治郎：「南清紀行」，小島晋治監修：『幕末明治中国見聞録集成』（第十八卷），ゆまに書房 1997 年，第 109—110、132、136 頁。

上的盘子里时,偷偷地抓了两三根而去。"去明孝陵路上遇见的"精神恍惚的吸了大烟的老人",还有翻了车的人力车夫。

> 马车即将驶到郊外时,对面一台人力车有气无力地走来。没想到老车夫竟误撞马车,他拉的人力车来了个倒栽葱。幸好客人跳下车去,安全无事。可那位客人手持拐杖用力敲打了老车夫的侧腹。马车车夫也扬起马鞭,朝老车夫劈头盖脸抽打了五六下。随即赶来了一个巡警,正当我想他会如何处置时,他也站在我们这边,狠揍了车夫的后背。车夫只是一味地抱头哭喊着,而我们的马车则从他的身边悠然驶过。总督的马车拥有无限的权威,所以不知让道的老车夫才遭到如此训斥殴打。过了一会,回头看时,老车夫已经抖抖索索地上路了。

坐车的客人、马车车夫、巡警都对老车夫施以暴打,其实他们也只是道具,清末的高官和洋人的权威才是老车夫遭此厄运的原因所在。明孝陵前身着补丁衣服的女人,从事着"卖瓦"的买卖。"我坐在残落各处的大的础石上,买了卖瓦人的瓦。刻在圆瓦勾头上的龙眼似乎散发着一种奇异的光芒。"①卖瓦这一买卖的存在,可以说明明孝陵当时管理不严的状况。既然能卖,应是疏于管理,而既然需要买,则意味着不是随意可取,应是有所管理。

佐藤善治郎的记述。南洋劝业会上的斗殴者和调解人。

> 有一家日本的冰店。支那人除水果外,无论是吃是喝都是在煮熟之后,所以任何地方都没有冰店。因此,在博览会召开之时,有日

---

① 小林爱雄:「支那印象記」,小岛晋治监修:『幕末明治中国見聞録集成』(第六卷),ゆまに書房1997年,第279、282—283、285页。

本人在此开了一家冰店,卖给那些赶时髦的人。店里有两个年轻的日本妇人。而店里的男人则到了街上,正在和一个支那人相互痛骂。不一会儿,他抽了那个支那人一个嘴巴。正欲接着扑上去的时候,一个支那仲裁者出现并阻止了这一举动。看热闹的聚集了几百人。男人和仲裁者扭作一团,并喊叫着,"怎么着?清国奴来个两三百头我也不怕,我可是日本男儿!我的手臂可是硬过钢铁的。"支那人也在骂着什么,终究是听不懂的。彼此不明对方话语的云山雾罩的吵架颇为有趣。若在本邦这个男人定是要遭众人围殴的,而国人在支那却还能如此威风。这时我开始担心在旁围观的我们会不会也受到围殴,问了内山君,他说,"支那人决不会对日本人动手的。另外,看热闹的人是不会插手无利可图之事的。那个仲裁者过后会来收钱。日本人那时也会付一些的,所以即便是吵架这种事,最终也会有人赚上一笔。"听了这样的说明,我不禁大吃一惊,惊讶于国民性之差异竟如此之大。①

　　这段记述作者有意通过气焰嚣张的男人呈现在清末南京日本人的威势所在,通过打不还手的被殴打者呈现中国人的软弱,通过围观者和仲裁者呈现中国人的明哲保身与唯利是图。

　　赶脚抢客而引发的被殴情景也是这样一种大意的呈现。佐藤记述其出东安门后见牵驴待客的赶脚有三十来人。他们看到客人便争相围拢过来,拉起了生意,最后甚至有人抢下了他的行李并强行将他抱上了

---

① 佐藤善治郎:「南清紀行」,小岛晋治监修:『幕末明治中国見聞録集成』(第十八卷),ゆまに書房 1997 年,第 125—126 頁。按,可以体现类似认为中国人只重利而不讲义,只围观而不插手无利可图之事的描写在其他游记中也有出现,如香川悦次在"支那的根性(二)"中举出底层民众围观打架而不劝架的情况,认为类似看"斗鸡斗狗"的民众本身也属于"禽兽"之类。"不明警察何谓之国,故于苦力等下等社会之中,打架争斗不绝有之。双方红眼相对,缠斗一起,不服失败互掷互打。无一人其间分开其争斗者,仅喧闹而袖手旁观,宛如观鸡斗犬斗一般。及至力之弱者被暴击而悲鸣,另一方方逐渐停手,争斗才算结束。斗鸡斗狗皆如此也。彼等亦如此类。"(香川悦次:『支那旅行便覧』,博文館 1906 年,第 589—590 頁。)

173

驴背。"每天,或许从其祖先便开始就在同一个地方待客的这些人,如此抢客之姿态,可以证明他们实在是全无团结之心的。开始我大为吃惊,还尝试抵抗。但是,好好想来,他们并不是以我为敌的。这只是抢客而已。若我落入强者之手,蝙蝠伞和帽子也会还回来的吧。想到这里,我便笑着把命运交到他们手上了。"赶脚抢客实质上是清末南京底层民众为活下去而不得不竭尽全力拼争的体现,而这一体现却成了佐藤蔑视中国民众无规矩可谈、更无团结可言状况的依据。"就在此时,宫崎先生追过来,看到此情形,他绕到我身后,用他那差不多两公斤的大瓦片猛打向抱着我的那个男人的脊柱。他这一举动让我更为吃惊。'马上要打起来了。不管支那人如何孱弱,两个人对抗三十人是有点危险的。'我这样想,但结果出乎意料。他们放下我,扔下伞和帽子,一下逃出五六间或七八间的距离,在那里注视着我们。宫崎先生也没有特别生气的样子,对我说'不选头大的就亏了。'打眼看了一遍,选了高大而且鞍子上的毛毯很漂亮的两头,命令他们牵了过来。他们战战兢兢地靠近过来。旋即轻盈骑上驴子,铃声清响,上路前行,其他赶脚都默默地站在两边眺望,没有一个人吱声。这着实让人心情愉悦。"① 两个人对抗三十人"有点危险","有点"一词都准确刻画出佐藤对清末中国人的蔑视。当他"心情愉悦"地骑驴上路时,留在清响铃声余音中的是清末南京社会底层民众悲戚迷茫的目光。

第四节 城市风貌:形胜依旧 古韵犹存
萧瑟没落中艰难恢复

南京,曾经是南朝谢朓笔下的"江南佳丽地,金陵帝王州"。到唐时,已是刘禹锡笔下的"旧时王谢堂前燕,飞入寻常百姓家"。杜牧笔下的"南朝四百八十寺,多少楼台烟雨中"。北宋王安石笔下的"自古帝王州,

---

① 佐藤善治郎:「南清紀行」,小島晋治監修:『幕末明治中国見聞録集成』(第十八卷),ゆまに書房 1997 年,第 130—131 頁。

郁郁葱葱佳气浮。四百年来成一梦，晋代衣冠成古丘"。南宋辛弃疾笔下的"把江山好处付公来，金陵帝王州。想今年燕子，依然认得，王谢风流"。元时傅若金笔下的"金陵古形胜，晚望思迢遥。白日余古塔，青山见六朝"。明时杨基笔下的"六朝旧恨斜阳里，南浦新愁细雨中"。言及南京，思忆咏叹六朝者众多。作为六朝贵族文化中心的南京成为其第一身份标签。在诸多有修养的日本人心目中的南京亦是如此身份。成书于751年的日本现存最早汉诗集《怀风藻》，其序言中所记编撰目的为"予撰此文意者，为将不忘先哲遗风，故以怀风名之云而"①。虽然其作品风格分前后两期，分别受到六朝和初唐文学的影响，但其所怀之风，旨趣主要在六朝文学。《怀风藻》中"六朝文学的印记随处可见。……因此，说《怀风藻》和中国文学的关系集中表现在六朝文学上并非言过其实"②。中岩圆月的《金陵怀古》写道：

  人物频迁地未磨，六朝咸破有山河。金华旧址商渔宅，玉树残声樵牧歌。列壑云连常带雨，大江风定尚生波。当年佳丽今何在，远客苍茫感慨多。③

可见，日本古典文学尤其是汉文学中很早就有了与六朝古都南京密切关联的文学意象。明治南京游记作者中，多对南京有此历史意象。但时至清末，南京又有了明朝都城遗迹的意象，如康熙所写"一代规模成往迹，千秋兴废逐流波。宫墙断缺迷青琐，野水湾环剩玉河。"这一意象对于清末来到南京的日本人来说既是一种历史意象，也有可以观览的现实遗存。而太平天国之后古迹凋残，则是赤裸裸的摆在眼前的事实。

---

① 林古溪：『懷風藻新注』，明治書院1958年，第10頁。
② 宿久高、尹允镇：《〈怀风藻〉与中国古典文学的关联》，《日语学习与研究》，2005年第3期，第61页。
③ 李寅生：《日本汉诗精品赏析》，中华书局，2009年，第79页。

明治游记中,有概观南京者,言及南京的历史沿革、物产形胜、风土人情等,并通过比较给出了各自的评价。其中即有如"不亚于当今帝都北京"等正面评价,也有如"没落之都"等负面评价。虽然不同的评价来自作者存在差异的评价标准,但是,整体上是比较客观的,把两方面的评价结合起来可以综合出清末南京的整体风貌。

> 南京曾称金陵、建康、建业、石头、秣陵,乃明之旧都,今称江宁府。地势上,长江蟠其西北,山岭踞其东南,形势雄伟,自古乃称东南之大都会。①

> 南京今称江宁府,乃两江总督所在地。地势上据大江连重岭,文物殷盛,物产丰富。人口四十万。府城乃六朝旧址,近接秦淮,东尽钟山山麓,周围绵亘七十清里。城壁高五至七丈,乃明洪武年间所筑,规模宏伟壮观。不愧是江南省城。市街上的房屋,构造大都优雅,市民勤于业,妇女巧于刺绣,男子犹存六朝遗风,风流儒雅,多有君子之风。四方翰墨之士争相来到此地,故至称江南人物。②

> 东南有重叠之山峦,西北二面有辽阔之长江,山河襟带,天然成城,称作帝王之都实为恰当。无论地势还是城郭,极为宏大。③

> 南京的城墙像一条长蛇蜿蜒于扬子江中游,其雄壮宏伟的气势俨然一大帝都。……南京由东至南掌控连绵群山,西北牵制浩瀚扬

---

① 高橋謙:「支那時事」,小島晋治监修:『幕末明治中国見聞録集成』(第三卷),ゆまに書房1997年,第114頁。
② 教学参议部编:「清国巡遊誌」,小島晋治监修:『幕末明治中国見聞録集成』(第十四卷),ゆまに書房1997年,第170—171頁。
③ 佐藤善治郎:「南清紀行」,小島晋治监修:『幕末明治中国見聞録集成』(第十八卷),ゆまに書房1997年,第103頁。

子江,境内还有淮水流淌。沿扬子江溯流而上,可深入四川、云贵,顺江而下,北可达北京,南可通广东。南京城可以算得是清朝全土胜地之冠,并不亚于当今帝都北京。①

对于南京形胜,内藤湖南通过与中国各地的比较,给出了极高的评价。

> 金陵形胜在其雄伟壮观。想来,如京津地方,苍茫有之,然其山甚远,反倒缺乏雄伟之感;如杭州,明丽有之,然其山过近,全无雄伟之趣。金陵之地,其山不远不近,苍翠萦绕,间或有缺角之处,则更使人生出幽远无际之感。且有钟山,虽不甚高大,然富有雄奇突兀之姿。野色远近,高城百里。策马行于孝陵前至朝阳门之高原,不由使人想到旌旗蔽野、千军万马驰骋之中的古代英雄。予曾言与本愿寺一柳氏,于金陵任总督而无谋叛之心者必为庸愚。武汉形胜,控湖广沃土,亦甚雄伟,然其地为金陵上游之雄镇,宜制驭一方,而不能成帝王之州。②

"于金陵任总督而无谋叛之心者必为庸愚",内藤所言之意似乎是在南京不想谋叛就对不起南京形胜一般,这当是一程度的举例,但足以反映出南京地理位置的重要和地势之险要。从悠久浓厚的历史人文韵味、重要的地理位置和独特建城地势等方面,明治游记作者概观南京时给出了很高的评价。

另外,来到南京的明治游记作者绕不开南京的六朝古都意象,并且自然地与日本的古都进行了比较。"总觉得南京好似是京都的山水叠加

---

① [日]中野孤山:《横跨中国大陆——游蜀杂俎》,郭举昆译,中华书局,2007年,第22—23页。
② 内藤虎次郎:「支那漫遊　燕山楚水」,小島晋治監修:『幕末明治中国見聞録集成』(第四卷),ゆまに書房1997年,第272頁。

上了奈良的古色。刘宾客、杜樊川等，或咏乌衣巷，或歌南朝四百八十寺，好似还在很近的过去。但实际上就连这些诗人也已在千年以前了。"①这是1906年德富猪一郎眼中的南京景象，而两年后来到南京的小林爱雄则给出了不同的评价。"南朝的四百八十寺，现在还残留多少呢？就连这明代极尽华丽的墓陵，也已是完全腐朽，现在只能从身着补丁衣服的卖瓦女人的盒子里，去想象当时的风貌了。……虽同是古都，但奈良是贵族们用樱花装饰的遥远时代的都城，而南京则是浅挖泥土可见白骨的今天的没落之都。"②南京作为六朝古都，六朝遗迹、古事及贵族遗风，在清末访游南京的日本人心中的主要意象所在。虽然清末南京六朝遗韵犹存，但古都呈现出没落之势。正所谓"城阙荒残古帝州，山川历劫夕阳愁。六朝脂粉秦淮水，遗恨千秋凝不流。"③

清末南京作为古都的没落，是当时清末中国处于内忧外患之社会情势的一个缩影。尤其，南京这样一个城市，在清末太平天国运动中承受了极为严重的摧残。南京从1853年到1864年的11年中，经历了太平天国军从清军手中夺取的战争，太平天国定都南京期间两方的拉锯战，再到曾国荃率湘军重新夺回南京的战争。

> 南京丧帝都之实已四百余年，加之近岁罹经长发贼大乱，城内着实荒废，甚至马路两侧都是人家疏落而不相连，田畴竹树，犬牙交错，好似行走于村落间。……由西华门径入内城。内城乃明故宫所在，而今为八旗驻防之所。长发贼之乱后，荒废至极，断壁残垣不曾修，御沟之水空自流。④

---

① 德富猪一郎：「七十八日遊記」，民友社1906年，第178頁。
② 小林愛雄：「支那印象記」，小島晋治監修：『幕末明治中国見聞録集成』（第六卷），ゆまに書房1997年，第285—286頁。
③ 股野琢：「葦杭游記」，小島晋治監修：『幕末明治中国見聞録集成』（第二十卷），ゆまに書房1997年，第382頁。
④ 内藤虎次郎：「支那漫遊　燕山楚水」，小島晋治監修：『幕末明治中国見聞録集成』（第四卷），ゆまに書房1997年，第222—223頁。

咸丰以来，久为长发贼僭据，市街悉罹难兵火而荒芜残破，昔日繁华光景不复。①

笔者过明故宫，其附近在建之民屋，皆用断砖废瓦。想来其中任何一片，都包含有很多且不一般的故事吧。②

那些独绝于世、夸耀天下的众多建筑却遭遇了长毛贼之祸，化为乌有，昔日景观荡然无存，只留破瓦碎片于杂草之中。所幸的是城墙得以保存。如今的南京市街占据着城内西南一角，此外的其他地方已残破荒废，尽归田浦。③

据说南京盛时，住户鳞次栉比延续至下关。现今市区所在只是南端一部，原来钟楼鼓楼一带已成原野。人所共知，长发贼之变中，巨魁据守此地十余年。曾国藩平乱之时，市街大部分饱受兵燹之灾。现今多少有所恢复，但如此闻名之地，亲眼看见后还是不禁觉得荒凉。④

（六朝古都）如现今这般寂寥，全拜长发贼之乱所赐。……曾国藩包围金陵。金陵城中食物耗尽，终不再能据守。秀全知事不可挽回而服毒自杀，遂贼乱得以平息。由于战争和混乱的割据，灿烂夺目的伟大建筑皆罹患于兵燹而旧观不存。⑤

---

① 高橋謙：「支那時事」，小島晋治監修：『幕末明治中国見聞録集成』（第三卷），ゆまに書房1997年，第114頁。
② 德富猪一郎：『七十八日遊記』，民友社1906年，第178—179頁。
③ [日]中野孤山：《横跨中国大陆——游蜀杂俎》，郭举昆译，中华书局，2007年，第23页。
④ 勝田主計：「清韓漫遊余瀝」，『明治北方調査探検記集成』（第11卷），ゆまに書房1989年，第394頁。
⑤ 佐藤善治郎：「南清紀行」，小島晋治監修：『幕末明治中国見聞録集成』（第十八卷），ゆまに書房1997年，第107—108頁。

明治游记中对太平军以及太平天国运动的评价偏向于负面、甚至是敌视的。"这种敌视基本上是基于运动初期流传并由中国读书人所确认的那些传说:'明末之人并不唱义起兵',太平天国是由广西的烧炭人和因反对重税而起事的愚昧的乡人来领导的,他们是'强令愚民一心信奉天主教'的邪教徒。……象使用'长毛贼'这类称呼典型反映出来的那样,太平天国几乎被视同'贼匪'了。"①所以,在明治南京游记中,大多数把南京城市的没落较大程度上归咎于太平军对于南京的夺取和占据,也就不足为奇了。在太平天国定都南京的11年,南京一直处于战争状态,城市建设无从说起,所有土木皆以战事准备为出发点。另外由于宗教原因,南京的名胜古迹遭到了严重破坏。"素称世界七大奇观之报恩寺磁塔,同寺庙一起为贼毁坏,如今归于乌有。"②而游记中即便有提到曾国藩,也以"平乱"者的身份出现的。"单从城市发展史的角度看,太平天国建都这11年几乎无足称道,破坏远大于建设,给南京造成的破坏是灾难性、毁灭性的。……太平天国守南京,清政府攻南京,南京的窘困与衰败与清军的军事进攻和围困有直接关联,所以不能把责任完全推到守方身上。太平军破城后军纪较好,而湘军破城后大肆焚掠杀戮,局面完全失控。这一事实也能说明问题。"③这一分析是比较客观的。清末南京城市的没落原因既在太平军的占据,也在清军的进攻和攻克后的破坏。

明治日本人游记中的清末南京城市风貌,整体而言就是形胜依旧、六朝古韵犹存,但是城市萧瑟没落,虽然有所恢复,但极为艰难。游记中对于南京城市衰败原因的分析,由于历史和政治等方面的原因,显得较为片面。

---

① [日]小岛晋治,云鸥、振江:《日本人的太平天国观》,《扬州师院学报(社会科学版)》,1981年第4期,第71页。
② 高橋謙:「支那時事」,小島晋治監修:『幕末明治中国見聞録集成』(第三卷),ゆまに書房1997年,第114頁。
③ 夏春涛:《太平天国时期南京城的变迁》,《扬州大学学报(人文社会科学版)》2011年第6期,第104页。

由于南京具有的历史人文色彩和在清末中国的政治重镇的地位,明治日本人游记中较多地关注其城市风貌、自然及历史形胜,尤其文人的游记中颇有几份怀古思悠之情,这是上海游记中没有而武汉游记也较少出现的现象。整体而言,明治日本人对南京的观察重人文、历史、教育与政治,轻商贸与经济。当然这是相对而言,毕竟在整个明治时代日本都觊觎中国经济和贸易利权。作为清末中国的南方的政治要地,南京的近代化趋向具有象征意义。宁省铁路开通,中国第一条城市市内轨道交通诞生;南洋劝业会召开,中国首次官方主办的国际博览会,这些标志性的事物和事件成为明治日本人游记关注的重点,并视之为推动清末中国未来发展的积极因素。贸易方面,由于南京夹于镇江、芜湖中间,作为港口不具备传统优势,加之政治重镇不适合经贸的传统认识,明治日本人游记中多认为南京商贸不振。但伴随津浦铁路的开通,南京有了延伸至华北的物产运输线路,明治游记中出现了一些认为南京金陵关和浦口的商贸未来光明的描述。

第五章　明治游记所见清末武汉

辛亥革命后,起义军赶走湖广总督瑞澂,占领三镇并将革命引向全国,这之后才有了中华民国的成立。武汉在中国近代历史上占据了一个特殊地位。1926年10月,北伐军光复武汉并定都于此,国民政府决定将各有隶属、各自为政的武汉三镇统一建制,1927年4月18日,武汉三镇历史上第一个统一的市政府成立。

一般认为,"武汉"这一称呼在明万历年间姚宏谟的《重修晴川阁序》中第一次出现,其中有"武汉之胜迹,亦莫得而咨其观游焉"一句。① 武汉的武昌、汉阳、汉口三城早在明代就在地缘上形成了三镇,但在行政上形成鼎立局面则是到了清末。清末,武昌府下辖江夏县、武昌县、大冶县、兴国州等九县一州。江夏县为武昌府首县,而武昌县是今鄂州市。汉口本为汉阳县辖地。1861年,汉口开埠通商后,清政府于翌年在汉口建立了江汉关。为加强对江汉关的管理,应对华洋交涉等问题,又设立湖北汉黄德道,监督江汉关并能兼办通商事宜。而汉口的行政、文教、治安等仍由汉阳县统管。但由于汉口政务大增,而汉阳、汉口又有汉水相隔,处

---

① 详见袁继成:《武汉三镇统一建市八十周年》,《武汉文史资料》,2007年第4期,第25页。

理事件颇为费时,容易造成延误。1899年,张之洞上奏请示设立夏口厅,自此,阳夏分治,武汉也形成了江夏、汉阳二县与夏口厅的两县一厅的格局。清末武汉三镇分属武昌府和汉阳府,并没有形成一体化的行政建制。并且县、厅规格较低,多处理地区性政务,而武汉三镇的实际统筹管理是由湖广总督或其责成的司、道进行的。武昌(江夏县)有近代工业、学堂,汉口有外国租界、工厂,汉阳有著名的汉阳铁厂,这些都使得清末武汉三镇形象具有了明显的近代特征。在明治游记中,对于清末武汉形象,既有整体概述,也有分别阐述,既有对城市近代化的描写,也有对自然形胜、人文景致的刻画。本章将通过对明治游记中有关武汉内容的解析,呈现明治日本人眼中的清末武汉形象。

第一节 武汉概观:九省通衢之形胜与东洋第一之前景

明治游记中对武汉的概观主要强调其九省通衢的形胜,加之京汉、粤汉、川汉等铁路的铺设或计划铺设,东洋第一城市的前景也主要由此而生。武汉三镇中以汉口最受关注。1858年6月,《天津条约》规定汉口为通商口岸。1861年3月,英国与湖北、武汉当局签订《英国汉口租地原约》,划定了汉口英租界,汉口正式开埠。同年4月,英国在汉口设置领事馆,并派驻领事。之后,德国于1895年10月,法国、俄国于1896年6月,日本于1898年7月先后在汉口设立租界,汉口形成了五国租界并立的局面。由于汉口开埠通商并设有租界,且沿长江汽船航运码头置于汉口的缘故,明治游记中对汉口的记述较多,且对武汉的概述也往往从汉口的视角出发。

一、武汉三镇成鼎足之势

武汉三镇为长江、汉水相隔而成鼎足之势。如果没有如此湖沼川泽也就没有了武汉形胜。1886年,高桥谦到汉口,加入荒尾精建立的汉口乐善堂,以经商为掩护,从事情报收集等间谍工作。高桥在武汉生活一年有余,得以观察、体验武汉一年四季之水情并作出精彩描述如下:

> 武汉之地概低洼。湖沼川泽甚多,舟楫之便,无不能通行者。即是说,武昌府之东有梁子湖,南有明月湖,西南有鲁湖;汉阳府之西有太白湖,西北有桑台湖,东北大别山下有月湖;汉口之北有后湖,而江汉两大河贯流其间,其水相通。故夏时江水涨溢则湖面相连如海,武汉三市宛如浮于水上。此时,往往以舟往来于街上。然涨水时乃缓缓漫过,故无田产、房屋流失之虞。居民皆迁住高地以待水之退去。入秋则江水回落,江湖再分,界限再明。梁子湖、明月湖及月湖等更增情趣,风景甚佳。运输方面,依江汉两大河及数十支流,勿说省内各都邑,亦可通河南、陕西、四川、湖南、江西等各省内地,舟楫往来不绝。①

在明治游记中,多见武汉三镇成鼎足之势的描述。如1899年11月13日,内藤湖南登汉阳大别山顶,俯瞰武汉。"自山上望去,沃衍之野,沮洳之泽相间,四周天壤相连,长江航海杳然无际。武昌、汉阳、汉口夹江、汉而成鼎足之势,市街房屋鳞次栉比,繁盛由此可知,正所谓八省之会者。现在、将来之大市场,恐无出此右者。"②又如1907年10月28日抵达汉口的宇野哲人所记。"大江与汉水交汇处,武昌、汉阳、汉口三镇对峙,成鼎足之势。"③但鼎足之势只是限于地缘之上,从关注程度而言,汉口还是被明显突出了。高桥谦称汉口为中国中部的大都会。"汉口乃江汉二水汇流之处,南隔扬子江与武昌府相对,北隔汉水与汉阳府相望。

---

① 高橋謙:「支那時事」,小島晋治監修:『幕末明治中国見聞錄集成』(第三卷),ゆまに書房 1997 年,第 121—122 頁。
② 内藤虎次郎:「支那漫遊 燕山楚水」,小島晋治監修:『幕末明治中国見聞錄集成』(第四卷),ゆまに書房 1997 年,第 212—213 頁。
③ [日]宇野哲人:《中国文明记》,张学锋译,中华书局 2008 年,第 166 页。

三市近接,宛成鼎足之势,故合称武汉,实为支那中部之大都会也。"①中野孤山为前往成都任教,自上海溯长江而上,1906 年 10 月 9 日夜到达汉口,并逗留武汉至 11 日凌晨。"汉口乃扬子江北岸之要港,下游约六百英里有上海港,上游约四百英里有宜昌港,拥武昌而夹汉水于左岸与汉阳相望,宛然成鼎足之势。"②小林爱雄于 1909 年 1 月 6 日抵达汉口。"汉口,被称作东洋之纽约,乃长江沿岸第一港,隔长江与武昌相对,又控汉水对岸之汉阳,三者合一则成人口近一百五十万之大都会。"③佐藤善治郎于 1910 年 8 月 12 日抵达汉口,并逗留武汉至 14 日。在佐藤的记述中甚至把武汉三镇看作"大汉口",可见清末汉口在武汉三镇中的突出地位。"汉口,位于自上海溯长江六百英里之上游,乃汉水(或称汉江)与长江汇流之一角。汉口隔汉水与汉阳府相对,而隔长江与武昌府相望。恰似我下关与门司之关系。一镇二府鼎立,人口百万(汉口七十余万,武昌二十万上下,汉阳七八万),或称百二十万。总括来看,可观大汉口之貌。"④

二、汉口概述——交通枢纽与光明前景

汉口之于中国大陆地理位置之重要、贸易前景之光明,明治初期的日本就有了深刻的认知。曾随使团到中国参与《中日修好条规》签订的满川成种,1872 年受开拓使派遣前往长江流域考察,在次年成书的《支那通商必携》中,满川专辟《汉口》一节,其中写道:"自上海溯大江而上三百七十余里,居扬子江西岸,乃江中唯一繁华风流之地。人口六十万,茶

---

① 髙橋謙:「支那時事」,小島晋治監修:『幕末明治中国見聞録集成』(第三卷),ゆまに書房 1997 年,第 119 頁。
② 中野孤山:「支那大陸横断遊蜀雜俎」,小島晋治監修:『幕末明治中国見聞録集成』(第十七卷),ゆまに書房 1997 年,第 77 頁。
③ 小林愛雄:「支那印象記」,小島晋治監修:『幕末明治中国見聞録集成』(第六卷),ゆまに書房 1997 年,第 333 頁。
④ 佐藤善治郎:「南清紀行」,小島晋治監修:『幕末明治中国見聞録集成』(第十八卷),ゆまに書房 1997 年,第 164 頁。

叶、蚕丝产量颇丰。汉口乃湖南、四川、陕西各地之咽喉，内地商船辐辏，为最富饶之地。"①《支那通商必携》在1874年被提交给日本文部省参阅，满川对汉口区位重要性的描述成为明治日本有关汉口认知的底本。1878年（明治11年）4月，日本大藏省商务局局长河濑秀治奉命赴上海、汉口、宁波、香港及广东诸港口等地调查，并在次年将调查报告汇总成册。报告中详细记录汉口的经纬度等地理信息，并称其"于商业之上有最大之关系，在扬子江诸港中乃第一要地"②。"汉口乃古之夏口，与广东佛山、江西景德、河南朱仙共称四大镇。人口约七十万，船舶辐辏，百货云集，商业甚盛。市街最繁华热闹之处乃市街东北端之居留地，外人在留者颇多。"③这是高桥谦对1886年汉口的描述。传统四大镇之一的汉口，开埠通商以及英国租界的设立，客观上推动了商业的进一步繁盛，而水运重镇的地位可以体现在"船舶辐辏"的描述上。

对于汉口的概述往往与长江、汉水密不可分，内容中又多涉及地理位置之重要性、汉口港、华洋两界状况、人口数量等，更有对其整体的评价。汉口在位置上东靠长江、南依汉水，这两条天然航道的存在，使得汉口的水运极为便利。先看沿汉口一路向北之长江。"扬子江宽约二英里半，夏季可容一万吨以上军舰自由航行。自汉口上游四百英里处，到下游六百英里外之上海江口，计一千英里之航道，于船运乃极大之便利。江岸有各国之码头，数千吨之汽船为装卸货物横于江岸。"④再看由西向东自汉口入江之汉水。"汉口之发达完全基于汉水。汉水宽仅有四町左右，然而水自上游陕西关中（因楚汉之争而知名）、河南南阳（孔明故里）

---

① 满川成種：『支那通商必携』，醉軒書屋1873年，初篇第10頁。
② 河瀬秀治：『清国出張報告書』，『商務局雑報』（第二十七号），大蔵省商務局1879年，第145頁。
③ 高橋謙：「支那時事」，小島晋治監修：『幕末明治中国見聞録集成』（第三卷），ゆまに書房1997年，第119—120頁。
④ 下野新聞主催栃木県実業家満韓観光団：「満韓観光団誌」，『韓国地理風俗誌叢書』（第240卷），景仁文化社1995年，第374頁。

而来,再合湖北半省之水,水量丰富。且内地交通多靠帆船,故数千帆船群集河口。汉口繁华之支那街市也依汉水河口而兴。而各国居留地起于据汉江一英里延至二三英里许处。"①基于水运的如此优势,1910 年 8 月到汉口的佐藤善治郎曾记述,"支那第二大贸易场。上集四川、云南、湖北、陕西诸省之富,下为溯长江而上货物之集散地,乃支那内地之最大市场。支那人称之为九省都会,外国人称之为东洋芝加哥"②。

　　长江、汉水乃天然所成,而清末修筑或计划修筑的京汉铁路、粤汉铁路、川汉铁道等,又使得汉口成为铁路交通枢纽。河运、铁路运输上的便利,使得汉口成为中国大陆运输的十字交叉点。为此,在明治游记中多把汉口称为"有前途"或"前景光明"之地,又或例称其为东方之柏林、芝加哥、纽约,乃至认为其将成为"东洋第一"的市场、城市等。

>　　自本港溯长江而上三百六十英里,可达宜昌港。自长江口之上海,经镇江、芜湖、九江诸港,通航之巨舰多矣。他日贯通内地之达京城、南京之铁路铺设完成,扬子江及其支流之上汽船往来愈加频繁,则更增汉口交通之便利,此地成东洋第一之市场者可待也。若如此,东西方之有识之士相此地,他日于东亚大陆必占彼地柏林、芝加哥之地位者,必有其深望之理由也。③

　　安东不二雄是 1891 年来到中国的,京汉铁路尚未修筑,但已在议论之中,而安东对京汉铁路开通后汉口的进一步繁盛做出了预测。张之洞是京汉铁路首议者之一。他在 1889 年奏陈的《请缓造津通铁路改建腹

---

① 佐藤善治郎:「南清紀行」,小島晋治監修:『幕末明治中国見聞録集成』(第十八卷),ゆまに書房 1997 年,第 168 頁。
② 佐藤善治郎:「南清紀行」,小島晋治監修:『幕末明治中国見聞録集成』(第十八卷),ゆまに書房 1997 年,第 166 頁。
③ 安東不二雄:「支那漫遊実記」,小島晋治監修:『幕末明治中国見聞録集成』(第十一卷),ゆまに書房 1997 年,第 404 頁。

省干路折》中提出修筑京汉铁路的请求。德富苏峰在《七十八日游记》中记述如下：

> 汉口人口八十万，隔长江相望之武昌人口五十万，夹汉水相对之汉阳人口二十万，三市相加则成一百五十万。支那之事向来难断精确，然言此概数当大体无碍。汉口一部在汉水入长江口之左岸，大部在长江沿岸。"三兄弟"中，汉口古来占据"长兄"之位。而今，虽不完全，但与北京之路上连线——京汉铁路已经开通。想来不要太久，粤汉铁路亦可落成。汉口将不单是长江流域船运之交汇点，更于陆运而言可成自广东至北京之中心点。若万一张之洞所想川汉铁路得以铺设通行，则四川至汉口之陆运可通。如在支那大陆画一"十"字，则其中央交叉点即为汉口也。①

德富苏峰于1906年7月19日来到汉口，而京汉铁路是在同年4月1日干线开通的，这也是德富所说"虽不完全，但与北京之路上连线——京汉铁路已经开通。"的原因。1910年佐藤善治郎记述了京汉铁路在汉口租界的情况，以及与北京往来的车次和时间。"至德租界，参观京汉铁路终点站大智门车站。汉口的起点是在汉水一旁的玉带门车站，但旅客自大智门车站乘车。……至北京四百里，快车二十九小时，普通列车三天可到。……北京快速仅每周周五一趟。"②在汉口至北京，快车只要二十九小时，这大大方便了汉口与中国北方的联系。另外，德富认为汉口是武汉三镇中的"长兄"，并且认为汉口在粤汉、川汉铁路通车以后将毫无疑问地占据中国大陆"中央交叉点"的交通枢纽位置。

1906年10月来到汉口的中野孤山认为"次于上海而与广东港并肩"

---

① 德富猪一郎：「七十八日遊記」，民友社1906年，第164—165頁。
② 佐藤善治郎：「南清紀行」，小島晋治監修：「幕末明治中国見聞録集成」（第十八卷），ゆまに書房1997年，第198頁。

的汉口在陆运进一步发展之后,假以时日必定成为"东洋之第一大港"。

> 汉口即五港(五港者湖南之湘潭、陕西之西安、佛山、景德镇及湖北之汉口也)之一,乃清国通商之聚点,实为扬子江沿岸诸港中最为繁盛、最有前途之港口。汉口水运之便利,西行长江航道可深入四川内地,重庆(《中日马关条约》规定开埠通商)、成都皆可由此而往;北行汉水水路可至陕西汉中府;南水路可至湖南洞庭湖。既有卢汉(卢沟桥至汉口)铁路,陆运至为便利,此后若粤汉铁路(广东至汉口)完成、川汉铁路(成都至汉口)再设,则汉口可成中央车站。如此则汉口商业之快速进步必指日可待、毋庸置疑。现时汉口次于上海而与广东港并肩,他日广东、京城间铁路联通,而至南京铁路亦开行,则汉口凌上海之上而跃为东洋之第一大港,亦指日可待。汉口实乃前景壮阔之港口也。①

1907年来到汉口的宇野哲人和1909年来到汉口的胜田主計,同样对铁路增筑后的汉口发展前景给予了极高的期待。

> 汉口之所在,是所谓四通八达之地。浮江上下,上可收巴蜀、江陵之富,下可通江南一带,自沅湘洞庭,可置湖南于掌中,自汉水又可上达襄阳、汉中。陆路有京汉铁路,横断中国,与北清犹在指顾之中。若将来粤汉及川汉两铁路开通,其发展则不可预测。②

> 汉口水路控长江、汉水,又是京汉铁路的终点及未来应当会铺设的川汉、粤汉铁路两铁路的起点。汉口是前景极好的地方。③

---

① 中野孤山:「支那大陸横断遊蜀雜俎」,小島晋治監修:『幕末明治中国見聞録集成』(第十七卷),ゆまに書房1997年,第77—78頁。
② [日]宇野哲人:《中国文明记》,张学锋译,中华书局,2008年,第166—167页。
③ 勝田主計:「清韓漫遊余瀝」,『明治北方調査探検記集成』(第11卷),ゆまに書房1989年,第382頁。

189

1910年6月6日,永井久一郎随赴清观光实业团从北京乘坐京汉铁路快速列车来到汉口。

> 汉口则京汉铁路之终点,而隔长江与武昌相对,又隔汉水与汉阳相面,四通八达,实为水路之要冲也。铁路已与京师、东省相连,粤汉及川汉铁路亦将起工。水路上与宜昌、岳州、湖南各地相接,远可到四川,下与长江一带之地相通,远可到日本、欧美,贸易行旅之便莫名。按,铁路逾开通,内地产物益扩,消场则由汉口出海外各埠者加多,将来必当备致繁昌也。①

永井的视野更为开阔,把汉口水运延伸到了日本乃至欧美,可谓在二十世纪初就为汉口指出了一个全球化发展的视角。

三、汉阳概述——汉阳铁厂与名胜古迹

"汉阳府夹于扬子江与汉水之间,人口凡二十万,商业甚盛。大别山一名龟山,介于江汉二水之间,山下有湖,称月湖,乃晋之大夫伯牙弹琴而邂逅知音钟子期之地,今犹有伯牙台遗迹。晴川阁在山麓,临大江与黄鹤楼相对,风光明媚。唐人之诗,所谓'晴川历历汉阳树,芳草萋萋鹦鹉洲。'即是此地。鹦鹉洲连于汉阳府之西。"②出现在高桥谦《支那时事》里的是1886年的汉阳府,除了地理位置、人口之外,名胜古迹皆有罗列,如龟山、月湖、伯牙台、晴川阁等。在以后的明治游记中,对汉阳的概述也多涉及这些方面。如中野孤山所记,汉阳"位于扬子江与汉江之间,向

---

① 永井久一郎:「観光私記」,小島晋治監修:『幕末明治中国見聞録集成』(第十九巻),ゆまに書房 1997 年,第 400—401 頁。
② 高橋謙:「支那時事」,小島晋治監修:『幕末明治中国見聞録集成』(第三巻),ゆまに書房 1997 年,第 121 頁。

汉口,控武昌,三者成鼎足之势。汉阳四面环高山大泽,乃最要害之处,且风光明媚。"①汉阳铁厂基建工程始于 1891 年,竣工于 1893 年 10 月 22 日,并于次年 5 月开始高炉炼铁。汉阳铁厂建成以后,犹如名胜,成为包括日本人在内的外国人至武汉后的重要参观之地,当然也成了明治游记中对汉阳概述时不可或缺的内容。如 1910 年永井久一郎所述,"汉阳有铁厂,颇极殷赈,有伯牙台、晴川阁,又有大别山,山顶建禹王庙,均为名迹"②。又如同年来到武汉的佐藤善治郎所记,"汉阳隔汉水与汉口西南相对。……中央有大别山山脉连亘,最高处百米许。在山脉临江处有晴川阁。大别山与汉水之间有汉阳铁厂。而在大别山后,有汉阳城,有四五间高之城墙围绕"③。

四、武昌概述——传统政治城与近代工业地　传统古迹地与近代教育城

竹添进一郎在游历四川之后,乘船顺长江而下,去往上海。途中,于 1876 年 8 月 17 日,至武汉。"扬帆东南转,循武昌城壁而行。武昌包黄鹤山为城,规模宏大,在《禹贡》亦为荆州域。"④竹添在武汉逗留两日,其所观察到的武汉情形比较萧瑟,他认为这是太平天国运动时期,在武汉发生的其与清政府军队之间的拉锯战争造成的。"大抵沿江州县,皆为发贼所蹂躏,如武昌、汉口,人家烧毁略尽,今之街衢,多乱定后所创,是以未能复昔日之观云。"⑤而十年的时间,武昌或已经"复昔日之观",因为

---

① 中野孤山:「支那大陸橫斷遊蜀雜俎」,小島晋治監修:『幕末明治中国見聞録集成』(第十七卷),ゆまに書房 1997 年,第 70 頁。
② 永井久一郎:「観光私記」,小島晋治監修:『幕末明治中国見聞録集成』(第十九卷),ゆまに書房 1997 年,第 401 頁。
③ 佐藤善治郎:「南清紀行」,小島晋治監修:『幕末明治中国見聞録集成』(第十八卷),ゆまに書房 1997 年,第 172 頁。
④ 竹添進一郎:「棧雲峽雨日記」,小島晋治監修:『幕末明治中国見聞録集成』(第十九卷),ゆまに書房 1997 年,第 158 頁。
⑤ 竹添進一郎:「棧雲峽雨日記」,小島晋治監修:『幕末明治中国見聞録集成』(第十九卷),ゆまに書房 1997 年,第 160 頁。

在1886年高桥谦的眼中,武昌已经是"甚为繁华"了。"武昌府乃湖北省之首府,为古鄂州,人口凡四十万。商业颇盛,市街甚为繁华。蛇山及花园山等二山横亘城内,市街皆在山下。蛇山一名黄鹤山,山上既有黄鹤楼。此楼遥与汉阳晴川阁相对,下可俯长江、望远帆,其壮观实不可胜言。唐人有诗曰,'孤帆远影碧空尽,唯见长江天际流。'乃实为传其神者。"①

张之洞任湖广总督期间,对武昌的发展投入了很大的精力。在1898年促成清政府与美国合兴公司签订了《粤汉铁路借款合同》之后,粤汉铁路的修建提上日程。而同时,张之洞认为,伴随粤汉铁路未来的开通,武昌之地的商业价值必定提高,为避免被迫开埠而丧失利权,他主张武昌"自开口岸"。"拟议中的粤汉铁路计划在武昌徐家棚建车站和火车过江轮渡。张之洞决定把武昌沿江大堤向徐家棚和青山延伸,费银5.3万两,筑成'武丰堤'(今称武青堤),涸出旱地3万余亩,将此地作为'自开口岸',并于1900年11月29日奏准,在此设商场局。"②"我明治三十三年(1900年),清国自行开放为通商口岸,与汉阳府相望,乃颇为繁盛之都会。港内水深,船舶云集,常成辐辏之势,帆樯林立,交通之至便不让汉口。"③中野孤山所言武昌"自行开放为通商口岸"正指此事,而其所说"交通之至便不让汉口"也并非虚言。但是,武昌"自开口岸"并没有实现张之洞想把武昌建成繁盛商工业区的计划。一则,粤汉铁路修建、通车一再延后;二则,汉口作为商业贸易场域已经十分兴盛、完备,挤压了武昌建立同性质场域的可能空间。但如中野所记,"纺纱局、织布局、麻布局、

---

① 高橋謙:「支那時事」,小島晋治監修:『幕末明治中国見聞録集成』(第三卷),ゆまに書房1997年,第120頁。
② 廖桂华:《近代武昌自开商埠探析》,《湖北教育学院学报》,2005年第6期,第59—60页。
③ 中野孤山:「支那大陸横断遊蜀雑俎」,小島晋治監修:『幕末明治中国見聞録集成』(第十七卷),ゆまに書房1997年,第69—70頁。

缫丝局、机器局等各种工业,助推武昌之发达。"①张之洞主持在武昌兴建的一系列官办工厂,还是起到了促进武昌近代工业风气形成的重要作用。"武昌为湖广总督驻辕之所,各种学堂盛兴,制造工业亦振起,且有黄鹤楼之胜。"②1910年永井久一郎所记文字虽然简短,但概括却极为全面,武昌的行政职能、近代教育、近代工业以及名胜古迹皆有言及。"今湖南湖北两省之政治中心,湖广总督居处所在。曾有张之洞在此广集人望。外国文化,尤其是本邦文化输入集中,诸类学校、劝工场等文明设施较多。日本教习有二十名许。有训练有素之第八镇兵营,制麻、制丝等工厂相连于江畔。城有高四五间之城墙围绕。江畔丘陵之上有知名之黄鹤楼。"③同样是1910年来到武汉的佐藤善治郎,记述则更为详细,并且有意识地关注了张之洞当政时武昌对日本文化的引入。张之洞任湖广总督期间,的确推动了对日本的官方考察和对日本文化的引入。"光绪二十四年(1898年)正月,在参谋本部的策划下,张之洞派遣姚锡光、张彪赴日本考察教育、兵制,成为两湖接受'东学'影响的发端。""光绪二十四年(1898年)二月间,张之洞通过钱恂转托日本陆军参谋本部,欲为湖北聘请日文译员二名,'专为翻译东文各种书籍及新闻报、杂志等件'。"④张之洞通过考察和信息引入等所获经验,或用于武昌建设之中,才有了佐藤如此的记述。

五、清末武汉的交通状况

正如高桥谦所说,"武汉之地概低洼。湖沼川泽甚多,舟楫之便,无

---

① 中野孤山:「支那大陸横断遊蜀雑俎」,小島晋治監修:『幕末明治中国見聞録集成』(第十七卷),ゆまに書房1997年,第70頁。
② 永井久一郎:「観光私記」,小島晋治監修:『幕末明治中国見聞録集成』(第十九卷),ゆまに書房1997年,第401頁。
③ 佐藤善治郎:「南清紀行」,小島晋治監修:『幕末明治中国見聞録集成』(第十八卷),ゆまに書房1997年,第173頁。
④ 陆胤:《从"同文"到"国文"——戊戌前后张之洞系统对日本经验的迎拒》,《史林》,2012年第6期,第118、120页。按,本书中有"戊戌间两湖系统的日本化"的提法。

不能通行者"。在武昌、汉口、汉阳之间尚无桥梁相通的时候,船是必然的往来工具。因此,在明治武汉游记中,均提到的交通工具就是船,其名称有多种,如"汽船""渡船""民船""小火轮船""小汽船""小船""小舟""帆船""舢板"等等。有如东亚同文书院学生"雇小船渡江前往武昌"的情形,但因武昌与汉口、汉阳所隔江面宽阔,"汉水于此地汇流扬子江,江流处处漩涡,与强风、涨水时,民船渡航颇感危险"①。1899 年 11 月 9 日至 14 日在武汉。在汉口接待内藤湖南的是宗方小太郎。前三日,淫雨霏霏,未能外出。11 月 12 日,天晴。"在招商局码头求得渡船,溯流向南。"14 日,"十四日,风劲。此日有约前往武昌拜访原田了哲氏。……赁小舟。波浪颇高,小舟不能远航。乃先乘小舟至龙王庙前,再搭乘官渡船。官渡船乃张帆航行且体积颇大。"②内藤湖南弃小舟而乘官渡船原因正在此。1910 年 6 月 8 日,赴清实业观光团,"与松村总领事等,乘小火轮船渡长江,赴武昌。"③汉口与汉阳之间,夹汉江相望,往来亦需渡船。佐藤善治郎在 1910 年 8 月 13 日,从汉口渡汉水前往汉阳。"到汉水岸边,发现有十余艘渡船。上渡船,溯流而上。汉水浊流湍急,斜行十町许后,终于在铁厂附近登陆。"④而汉江江面民船既有客用,也有货用,其数量之多在当时是十分有名的,有所谓"两万艘船帆樯林立之壮观"。1909 年 7 月 7 日,东亚同文书院第七期学生调查团汉口厦门班在游览完汉阳后,"从因拥挤交织而出名的汉水民船中脱出身来,我们的舢板在晚上七点抵达了汉口码头。"⑤"民船停泊所有二十余处。……这些民船停泊所,

---

① 水野幸吉:「漢口:中央支那事情」,冨山房 1907 年,第 202 頁。
② 内藤虎次郎:「支那漫遊　燕山楚水」,小島晋治監修:「幕末明治中国見聞錄集成」(第四卷),ゆまに書房 1997 年,第 206、216 頁。
③ 永井久一郎:「觀光私記」,小島晋治監修:「幕末明治中国見聞錄集成」(第十九卷),ゆまに書房 1997 年,第 398 頁。
④ 佐藤善治郎:「南清紀行」,小島晋治監修:「幕末明治中国見聞錄集成」(第十八卷),ゆまに書房 1997 年,第 183—184 頁。
⑤ 東亞同文学院第七期生:「一日一信」,東亞同文書院編:「東亜同文書院大旅行誌 3」,雄松堂出版 2006 年,第 316 頁。

绕于江边,自汉水两岸之西桥口间绵亘凡十五清里,自湖南、湖北、江西三省而来民船皆泊于此。只有自四川而来民船集中于南岸汉阳。其总数不下两万四五千,'帆樯林立'之套话亦不足以形容此盛况。且民船之种类亦是千差万别。"①另外,通过长江航线到汉口港上岸,往往要换乘小汽船。1909年7月7日,东亚同文书院第七期学生调查团汉口厦门班所记,"正午,终于抵达大阪公司码头,先行到达的本田君、津泽君代表四川两班前来迎接。我们换乘小蒸汽船,到达日清公司码头。"②1911年第九期学生调查团江宁武昌班,8月10日到达汉口港,亦换乘小汽船。"小汽船行过租界相邻水域,朝支那街驶去。在支那街又租民船,行至日租界。"③

明治武汉游记中除了记述船行于江河之外,还记述了在市街之中的交通工具,以人力车最为多见。中野孤山是在1906年10月9日晚抵达汉口的。"从猬集之人力车中,随手招来三台。'快,快,请上这辆车吧!'胡乱把我们拉到车上。"④从"猬集"一词可见当时揽客人力车之多。1911年东亚同文书院江宁武昌班记汉口港所见,"久未见到的人力车,左来右往,穿行不息"。又记,"道路整洁,人力车全是橡胶轮胎,真是不错"⑤。德富苏峰则在《七十八日游记》中记述了他1906年在武昌乘坐人力车的"冒险"经历。"橘君曾言,乘武昌之人力车乃一种无比之冒险。此言似警告,更似一种劝诱,余愈加想搭乘一回。橘君所言粗暴程度虽稍有夸张,但不可谓不惊心动魄。且向导者之橘君终于跌落车下,而记者等则

---

① 水野幸吉:『漢口:中央支那事情』,冨山房1907年,第206—207页。
② 東亜同文学院第七期生:「一日一信」,東亞同文書院編:『東亜同文書院大旅行誌3』,雄松堂出版2006年,第316页。
③ 東亜同文学院第九期生:「孤帆雙蹄」,東亞同文書院編:『東亜同文書院大旅行誌5』,雄松堂出版2006年,第205页。
④ 中野孤山:「支那大陸橫斷遊蜀雜俎」,小島晋治監修:『幕末明治中国見聞録集成』(第十七卷),ゆまに書房1997年,第72页。
⑤ 東亜同文学院第九期生:「孤帆雙蹄」,東亞同文書院編:『東亜同文書院大旅行誌5』,雄松堂出版2006年,第205页。

偶然免于其难,实乃不可思议之侥幸也。"①

除了人力车外,还多见轿子。黑田清隆在 1885 年 8 月 12 日,"上午十时三十分,乘轿穿汉口市街,至市街中之码头,渡至武昌府。又乘轿,穿府城,至东郭洪山宝通寺"②。西本愿寺僧众团在 1899 年 3 月 8 日,"下午二时,叫来轿子,拜访日本领事馆"③。小林爱雄在 1909 年 1 月 7 日到武昌观黄鹤楼。"下午,乘三井物产之小汽船,前往武昌。武昌在江对面,听起来前往十分容易,但由于是大江,所以还是费了一些时间。仍然下着小雨,故上岸即刻搭乘了轿子,在蓝色的泥泞中,直接奔向'天下第一楼'的黄鹤楼。"④赴清实业观光团于 1910 年 6 月 7 日去伯牙台参加汉阳铁厂欢迎宴。"乘船到对岸汉阳铁厂码头,厂员备轿而待。乘轿到月湖,特舣小舟以便渡湖。"⑤1910 年 8 月 13 日,佐藤善治郎更记述在汉口市街上"轿子很多"。"路幅约一丈内外,房屋多二层建筑。道路不干净,且人马络绎、轿子很多,走在其间感觉有些危险。"⑥除了人力车和轿子外,还见有马车的记述,如永井久一郎所言,马车在清末武汉当属"优待"。1910 年 6 月 8 日,赴清实业观光团乘船渡江至武昌,"登岸,督署备马车优待。团员均乘坐,直往拜湖广总督瑞澂,延见款谈"⑦。

---

① 德富猪一郎:「七十八日遊記」,民友社 1906 年,第 173 頁。
② 黒田清隆:「漫遊見聞録」(下),『明治シルクロード探検紀行文集成』(第 8 卷),ゆまに書房 1988 年,第 448 頁。
③ 教学参議部編:「清国巡遊誌」,小島晋治監修:『幕末明治中国見聞録集成』(第十四卷),ゆまに書房 1997 年,第 177 頁。
④ 小林愛雄:「支那印象記」,小島晋治監修:『幕末明治中国見聞録集成』(第六卷),ゆまに書房 1997 年,第 340 頁。
⑤ 永井久一郎:「観光私記」,小島晋治監修:『幕末明治中国見聞録集成』(第十九卷),ゆまに書房 1997 年,第 394 頁。
⑥ 佐藤善治郎:「南清紀行」,小島晋治監修:『幕末明治中国見聞録集成』(第十八卷),ゆまに書房 1997 年,第 183 頁。
⑦ 永井久一郎:「観光私記」,小島晋治監修:『幕末明治中国見聞録集成』(第十九卷),ゆまに書房 1997 年,第 398 頁。

第二节　汉口港与汉口租界

一、汉口港

明治武汉游记作者进入汉口的路径主要有三条：其一是自上海溯流而上至汉口，如1885年的黑田清隆，1886年的高桥谦，1899年的西本愿寺僧众团、内藤湖南，1900年的村木正宪，1906年的德富苏峰、中野孤山，1909年的小林爱雄，1910年的佐藤善治郎以及1907—1911年的东亚同文书院第五至九期学生调查团等；其二是自四川顺长江而下至汉口，如1876年的竹添进一郎等；其三是在京汉铁路建成后自中国北方乘列车而至汉口，如1907年的宇野哲人，1908年的股野琢，1909年的胜田主计、栃木县实业家中朝观光团，1910年的赴清实业观光团、永井久一郎等。前两种沿江路径都要抵达汉口港的码头，也就多了有对汉口港的描述。

1885年8月14日黑田清隆所记"汉口与上海间，有招商局、太古洋行、怡和洋行三公司之汽船定期航运，除周日外盖无虚日。汉口至宜昌间，现今仅招商局汽船'江通号'一艘，大抵旬日间一往返。"①根据水野幸吉的记录，1897年时，上海汉口一线长江航运已有中国国内、英国、德国、法国、日本等五国的九家公司参与，而汉口到宜昌的航线也有中国国内、英国、日本等三国的四家公司运营。② 1899年3月，西本愿寺僧众团，"江汉沿岸设码头八处，大小船舶相连入碇。十余艘汽船日日行于江上，

---

① 黑田清隆：「漫遊見聞錄」（下），『明治シルクロード探検紀行文集成』（第8卷），ゆまに書房1988年，第449頁。按，根据黑田所列"居留外商表"，英国的汽船公司有四家，除太古洋行、怡和洋行外，还有德兴洋行、太平洋行。（《漫游见闻录》（下），第77—78页。)
② 详见水野幸吉：『漢口：中央支那事情』，冨山房1907年，第170—171頁，"上海汉口线"表、"汉口宜昌线"表。

行旅频繁,埠头百货辐辏。近来,重庆已开,更增汉口繁华"①。1899年11月9日,内藤湖南抵达汉口港。"到汉江口方知'万樯林立'并非一虚构之形容词,乃为此地之实景。桅杆如密生之修竹,岸边市街房屋亦为之遮蔽,不可得见。航行于汉水、往来于襄阳之船舶居多。其他有通行至湖南洞庭湖一带、溯江而上至三峡等地之船舶,因水势与载货种类之不同而形状各异,据闻其碇泊码头亦有区分。"②另外,内藤湖南还记述了他看到的"奇景"。"去往三峡方向的船只,其纤绳之粗令人惊讶。此纤绳用竹片编成,编者坐数丈高之架子上编织,长长竹片垂下,实为一奇景也。"③

二、汉口租界

(一)汉口租界纵观

1898年7月16日,中日双方签订《汉口日本专管租界条款》,划定了汉口日租界的范围,汉口五国租界形成。1900年4月到汉口的村木正宪通览租界所记,"英国居留地,其经营几乎完美无缺,俄、法两国居留地,其经营略成,德国居留地,其护岸工事大半落成,其他各种设施也在顺利就绪。处最下游、离汉口商业中心最远者乃我日本居留地。通过努力辨认半毁损的石头标识,才勉强知道其所在。区域内尚无任何经营,仅有芦席圈围之支那人陋屋数百户,以及石造房屋数栋而已"④。村木到汉口时,日本租界划定仅半年多,从其记述可见当时日本租界尚未开始建设。1908年10月到达汉口的股野琢描述了对汉口租界的整体感受。"十六

---

① 教学参议部编:「清国巡遊誌」,小島晋治監修:『幕末明治中国見聞録集成』(第十四卷),ゆまに書房1997年,第187頁。
② 内藤虎次郎:「支那漫遊 燕山楚水」,小島晋治監修:『幕末明治中国見聞録集成』(第四卷),ゆまに書房1997年,第206—207頁。
③ 内藤虎次郎:「支那漫遊 燕山楚水」,小島晋治監修:『幕末明治中国見聞録集成』(第四卷),ゆまに書房1997年,第207頁。
④ 村木正憲:「清韓紀行」,小島晋治監修:『幕末明治中国見聞録集成』(第五卷),ゆまに書房1997年,第194、199頁。按,第196、197頁为"汉口居留地图",第195、198頁为空白頁。

日午后三时,抵汉口。人皆着夏衣,俄觉微暑。高桥领事诱余驱马车巡览江畔。租界广阔,本邦及欧米各国区处。街衢整然,道路修洁,大厦并立,规模似大连而更大。口数称百万。各邦租界逐年开,地拥长江气象恢。汉口行将凌沪口,吸收八省财货来。"①而翌年 6 月来到汉口的胜田主计则对汉口租界做了更为详细、客观的记述。

> 英租界与支那市街紧接,俄、法、德又与英依次相接,日本租界位于最下游,即离支那市街最远者。各居留地之江岸,即所谓外滩,有广阔之道路,以供乘客上下、货物装卸以及绅士、贵妇兜风所用。不必多言,英租界自然是最为繁华的。横滨正金银行支店、日清汽船公司分公司、三井物产支店皆在此租界中。英租界即是商业中心,其房屋构造等也相当壮观。俄租界中有顺丰、新泰等二三家砖茶生产厂。法租界里只有领事馆、印度支那银行、旅社之类,并不太兴盛。德租界刚开始着手建设,还未进行大整顿,但充满活力。言及日本租界,除了三菱的建筑之外,别无可观之物,净是空地,实在寂寥。帝国领事馆也设立在三菱联排房屋中。观此状况,感觉日本租界之经营乃是前途辽远。②

记述中明晰地说明了各国租界的位置关系及其各自特点,并且重点关注了日本租界的存在状况。英、俄、法、德、日依次远离汉口华界,英国租界设立最早而成为"商业中心",日本的很多公司也设立于英租界。日本租界设立最晚,虽然"前途辽远",但在 1909 年时仍是"实在寂寥"。明治游记多有对日本租界的描述和感受记录,后面就日本租界及日本居留

---

① 股野琢:「葦杭游記」,小島晋治監修:『幕末明治中国見聞録集成』(第二十卷),ゆまに書房 1997 年,第 373—374 頁。
② 勝田主計:「清韓漫遊余瀝」,『明治北方調査探検記集成』(第 11 卷),ゆまに書房 1989 年,第 378—379 頁。

199

民专门再做介绍。

  1909年10月13日,栃木县实业家满韩观光团乘坐京汉铁路列车,"下午四点抵达汉口。日本租界之松野屋前来迎接,投宿于此。……短暂休息之后,下午五时雇腕车自日本租界出发,前往观览英、法、德、美租界之模样。……市中居留地十分清洁,道路整然,房屋结构壮丽。行于其间,仿佛置身欧美都市,完全无在支那之实感。"[1]1910年8月12日,佐藤善治郎抵达汉口码头,"居留地之江岸,有坚固护岸工事,各国有专有码头以便客、货上下,道路整然,大小洋馆耸立,实为壮观。"[2]"街路宽阔而且清洁。据说沿江畔一路走去即可到达旅店,故与掌柜沿路旁并排树木一同步行。"[3]对于江畔的道路,1907年7月到汉口的东亚同文书院第五期学生也有所记述。"走过租界,宏伟洋馆比肩而立,而市街壮丽,令人立刻想到这就是支那内地最大市场的租界。沿江而行数町,进入最下游之德国租界,则见道路两旁樱花树并排。虽非老树,但也如他乡遇故知一般,不觉心情愉快起来,这也成了我们一路上的话题。虽然过了开花的时节,让人稍感遗憾,但沾雨的樱叶也倍增几分绿意,其风情十足,当不落于花期。"[4]走过德国租界便进入了日本租界,沿江的外滩路上的樱花树让调查团成员倍感亲切。

  以上记述中多言汉口租界"房屋结构壮丽",有欧美风范,而且汉口外滩沿江的道路也是"整然""清洁"。但是,如胜田主计所说,汉口租界在清末阶段主要还是以英国租界为中心,其他租界由于建立时间较短,还处于发展之中。这从东亚同文书院学生调查团在纪行中,由汉口自然

---

[1] 下野新聞主催栃木県実業家満韓観光団:「満韓観光団誌」,『韓国地理風俗誌叢書』(第240卷),景仁文化社1995年,第373—374頁。
[2] 佐藤善治郎:「南清紀行」,小島晋治監修:『幕末明治中国見聞録集成』(第十八卷),ゆまに書房1997年,第169頁。
[3] 佐藤善治郎:「南清紀行」,小島晋治監修:『幕末明治中国見聞録集成』(第十八卷),ゆまに書房1997年,第178頁。
[4] 東亜同文学院第五期生:「踏破録」,東亞同文書院編:『東亞同文書院大旅行誌1』,雄松堂出版2006年,第29頁。

联想到上海,进而进行的比较中也可见一斑。1911年第九期学生调查团中的江宁武昌班,8月10日到达汉口港。"近三时许,前面帆樯林立,人家鳞次栉比,乃一大都会,无疑这就是汉口了。美孚公司的油罐船在正前方。江岸大路如一个立体画面向我们逼近。看到英租界身材魁梧的印度人巡查时,有莫名的怀念。久未见到的人力车,左来右往,穿行不息。真想快点到成为陆地上的一员。"①江宁武昌班看到"大都会"汉口自然"怀念"起上海,但只是做了同向的思考,并没有指出汉口租界与上海租界的不同。而第九期学生调查团中的湖广循环班记述,"对从上海来的人来说,汉口显得建筑低而外滩长"②。天津循环班记述对汉口的第一印象是:"船到汉口外滩。自甲板观汉口,第一印象是小而雅致。""建筑低""小而雅致"都明确显示出汉口租界在整体规模和观感上与上海租界的差距。天津循环班进而阐述其感受,"汉口繁荣难比上海,到底是内地市场。如日本居留地,一到夜晚就少有人通行。夜晚的汉口实在寂寥。特别值得注意的是,在上海日本商人多以邦人为客户,而在此地则多以支那人为经营对象"③。

1906年中野孤山曾记述《汉口的日本旅馆》一章。"日本旅馆有松廼家和竹廼家两家。"④言及两家都极为繁盛。而在1910年佐藤善治郎的记述中则增加了一家。"予投宿之旅馆竹廼家在德国租界。日本租界里有日本旅馆松廼家、梅廼家。"⑤这里提到的"松廼家""竹廼家""梅廼家"

---

① 東亜同文学院第九期生:「孤帆雙蹄」,東亞同文書院編:『東亜同文書院大旅行誌 5』,雄松堂出版 2006 年,第 204—205 頁。
② 東亜同文学院第九期生:「孤帆雙蹄」,東亞同文書院編:『東亜同文書院大旅行誌 5』,雄松堂出版 2006 年,第 208 頁。
③ 東亜同文学院第九期生:「孤帆雙蹄」,東亞同文書院編:『東亜同文書院大旅行誌 5』,雄松堂出版 2006 年,第 99—100 頁。
④ 中野孤山:「支那大陸横断遊蜀雑俎」,小島晋治監修:『幕末明治中国見聞録集成』(第十七卷),ゆまに書房 1997 年,第 74 頁。
⑤ 佐藤善治郎:「南清紀行」,小島晋治監修:『幕末明治中国見聞録集成』(第十八卷),ゆまに書房 1997 年,第 171 頁。

三家日本旅馆,表记中"家"有写作"屋"的情况,在明治武汉游记特别是在东亚同文书院学生调查团的纪行中多有提及。1909 年第七期学生调查团中,7 月 5 日,晋燕班、西鄂巴蜀班先后入住松廼家。"早晨 6 点,抵达大阪商船公司码头。我和本田君、本城君为交涉旅店而先行上岸,驱车前往汉口一等旅馆松廼家。"①"早晨起来,淫雨霏霏,六时抵达汉口码头。立刻下船,投宿到位于德国租界的我邦旅馆松廼家。与晋燕班共十五人过起了悠闲的生活。"②1910 年第八期学生调查团中的赣粤班入住的也是松廼屋。7 月 4 日,"七时抵汉口,雇人力车,直奔松廼屋投宿。"③甘肃鄂尔多斯班入住的则是竹廼屋。"七月一日早晨,抵达汉口俄租界日清汽船公司码头,立刻入住在德租界的日本旅馆竹廼屋。"④1911 年第九期学生调查团中的湖南四川班入住的也是竹廼屋。6 月 29 日,"上午十一时左右抵达汉口,立刻投宿到华景街上的竹廼屋。下午,访问领事馆及前辈诸兄。"⑤湖广循环班是 7 月 5 日也是入住竹廼屋的,并记述,"八点半左右,到达支那市街码头。暑热难忍。在每年旅行队都会投宿的竹廼屋的二楼吃了早饭。"⑥江宁武昌班,8 月 10 日同样入住竹廼屋,"雇了挑夫,担上行李,去日本旅馆竹廼屋投宿。"⑦这几家旅馆是清末汉口租界中具有代表性日本旅馆。"旅馆有松廼家、竹廼家、梅廼家等,房

---

① 東亜同文学院第七期生:「一日一信」,東亞同文書院編:『東亜同文書院大旅行誌 3』,雄松堂出版 2006 年,第 62 頁。
② 東亜同文学院第七期生:「一日一信」,東亞同文書院編:『東亜同文書院大旅行誌 3』,雄松堂出版 2006 年,第 225 頁。
③ 東亜同文学院第八期生:「旅行記念誌」,東亞同文書院編:『東亜同文書院大旅行誌 4』,雄松堂出版 2006 年,第 147 頁。
④ 東亜同文学院第八期生:「旅行記念誌」,東亞同文書院編:『東亜同文書院大旅行誌 4』,雄松堂出版 2006 年,第 398 頁。
⑤ 東亜同文学院第九期生:「孤帆雙蹄」,東亞同文書院編:『東亜同文書院大旅行誌 5』,雄松堂出版 2006 年,第 3 頁。
⑥ 東亜同文学院第九期生:「孤帆雙蹄」,東亞同文書院編:『東亜同文書院大旅行誌 5』,雄松堂出版 2006 年,第 208 頁。
⑦ 東亜同文学院第九期生:「孤帆雙蹄」,東亞同文書院編:『東亜同文書院大旅行誌 5』,雄松堂出版 2006 年,第 204—205 頁。

屋构造为支那房屋与西洋房屋折中的形式,而铺有榻榻米则体现日本风格。"①中野孤山在游记中也对松廼家的状况做了详细介绍。松廼家是"三层建筑,用砖建造,结构壮观。内部混有日本风格,铺有榻榻米,于日本人起卧最为合适。然出入口及窗户等配置皆为洋式。……饮食菜谱为日本式,日本漆器餐具却摆在高桌上,有鲜鱼生鱼片,实为日洋混搭之风。泡澡方式全为日本式。自馆主至男佣、女佣皆为日本人,故觉得熟络、轻松。"②虽然建筑为洋式,但餐饮、洗浴等整体服务都为日本式,这也是日本人多入住的原因吧。

当然在汉口租界旅店不止这几家。如永井久一郎所在的赴清实业观光团,1910 年 6 月 6 日下午抵达汉口大智门车站,投宿到的是日本租界的"三好馆"。由于此团是日本政府派遣参加南洋劝业会的高级代表团,由此可以推测"三好馆"应当是比较高级的旅馆。1909 年第七期学生调查团中的北京驻在班在 7 月 12 日到达汉口,入住的是"富贵铺"。"走过平坦的外滩路,到华景街富贵铺楼上住下,时间已是下午一点。"③1910 年第八期学生调查团中的北京驻在班乘京汉铁路列车,于 11 月 8 日下午五时抵达汉口,"投宿支那客店'华洋旅馆'"④。

(二) 日本租界与日本居留民

1. 日本领事馆的设立和位置

日本汉口租界划定于 1898 年 7 月 16 日,但日本汉口领事馆的设定

---

① 按,引自「長江流域の日本人(五)武漢」,『中央新聞』,明治四十五年四月二十一日。资料来源:神戸大学経済経営研究所　新聞記事文庫・中央新聞　移民および植民(1—007)。《长江流域の日本人(一〜六)》是《中央新聞》1912 年 4 月 17 日至 4 月 23 日连载,其中(三)〜(六)为"武汉"。
② 中野孤山:「支那大陸横断遊蜀雑俎」,小島晋治監修:『幕末明治中国見聞録集成』(第十七巻),ゆまに書房 1997 年,第 74 頁。
③ 東亜同文学院第七期生:「一日一信」,東亞同文書院編:『東亜同文書院大旅行誌 3』,雄松堂出版 2006 年,第 33 頁。
④ 東亜同文学院第八期生:「旅行記念誌」,東亞同文書院編:『東亜同文書院大旅行誌 4』,雄松堂出版 2006 年,第 139 頁。

早在其之前。"英吉利在彼处(汉口)定居留地以来,既四十余年,俨然已成欧洲市街。露西亚、法兰西、德意志等各国亦相继取得专管居留地,并从事旺盛之经营。日本十五年前曾有领事馆。但即便有领事馆,日本商人亦不前来,唯一可谓商店者仅卖眼药水'精锜水'之处。如此情形持续一久,遂致领事馆闭馆。日清战争之后,日本获汉口专管居留地乃《下关条约》之结果。之后终于于明治三十一年(1898年)年末重置领事馆。"①水野所言"十五年前"是1891年,也就是明治24年,日本领事馆一度关闭的时间。日本设立汉口领事馆是在明治18年(1885年)②,第一任领事为南贞助,明治24年(1891年)三月十七日,任命桥口直右卫门为副领事负责日本汉口领事馆工作,但同年八月二十八日决定闭馆,桥口回国。③ 在日本资本"正式输出海外之前,因此日本商工业者进入(汉口)几乎是零,领事馆自身也很快关闭了。"④这也正是水野所述及的原因。

  日本领事馆是明治游记作者多要去拜访的地方,因此也频频出现在明治武汉游记中。在日本汉口租界设定之前,毫无疑问日本使领馆是设在别国租界内的。据《武汉通史》记述,"适1898年日租界划定后,迁入新馆"⑤。1899年3月8日,西本愿寺僧众团至汉口,"下午二时,叫来轿子,拜访日本领事馆。领事馆在市东南英国居留地之中。在领事向导之下,过英国居留地,经俄、法二国居留地,自通济门出至长江岸边。通济门外有德国居留地,我国居留地与其相邻"⑥。村木正宪是在1900年4

---

① 水野幸吉:『漢口:中央支那事情』,冨山房1907年,第692—693頁
② 按,孙安石认为,"日本在汉口开设领事馆是在1898年日本租界设定的12年前,即1886年"。但根据《日本领事报告研究》所列时间,以及《武汉通史》中也有"1885年正式派驻汉领事"[皮明庥、邹进文主编:《武汉通史 晚清卷(上)》,武汉出版社,2008年,第136页。]的记录,疑孙安石所述有误。
③ 详见角山荣编著:『日本領事報告の研究』,同文館1986年,第493頁。
④ 孙安石:「漢口の都市発展と日本租界について」,『人文研究』(神奈川大学文学会)第149集,2003年6月,第225頁。
⑤ 皮明庥、邹进文主编:《武汉通史 晚清卷(上)》,武汉出版社,2008年,第136页。
⑥ 教学参議部編:「清国巡遊誌」,小島晋治監修:『幕末明治中国見聞録集成』(第十四巻),ゆまに書房1997年,第177頁。

月23日到达汉口的,"经支那市街到英国居留地,再过俄国居留地,进入法国居留地,访问日本领事馆。日本领事馆在法国居留地内"①。根据此二人的记述,1899年日本领事馆是在英国租界内的,而1900年是在法国租界内。这与《武汉通史》所述不同。再看1909年6月23日到汉口的胜田主计的记述,"言及日本租界,除了三菱的建筑之外,别无可观之物,净是空地,实在寂寥。帝国领事馆也设立在三菱联排房屋中。"②可见,1909年时,日本汉口领事馆尚无独立建造领事馆建筑。由此可以断定《武汉通史》所述存在问题。又见《汉口大日本帝国总领事馆事务所新筑概要》中,"一、起工,明治四十二年(1909年)九月,同四十三年一月二十日奠基仪式举行;一、竣工,明治四十三年十二月。"③由此可见,胜田主计到汉口时,日本汉口领事馆新楼尚未开建,其记录"帝国领事馆也设立在三菱联排房屋中"是符合事实的。

2. 日本租界

日本汉口租界划定于1898年,是汉口五国租界中设定最晚的一个,因此在位置上也被认为是最差的一个。1909年1月到汉口的小林爱雄记述,"除领事馆、正金银行、三井之外别无他物,数万坪空地,徒有杂草茂盛,落寞至极"④。同年10月,栃木县实业家中朝观光团记述,"日本租界最远离车站,深感其不便。此租界乃设立时间尚短,房屋尚处建设之中,还有空房、空地。看过他国租界后再看此地,颇觉寂寥"⑤。小林和栃

---

① 村木正憲:「清韓紀行」,小島晋治監修:『幕末明治中国見聞録集成』(第五卷),ゆまに書房1997年,第183頁。
② 勝田主計:「清韓漫遊余瀝」,『明治北方調査探検記集成』(第11卷),ゆまに書房1989年,第378—379頁。
③ 「漢口大日本帝国総領事公館新築概要」,『建築雑誌』(303),1912年3月,第142頁。原文没有标注作者,正文中注明福井房一为设计及监督者。
④ 小林愛雄:「支那印象記」,小島晋治監修:『幕末明治中国見聞録集成』(第六卷),ゆまに書房1997年,第333頁。
⑤ 下野新聞主催栃木県実業家満韓観光団:「満韓観光団誌」,『韓国地理風俗誌叢書』(第240卷),景仁文化社1995年,第374頁。

木县实业家中朝观光团成员都指出了日本租界"落寞""寂寥",认为日本租界位置颇为不好。日本租界的具体位置在《汉口日本专管租界条款》有明确规定。"德国租界北道起,量得东界沿江长一百丈,南界靠德界,东起江口,西至铁道地界为止,画成直线(此直线必须与南界作平行线,不得歪斜不齐)。此为日本专管租界。"①日本要求在汉口划设专管租界,于清政府而言当然是被迫的。但就日本汉口租界位置的确定,中日双方是各有思考的。"甲午战争后清政府对日本有所警惕,采取了力争既失权利的外交政策,各地官员尽量不让日本租界设在靠近繁华区域的地带,使得汉口日租界难得地利。"②这或许是清政府的想法。而日本也认识到了这一点,而之所以答应下来,也有其自己的考虑。"汉口日本租界位于河水容易泛滥的扬子江下游,且远离中心街市地域,与其他租界相比也十分不利。但是,在了解这一地理特征并预见铁路开通等因素而实施租界建设,并且重视与德国租界之间的关联性,按照预想好的街区用途变更街区大小、街路宽窄等,依次推进计划、发展租界,使之成为需要进一步扩展的租界区域。"③1907年2月9日,中日就签订了《日本添拓汉口租界条约》,日本租界面积由246.50亩扩展到了662.75亩,成为仅次于汉口英租界的第二大租界。小林和栃木县实业家中朝观光团所看到的日本租界已经是扩展后的租界了。

更多的明治武汉游记作者在看到日本租界不利条件的同时,更多看到了日本租界更好的发展前景。1909年6月胜田主计记述,"言及日本租界,除了三菱的建筑之外,别无可观之物,净是空地,实在寂寥。帝国领事馆也设立在三菱联排房屋中。观此状况,感觉日本租界之经营乃是

---

① 王铁崖编:《中外旧约章汇编》(第一册),生活·读书·新知三联书店,1957年,第788页。
② 梁紫苏:《简述汉口日租界》,《武汉文史资料》,2006年第7期,第55页。
③ 王昊、柳基憲、栗原崇宏、趙世晨:中国における日本租界の設置、造営とその変遷;外交資料と現地調査から見る中国日本租界の形成と変遷(その2)(アジア諸国の都市計画史,都市計画),『学術講演梗概集F-1,都市計画,建築経済・住宅問題(2007)』,日本建築学会2007年,第446页。

前途辽远"①。1910年6月,永井久一郎记述,"明治三十一年(1898年)虽定日本租界,久属荒芜。近年人家筑成,渐见盛运。况京汉铁路车站距租界不远,数年之后可为一大热闹场也"②。同年8月,佐藤善治郎记述,"就日本居留地而言,因处最远离商业繁华中心,眼下尚不能期待其成为商业重地。但因其处于相对下游,故亦无需过分悲观。特别是粤汉铁路之终点武昌,其车站正好在日本居留地对岸。并且京汉铁路第三停车场——江岸停车场在日本租界附近,在铁路开通之初,客、货联络自然通过我租界。我租界必成交通要冲无疑"③。胜田、永井、佐藤都言及了对日本租界将来必有大发展的信心。

3. 日本居留民

对于日本居留民的状况,也有多篇游记有过记述。如1900年3月的冈崎高厚和4月的村木正宪、1906年7月的德富苏峰和1910年8月的佐藤善治郎等。"闻汉口在留日本人人口及户数。三十二年(1899年)十二月末,人口,男52人,女4人,计56人,户数,11户。三十三年三月末,人口,男65人,女6人,计71人,户数12户。"④"获知今日在留汉口之本邦人约千人,且每日增加一点七人。稍夸大而言之,则每日近二人移住至汉口。且多属置恒产、有恒心之前途有望之人。然到四年前为止,不过约八十人,日俄战争前也只在二百人上下,如此说来,其增长速度可谓惊人。"⑤依据村木所记,德富所提到的"到四年前为止,不过约八十人"是可信的,而所说日俄战争后汉口日木居留民的迅速增加,与上海

---

① 勝田主計:「清韓漫遊余瀝」,『明治北方調査探検記集成』(第11卷),ゆまに書房1989年,第378—379頁。
② 永井久一郎:「観光私記」,小島晋治監修:『幕末明治中国見聞録集成』(第十九卷),ゆまに書房1997年,第401頁。
③ 佐藤善治郎:「南清紀行」,小島晋治監修:『幕末明治中国見聞録集成』(第十八卷),ゆまに書房1997年,第169頁。
④ 村木正憲:「清韓紀行」,小島晋治監修:『幕末明治中国見聞録集成』(第五卷),ゆまに書房1997年,第192頁。
⑤ 德富猪一郎:『七十八日遊記』,民友社1906年,第165—166頁。

日本居留民的变化趋势是一致的。水野幸吉的记述可以证明德富所言非虚。"根据明治三十八年(1905年)末的调查,在留外国人总数为2151人,其中日本人537人[三十九年(1906年)末增加到1030人]。"①1905年底至1906年底,一年时间增加了493人,这与德富所说增长速度相当。日俄战争后日本资本输出的加速导致了日本人进入中国人数的急速增加,但于汉口而说这种增加并非持续性的。②"日本居留民,在明治四十二年(1909年)末有1025人③(男618人,女409人)。……汉口居留民按职业区分如下,各自含其家人。官吏38人、律师1人、摄影师8人、理发师25人、医生12人、僧侣6人、杂货商人84人、和服布料商人15人、料理店48人、旅店3人、荞麦面店7人、女梳头匠7人、药店17人、产婆6人、艺妓36人、女招待15人等。"④佐藤善治郎记述了1910年在汉口日本人从事的职业及人数,而比他早十年到汉口的冈崎高厚就实地了解了日本人的相关从业情况,写道:"运营之种种事业实况,引起颇为愉快之感怀与眷恋之情思。三井物产会社支店、大阪商船会社支店、日本邮政局、东肥洋行等我邦杂货商率先开业,其他则有熊本人宗方氏等发行之当地唯一汉文报纸之汉报馆。在对岸武昌之武备学堂中,有大原大尉等两三人,自强学堂中有根岸氏等二人,农学堂中有峰村氏等,均为应张之洞之招聘而各自执掌教鞭者。就中尤以大原大尉深得张氏信任,声望颇高。近日大原氏训练之部队举行大演习,张氏为首之诸大员亦参加仪式,故我在留邦人皆参观之,以为大原氏助威。"⑤冈崎在文中介绍了1900年在汉口的日本代表人物,并记录了张之洞聘用日本人训练

---

① 水野幸吉:『漢口:中央支那事情』,冨山房1907年,第575頁。
② 按,据统计,汉口日本居留民人数1909年为1136人、1910年为1229人、1911年1054人(每年4月份的调查数据)。详见外务省编:『外務省警察史 第49卷 支那ノ部(中支・南支)⑧』,不二出版2001年,第176頁。
③ 按,所列总人数和分列男女人数之和不一致,原文如此。
④ 佐藤善治郎:「南清紀行」,小島晋治監修:『幕末明治中国見聞録集成』(第十八卷),ゆまに書房1997年,第170—172頁。
⑤ 岡崎高厚:『南清漫遊雑記』,岡崎高厚発行1900年,第62—63頁。

部队的状况。

8月13日,佐藤在看到日本租界所处不利位置后,至日租界汉口日报社,拜访社长冈幸七郎并问他对日本人在汉口生存状况的看法。"既已有千余同胞求生活于此地,自国家层面来看亦是大事。何况其中置资产、求发展者居多,在此无法轻松获利之世道,现在日本人决不能悲观。何况将来粤汉铁路会开通,想到此便会有跃跃欲试之感。"①如佐藤所记"粤汉铁路之终点武昌,其车站正好在日本居留地对岸",这应该也是冈幸七郎有如此"跃跃欲试之感"的原因之一吧。

第三节 武汉之华界

一、武昌

(一)市街

明治武汉游记中,多有关于武昌市街的描述。1906年10月中野孤山所记武昌,言及城墙、城门、及近代工业、练兵等。"市街为二重城壁围裹,周围蜿蜒三十余清里。西面濒临长江,另外三面壕沟围绕,设城门九座以便往来。居民过半建街市于水上。纺纱局、织布局、麻布局、缫丝局、机器局等各种工业,助推武昌之发达。武昌为湖北巡抚驻在地,军队训练原用德国方式,今用日本方式。"②1907年7月16日,东亚同文书院第五期学生调查团京汉线班赴武昌所记,涉及城门、市街道路情形。"前往武昌,自鄱阳门进入,走十七八町,到了前辈伊东君的寓所。虽说是清国中部重镇且为张宫保驻在的地方,市街光景而言,只是比较阔达而已。

---

① 佐藤善治郎:「南清紀行」,小島晋治監修:『幕末明治中国見聞録集成』(第十八卷),ゆまに書房1997年,第181—182頁。
② 中野孤山:「支那大陸橫断遊蜀雑俎」,小島晋治監修:『幕末明治中国見聞録集成』(第十七卷),ゆまに書房1997年,第70頁。

城内多空地,道路之险恶也出乎意料,地面也是凹凸高低不平。"①1909年1月,小林爱雄所记武昌,言及学堂、工场、街道、商店等。"这里以前由张之洞任总督,故还依稀可见新潮之痕迹。汉阳铁政局也是其计划之一。武昌这边还有两湖师范学堂、商业学堂等学校,还有两栋作为旅馆的大建筑、劝工场等。此地是有名的麻产地,故欲前往麻工厂一看,不料今日休业。离此前往劝工场。其结构布局全为日本式,甚至昏暗狭窄之通路都与日本之形式相仿。或因下雨,客人实在是少。此处多古董店,摆有大量玉、石、陶瓷等古物,虽挂有价签,但亦可折价。"②胜田主计1909年7月25日至武昌所记,亦涉及街道及近代工业等。"二十五日,在高桥领事向导下,至武昌拜访陈总督,并游览市街。武昌乃湖广总督政厅所在地,远处眺望,觉其为清爽整洁。然进入其内部,方知其不仅如其他地方一样不洁,且有泥沼处处,似乎充满瘴疠之气。沿长江有张之洞所遗留之痕迹,如织布局、纺纱局、官丝局、制麻局等各种工场,现仅有几炷青烟飘起。"③

明治游记中武昌市街的描述涉及武昌城墙和城门,中野孤山言"市街为二重城壁围裹""城门九座",东亚同文书院第五期学生调查团则是自"鄱阳门"进入武昌。游记中所说武昌是指武昌府江夏县城。④ "江夏

---

① 東亜同文学院第五期生:「踏破録」,東亞同文書院編:『東亜同文書院大旅行誌1』,雄松堂出版2006年,第40頁。
② 小林愛雄:「支那印象記」,小島晋治監修:『幕末明治中国見聞録集成』(第六卷),ゆまに書房1997年,第341頁。
③ 勝田主計:「清韓漫遊余瀝」,『明治北方調査探検記集成』(第11卷),ゆまに書房1989年,第384—385頁。
④ 按,"至元十六年(1279年),元世祖忽必烈对地方行政体制进行重大改革,实行行省制。其中湖广行省,以辖区兼及宋代的荆湖南路、荆湖北路和广西南路而得名,治所设于鄂州。元成宗大德五年(1301年),将鄂州改名为武昌路。从此,'武昌'这一名称西移,武昌路(府)固定设在江夏县治(今武昌)。……由于湖广幅员广阔,区内政情复杂,清康熙三年(1664年)将明代设置的湖广布政司分为湖南布政司与湖北布政司,形成两个省级行政区。又各设巡抚管理军事、行政大权,两巡抚之上再设湖广总督,初步奠定了近世湖南、湖北两行省省区的规模。其中,湖北布政司治所仍在武昌。清代的武昌城仍是各级衙门荟萃之地,计有湖广总督、湖北巡抚、湖北布政使司、湖北按察使司、湖北学政、武昌府、江夏县衙门,共四十三个之多。"(吴薇:《近代武昌城市发展与空间形态研究》,博士学位论文,华南理工大学建筑学院,2012年,第40—41页。)

县城实即湖北省城,非知县所得而私有也。……城有九门,南曰望山,北曰武胜,东南曰保安、曰中和,东曰宾阳、曰忠孝,西曰文昌、曰平湖、曰汉阳。东南通陆路,西北则临江也。倚山为城,带江为池,形势之险非不高深。……今东郭增修二关,曰东湖门、西湖门,是又以湖为池矣。"①东亚同文书院学生调查团所记"鄱阳门"并不在武昌城九门之中,也不在"增修二关"之列,因 1907 年 7 月 16 日该调查团当日先游汉阳后至武昌,自汉阳至武昌应是城西,故疑为"汉阳门"之误。另外明治游记中还有关于武昌城墙被利用成"广告墙"的记录。佐藤善治郎在 1910 年 8 月 14 日,雇民船渡江至武昌留有记述。"在武昌上岸,正面城墙上的本邦广告让人大吃一惊。城墙高约五六间,已成本邦广告墙。'太阳皮酒(朝日啤酒)''浅田饴仁丹''金刚石牙粉(钻石牙膏)'等很多广告。日本人虽然资本不多,但却善于商业经营,有其善于利用广告手段等原因吧。清国人及诸外国人绝不会在此处做广告,而只有日本人这样做,实在有趣。"②明治武汉游记中还多见武昌近代工业、工场等记录,而相关建筑也多为新建。1909 年胜田主计记述武昌有四大西洋式建筑。"武昌之西洋式大建筑有四,区分其为甲乙丙丁。乙、丙近江,而甲、丁在市街后方。乙似成商品陈列馆,丁有川汉铁路事务所,甲有粤汉铁路事务所。"③武昌城内的道路,明治游记中多有"险恶""凹凸高低不平""不洁"的记录。1909 年的栃木县实业家中朝观光团对道路之狭窄、杂沓也有记录。"雇腕车前往商品陈列所。入城内,道路宽九尺许,以石铺之。路窄其行人络绎,甚为杂沓,故腕车往来甚为困难。所幸支那车夫驾车颇熟练,方得以顺利

---

① (清)王庭桢修、彭崧毓纂:《江夏县志(一)》,成文出版社,1975 年。
② 佐藤善治郎:「南清紀行」,小島晋治監修:『幕末明治中国見聞録集成』(第十八卷),ゆまに書房 1997 年,第 191—192 頁。
③ 勝田主計:「清韓漫遊余瀝」,『明治北方調査探検記集成』(第 11 卷),ゆまに書房 1989 年,第 386 頁。

过去,实为大幸。"①

(二) 学堂

张之洞任湖广总督期间在武昌先后于 1893 年创建自强学堂、1896 年创建武备学堂、1902 年创建两湖师范学堂等,使得武昌成为清末中国教育重镇。1904 年署湖广总督的端方曾向朝廷奏称:"近日中外教育家,往往因过鄂看视学堂,半皆许为完备,比较别省所立,未有逾于此者。此湖北省筹建学堂,次第开学之实在情形也。"②奏折对湖北学堂给出很高评价,并言及"中外教育家"不时参观学堂的实况。

明治武汉游记中即有多处参观武昌学堂的记述。1899 年 3 月 9 日西本愿寺僧众团至武昌参观学堂。"下午二时到武昌。游览声名远播之张之洞之武备学堂及自强学堂等。武备学堂现有生徒一百五十余名,为兵学专科学堂,雇德国教师两名,另外有吾邦人大原等数名,负责翻译编辑等工作。"③游记还有在 3 月 12 日上午与自强学堂日语专业学生对话的记述。1899 年 11 月 12 日,内藤湖南至武昌参观学堂。"自市街之间抵自强学堂。学堂乃总督张之洞所建,规模颇宏伟。闻课程之大体状况后,辞去。又至农务学堂。学堂在黄鹄山脉之蛇山山麓,与演武厅之阔地相邻。学堂总办汪凤瀛氏乃张之洞之得力幕僚。学堂中养蚕部有本邦教师峰村氏等二人。再向南有武备学堂,其中有本邦大原大尉等数人担当翻译官。如此,在住武昌府之邦人大抵为教师,此外有西本愿寺原田了哲氏、三井物产公司二留学生。"④1910 年 8 月 14 日,从事教育的佐藤善治郎至武昌参观两湖师范学堂。"乘车寻访两湖师范学堂。……应

---

① 下野新聞主催栃木県実業家満韓観光団:「満韓観光団誌」,『韓国地理風俗誌叢書』(第 240 巻),景仁文化社 1995 年,第 377 頁。
② (清)朱寿朋编,张静庐等校点:《光绪朝东华录》,中华书局,1958 年,第总 5165 页。
③ 教学参議部編:「清国巡遊誌」,小島晋治監修:『幕末明治中国見聞録集成』(第十四巻),ゆまに書房 1997 年,第 179 頁。
④ 内藤虎次郎:「支那漫遊 燕山楚水」,小島晋治監修:『幕末明治中国見聞録集成』(第四巻),ゆまに書房 1997 年,第 210—211 頁。

有初级、优级(高等)两阶段,但现在无优级学生。学生有四百六十人许。楼门正西书'张之洞',里面挂其大幅照片。……校地中央有周围十町许之池塘,校舍建于其四周,风致甚佳。……有大讲堂,其正面几乎一面皆为大字书写之已故西太后之懿旨①。由此可知清国教育之方针。"②游记对各个学堂的描述涉及了学生人数、学堂内部设置及教职人员状况等,而由游记中对武昌学堂的介绍及"规模颇宏伟""风致甚佳"等评价可以看出端方上奏所言非虚,记述中多提及的张之洞的确也是武汉近代教育的重要开拓者。1902年冬,张之洞曾自作的学堂歌也说明了自己在湖北教育方面所做出的成就。如下:

湖北省,二百堂,武汉学生五千强;派出洋,学外邦,各省官费数湖广;湖北省,采众长,四百余人东西洋。③

当然,清末武昌各类学堂的兴起,并不是清末武汉教育状况的全部。"有一学塾名曰贵章塾,教儿童十五六人。进去参观一下,见微暗室内,空间八坪左右,学生在上二楼之楼梯下。先生名叫谢文山,乃五十许一村夫子,见我到来,甚为欢喜,频频笔谈。我请其允许参观其平时之课堂。见八九岁一组习《论语》,其上年龄者习《诗经》,其下年龄者习《书经》。儿童大者十三岁许。正在学习之内容,《诗经》之《小雅》,《论语》之

---

① 按,所书内容是:"慈禧端佑康颐昭豫庄诚寿恭钦献崇熙皇太后懿旨礼部别。片奏、各省书院。请照旧办理。停罢学堂等语。书院之设。原以讲求实学。并非专尚训诂词章。凡天文舆地兵法算学等经世之务。皆儒生分内之事。学堂亦不外于此。是书院之与学堂。名异实同。本不必定须更改。现在时事艰难。尤应切实讲求。不得谓一切有用之学。非书院所当有事也。将此通谕知之。等因钦此。光绪二十四年九月三十日钦奉。湖广总督张之洞。"(佐藤善治郎:「南清紀行」,小島晋治監修:『幕末明治中国見聞録集成』(第十八卷),ゆまに書房1997年,第194—195頁。)
② 佐藤善治郎:「南清紀行」,小島晋治監修:『幕末明治中国見聞録集成』(第十八卷),ゆまに書房1997年,第194頁。
③ (清)张之洞:《张文襄公全集》(第二册),中国书店,1990年,第856—857页。

《雍也第六》之'犁牛之子骍且角,虽欲勿用,山川其舍诸?'这里是纯粹的旧式教育。"①1910年的佐藤善治郎在《南清纪行》中不仅详细记述了武昌的两湖师范学堂,也还记述了在汉阳的这家名叫"贵章塾"的小学塾,这有利于对清末武汉教育状况的整体了解。

(三)黄鹤楼

黄鹤楼是武昌的标志性景观,历史悠久,闻名遐迩。明治武汉游记中所记武昌名胜众多,但最多述及的还是黄鹤楼。1885年8月11日,黑田清隆在汉阳游览了龟山、晴川阁、伯牙台,翌日游览武昌。"上午十时三十分,乘轿穿汉口市街,至市街中之码头,渡至武昌府。又乘轿,穿府城,至东郭洪山宝通寺。于禅房用午餐,后登后山浮屠。此塔高十一丈五尺(清尺),地基三丈见方,共七级,以砖筑成。登此塔,眺望极为雄阔,武昌、汉阳、汉口三都会皆在目中,长江如衣带自南蜿蜒而来。"②为远眺武汉三镇而选择了洪山宝通寺,而没有选择大名鼎鼎的黄鹤楼。其实因为正好在黑田清隆去武汉一年前,黄鹤楼遭遇火灾而化为灰烬,所以黑田不能得而观之,而其在游记中对黄鹤楼甚至只字未提,似乎有刻意为之的情绪。

黄鹤楼自三国时期孙权屯兵江夏,"因矶为楼"之后,就一直与武昌相伴。孙吴时期为军事哨所、瞭望岗楼,唐宋时期向"观赏楼"转化,成为官商行旅、文人墨客喜爱游览并抒发情怀之处。之后的历史中,黄鹤楼多有损毁、重建或修葺的历史。清代黄鹤楼曾三次遭遇火灾,分别发生在康熙三年(1664年)、咸丰五年(1855年)和光绪十年(1884年)。第二次火灾之后,在同治六年(1867年)重新建成。虽然明治武汉游记作家多游览此地,并做了详细描述,但看到同治时期所建黄鹤楼的只有1876年

---

① 佐藤善治郎:「南清紀行」,小島晋治監修:『幕末明治中国見聞録集成』(第十八卷),ゆまに書房1997年,第185頁。
② 黒田清隆:「漫遊見聞録」(下),『明治シルクロード探検紀行文集成』(第8卷),ゆまに書房1988年,第448頁。

到武汉的竹添进一郎。而其他游记所描述的多为同治黄鹤楼楼址及在原址附近新建的楼亭,并表达对黄鹤楼不存的遗憾。从游记描述来看,就风景而言,游览黄鹄山及黄鹤楼,观赏重点似乎不在山和楼本身,而在于其登高俯瞰江水风光、武昌城貌以及隔江龟山、晴川阁景致等。而除了风景,游记中也描述了围绕黄鹤楼而生活的清末武汉人。游记中黄鹤楼相关描述颇多,虽有重复之言,但考虑亦有因不同时间、不同视角观察到的武汉不同风光、人文,所以,虽有冗赘之感,但依然罗列如下。

1876年8月18日,竹添观览黄鹤楼。"黄鹤山迤西有矶,划江而起。矶上构层楼,所谓黄鹤楼也。……今楼同治中更造,崇三层,八面轩敞,尤宜远瞩。武昌、汉阳皆为秋涨所包裹,如乾达婆城变幻于海上者,碧瓦粉壁,鱼鳞杂遝,商船四集,桅樯林立。南北则广原际天,莽莽苍苍,目尽而止。楼上多丐人,拥客乞钱,麾之不去,匆匆拂衣下楼。"①与"崇三层,八面轩敞"的同治黄鹤楼相比,竹添更加陶醉于俯瞰所见的8月涨水绕城的武汉悠远奇幻风光。"楼上多丐人"则是对清末黄鹤楼周围人群特征的一个展示。山和楼(或楼址)、俯瞰风景和楼周围人群在以后各黄鹤楼游记中多有涉及。1899年11月12日,内藤湖南游览黄鹤楼楼址。"黄鹄山抵江岸处曰黄鹄矶,黄鹤楼址即在此处。西与汉阳大别山夹江相对。江面宽一海里许,浊流滚滚,尽于长天平野相交处。凤凰山与黄鹄山并行与府城之内,明月、俞加诸湖绕于城之东南,远近相连,或与大江相通。形势之雄壮,不负古来巨镇之称者。入汉阳门,拾级而上,乞丐纠缠令人困扰,观楼址至后面茶楼小憩。"②内藤提到在"茶楼小憩",这在其他游记中不多见。另外,内藤还通过照片追述了黄鹤楼前两次被毁的历史。"现今,楼于十五年前毁于一炬,从照片可知其旧观为圆形三层楼

---

① 竹添進一郎:「栈雲峡雨日記」,小島晋治監修:『幕末明治中国見聞録集成』(第十九卷),ゆまに書房1997年,第160—161頁。
② 内藤虎次郎:「支那漫遊　燕山楚水」,小島晋治監修:『幕末明治中国見聞録集成』(第四卷),ゆまに書房1997年,第207—208頁。

215

宇,飞檐高翘,甚有雅趣。然此并非乾隆时之十八丈高楼,盖乾隆时兴筑之楼为发贼乱时焚毁,而后改筑此三层楼亦遭火灾。今未及再建。"①德富苏峰在游记中记述了其1906年7月20日游览黄鹤楼楼址及为此渡江的过程。"乘大阪商船公司之小汽船,赴对岸武昌。途中,机械毁损,船只能任波浪拍打。漫不经心的支那人在长江之中慢悠悠地修理机械。余实不能沉静,但也因此事故得一意料之外之纳凉时光。登黄鹤楼,此楼于武昌乃佳评胜地。若本无多大之期望,则不得失望之理由。其楼正下方,新筑一时钟台,大杀风景。不过,也仅因此时钟台遮了一部分眼界而气愤而已,黄鹤楼之眺望确为大观。此处若无支那人角角落落群联而来,则更为胜景。"②德富的描述中所言"时钟台"在后面游记中以"测候所""时辰器"等名出现,而游记作者均认为其"杀风景"。③ 另外,从其"若无支那人角角落落群联而来"一句来看,当时虽然只有楼址,但到黄鹄山登高观览风景者仍然很多。1907年10月到武汉的宇野哲人登黄鹤楼。"旧址之上,今建有红砖测候所,极其恶俗。其飞檐高楼,形似舞鹤之美观,无处可寻。有登仙路等石碑,然其边路人溺尿,恶臭纷纷,一如他所。然立于旧址之上,眺望极佳。"④宇野言及黄鹤楼址附近的环境之不洁。

1908年10月,股野琢游览"黄鹤楼墟"。"十七日,朝乘小汽船抵武昌黄鹤楼墟。炼瓦筑屋,上置时辰器,杀风景,可厌。更经阶而登新筑一楼,号风度。惜此楼不起彼墟。登临则城中万象皆集眼底。口数称廿五

---

① 内藤虎次郎:「支那漫遊　燕山楚水」,小岛晋治監修:『幕末明治中国見聞録集成』(第四卷),ゆまに書房1997年,第209頁。
② 德富猪一郎:『七十八日遊記』,民友社1906年,第171—172頁。
③ 按,"黄鹤楼建筑被焚毁后,在黄鹤楼建筑原址上,于清朝光绪三十年,即公元1904年,护理湖广总督端方在黄鹤楼建筑故址上修建一座平顶两层洋楼,额悬'纯阳楼'。此楼虽建在黄鹤楼建筑故址上,但由于不土不洋,世人为之侧目。"(李华,《清代黄鹤楼建筑考》,《武汉理工大学学报(社会科学版)》,2004年第3期,第389页。)根据以上论述,可以推知明治武汉游记中所言"时钟台""测候所""时辰器"应该就是1904年所建之楼,但是,从游记中所记之名不一致来看,当时楼上应未挂匾额,所谓"额悬'纯阳楼'"应是后来之事。
④ [日]宇野哲人:《中国文明记》,张学锋译,中华书局,2008年,第167—168页。

万,繁盛可知。隔江望鹦鹉洲,风光颇佳。楼畔一宇,祭吕洞宾。黄鹤楼空瓦阁新,武昌城枕大江滨,坡仙流寓知何处,一宇祠堂祀洞宾。"①股野琢提到一名为"风度"的新楼。1909年1月7日,小林爱雄游览黄鹤楼。"下午,乘三井物产之小汽船,前往武昌。武昌在江对面,听起来前往十分容易,但由于是大江,所以还是费了一些时间。仍然下着小雨,故上岸即可搭乘了轿子,在蓝色的泥泞中,直接奔向'天下第一楼'的黄鹤楼。这里曾因李白所谓'孤帆远影碧空尽,唯见长江天际流'之诗句而声名远播,但因屡遭兵火,现在之楼已是近来才修筑完成的。尽管能看出竭力保持旧观的痕迹,但一看这崭新的朱红色,还是感觉空气中充满了并非古物之山川楼阁的寂寞之情。登楼凭栏而望,可以看见武昌市街上并排之小房屋,房前晾着衣物,让人联想到我国之大阪。"②小林爱雄提到的"现在之楼"即是股野琢所说"风度"楼,他还观察到了武昌市街"房前晾着衣物"的小房屋。1909年6月25日,胜田主计游览黄鹤楼旧迹。"知名之黄鹤楼旧迹亦在此地。楼在临江之黄鹤山上,屡罹火灾。虽有重建,但因数年之祝融之灾,今不能见昔日之情景。唯见基石及少量遗迹。但今日有楼曰风度阁(名不副实),就近观看,无甚价值。然登临眺望之景,甚是美好。楼阁前有炼瓦建筑,毫无风流神韵。远眺依然绝佳,隔长江之晴川阁、鹦鹉洲皆在指点之间。所谓'黄河西楼月,长江万里情。'之风情乃是千真万确。在登黄鹤楼途中,见卖卦者摩肩接踵,实为奇观。既有老人亦有小僧,支那之占卜乃何种做法,为此好奇之心驱使,请一煞有介事之老人看了运势。抽小红纸签两个递给卖卦者,先生打开,上有如符牒样文字。先生将此写于小板上,适用汉字考案之。占卜内容如

---

① 股野琢:「葦杭游記」,小岛晋治监修:『幕末明治中国見聞録集成』(第二十卷),ゆまに書房1997年,第374頁。
② 小林爱雄:「支那印象記」,小岛晋治监修:『幕末明治中国見聞録集成』(第六卷),ゆまに書房1997年,第340—341頁。

下。今财政上不如意,到七月(清历)便可获财。"①胜田认为"风度阁"名不副实,但也赞叹登楼远眺之景的美好,并隔江眺望了晴川阁、鹦鹉洲。另外,还述及黄鹤楼周围"卖卦者"营生的详情。1909年7月15日,东亚同文书院第七期学生调查团北京驻在班游览黄鹤楼旧址。"下午六时,走过黄鹤山下,登临黄鹤楼旧址。当地土人说,声名远播之此楼,数年前颓坏而落入江中,今已不存。等其黄鹤楼背后之风度楼,太阳正渐沉于孤帆远影的空际,斜阳之光浮于水上,野色平衍,风光颇明媚。晚上,乌鸦成群鸣叫,让人惊讶。搭乘小轮船回汉口。'日暮乡关何处是,烟波江上使人愁。'确实深有此感。"②学生调查团也言及风度楼,并自风度楼观赏到了长江落日风光。

1909年10月14日,栃木县实业家中朝观光团登"黄鹤楼"。"登武昌之黄鹤楼。黄鹤楼临千里长江,眺望绝佳。此楼与李太白之佳句'孤帆远影碧空尽,唯见长江天际流'一起,获'天下第一楼'之名。往年罹祝融之灾,今仅存其部分。放眼远望,武昌全市尽收眼底,而汉口、汉阳于烟波飘渺间若隐若现,水天一色,确有沉浸于'白帆碧空'之感受。"③观光团所登之楼理应是前面游记中所提"风度楼",而观光团游记中却直接称之为"黄鹤楼"。1910年8月14日,佐藤善治郎游览黄鹤楼址。"黄鹤楼原为圆形三层、高十八丈之楼,后历长发贼之乱而归于灰土,今不复存。今在其址稍后,有称奥略楼之三层楼。又有很多石碑,如禹王所立石碑等,有拓此碑文而卖者。有数十卖卦者。予与平田氏请其中名望最高之老人,名曰陈熙者算了一卦。"④佐藤没有提及"风度楼",而述及"奥略

---

① 勝田主計:「清韓漫遊余瀝」,『明治北方調査探検記集成』(第11卷),ゆまに書房1989年,第385頁。
② 東亜同文学院第七期生:「一日一信」,東亞同文書院編:『東亜同文書院大旅行誌3』,雄松堂出版2006年,第35頁。
③ 下野新聞主催栃木県実業家満韓観光団:「満韓観光団誌」,『韓国地理風俗誌叢書』(第240卷),景仁文化社1995年,第377頁。
④ 佐藤善治郎:「南清紀行」,小島晋治監修:『幕末明治中国見聞録集成』(第十八卷),ゆまに書房1997年,第192頁。

楼",另外,和胜田主计一样请"卖卦者"算了一卦。佐藤所见"奥略楼"实际与"风度楼"为同一建筑。"奥略楼是湖北学界为纪念张之洞而于1907年所建,原名'风度楼',后由张之洞本人取晋书刘弘'恢宏奥略,镇绥南海'语意改名为'奥略楼'。"①关于这一改名过程,李华在《清代黄鹤楼建筑考》文中也有类似介绍②。而至于栃木县实业家中朝观光团登称"风度楼"(或"奥略楼")为"黄鹤楼",除有意为之这一可能性外,也有误认为该楼就是"黄鹤楼"的可能性③。

  明治武汉游记中,对于黄鹤楼旧址表达遗憾之情,又或对于新建楼亭表达不屑之意,但对登黄鹄山或其上之楼所获绝佳眺望景致,都无一例外地表达了欣喜之情,正如宇野哲人所说"黄鹤山头之大观,实足令人连呼快哉。"宇野通过景物意象与人为现实对照的手法,精彩刻画了其俯瞰所观察到的进入近代的武汉的变化和发展大势,引在此处作明治游记之清末"黄鹤楼"的结尾。"往昔芳草萋萋之鹦鹉洲,今日已成础材之仓库;应是晴川历历汉阳树之处,今日制铁厂之烟囱吐出浓烟;烟波苍茫

---

① 吴薇:《近代武昌城市发展与空间形态研究》,博士学位论文,华南理工大学建筑学院,2012年,第278页。
② 按,"清朝光绪三十三年,即公元1907年,湖广总督张之洞升任体阁大学士,授军机大臣后,其僚属捐款在黄鹤楼建筑故址假侧建成一座规模很小的楼,取名'风度楼'。意在歌颂张之洞有赵相蔺相如之风度。张之洞在北京知道后,虽内心窃喜,但觉不好意思,电告后任总督陈夔龙,说此楼形势关系全鄂,'谓胜地不可以一人专之也'。建议取晋书《刘弘传》之中'……恢弘奥略,镇绥南海'中的'奥略'二字,作为楼名,故改名为'奥略楼'。"(李华:《清代黄鹤楼建筑考》,《武汉理工大学学报(社会科学版)》,2004年第3期,第389页。)
③ 按,据吴薇介绍把奥略楼误以为黄鹤楼的情况多有发生,不足为奇。(详见吴薇:《近代武昌城市发展与空间形态研究》,博士学位论文,华南理工大学建筑学院,2012年,第276—279页。)另外,范勤年在《黄鹤楼沿革与历代形制考》一文中也有论及。"至于'奥略楼',由于仍然是一座三层楼房,虽然平面形状只是矩形,不是清楼用正方形切角而成的十二角形,却在屋檐、攒顶等形式上保留了一些同治年间楼形的特点,并仿悬了一块'南雄高拱'的匾额,挂着'爽气西来,云雾扫开天地憾';大江东去,波涛洗净古今愁'的对联,很容易被误认为是'黄鹤楼'。"(范勤年:《黄鹤楼沿革与历代形制考》,载《建筑历史与理论(第一辑)》,江苏人民出版社,1981年,第151页。)

使人愁之大江,舟楫往来如织。"①

二、汉阳、汉口

(一) 汉阳、汉口市街

与武昌相比,在明治武汉游记中对汉阳、汉口市街的描述比较少,因此,一并整理如下。描述内容虽间或有"热闹""繁忙"等,但主要还是集中在市街的"狭窄""杂沓"和"不洁"等方面。

"汉阳县领于湖北布政司之汉阳府,附府城。"亦有城墙,"北踞凤栖山阳,南邻鹦鹉洲,东滨江,西之北讫凤栖山麓,南抵河泊所。门三,东曰朝宗,西曰凤山,南曰南纪,均有谯楼。"②但汉阳城无论从大小还是级别都无法与隔江对望的武昌城相比,也没有带来明治武汉游记作者更多关注的目光。对汉阳市街的描述,仅有如栃木县实业家中朝观光团1909年10月14日游汉阳时所做的简单描述。"汉阳市街入口之道路狭窄,人群往来,项背相望。"③对于汉口的关注,明治武汉游记重点关注的是其租界部分,但作为同在汉口的华洋两界的比较,游记中对汉口华界市街还是有些描述的。"自租界第一次进入支那市街,发现此处更加热闹,各种交易极为繁忙。"④东亚同文书院第五期学生调查团京汉线班描述汉口华界为"热闹""繁忙"。"市街沿江之西岸,与汉水相连,长凡三里、宽二

---

① [日]宇野哲人:《中国文明记》,张学锋译,中华书局,2008年,第168页。按,1909年6月24日,胜田主计登晴川阁,虽然登临地点不同,但做了和宇野哲人相似述说。"晴川阁与武昌之黄鹤楼相对耸立,'晴川历历汉阳树'即是说的此处吧。汉阳西面有沿长江之所谓鹦鹉洲,今日乃成为将运往长江下游的木材堆积场,其附近满是竹筏。但是,'芳草萋萋鹦鹉洲'的风景仍在。毫无风流韵味的铁厂与此等诗意风景的对照也是颇为有趣的。"(勝田主計:「清韓漫遊余瀝」,『明治北方調査探検記集成』(第11卷),ゆまに書房1989年,第382頁。)
② (清)濮文昶修、张行简纂:《光绪汉阳县识》,载《中国地方志集成 湖北府县志辑⑤》,江苏古籍出版社、上海书店、巴蜀书社,2001年,第374、385页。
③ 下野新聞主催栃木県実業家満韓観光団:「満韓観光団誌」,『韓国地理風俗誌叢書』(第240卷),景仁文化社1995年,第376頁。
④ 東亜同文学院第五期生:「踏破録」,東亞同文書院編:『東亜同文書院大旅行誌1』,雄松堂出版2006年,第30頁。

十五町余,分中街、后街、河街三大街。商家鳞次栉比,往来极为杂沓,然其支那街之不洁与他处无异。方今此地人口称八十万,所谓五方杂处、四民云集,贵贱贫富相杂居,风俗亦不同,间有剽悍无赖之徒成群云。"①西本愿寺僧众团的描述最为详细,并且提到了汉口的民风②。而对于华界市街杂沓、不洁的描述是比较多见的,如在胜田主计、佐藤善治郎的游记中也有出现。"汉口之支那市街枕汉水,而汉口之各国居留地则控长江。支那市街虽很繁华,但可谓支那之特色之道路狭窄污秽者,与别处无异。"③"支那市街一如各地,均狭窄,且极为杂沓。""路幅约一丈内外,房屋多二层建筑。道路不干净,且人马络绎、轿子很多,走在其间感觉有些危险。"④

(二)汉阳铁厂

东亚同文书院第五期学生调查团京汉线班于1907年7月16日从汉口乘船至汉阳。"到(汉口)支那街的码头上租到一艘船,横渡了汉江。踏上汉阳土地时是上午九点。与其说市街不那么宽,倒不如说是意外的窄。可观之物也不多。当然,原本此地也不是因市区广阔而知名,也不是因为可观之物多而出名,只是因为有制铁局的大规模建筑的存在,我们也是因为这个知道汉阳并且来到这里的。"⑤其来到汉阳的主要目的就在于参观汉阳铁厂。

张之洞在湖北兴办众多实业,汉阳铁厂无疑是最重要、最有影响的

---

① 教学参議部編:「清国巡遊誌」,小島晋治監修:『幕末明治中国見聞録集成』(第十四卷),ゆまに書房1997年,第186—187頁。
② 按,对于汉口民风,中野孤山曾有一句描述。"人情轻薄,稍有奢华之风,(78)然人多勤勉、重利、善察商机,极为机敏。"(中野孤山:「支那大陸橫断遊蜀雑俎」,小島晋治監修:『幕末明治中国見聞録集成』(第十七卷),ゆまに書房1997年,第79頁。)
③ 勝田主計:「清韓漫遊余瀝」,『明治北方調査探検記集成』(第11卷),ゆまに書房1989年,第378頁。
④ 佐藤善治郎:「南清紀行」,小島晋治監修:『幕末明治中国見聞録集成』(第十八卷),ゆまに書房1997年,第169、183頁。
⑤ 東亞同文学院第五期生:「踏破録」,東亞同文書院編:『東亞同文書院大旅行誌1』,雄松堂出版2006年,第40頁。

一项。1890年6月3日,张之洞在武昌成立铁政局,颁发"湖北铁政局之关防",委派湖北布政使蔡锡勇总办局务,铁厂于当年开工建设。"全部工程包括填基12丈,约9万方,建炼生铁厂(设日产100吨高炉2座)、贝塞麦钢厂(即转炉炼钢厂,设55吨酸性转炉2座)、马丁钢厂(即平炉炼钢厂,设10吨平炉1座)、造钢轨厂(设800毫米轧机)、造铁货厂、炼熟铁厂等6大厂和机器厂、铸铁厂、打铁厂、造鱼钩钉厂等4小厂。"①工程规模巨大。1893年11月29日,张之洞奏报汉阳铁厂全厂告成,1894年2月15日,汉阳铁厂开炉试炼,并于6月28日举行试产典礼,炼铁炉、熟铁路、炼钢炉和轧钢厂同时开工。后来铁厂生产、经营一度陷入困境,不得已寻求改制。1896年5月23日,盛宣怀受张之洞委托到汉阳铁厂任事,汉阳铁厂遂从官办过渡到官督商办。再到后来,1908年3月,盛宣怀在张之洞、赵尔巽等支持下向清政府奏准设立商办汉冶萍煤铁公司,汉阳铁厂步入新的发展阶段。

1899年3月10日,内藤湖南参观汉阳铁政局,惊讶于其规模之壮大。"山之北面为知名之汉阳铁政局,规模之壮大令人惊讶。厂房相连,布满大别山、汉水之间。"②东亚同文书院第五期学生调查团京汉线班的记述更为详细,更述及兵工厂。"入城门,走了数町,很快便到了制铁局内。其规模之大,设施之完备,生产之旺盛,不愧是知名的制铁厂。在相连建筑一隅是湖北兵工厂,在我国称炮兵工厂,在这里他们称作枪炮局。恰巧有中川工学士在此做技师,所以请他带我们进去看看。曾看过我国炮兵工厂的我们,并未发现这里有任何让人惊讶的东西。"③小林爱雄在1909年参观汉阳铁厂,对铁厂生产的情形做了实记。"一月七日早晨,汉阳铁政局李氏派章君乘小汽船前来迎接。八点半左右,从帆樯林立之港

---

① 向元芬:《张之洞建汉阳铁厂始末》,《湖北档案》,2006年第12期,第40页。
② 内藤虎次郎:「支那漫遊　燕山楚水」,小島晋治監修:『幕末明治中国見聞録集成』(第四卷),ゆまに書房1997年,第212頁。
③ 東亜同文学院第五期生:「踏破録」,東亞同文書院編:『東亞同文書院大旅行誌1』,雄松堂出版2006年,第40頁。

口出发,半小时许抵达汉阳。车站就在岸边,特别列车已停靠等待,乘车而去。在煤堆成山之地下车,便到了铁政局。在巨大声响和奇怪烟味中拾级而上,看到巨大火块儿正在熔入一坪大小的箱子里,看着看着,火块儿变成了火柱,并被传运出数十间的距离。之后又被拉伸、压平、切割,最后变成钢轨。平时一日可制造二百根,据闻有时也能生产一千根。我想这或许是'白发三千丈'之类的夸张言语。这边有二十余德国人负责指挥,而支那人仅作劳工,实在觉得可怜。"①

同年7月8日和10月14日参观汉阳铁厂的东亚同文书院第七期学生调查团汉口厦门班、栃木县实业家中朝观光团,都通过记述表达了对铁厂规模宏大的赞叹。"一英语翻译为我们介绍,参观了角角落落,二十年前能建成如此壮观之工场,想来张宫保是很了不起的。"②"乘船至大别山北之近铁政局处,上陆观览铁政局。铁政局系原总督张之洞创立,顺长江而下有大冶铁矿,以船运至制铁厂以制造铁轨。铁政局建筑及工厂装置非常宏大。"③"入铁厂巡览,各部熔铁造机,其规模宏壮,比之前年颇觉完备。"④

1910年6月7日再次参观铁厂的永井久一郎认为铁厂有了较大发展,而同年8月13日前往参观的佐藤善治郎就详述了其发展的过程和现状。"汉阳铁厂实在宏大,令人惊讶。原为张之洞经营,最初官办,现改为股份组织。……铁厂规模甚大,熔炉数个,职工两千人,夫六千人。铁厂依靠大冶的铁和萍乡的煤,来生产铁轨、大炮及其他大机械,乃为清国之第一大工厂。"⑤

---

① 小林愛雄:「支那印象記」,小島晋治監修:『幕末明治中国見聞録集成』(第六卷),ゆまに書房1997年,第335—336頁。
② 東亜同文学院第七期生:「一日一信」,東亞同文書院編:『東亜同文書院大旅行誌3』,雄松堂出版 2006年,第316頁。
③ 下野新聞主催栃木県実業家満韓観光団:「満韓観光団誌」,『韓国地理風俗誌叢書』(第240卷),景仁文化社1995年,第376頁。
④ 永井久一郎:「観光私記」,小島晋治監修:『幕末明治中国見聞録集成』(第十九卷),ゆまに書房1997年,第396頁。
⑤ 佐藤善治郎:「南清紀行」,小島晋治監修:『幕末明治中国見聞録集成』(第十八卷),ゆまに書房1997年,第184頁。

日本第一家近代钢铁企业八幡制铁所1901年开炉炼铁，要晚于汉阳铁厂。"第一次大战前，在亚洲现代化炼铁炼钢一体化高炉铁厂的建设中，中国1891年计划、1894年首次点火的汉阳铁厂第一家，比八幡要早数年。"①在明治武汉游记之中，汉阳铁厂成为重要的参观地点，而游记作者无一不对其规模宏大表达了赞叹之情，这与当时在东亚中国钢铁工业发展先进于日本的客观事实密切相关。

（三）汉阳名胜

汉阳名胜众多，其中又以大别山、晴川阁、月湖、伯牙台、禹王庙为代表，在明治游记中多有述及。虽然有繁有简，但这几个名胜因相隔距离较近，多是被一同述及的。其中，大别山和伯牙台的称呼在不同游记中有所不同。月湖及登大别山、晴川阁所俯瞰的风景在夏季涨水时与其他季节相异②，故把明治游记中汉阳名胜记述区分梳理如下。

先看夏季时的汉阳风景。1876年8月18日，竹添进一郎游汉阳，概述了汉阳重要的名胜。"更上北岸晴川阁。阁踞大别麓，亦在长江之滨，盖取于'晴川历历'之句为名。崇不及黄鹤，遐瞩亦不能相若也。山上有禹庙，山后有月湖，湖中有小洲为伯牙琴台遗址。"③黑田清隆于1885年

---

① 清水憲一：「官営八幡製鐵所の創立——後発工業化を実現した銑鋼一貫製鉄所の確立」，『九州国際大学経営経済論集』（第17巻第1号），2010年10月，第32頁。
② 按，在明治游记中对武汉夏季涨水情形及带来的问题多有述及。如胜田主计1909年所记，"长江泛滥时，汉口大部分会浸水。张之洞毁绕市街背后之城墙，将其改建为壮观道路且兼有提防之用，因此稍减水害。但由于水害，汉口也成颇不健康之地，如疟疾等频发，据称日本人也曾有患过此病者。毋庸赘言，这取决于卫生状况。"（勝田主計：「清韓漫遊余瀝」，『明治北方調査探検記集成』（第11巻），ゆまに書房1989年，第382頁。）又如东亚同文书院第七期学生调查团所记，"来到汉水岸边，雇船前去汉阳。汉水与长江汇流之处，宽约三四十间。由于近来涨水，民船多避难他处，所谓两万艘船至帆樯林立之壮观，不能如愿得见。"（東亜同文学院第七期生：「一日一信」，東亜同文書院編：『東亜同文書院大旅行誌3』，雄松堂出版2006年，第34頁。）再如1910年佐藤善治郎所记，"予至汉口市，乃长江水位最高时，比街路低约一丈许。据闻有些年岁，可以浸过街路。"（佐藤善治郎：「南清紀行」，小島晋治監修：『幕末明治中国見聞録集成』（第十八巻），ゆまに書房1997年，第175頁。）
③ 竹添進一郎：「桟雲峡雨日記」，小島晋治監修：『幕末明治中国見聞録集成』（第十九巻），ゆまに書房1997年，第161頁。

8月11日出游汉阳。"上午十时,出寓所,雇船溯江而上,至汉阳晴川阁。此阁前临大江,东带汉水,眺望甚佳。下阁,西行数町,登大别山,四望旷达,汉阳、汉口皆在眼下。今夏大水,汉水旁溢,汉口市街后面及西北一带,皆为水漫。汉口殆成一岛屿。山上有禹王庙,小憩饮茶。回船上,更溯汉江至月湖。此湖在大别山之西,素不能从汉江乘船至,而今大水以后,合而为一。故今日航路系平日之街道云。湖上有梅子山。山上游外国传教士所建洋房。稍西有伯牙台,又称琴台云。相传为伯牙碎琴处。在此吃午饭。凭栏而息,清风拂衣,顿忘暑热。"①黑田记述详细,且言及了"汉口殆成一岛屿"武汉夏季漫水的情形,另外还提到在禹王庙饮茶、在伯牙台吃饭的经历。1906年7月19日,"记者自汉口,乘大阪商船公司之小汽船,过晴川阁下。登汉阳大别山,参拜禹王庙。自山上可全景观察黄鹤楼、鹦鹉洲及其他长江、汉水流域之山川、田垄、沼泽、市街,并可详知其形势。而行于大别山山岭,可眺望制铁局、兵器制造局、弹药制造局等。更下山,赴古琴台,饮绿茶一碗,稍思伯牙之古。意外见某风雅支那人,怀揣古琴,方欲离去。余欲取此为照片之材料。经讨价还价及各种交涉,最终该先生同意蹲踞古琴台铺石之上作抚琴姿态,余立刻按下快门。泛舟月湖,划开荷叶莲花之簇围,行至尽头,可见支那市街。"②德富所记古琴台遇见"怀揣古琴"的风雅之人的片段让人印象深刻。另外他还记下来了月湖满湖的荷花。

1907年7月13日,东亚同文书院第五期学生调查团游大别山,做一句话记录。"登大别山,可以把汉阳市街一眼望穿,虽然说是山,也不过就是个名字而已,不过对于观光来说,的确是十分方便的。"③1909年,东亚同文书院第五期学生调查团的西鄂巴蜀班于7月7日、北京驻在班于

---

① 黒田清隆:「漫遊見聞録」(下),『明治シルクロード探検紀行文集成』(第8卷),ゆまに書房1988年,第444、447頁。按,第445頁为"湖北省黄州府"图,第446頁为空白页。
② 德富猪一郎:『七十八日遊記』,民友社1906年,第169—171頁。
③ 東亜同文学院第五期生:「踏破録」,東亞同文書院編:『東亞同文書院大旅行誌1』,雄松堂出版2006年,第40頁。

7月15日先后到游汉阳。"天空半阴半晴,时不时还落下些温吞吞的雨滴。前去汉阳观光。由于连日阴雨,道路如泥沼。登月湖之伯牙台。湖山翠波之上有白鸥飞翔,凭栏眺望,感觉身已在千年往昔。一湖风碧柳成荫,双双鹭莺映水深。想得当年高隐士,荷花台上月前琴。"①"在晴川阁下弃船上岸。晴川阁在大别山终端,数丈高楼临江而立,隔长江与武昌黄鹤楼呼应。叫一碗苦茗足可以洗去满身尘俗。凭栏俯瞰,武汉山川相连,郁郁苍苍,真一壮观。登大别山,上有禹王庙,攀数百石阶方可到达。山上无树木,仅细草铺地。山下有汉阳铁路局,武汉三都城亦可收于眼底。西迫巫峡之雨,东压海门之潮,实为他处不可得之大观也。"②1910年8月13日,佐藤善治郎寻访古琴台。"寻访月湖半岛之上之古琴台,此处因为伯牙弹琴处而知名。……依丘陵有一百间见方之城郭式构造,其中多壮观建筑。弹琴处临月湖,上设一亭。在此喝茶后拓壁上所刻诗句而还。"③翌日,佐藤又登大别山,并参拜禹王庙。大别山"乃高百米许之丘陵,因突兀于大平原中,故成绝佳眺望之地。……此处有禹王庙。站于庙前,前为洋洋之长江,大小舟船,往来交织。对岸武昌城后湖沼众多,远山笼罩于霞雾之中。左方脚下乃汉阳铁厂,数根大烟囱频频吐出黑烟。汉水穿过市街,汉口之大市街皆收于眼底。京汉铁路及汉水皆由近及远,消失于万里平野。白云悠悠之北方乃为北京方向,而山岭重叠之西方乃巴蜀所在,瞩望南方,最为浩渺,天、地、水面三者仿佛一体,而又摇曳一丝青翠。"佐藤生动描述了自大别山俯瞰武汉的情景,之后又登晴川阁。"此处古为集会之处,今则有道士居住。建筑壮观,枕长江而与武昌黄鹤楼相遥望。阁上多挂如'一轮明月锁晴川'之类匾额。

---

① 東亜同文学院第七期生:「一日一信」,東亞同文書院編:『東亜同文書院大旅行誌3』,雄松堂出版2006年,第226頁。
② 東亜同文学院第七期生:「一日一信」,東亞同文書院編:『東亜同文書院大旅行誌3』,雄松堂出版2006年,第34—35頁。
③ 佐藤善治郎:「南清紀行」,小島晋治監修:『幕末明治中国見聞録集成』(第十八巻),ゆまに書房1997年,第187—188頁。

在此处饮茶小憩。"①

东亚同文书院第七期学生调查团在夏季游大别山从山上俯瞰,绕武汉三镇江水荡漾,景色更加壮观,而古琴台与月湖荷花相映,更具诗情画意。"一湖风碧柳成荫,双双鹭莺映水深。想得当年高隐士,荷花台上月前琴。"②另外,明治武汉游记有关观光时喝茶休息的记述非常多见。黑田清隆在禹王庙"小憩饮茶"、在伯牙台"吃饭",德富苏峰在古琴台"饮绿茶一碗",东亚同文书院学生在晴川阁"叫一碗苦茗",佐藤善治郎在古琴台、晴川阁"饮茶小憩",这些说明汉阳这一名胜众多之地也伴有众多饮食之处。自明治游记中还可以找到更为有力的证明。1910 年 6 月,汉阳铁厂为日本政府派遣参加南洋劝业会的赴清实业观光团举行的欢迎宴,便是在古琴台举行的。"乘船到对岸汉阳铁厂码头,厂员备轿而待。乘轿到月湖,特舣小舟以便渡湖。团员分乘,赴伯牙古琴台。铁厂总办李维格、章达、王勋等已到,导而入席开宴。"③

再看其他季节时的汉阳景观。1899 年 3 月 9 日,西本愿寺僧众团在游览武昌后,"归途到汉阳,游览晴川阁等胜地。"3 月 12 日,在拜访汉阳归元寺④后,"登有名之伯牙台。此台本系近代修筑,本不足为观,然远眺

---

① 佐藤善治郎:「南清紀行」,小岛晋治监修:『幕末明治中国見聞録集成』(第十八卷),ゆまに書房 1997 年,第 189—190 頁。
② 東亞同文學院第七期生:「一日一信」,東亞同文書院編:『東亞同文書院大旅行誌 3』,雄松堂出版 2006 年,第 226 頁。
③ 永井久一郎:「観光私記」,小岛晋治监修:『幕末明治中国見聞録集成』(第十九卷),ゆまに書房 1997 年,第 394 頁。
④ 按,汉阳归元寺在明治武汉游记汉阳观光中,除了西本愿寺纪行《清国巡游志》(第 182—183 页)有详细介绍外,栃木县实业家满韩观光团和佐藤善治郎也分别在 1909 年 10 月 14 日 1910 年 8 月 13 日参拜了归元寺。"归元寺乃禅宗曹洞派寺院。……隐然已成湖北佛教之中心。"(佐藤善治郎:「南清紀行」,小岛晋治监修:『幕末明治中国見聞録集成』(第十八卷),ゆまに書房 1997 年,第 164 頁。)"(古琴台)小憩,更返船上,前往汉阳,参拜归元寺。"(下野新聞主催栃木県実業家満韓観光団:「満韓観光団誌」,『韓国地理風俗誌叢書』(第 240 卷),景仁文化社 1995 年,第 375 頁。)

栏前之月湖与帘外之鲁山,其景颇佳。"①1899 年 11 月 13 日,内藤湖南与宗方小太郎等人游览汉阳大别山等名胜"先乘小舟,沿江岸而上,弃舟于晴川阁下。阁下岩石攒立、极为瑰奇,此称烟波石。……阁为明时知府范之箴所建。阁立于大别山江岸尽头,景致颇为壮丽。给守卫一些钱,得以登临。从此阁沿山路登大别山,《水经注》所谓鲁山,又名翼际山,俗称龟山。……山之尽头即为月湖。荷叶已残,仅剩荷茎,水亦枯竭,小舟划开泥沼而行。湖中有伯牙台。伯牙弹琴而钟子期能欣赏之地,是否果为此处,不得而知。然其境清幽,不闻峨峨洋洋之音。供小憩之室内,挂古琴拓本数幅,又添几分高雅之意。"②1908 年 10 月 17 日到游的股野琢只做一句记述,"更登晴川楼。楼后大龟山,有禹王庙,一拜而还"③。

1909 年 1 月 7 日,小林爱雄游览汉阳名胜。小林一日尽游汉阳名胜,路径明晰,描述详尽,其中既有对景致的刻画,也有对景物四周所见汉阳社情的关注。如下:

大别山,一称翼际山,绵延临汉水。山顶有潇洒之寺院,乃禹王庙。自此山眺望,武昌市街似乎近在咫尺,黄鹤楼在武昌最前端,与大别山上晴川阁相望,而沙湖等湖泊则远在武昌市街身后。河面窄而水深的汉江、隔汉江相望的汉口、汉阳的古城墙、还有远处"晴川历历汉阳树,芳草萋萋鹦鹉洲"的旷野,一眼望去,尽收眼底,可谓大观。禹王庙一侧山麓是整片墓地,坟墓由二三尺土堆成。据闻去年武昌城内爆发霍乱,甚至一日就有三百多病死者。自大别山山阴而

---

① 教学参议部编:「清国巡遊誌」,小島晋治監修:『幕末明治中国見聞録集成』(第十四卷),ゆまに書房 1997 年,第 179、183 頁。
② 内藤虎次郎:「支那漫遊 燕山楚水」,小島晋治監修:『幕末明治中国見聞録集成』(第四卷),ゆまに書房 1997 年,第 211—213 頁。
③ 股野琢:「葦杭游記」,小島晋治監修:『幕末明治中国見聞録集成』(第二十卷),ゆまに書房 1997 年,第 374 頁。

下,行一小时许,至古琴台,传为伯牙弹琴之处。虽非古时建筑遗存,但在月湖之滨水楼旁侧,也是个有情趣的去处。穿过水楼长廊,即可到达古琴台。此处正面铺石。在此饮茶后,乘上月湖渡船。船头一人两橹,划水而行,节奏明晰而颇具风情。据闻夏时月湖会是整片荷塘。湖畔,房屋相连,皆有细圆木支撑,而孩童戏于无栏之走廊边缘,恐有坠落之虞。再观之,顿觉此等房屋亦有倒塌之势。自湖畔房屋丢弃出来的东西,漂浮在湖面,浑然不动,这沉滞的国度自此也可见一斑。①

1909年10月14日,栃木县实业家中朝观光团到游汉阳。"上午九时,雇佣翻译一人,从旅馆乘腕车出发。穿过支那市街,至汉水,一观汉水之舟船辐辏之状况。乘渡船过汉水,再赁船以泛至月湖。途中过一旧迹,称古琴台,此地可观月湖。有一小丘,眺望最佳,有有名之古琴台匾额,乃汉阳盛时之游览地。……晴川阁在稍高处,临扬子江。在阁上,可边饮支那茶,边赏壮观景致。放眼望去,扬子江之漾漾荡荡东流而去,汉口、武昌之风景悉可指点。观汉水河口处之商船,帆樯林立,可察其商业之隆盛。"②

非夏季时登大别山,其眺望之景仍大受称赞。但如内藤湖南"荷叶已残,仅剩荷茎,水亦枯竭,小舟划开泥沼而行"记述中的遗憾之意,又如小林爱雄"据闻夏时月湖会是整片荷塘"记述中的向往之情,则显得其他季节的月湖一带风情没有夏季那么饱满。

---

① 小林愛雄:「支那印象記」,小島晋治監修:『幕末明治中国見聞録集成』(第六卷),ゆまに書房1997年,第337—338頁。
② 下野新聞主催栃木県実業家満韓観光団:「満韓観光団誌」,『韓国地理風俗誌叢書』(第240卷),景仁文化社1995年,第375—376頁。

第四节　生活在清末武汉的人们

在明治武汉游记中有大量对于生活在武汉的人们的描述，人物之中既有如张之洞、李维格等高官，也有苦力、乞丐等社会底层民众的身影。对于武汉整体的人情风俗及民风，明治游记中也有提及。除了前文已经涉及的1899年到汉口的西本愿寺僧众团及1906年到汉口的中野孤山的著作之外，更早在1895年到汉口的高柳丰三郎做了最为详细的论述。

> 汉口所谓五方杂处、四民群居之状，位于九省通衢，尤贵贱贫富相交相接成此地之互市市场。土著之人仅为十分之一，其他皆为寓居之商贾。虽称土著之人，假令问其原籍何处，亦多为属他省。故此，风俗习惯各自多少存在差异。细节之处虽终究不胜枚举，但民俗大体勤勉，敏于商机，且此地稍稍位于内部之故，不似上海及其他接触外洋之开港场那般人情极端浅薄。然与内地都府相比，此地五方杂处之结果又难免狡猾奢侈之弊。另外，亦有稍显剽悍之风。盖湖北之住民于全国之中以富勇武气概而著名。并且有所谓好勇尚武属性之武昌在其正对面，加之强悍之风，称之为死而无悔。汉阳亦在指顾之间，此地亦备受其风习之熏染。其结果，汉阳对文学之类最为冷淡，读书讲学之士悉去而集于武昌云。①

高柳笔下汉口、武昌及汉阳的民风虽有些许区别，但主要还是体现在勤勉、剽悍、好勇尚武、敏于商机又狡猾奢侈等几个方面。如此结论式的概括也体现在各个游记对具体人物的描述上。

---

① 高柳豊三郎编：『清国新開港場商業視察報告書附回航実記』，名古屋商業会議所1896年，第151頁。

一、清朝官员——张之洞及其他

张之洞是清末影响武汉、湖北乃至整个中国的重要人物,在明治武汉游记中其名字出现的频率也最高。1899年内藤湖南的《支那漫游燕山楚水》和1906年德富苏峰的《七十八日游记》中有专门对张之洞的评述,但其内容一正一反、差异颇大。

1899年11月9日至14日,内藤湖南逗留武汉,后顺长江而下游南京,并于11月21日回到上海。内藤对张之洞的评述是通过其在上海的最后一次笔谈呈现的。笔谈的对方是张元济。由于是对谈的形式,当然也就包括了张元济对张之洞的看法。

> 予:……弟于武昌窃查张尚书之事业,其事固伟,然皆属"其人亡,则其政息"之类,无后人继而成之之物。此虽限于时势,然张尚书之为人,或亦过于好大喜功,为创业之材,而非守成之器也。
>
> 张:其人好名而又不受善言,其事业无成就之处自是当然,先生所言"其人亡,则其政息"乃为确论。亦曾读其《劝学篇》乎?
>
> 予:《劝学篇》文字老成,然其议论于泰西事情一知半解,贻笑于有识者。何君启《书后》攻之,虽过刻薄,然有其切当之处,即张尚书亦难措辩者。且何君泰西学术深邃精博,盖非张尚书之流也。①

内藤湖南与张元济二人评张之洞可能会"其人亡,则其政息",因其"好大喜功"且"不受善言"。1906年,德富苏峰自7月19日至21日逗留武汉,在其游记中有《张总督人物评》,其开篇有言,"张总督人物评,今日为之实乃'大早计'。但其行事之绵密、好学且未为支那官吏通有之贿赂

---

① 内藤虎次郎:「支那漫遊 燕山楚水」,小島晋治監修:『幕末明治中国見聞録集成』(第四卷),ゆまに書房1997年,第183—184頁。

病症所传染,加之其接纳新事物之创业精神之炽盛等事,应无人能否定之"①。

关于盛宣怀,冈崎高厚记录了与其在1900年3月31日见面时的印象。"视察制铁局,与盛宣怀氏面谈。氏乍看如温厚之君子,然觉其为十分狡猾黠慧之人物。总之,除佩服其经营文明之大事业之本领别无其他。"②李维格在1896年盛宣怀接办汉阳铁厂后受聘为翻译,1905年被任命为汉阳铁厂总办,1908年至1911年任汉冶萍公司协理兼汉阳铁厂总办。1910年8月13日,佐藤善治郎前往汉阳铁厂参观,或因参观前投寄了日本住汉口代理总领事的介绍信,受到李维格亲自接待。佐藤在其游记中留下了对李维格的描述。"李总办是支那一流的实业家,也是汉口第一人物,且有敕任资格。予等在其事务所会面。李总办四十多岁,一温厚大度之君子。其亲自为予向导,并详细说明了铁厂情况。"③

二、社会底层民众

在幕末明治游记中,从上海到南京、再到武汉,都有很多对中国底层民众的记述,无论是报以同情,还是蔑视,都在客观上呈现了清末这一人群在武汉的生存状态。

1908年,小林爱雄观察并记述下行走在雨中汉阳市街的民众的形象。"穿过一条浸水小路,去往大别山。……多见卖水者。他们把劈开的粗竹子,劈口朝上用作挑水工具。……今天仍下着小雨,所以人们头戴斗笠(筪箩糊上油纸做成)、身披蓑衣(多片棕榈树叶串联而成)。有赤脚者,有穿草鞋者,亦有穿皮鞋者,风俗各异。但总体看来,有重实际轻

---

① 德富猪一郎:『七十八日遊記』,民友社1906年,第174頁。
② 岡崎高厚:『南清漫遊雜記』,岡崎高厚発行1900年,第63頁。
③ 佐藤善治郎:"南清紀行",小島晋治監修:『幕末明治中国見聞録集成』(第十八巻),ゆまに書房1997年,第184頁。

外观的倾向。"①1910年的佐藤善治郎也记录下他在武汉对不同人群的观察。一是汉阳城外"贫民窟"中的人群。"散见宽一坪、高三尺左右之半圆筒形小屋。窥之,见人蠢然而蚁集,或为贫民窟。"②他还记录下走在汉口租界沿岸大道上的挑夫的形象。"支那人挑着行李一起走着。看起来有些愚钝,几次弄掉行李。掌柜声言要踹他,这让人觉得不快。"③还有生活在汉水岸边船上的人群。"沿河岸前行,发现这里船上的生活实在有趣。大家不走道路,而是靠梯子连接船与岸边。因为都是废船,所以船绝不会再开动。户数百余。有卖柴的,有卖竹篓的。把木柴挂在桅杆头上的就是卖柴的,挂竹篓的自然就是卖竹篓的。把商品当成看板,乃是没文化社会的主意。据说这样的船上社会,甚至连艺人都有。"④

在游记中关注最多的还是乞讨者和苦力。

"乘轿走过繁华街道,来到江口。江边多乞丐跪而乞怜。若扔几个铜板,则在一旁观看之乡下孩童、老太皆纷纷跑来,捡到便欢呼雀跃。他们去掉了一切粉饰,当然也有其不得已而为之的缘故吧。不过,见此自然人,再想到虚礼虚饰之世道,顿觉不能不喜爱他们。"⑤这是小林爱雄记述的1909年1月7日在武昌长江岸边所见的乞讨者情形。"乞丐之多令人吃惊。"⑥记述者是栃木县实业家中朝观光团,上面是1909年10月14日其在参拜汉阳归元寺的回船途中所见情形。"听见一号啕大哭之

---

① 小林愛雄:「支那印象記」,小島晋治監修:『幕末明治中国見聞録集成』(第六卷),ゆまに書房1997年,第336頁。
② 佐藤善治郎:「南清紀行」,小島晋治監修:『幕末明治中国見聞録集成』(第十八卷),ゆまに書房1997年,第188頁。
③ 佐藤善治郎:「南清紀行」,小島晋治監修:『幕末明治中国見聞録集成』(第十八卷),ゆまに書房1997年,第178頁。
④ 佐藤善治郎:「南清紀行」,小島晋治監修:『幕末明治中国見聞録集成』(第十八卷),ゆまに書房1997年,第184頁。
⑤ 小林愛雄:「支那印象記」,小島晋治監修:『幕末明治中国見聞録集成』(第六卷),ゆまに書房1997年,第342頁。
⑥ 下野新聞主催栃木県実業家満韓観光団:「満韓観光団誌」,『韓国地理風俗誌叢書』(第240卷),景仁文化社1995年,第375—376頁。

声,近前一看是一年轻乞丐,坐在石头上,像捣米一样把头磕在石头上。这磕头之声可传一町远,而哭声更是可以传出三四町去。普通人若如此磕头,半小时恐怕也就死了吧。这个人到底是怎么做到的?我绕到其身后看了一下。其头上缠着黑布。听说如果在白天乞讨会在头上涂上牛血等。"①这是佐藤善治郎所记 1910 年 8 月 12 日在汉口见到的乞讨者情形。

对于苦力的情形,明治武汉游记中有多处记述。1906 年,中野孤山在汉口港所见。"虽说半夜已过,但自从乘船开始,一直到出帆为止,搬运行李的苦力和行商之人就一直进出不停。"② 1909 年,游览晴川阁的东亚同文书院学生所见。"只是阁下居住很多苦力等,任由其荒废衰颓,令人遗憾。"③ 1910 年,佐藤善治郎在汉口华界所见。"在一片木料堆上,有一些人在动,近前一看,全是劳动者(苦力)。据说无家、无妻、无子而在汉口生活者数以万计,这让人很是吃惊。"④

官员、苦力、乞丐等并不是生活在清末武汉人们的整体,却是明治游记作者最为关注的人群。透过对游记中这些人群的个体或整体的描述,可以在一定程度上解明他们在清末武汉的生存状态。

明治游记对于清末武汉的描述多以汉口为主体而兼及武昌、汉阳。整体形象而言,汉口为贸易港口和租界所在地,有望成为"东洋第一"的大市场;武昌为政治与军事要地,有近代工业和新式教育发展迅速;汉阳有汉阳铁厂,代表着清末中国的重工业水平。明治游记对武汉的形象描

---

① 佐藤善治郎:「南清紀行」,小島晋治监修:『幕末明治中国見聞録集成』(第十八卷),ゆまに書房 1997 年,第 180 頁。
② 中野孤山:『支那大陸横断遊蜀雜俎』,三協印刷株式会社 1913 年,第 47 頁。
③ 東亞同文学院第七期生:「一日一信」,東亞同文書院編:『東亞同文書院大旅行誌 3』,雄松堂出版 2006 年,第 34 頁。
④ 佐藤善治郎:「南清紀行」,小島晋治监修:『幕末明治中国見聞録集成』(第十八卷),ゆまに書房 1997 年,第 180 頁。

述基本以商贸和工业为视角,同时也认识到其在军事上的重要性,而对人文则较少提及。武汉的汉口是长江中下游三重镇中唯一日本设立专属居留地的城市,因此,汉口租界及日本居留民的描写在明治日本人游记中十分多见。在甲午中日战争之后,沙市和重庆开埠通商,而汉口是必经之地,日本在汉口的租界建设得到进一步加强。在日俄战争之后,日本对汉口的资本侵入和人员派出才真正大规模开始。武汉集租界、港口和近代工业、军事、教育等各要素于一身,成为明治日本人眼中掠夺中国中部权益的重要枢纽,也是明治日本人眼中走向近代化的中国中部城市的典型形象。

下篇
观念与评价

中篇通过对幕末明治中国游记的解读,呈现了清末长江中下游三重镇上海、南京和武汉的形象。呈现内容既有概述亦有分论,既有传统风俗又有近代风物,既有华洋对照亦有官民写照,既有市街民情亦有古迹名胜,既为了解清末中国形象提供资料,也为了解日本对清末中国的认识提供了依据。下篇以幕末明治中国游记文本为依托,析论幕末明治时期日本人的中国观。在中篇中,主要对幕末明治游记中的清末上海、南京、武汉形象,主要是对具体的人、事、物、城市形象等做了白描式的呈现。而在游记中还包含着作者对清末中国、中国人较为整体的概述性思考和认识,下篇将对此进行重点考察。这一时期日本人的中国观在历史时空中与诸多事项交互关联,并不是孤立存在的事项。其中最为重要的当是日本"华夷观(华夷秩序)"的存在、演变,而这一演变的过程,又关联着西力东渐背景下日本世界视角的获得,并与日本的"亚洲观(以欧洲为中心的世界秩序下的亚洲认识)"、"西洋观(以日本为视角、又或者以亚洲为视角的西洋认识)"的产生和演变密切相关。

第六章 "华夷观"的日本视角

"华夷观"起于先秦而在宋明时代得到强化,催生出经久的华夷秩序（有观点认为华夷秩序的完成是在明永乐帝时）①。华夷秩序是在中原王朝的影响范围内,主要依据"血缘关系的有无、地政关系的远近、文明程度的高下、武备能力的强弱、经济实力的大小和道德水准的优劣等"②排列设定的。这一秩序为中国及周边各国在传统上共有或者从属,而其最基本的认识就是以中国为"华"而以周边民族为"夷"。但是,在1644年,汉民族统治政权明朝为满族政权清朝所取代,这对中国周边诸国的"华夷观"及其对传统的"华夷秩序"的认识造成了极大的冲击,成为当时东亚秩序变动的重要原因之一。江户儒学家林春胜、林信笃父子编集有《华夷变态》一书,其上册首页便写有,"崇祯登天,弘光陷虏。唐鲁才保南隅,而鞑虏横行中原。是华变于夷之态也。"③明崇祯帝"登天",而满族

---

① 按,"在永乐时代的东亚,实现了以明为中心的政治经济一体化,创造出了一个卓越而有机的体系。那时,中华和夷狄的关系被秩序化,通过朝贡贸易而实现的利润产出来寻求华夷秩序的维持。毫无疑问,那是在中华压倒性的政治力和经济力的基础上,构想出来的独尊中华的具有统制性且具开放性的世界。在永乐时代的东亚发挥作用的这一体系,应该可以称作中华'世界体制'。"（檀上宽:『永樂帝：華夷秩序の完成』,講談社2012年,第252頁。）
② 韩东育:《关于东亚近世"华夷观"的非对称畸变》,《史学理论研究》,2007年第3期,第11页。
③ 林春勝,林信篤編:『華夷變態』(上冊),東洋文庫1958年,第1頁。

清军"横行中原",可见"华夷变态"之"华"为汉族政权的明朝,而"夷"则指的是清朝。"在朝鲜,基于反清北伐论和对明义理论,形成了自认为朝鲜是中华文明唯一继承者的、被称作'小中华意识'①的华夷观。另外,在日本,形成了使得在中世建立起的'神国'思想进一步发展的、被称作'日本型华夷意识'②的华夷观。"③

第一节 "皇国"为"华"与东洋为"华"之间

日本的华夷观在明清鼎革之前,和朝鲜一样以中国为"华"、周边诸国(包括日本自身)为"夷",当然未必共有这一观念,但事实上从属于这一观念。但是,清朝取代明朝也改变了日本的华夷观。新的华夷观的形成,也就意味着新的"自我形象"与"他者形象"的形成,以及这两者之间关系的重新建构。清朝取代明朝,在中国建立了新的封建王朝,新的"他者形象"已经出现,而日本的"自我形象"又是如何更新的呢？其实,日本自我形象的更新出现的更早。在清朝建立之前,1603 年,德川家康在江户建立幕府,结束日本历史上的战国时代,日本恢复到统一政权统治的局面。据《大日本史料》记述,在 1610 年(庆长 15 年),本多正纯向明朝

---

① 按,"李朝时代,特别是 17 世纪以后,阐明实学派哲学及社会政治思想的前提是,李朝封建统治阶级对外政策中表现出的'事大尊明'(仕大国而崇明)思想和'小中华'(朝鲜为小中华之意)思想。"(鄭聖哲:『朝鮮実学思想の系譜』,崔允珍[ほか]訳,雄山閣出版 1982 年,第 85 頁。)又如朝鲜王朝华西学派创始人李恒老(1792—1868)所言,"钦惟我大明太祖高皇帝,以神武之资,扫清胡元,奄有万方。圣子神孙,继继绳绳,为华夏之义主。我国自太祖大王,受命立国,世为东藩之臣,字小之恩,忠贞之节,三百年不替矣。"(《日省录》,丙寅年十月七日。)李恒老所处的时代,于清朝都已经到了后期,但他强调的仍然是朝鲜立国自"正统",并没有言及清政府之事,这在思想认识上和"华夷变态"所言明朝为"华"、清朝为"夷"是相似的。
② 按,《岩波 哲学・思想事典》"华夷观念"条解释中也提及此点。"以中国为中心,按文化上的优劣构筑的与周边诸国的关系,是中华主义式的观念,到近代为止支配着中国的对外观。在日本也曾试图以华夷观念构建秩序,以求建立以本国为中心的国际关系。"(廣松渉[ほか]編:『岩波哲学・思想事典』,岩波書店 1998 年,第 201 頁。)
③ 井上厚史:「『国性爺合戦』から『漢国無体 此奴和日本』へ——江戸時代における華夷観の変容」,『同志社国文学』(58),2003 年 3 月,第 59 頁。

"奉旨呈书",宣示日本在江户幕府建立之后的国威,并显示出自立华夷秩序之意。

> 日本国主源家康,一统阖国,抚育诸岛,左右文武,经纬纲常,遵往古之遗法,鉴旧时之炯戒,邦富民殷。而积九年之蓄,风移俗易,而追三代之迹。其化之所及,朝鲜入贡,琉球称臣,安南、交趾、占城、暹罗、吕宋、西洋、柬埔寨等蛮夷之君长酋帅,各无不上书输宾。①

在清朝取代明朝之后,出现了南明政权。视明为"华"而视清为"夷"的江户幕府,在得到南明重要支持者郑芝龙为首的郑氏一族的乞援后,自命为"华"的心态进一步形成。《华夷变态》中录有1658年郑成功给日本幕府将军的"献书",前半部分内容是对日本将军统治的赞扬,后半部分说到自己为反清复明,虽处于困难之中但仍不断征伐,并希望复明之后与日本敦厚旧好。浦廉一注解认为,"郑成功这一献书,文中虽无请援之事,但还是应看作乞援书"②。如"献书"中所写"成功生于日出,长而云从。"郑成功这一特殊身份加之"国姓爷"的地位,其对日本"示好""乞援"的言行尤其受到关注,并且出现在了文学作品中。近松门左卫门据此在

---

① 東京帝国大学文科大学史料編纂掛編纂:『大日本史料』(第十二编之七),吉川半七[ほか](発売)1905年,第847頁。
② 林春勝,林信篤編:『華夷変態』(上册),東洋文庫1958年,第45頁。按,这一注解的同页录有郑成功"献书"原文,现录如下,以方便对催生日本"华夷观"演变的时代因素的全面理解。
"启上,日国上将军麾下,伏以,洲同赡部,就一水以判东西。境迹蓬莱,连三岛而橐天地。域占为雷之位,光拂若木之华。百篇古文,早得嬴秦之仙使。历代列使,并分上国之车书。道不拾遗,风欲追乎三代。人重然诺,俗更敦于四维。恭维上将军麾下,才擅擎天,勋高浴日。铸六十五州之刀剑,雌雄为精。服五百一郡之版图,砾沙皆宝。文谐丹府,屡有表使至金台。释辅儒宗,再见元公参黄蘖。虽共临乎覆载,远独奠其山河。成功生于日出,长而云从。一身系天下安危,百战占师中贞吉。叨世勋之赐李,恩重分芳。效文忠之祚明,情深复旦。马嘶塞外,肃慎不敷余凶。房在目中,女真几无剩孽。祇缘征伐未息,以致玉帛久疏。仰止高山,宛寿安之在望。溯洄秋水,怅沧海之太长。敬勒尺函,稍伸丹悃。爰赍币篚,用缔缟交。旧可可敦,苍鸟使于今复往。中兴伊迩,丹凤诏不日重来。文难悉情,辞不尽意。伏祈鉴照,无任翘瞻。成功再拜。"

1715年创作《国姓爷合战》，先后以人偶净琉璃和歌舞伎的形式演出超过三年，对18世纪前半期日本庶民的华夷观的形成产生了重大影响。作品中的主人公"和藤内"（根据日语发音，"藤"与"唐"相同，而"内"之读法与否定之意的形容词发音一样）便是郑成功的化身，如此郑成功就被刻画成"既不是日本也不是中国"的形象。对于中国而言，在日本成长起来的国姓爷成为大明的守护者，为了走向覆灭的大明而尽忠到最后。这在展示"日本人"的雄姿的同时，也把伟大到足以可以救援中国的日本形象展示给了当时的日本人。"和藤内"这一人物成为中日力量角逐关系从"主从"到"并立、均衡"演变的一种象征。

18世纪中后期日本近世国学大为发展，代表人物本居宣长所倡导的国学与日本的"神国"思想密切关联，是日本国家意识强化的表现，同时也促使了日本华夷观的演变。本居宣长把世界区分为"皇国""汉国"和"异国"，其中皇国"胜于万国"，汉国"近于鸟兽"，而异国则"万事皆恶"。① 以本居为代表的日本近世国学者的此种"皇国"论说，也深刻地改变着日本的华夷观，日本，也就是所谓"皇国"为"华"，而中国、朝鲜及其他"异国"为"夷"的观念渐渐形成。自江户幕府建立至18世纪后期，日本的华夷观如此有了两个大的演变②，一个是"对等的日本和中国"，一个是"优越于中国的日本"，特别是后者，从根本上逆转了传统上以中国为中心的华夷观。③

---

① 本居宣長：『宣長選集：直毘霊・くず花・玉くしげ・秘本玉くしげ』，野口武彦編注，筑摩書房1986年，第93頁。
② 按，从日本华夷观整体演变而言，两者有着前后的关系，但作为后者观念的萌芽，出现的是比较早的。例如1669年成书的山鹿素行的汉文著作《中朝事实》，就已经把日本称为"中华"了，认为明朝被清朝取代后，满洲权贵支配下的中国已经丧失了"中华"之实，而日本才是"中华文明之土"。山鹿素行认为，"夫外朝易姓，殆三十姓，戎狄入王者数。"（第66页）此处所说"外朝"指的是中国，而称日本"本朝"。"本朝唯卓而于海洋，禀天地之精秀，四时不违，文明以隆，皇统终不斷，其名实相応。"（第14页）可见，日本"天皇万世一系"而承继了"文明"，是山鹿素行认为日本优越于中国而可以自称"中华"的重要依据。这也从侧面证明了明清鼎革对日本"华夷观"演变带来的深刻影响。（山鹿素行：『中朝事実』，乃木希典訓点，島津巌訳，帝国報徳会1925年。）
③ 详见井上厚史：「『国性爺合戦』から『漢国無体　此奴和日本』へ——江戸時代における華夷観の変容」，『同志社国文学』(58)，2003年3月，第68頁。

243

19世纪上半期,东亚的国际秩序由于西方势力的强力介入而发生了深刻的变化。在日本,伴随兰学、洋学知识的传播,逐渐出现了西洋文明更为卓越的观念,而这与江户幕府的统治思想并不一致。在中国,1840年至1842年间爆发的中英鸦片战争,最终以清朝的失败而告终。清朝战败在加深日本对中国衰弱认识的同时,面对来势汹汹的"西力",日本为维护自身统治开始思考抵御之策。"西力东渐"改变着日本对世界的认识,"西洋"欧洲概念进入视野的同时,"东洋"亚洲也相应出现。在对抗"西力东渐"的问题上,"东洋"亚洲有了被视为"一体"的可能,而使亚洲"一体"的并不只在客观地域,其"黏合剂"在于共通的"文明"。佐藤信渊的《存华挫狄论》成书于1849年,是以回答鸦片战争后日本该如何防范同样事态发生在日本身上的策论。虽然标题中的"华"指的是中国,但作为"日本式华夷观"延长线的"华",此处有了内涵的扩展,可有两种理解。这主要源自不同的视角,以东洋为视角,则东洋(包括中国在内)为华而西洋为夷,若从日本利益出发,则日本为华而西洋、清朝皆为夷。佐藤在著作中寻求了亚洲文明的同一性,而认为欧洲狡诈、贪婪成性而侵略东洋,而视之为夷狄。"盖亚细亚洲人崇礼而行义,各确然守其境界,侵伐他国、夺取他人之物之念寡,故远出海外以利欲为业者稀。又欧罗巴洲人好利而纵欲,欺夺之念深,悻悻然贪而无足,故事远略。乘大舶遍行四海,勤于通诸国交易,其初入他邦之津时,必先献方物以结和亲、互市物产,而得窥其国武备赢弱则袭而取之。"[1]佐藤认为"满清为夷狄,英吉利亚亦为夷狄,"所以,佐藤主张"挫英吉利亚而存满清"并不是为了中国,而只是希望中国打败英国而"永为本邦之西屏"。[2] 佐藤信渊的这种日本利益至上的、可以称作实用主义的"东洋观""华夷观",成为指导近代日本处理与中国外交关系时的基本理念。

---

[1] 佐藤信淵:『佐藤信淵家学全集』,瀧本誠一编,岩波書店1992年,第863頁。
[2] 详见佐藤信淵:『佐藤信淵家学全集』,瀧本誠一编,岩波書店1992年,第939頁。

鸦片战争的结果催生了日本华夷观的进一步演变。停留在寄希望清朝振兴而为日本西部屏障的想法，已无法消除幕府统治者的危机感。而危机在鸦片战争结束11年后真实地出现在了日本人面前。1853年发生的"黑船来航"事件让日本直接体验了西洋"文明"的强大，日本被迫开国而进入江户幕府末期。坚守东洋文明的同时必须学习西洋文明的必要性进一步显现出来。"支那于日本乃唇齿相依之国。其覆辙于眼前，唇亡齿已知寒，非坐视旁观之秋也。于是，今应法天德而依圣教，察万国之情状，利用，厚生，大开经论之道，令政教一新，富国强兵而备御外国之侮也。"① 横井小楠在《国是三论》中主张要吸取西洋文明以求富国强兵，但仍强调维持东洋文明的重要性。之所以仍然强调"天德""圣教"，一则与著作成书于1860年江户幕府末期，尚未进入明治维新时期相关，更重要的是，维持东洋文明的一体性关系到日本统治思想的基础，也是当时"尊王攘夷"的思想武器之一。

第二节 "文明"为"华"与实用主义华夷观的确立

1865年11月，日本与美、英、法、俄、荷五国签订修好通商条约，称作"安政五国条约"。由于这些条约的签订获得了天皇"敕许"，开国成为天皇意志，"尊王攘夷"中的"尊王"和"攘夷"变得无法结合。此时以大国隆政为代表的国学者们提出了"大攘夷论"。"吾之攘夷，乃攘屈从于外国之心之攘夷也。当固心于尊皇，得制外夷而扬吾国威也。"② "大攘夷论"使得"尊王"与"攘夷"两种思想得以在更高层面上再度结合，并最终归结到"讨幕"行动上。1867年11月，德川幕府还大政于天皇，即"大政奉还"，1868年9月，改元明治，追求文明开化、富国强兵、殖产兴业的明治

---

① 横井小楠：『国是三論』，花立三郎全訳註，講談社1986年，第54頁。
② 大国隆正：『大国隆正全集』（第二卷），野村傳四郎，松浦光修编，国書刊行会2001年，第390頁。

维新开始。明治维新进一步扩展了日本对当时世界的认识。欧美位于当时世界的顶点,世界秩序以欧美为中心,而其他社会则处于落后阶段。福泽谕吉在其1875年的著作《文明论之概略》中对世界文明进行了阶段划分。"现代世界的文明情况,要以欧洲各国和美国为最文明的国家,土耳其、中国、日本等亚洲国家为半开化的国家,而非洲和澳洲的国家算是野蛮的国家。这种说法已经成为世界的通论,不仅西洋各国人民自诩为文明,就是那些半开化和野蛮的人民也不以这种说法为侮辱,并且也没有不接受这个说法而强要夸耀本国的情况认为胜于西洋的。"在做出如此断定的同时,福泽更加强调的是文明阶段的发展性。"变化发展着的东西就必然要经过一定的顺序和阶段,即从野蛮进入半开化,从半开化进入文明。现在的文明也正在不断发展进步中。"①伴随日本明治维新成果的显现,福泽又在1881年的著作《时事小言》中提出日本要做"东洋文明之魁首""亚细亚东方之首魁盟主","亚细亚东方之保护乃我责任,我等应有此觉悟。……以武保护之,以文诱导之,须使之速效我例而入近时之文明。或于不得已之倾向,以力胁迫其进步亦可也"。② 福泽谕吉认为日本应保护"亚细亚东方",并令中国、朝鲜仿效日本进入文明。在中国、朝鲜不能跟上日本步伐的情况下,福泽在1885年又提出了其"脱亚"的主张。"作为当今之策,我国断不可有等邻国开明而共兴亚洲之迟疑,应脱其行伍而与西洋文明国共进退。对待支那、朝鲜之法,不必因其为邻国而予以特别之照顾,只需仿效西洋人对他们之方式处理即可。"③福泽主张日本要做东亚盟主而担负"亚细亚东方之保护"的责任,这部分承袭了"华夷观"中的东西相对的视角,但其对西洋文明的崇拜,甚至"脱其行伍而与西洋文明国共进退",都超脱了"华夷观"的视域。从本质上来

---

① [日]福泽谕吉:《文明论概略》,北京编译社译,商务印书馆,1982年,第9页、第11页。
② 福沢諭吉:『福沢諭吉著作集 第8巻 時事小言 通俗外交論』,岩谷十郎、西川俊作編,慶應義塾大学出版会2003年,第135—136頁。
③ 福沢諭吉:『福沢諭吉著作集 第8巻 時事小言 通俗外交論』,岩谷十郎、西川俊作編,慶應義塾大学出版会2003年,第264頁。

说，以欧洲为中心的世界秩序与传统的"华夷观"中把天下视为中华—诸夏—四夷、以文明阶段差别而确定的华夷秩序存在相似之处。对于日本而言，不管其在"华夷观"演变中如何不断加强自认"中华"的信念，但事实上，正如竹越与三郎所言，若从人种和文明的角度，"若按亚细亚旧时之思想，欲兴亚细亚总联合，中心不在日本。最能成代表者，即支那也"①。因此，福泽谕吉提出通过引入西方文明，脱亚入欧，实质上是就是要脱离"华夷秩序"而以"文明国家"的身份加入以欧洲为中心的世界秩序。

福泽谕吉主张日本应成为"东洋文明之魁首"，对中国应"以力胁迫其进步"，本质上指向了对华战争。使中国仿效日本走向"文明"是其发动战争的冠冕堂皇的理由和寻求"正当化"的根据。陆羯南、内村鉴三、陆奥宗光、竹越与三郎等人也持有类似的观点。在这样的论调中，日本发动并取得了甲午中日战争的胜利，清政府被迫签订《马关条约》并按照条约的规定对日割地赔款。甲午中日战争的获胜"成为极大改变日本人中国观的契机。敌对心情转换成的对对方的污蔑感，在大众中间广泛渗透。"②日本民间的中国观中，否定性程度进一步加深，但官方却在甲午战后很快推出了对华新政策。1898年1月，时任日本贵族院议长的近卫笃麿发表《同人种同盟（附支那问题研究的必要）》一文，提出"东洋之前途终不免成为人种竞争之舞台……最后之命运皆在黄白同人种之竞争，在此竞争下，支那人、日本人同立于被白人种视为仇敌之地位。"③后来，近卫又提出"支那保全论"，并参与东亚同文会等，从表面看来，政策整体上倾向于东洋"连带"对抗西洋。但实质上，近卫的理论与佐藤信渊的实用主义的"华夷观"是一脉相承的，不同之处只在于佐藤重点强调的是东亚

---

① 竹越與三郎：「世界の日本乎、亞細亞の日本乎」，『民友社思想文学叢書　第4卷　竹越三叉集』，三一書房1985年，第245頁。
② 安藤彦太郎：『日本人の中国観』，勁草書房1971年，第48頁。
③ 近衛篤麿日記刊行会編：『近衛篤麿日記　別巻』，鹿島出版会，1969年，第62頁。

文明的同一性，而近卫强调的是东亚人种的同一性。无论从文明还是人种的角度出发，日本所提倡的这些东洋一体的主张都极具迷惑性。如戊戌变法失败后避难日本的康有为，在1898年11月12日与近卫交谈，就对近卫所说"东洋乃东洋之东洋。东洋人不可失独立解决东洋问题之权利"①的说法表示了赞同。② 但实质上，近卫所提主张与当时日本对东亚局势所做判断密切相关。日本发动甲午战争是为剑指"东洋盟主"而发动的，但战争的胜利并没有满足其企图，甚至由于三国干涉还辽，日本竟感到了"胜利之悲哀"。"以清国败北为引子，德国占领胶州湾，俄国租借大连、旅顺等，中国领土进一步遭到分割，这可能会成为日本的一种危机。另一方面，地大物博的中国所拥有的潜在国力，不知何时会显现为对日本的报复行为，也存在这样一种危机。"③近卫在这样两种危机下提出的"同人种同盟"主张，虽未提及"华夷"之类说法，却在实质上传承发展了佐藤信渊的实用主义的"华夷观"，也可以说它只是佐藤"华夷观""东洋观"的一种变体而已。

近卫笃麿所提"同人种同盟"主张以及发展到后来的"亚洲主义"，与其在当时明治政府中的"对外硬派"身份相关联。在甲午中日战争后，"对外硬派"主要指向俄国，1903年8月9日，"对露同志会"成立，近卫笃麿担任会长，该组织论调倾向于对俄开战。有日本学者认为，虽然近卫在日俄战争开战前一个月去世，但其"纠合朝野人士，组织国民同盟会及对露同志会，为把国内舆论导向对俄开战作出了重大贡献。"④在近卫笃麿为首的"对外硬派"的"贡献"下，日俄战争于1904年在中国东北爆发，并以日本取胜而告终。"我国到二十七年（明治27年，1894年）为止，未

---

① 近衛篤麿日記刊行会編：『近衛篤麿日記　第2巻』，鹿島出版会，1968年，第195頁。
② 永井久一郎：「観光私記」，小島晋治監修：『幕末明治中国見聞録集成』（第十九卷），ゆまに書房1997年，第450頁。
③ 山室信一：「アジア認識の基軸」，古屋哲夫編：『近代日本のアジア認識』，绿蔭書房1996年，第30—31頁。
④ 山本茂樹：『近衛篤麿　その明治国家観とアジア観』，ミネルヴァ書房2001年，第174頁。

能与列国缔结对等之条约,于国际间尚不能保持平等之地位。然于日俄战役博得大捷,旋即形势一转,以至位列第一等国家矣。"①大隈重信认为,在日俄战争获胜后,日本已成为比肩英、法、德、美等国的"第一等国家"。他进而在《东西之文明》一文中认为:"我国既已代表东洋之文明,亦已立于向东洋介绍西洋文明之地位。能调和东西之文明,进而醇化世界之文明,带来人类之和平,以图人道之完美者,诚为我国民之理想且我日本帝国之天职也。"②在大隈的眼中,日本不仅完成了甲午中日战争所剑指的成为"东洋之盟主"的目标,而且已成为西洋文明在东洋的代言人,甚至认为日本应该肩负起醇化世界文明的责任。"日俄战争的胜利,日本国在世界史的舞台上一步一步登场的实感,使得人们更加斗志昂扬。像'开国进取''取长补短'这样的明治初年的口号,在新的时代里,被更加具体的发展了。从明治末年到大正初年,从日本的指导层口中,可以经常听到'日本国的天职''新日本的使命'等语句。"③如果说在日俄战争以前,成为"东洋文明之魁首"于日本而言还停留在意愿方面,甚至福泽谕吉的"脱亚论"还在表面上表达了是中国、朝鲜如果无法跟上日本节奏,日本可以脱离亚洲而入西方列强行伍的话,那么到了日俄战争之后,日本已深觉自己可以代表东洋文明而领导亚洲,意愿也强化成了"新日本的使命"了。

日俄战争的获胜,日本"宣扬了国威,在加入强国行列而深感骄傲的同时,日本产生了一种思想倾向,即不以一国为标准,而以世界为标准去思考世界上的人类如何能获得最大的幸福。"④三宅雪岭的这一论述与大

---

① 大隈重信:『大隈伯社会観』,文成社 1910 年,「自序」第 1 頁。
② 按,大隈重信的《东西之文明》刊登于 1911 年 5 月《新日本》(第一卷第二号)杂志,转引自古屋哲夫:「アジア主義とその周辺」,古屋哲夫編:『近代日本のアジア認識』,绿蔭書房 1996 年,第 60 頁。
③ [日]野村浩一:《近代日本的中国认识:走向亚洲的航踪》,张学锋译,中央编译出版社,1999 年,第 7 页。
④ 三宅雪嶺:『明治思想小史』,丙午出版社 1913 年,第 67 頁。

隈重信所谓"世界的日本"是一致的。由于日本战胜了俄国,证明了自身引入并实践西方文明的成效,日本不仅以西洋文明在亚洲的代言者自居,而其认为日本应该承担世界性的使命。但是,当时西方列强并不打算轻易给予日本一个世界性的角色,日本在日俄战争中获胜,"强化了西洋帝国主义诸国间对日本的警戒心,议论'黄祸'威胁的声音再度响起。"①日本欲求得世界性的责任得不到认可,其视线还是集中在了亚洲。"明治时期,特别是日俄战争以前,一般而言还是吸收西洋文明的欧化主义指向,寻求与欧美对等的地位。因此,一括亚洲来对抗欧美的想法并未能成为主流。"②而打败了欧洲大国后,成为"亚洲冠军"的日本"一括亚洲来对抗欧美"的使命感增强。"一括"的方式,如吞并朝鲜、获取俄国在中国东北的权益等,绝不是符合亚洲其他国家意愿的方式。但是,由于其打破了"白人不败的神话",又以"同文、同种、同教"等为标语,所以其"一括"亚洲的主张、行动具有很大的迷惑性,也得到一定的响应。如1910年,在南京举办南洋劝业会时,劝业会坐办陈琪在对日本代表团的欢迎致辞中称:"尝谓国于今日之世界不能孤立而无所与,中日两国者,天然之与国也。其地域既同在亚东,其人种复同为黄族,且文字、宗教莫不同。善哉!贵国大隈伯爵之言曰,中日两国非仅同洲、同种、同文,且同尊孔教,实同为孔子之门弟子也。……故中日两国,其必互相提挈以一致之行动从事外竞者。"③在日俄战争中获胜是日本正式获得"世界视角"的开始,从国家层面到普通民众,日本开始思考自己的"世界性使命"。"俄国虽然位于欧洲且呈现文明国家的外观,但其国民思想尚未进入文明的领域。我国将俄国'戴着文明的假面而真相却极为野蛮的事

---

① 冈义武:「国民的独立と国家理性」,伊藤整[ほか]编:『近代日本思想史讲座 8 世界のなかの日本』,筑摩书房1961年,第45页。
② 古屋哲夫:「アジア主义とその周辺」,古屋哲夫编:『近代日本のアジア认识』,绿荫书房1996年,第49页。
③ 永井久一郎:「观光私记」,小岛晋治监修:『幕末明治中国见闻录集成』(第十九卷),ゆまに书房1997年,第417—418页。

实'暴露在整个世界面前。"①虽然,日俄战争的胜利,从日本的视角看来,是真正的西洋文明对虚假西洋文明的胜利,但在明治时期结束前,日本并没有真正获得履行这一使命的空间。在日本的"世界视角"下,清末中国仍然游离于西洋文明之外。为了实现自己的"世界性使命",日本以自认的"东洋之盟主"的身份,以西洋文明的成功实践者的姿态,继续以"同文、同种、同教"的口号推出"一括亚洲对抗欧美"的主张,在政治、经济及思想等各个领域涉入到清末中国的近代进程。

在明治维新之后的日本眼中,中国是站在"近代化"对立面的他者。经历明清鼎革之后本已"变态"的传统上以"中国"为"华"的华夷秩序,在鸦片战争中国失败、日本开国维新继而甲午中日战争中获得胜利、日俄战争战败"欧洲"的俄国,日本真正获得了"世界视角"。此后,日本开始以"同文、同种、同教"之名行掠夺中国权益之实,日本式实用主义华夷观得以确立,而这正是在幕末明治时代逐步发生的,也成为此时期日本的中国认识的基本思想脉络。也就是说,在整个幕末明治时期,日本对中国的认识与日本的"华夷观"的内容和演变、日本的世界视角的获得和发展等密切关联,了解这一过程也就了解了幕末明治中国游记中日本人的中国认识的大的思想背景。

---

① 岡義武:「国民的独立と国家理性」,伊藤整[ほか]編:『近代日本思想史講座 8 世界のなかの日本』,筑摩書房1961年,第44頁。

第七章　幕末日本人的中国观

本章通过对幕末日本人的中国游记——幕末上海游记，包括幕末日本遣使上海留下的游记和岸田吟香等个人的上海居留日记的解读，分析幕末日本人的中国观。幕末日本人对于客观呈现在眼前的清末中国"衰世"形象的形成原因，通过实地观察、笔谈等方式，在中国意象与中国现实的剧烈碰撞中，在日中、东洋与西洋、日本与西洋等多维比较视野下进行了思考，经过归纳与抽象，便形成了其时日本人的中国观。如第六章所述，日本的世界视角的获得经历了一个较长时段的过程，幕末日本遣使中国的主要目的在于吸取清末中国面对西洋"文明"强大攻势而失败的教训，以探求维持幕府统治和恰当处理与西方关系的方式。清末部分中国人对西洋的"鄙夷"态度符合其时一些日本人持有的对西洋的对抗心态，"唐土宽厚"的评价离不开这一共同视角的存在。但整体而言，幕末日本人对清末中国及中国人的认识是否定性的。

第一节　清末中国的"衰世"

幕末游记对清末中国的描述中，"衰败""衰弱""衰微""衰世"等词较为多见。"贵邦尧舜以来堂堂正气之国，而至近世，区区西夷之所猖獗则何乎？"①如高杉晋作问顾麟的这句话，幕末上海游记作者多是带着这样一个问题意识来观察清末中国的。"余语文事，更不作答。脸色赤红，执笔写下'论文事场中甚少'便不再言语。实为可笑。"②日比野辉宽要与商人王诚斋"论文事"，而王诚斋不能答对，日比野认为此事"可笑"。要与商人论文事说明在日比野的心目中，在中国，哪怕是商人也应该通文事。"文学""文化""正气"等存在于他们对中国的传统认识之中。传统认识与当时现实的对比，无疑进一步加深了他们对清末中国现状的"衰世"印象。

通过观察、笔语而了解清末中国衰落的原因，以使日本避免重蹈中国之覆辙，是很多幕末游记作家的共同愿望。纳富介次郎在《上海杂记》中罗列了诸多如难民遍地、饿死者众多、法国人守城门而不许中国人进入等事例，说明了清末中国的衰弱。他认为科举制度的"虚鹜徒劳"是造成清末中国"内为长发贼所苦，外受夷狄所制"的原因。"想来，清国固为文学无双之国，而依文学治国家乃自不待言之事。然近世之风唯无志而仅利己者，其偏贪科级。此唯欲中制科时文之试举，而成虚鹜徒劳之蔽。若否，纵令尊文艺，又何致费如此之巨资乎。故，世自落于虚文卑弱，遂不能治自国也。"③峰洁也认为，"唐土文学之盛乃四方不可及者。然近世之蔽，在只重文具而实用甚少。且其之所以学者，专志于取科级。"峰洁进而认为，"当今清国之风流于文弱，遂至恃蛮夷之力。此乃万邦之鉴也。"④高杉认为清末中国之所以为"衰世"，"锁国严书"是其原因之一。高杉晋作想要购买《上海县志》，因"书坊主人"坚持志书不可卖与外国人

---

① 高杉晋作：「遊清五録」，東行先生五十年祭記念会編：『東行先生遺文』，民友社 1916 年，「日記及手録」，第 109 頁。
② 日比野輝寬：「贅肬錄」，納富介次郎、日比野輝寬：『文久二年上海日記』，全国書房 1946 年，第 54 頁。
③ 納富介次郎：「上海雜記」，小島晋治監修：『幕末明治中国見聞錄集成』（第一卷），ゆまに書房 1997 年，第 19 頁。
④ 峯潔：「清国上海見聞録」，春名徹：「峯潔の上海経験：〈船中日録〉と〈清国上海見聞録〉」，『調布日本文化化』8，1998 年 3 月，第 89—90 頁。

而不得。对话如下：

> "《上海县志》书要求,兄为我办。""我以明告人,在上海不肯将志书买,与邻国在贪利辈,难以同日而语,此语阁下亦为然。""否。此私心岂天理之心也,锁国严书即所以为衰世,圣人虽出不易吾言。""以理论之,我言似小,然在功令亦为良民。""天地间万事万物、自此一理生、离此理、即天地外之人不足论也。""书目文车不同轨。""此诸子所言、非圣人之语。"书坊主人去。①

当然,高杉在与书坊主人的对话中,讲"天理之心"而批评"私心",难免给人以急于获取中国相关情报而强辩的印象。另外,高杉还认为清末中国的衰微在于"不知防外夷于海外之道。"他进一步列出证据,清国"不造越万里波涛之军舰,亦不造御敌于数十里之外之大炮。彼邦志士所译《海国图志》之类已绝版,徒倡固陋之说,因循苟且,空度岁月。断然不改太平之心,而无制造大炮,御敌于敌之大策"②。

峰洁在《清国上海见闻录》中指出清国人遇难事往往归于天命,而这种想法是造成清末中国衰弱的原因。峰洁就太平天国之事问马铨,"逆匪有可灭之期乎"。马铨回答,"此天数也"。峰洁并不认同,"虽曰天数,能治人事,则有挽回天运之理矣。且天之所佑在顺而不在逆也"。他进而将马铨这一"此天数也"的说法提升为清国人整体的观念,指出"清国之人苟有难事,往往付之于天数而不问,是所以祸之所至而不止也"③。

---

① 高杉晋作:「遊清五録」,東行先生五十年祭記念会編:『東行先生遺文』,民友社 1916 年,「日記及手録」,第 114 頁。按,"在上海不肯将志书买"一句,原文末"买",根据前后对话语境,应为"卖"。
② 高杉晋作:「遊清五録」,東行先生五十年祭記念会編:『東行先生遺文』,民友社 1916 年,「日記及手録」,第 85 頁。
③ 峯潔:「清国上海見聞録」,春名徹:「峯潔の上海経験:〈船中日録〉と〈清国上海見聞録〉」,『調布日本文化化』8,1998 年 3 月,第 95 頁。

高杉晋作在《游清五录》中也做出了类似的指摘。顾麟回答高杉关于为何西夷猖獗的原因时,认为"从是国运凌替,晋之五胡,唐之回纥,宋之辽金夏,千古同慨"。高杉不以为然,"国运凌替,君臣之不得其道故也。君臣得其道,何有国运凌替。贵邦近世之衰微,自为灾而已矣,谓之天命乎"①。

另外,纳富介次郎、日比野辉宽、名仓予何人等在其游记中都提到了鸦片泛滥的问题,并认为这也是引起清末中国国势衰微的重要原因。"人云,清国近年吃鸦片者又增,数量甚多,官府遂不能禁。如今上海,以吴煦为首官吏皆吃鸦片。故虽于下民施以严禁之令,亦未有遵守者。"②名仓所称"吾友王亘甫"曾向其求教"除此烟毒之良药"。名仓戏答:"虽有除此烟毒之良方,然今日欲求其药则甚难也。其药名则徐丸,化成汤也。"③纳富和日比野都言及一个引水员,虽收入不菲却一副穷困贫弱之相,而其原因就在于吸食鸦片。他们还记下了引水员在船上吸食鸦片的情景,描述出了鸦片成瘾的严重性。引水员"拿出烟管、鸦片,将鸦片捣入烟管头而吃之。观其面色,闭目张口,满溢愉快之情。余辈大喝而摇晃之,亦不动,实如死人。顷刻之后,睁开眼睛又吃了起来。"④不仅官民吸食鸦片,就连士兵也不能避免。"余尝听清人言,官军屡屡战败,乃军中皆吃鸦片之故。虽敌军靠近,士兵尚躺于烟床之上而浑然不知。"⑤鸦片的危害一目了然,而清末各阶层对鸦片吸食却肆无忌惮,这让幕末日

---

① 高杉晋作:「遊清五録」,東行先生五十年祭記念会編:『東行先生遺文』,民友社1916年,「日記及手録」,第85頁。
② 納富介次郎:「上海雑記」,納富介次郎,日比野輝寛:『文久二年上海日記』,全国書房1946年,第23頁。
③ [日]名仓予何人:《中国闻见录》,陈婕译,载《1862年上海日记》,中华书局,2012年,第355—356页。
④ 日比野輝寛:「贅肬録」,納富介次郎,日比野輝寛:『文久二年上海日記』,全国書房1946年,第119頁。
⑤ 納富介次郎:「上海雑記」,納富介次郎,日比野輝寛:『文久二年上海日記』,全国書房1946年,第24—25頁。

本人感到吃惊和不解。当时也有西方人对上海鸦片贩卖的"正大光明"留下了吃惊的印象。"我原以为干这一行的商人会与武装的海盗差不多……然而,经营这一行的人都是非常体面的人,他们多金善贾,在文明世界的所有地方都是有声望的第一流商人。"①从贩卖到吸食,鸦片已经成为清末上海的一种生活要素。而由于购买鸦片而导致大量白银外流的事实也让日比野大为慨叹。"鸦片仅是上海便每年舶来二十万斤,其价洋银百二十万两。"②当时上海的鸦片进口量和货值远多于日比野所听闻的数值。"上海自1843年开埠后,很快成为进口鸦片的重要口岸。1847年从上海进口的鸦片估计为16500箱,1894年增加到32550箱(合35804担),分别占全国进口总量的49.6%和57%。"③鸦片的进口导致清末中国经济蒙受巨大损失,而官、民、兵中皆有大量吸食鸦片者使得官颓废、民贫弱、兵无力,幕末游记认为鸦片成为导致清末中国衰微的重要原因。

"衰世"成为幕末游记对清末中国的共通认识,并论及了这一认识的成因,而这一论述本身也是清末中国观的一种呈现。游记中既有对中国内部如科举、锁国严书政策、归于天命的逃避心态等的分析,亦有对外夷带来的鸦片灾祸的分析。当然外夷带来的不只是鸦片灾难,日比野站在更为宏观的立场上指出"邪教"也是"洋夷"蚕食他国的方式。

> 察其(洋夷)平素之阴谋,以交易和亲为名,租其地并建房,既成城郭。在其地以金钱怀其民,以虚喝胁其民,随后又以邪教、鸦片涂塞其民之耳目、荡漾其心肠。其术既施,则渐渐于其处蚕食其地而

---

① [美]顾德曼:《家乡、城市和国家——上海的地缘网络与认同,1853—1937》,宋钻友等译,上海古籍出版社,2004年,第46页。
② 日比野辉宽:「贅肬錄」,納富介次郎,日比野輝寛:『文久二年上海日記』,全国書房1946年,第99页。
③ 仲伟民:《鸦片战争后茶叶和鸦片贸易与上海城市的发展》,《复旦学报(社会科学版)》,2012年第5期,第124页。

并吞其国。若不行此为则不足其欲。清国既陷其术中,无处不化于邪教而溺于鸦片。①

虽然其目的在于日本不步中国之后尘,但日比野所言还是较为全面地认识了西方列强对华侵略的方式和手段,并指出了当时中国为西方宗教和烟毒所害的状况。其中,对西方宗教的认识也是其"鄙夷"视角的一种呈现。

第二节 "鄙夷"视角下的唐土宽厚与愚昧

如前所述,近代日本的中国观的视角往往游移于亚洲与日本之间,幕末游记中的中国观也体现了这一点。但是,在日本尚未走入明治维新、尚未有计划地引入西方文明并走向近代化的幕末时期,其中国观在客观上呈现出来的主要视角是站在亚洲立场之上的。在人种和文字方面的近同是客观存在的,这无疑是其亚洲立场产生的基本前提。"土人不以狎居此地多年之西洋人为然,而待初次渡海而来之我辈真如旧知。此乃笔语谈论而其意自通之故。"由此,纳富介次郎认为,"可谓其(对我辈)敬意甚厚,而此自可视为唐土之风习宽广者也"②。纳富还举出出售书画的中国商人,认为其虽然狡黠,但却有直率之处。而在得出这一结论时也不忘捎带出对"洋夷"的负面评价。

> 听闻皇邦之人贵书画,日日多持卷轴、挂幅、古器之类来售。素来赝品颇多,常厌而驱之。彼强辩为真品且再加劝购。予曰,日本人皆具慧眼,汝等岂能骗过。彼终吐真言,既已明鉴,怎敢欺瞒,然若为真品断不可如此廉价。虽同为商贾之狡黠俗气,但稍有直率之

---

① 日比野辉宽:「贅肬錄」,納富介次郎,日比野輝寬:『文久二年上海日記』,全国書房1946年,第99頁。
② 納富介次郎:「上海雑記」,納富介次郎,日比野輝寬:『文久二年上海日記』,全国書房1946年,第13—14頁。

处,可知其与洋夷之不同。①

另外,个人交友所体现的友情的醇厚,也从侧面支撑了"唐土宽厚"的观点。高杉晋作与陈汝钦交好,高杉认为"汝钦有气概,与予心(气)能逢(合),笔谈甚愉快。"②高杉还根据陈汝钦之号"勉生"而自号"墨生"。高杉临行前与陈汝钦告别时说,"海外得知己,殆如梦"。而陈汝钦亦回复,"弟承阁下为知己,亦是一生大快事。"③高杉还写下《留别陈汝钦》诗一首。

> 临敌勉强武与文,他年应有建功勋。
> 孤生千里归乡后,每遇患难又思君。④

当然,亚洲立场不意味着当时日本人具有了明确、强烈的亚洲意识,更多的应当是因为拥有共同敌人而被动造成的同一立场。因此,在阐述对中国认识的时候往往伴随着"鄙夷"的意识。在幕末游记中主要通过中国人对西洋宗教的认识、对借助西洋力量镇压太平天国运动的认识等呈现出当时日本的中国观。在"鄙夷"意识下,清末中国的"近夷"举动则为愚蠢,"远夷"行为则被视为宽厚。

日比野把西洋宗教称作"邪教",对传教士的描写亦是贬低言语较多。如其描写一个法国传教士,"其容貌甚异,秃头佛衣,其面似鬼"⑤。

---

① 納富介次郎:「上海雑記」,納富介次郎,日比野輝寛:『文久二年上海日記』,全国書房1946年,第10頁。
② 高杉晋作:「遊清五録」,東行先生五十年祭記念会編:『東行先生遺文』,民友社1916年,「日記及手録」,第79頁。
③ 高杉晋作:「遊清五録」,東行先生五十年祭記念会編:『東行先生遺文』,民友社1916年,「日記及手録」,第117頁。
④ 高杉晋作:「遊清五録」,東行先生五十年祭記念会編:『東行先生遺文』,民友社1916年,「日記及手録」,第85頁。
⑤ 日比野輝寛:「贅肬録」,納富介次郎,日比野輝寛:『文久二年上海日記』,全国書房1946年,第64頁。

多数幕末游记对西洋宗教抱有不屑、敌视的态度,并由此认为信仰西洋宗教的中国人是愚昧的。"清国之俗,尊敬关羽胜于宣圣,每家必挂其画像而常祭之。闻西门内有关帝庙,甚壮丽,且祈祷者日日不绝。然近年天主、耶稣二教盛行,愚民尊之更胜孔圣、关帝也。"①纳富介次郎在游记中还记述了两个中国书生向其推荐《圣经》之事。"我友取之展读,乃耶稣之邪教书也。因此大怒而抛其书,皆与争论,遂将其等推出门外。"纳富发出感慨,"噫!清国读书者既尊奉此教,况愚民等?"②至于清末中国人信奉"邪教"的原因,纳富认为,"洋人等素精医术,乃清国庸医所不及,故愚民性命得救而悦,信其确为上帝之救助,则自然尊崇上帝矣"③。高杉晋作也指出了这西洋传教的方式,并提醒日本人应当注意此点。"西人教师之施教于外邦,必携医师,有士民病且穷者,乃(治)其病使入此教。是教师致教于外邦之术也。我邦之士君子不可不有预防也。"④在明治初,日本僧人小栗栖香顶以传播日本佛教来到上海,虽然提醒的目的不同,但在上海的池上四郎对西方传教士的布教方式的判断是一脉相承的。

  耶稣牧师之入支那,初学语言,以通民情,躬行实践,感化人心。其布教,使华人代说。用人有法,必择善良,授之教书。辫发华服,风俗习惯,不必改其旧。始借商店,揭商标,鬻教书,或施与之。诱农民,选孝弟善行者,或勤勉力业者,与之金钱。及众人归之,建教堂,讲教书。方今急务,在盛农商,起实益。耶稣牧师之诱人,必说

---

① 納富介次郎:「上海雜記」,納富介次郎,日比野輝寬:『文久二年上海日記』,全国書房1946年,第9頁。
② 納富介次郎:「上海雜記」,納富介次郎,日比野輝寬:『文久二年上海日記』,全国書房1946年,第19—20頁。
③ 納富介次郎:「上海雜記」,納富介次郎,日比野輝寬:『文久二年上海日記』,全国書房1946年,第32頁。
④ 高杉晋作:「遊清五録」,東行先生五十年祭記念会編:『東行先生遺文』,民友社1916年,「日記及手録」,第80頁。

实利实益，此僧人不可不知者。①

清末中国读书人与一般民众信奉西方宗教者众多，这于幕末日本人看来是愚蠢之举，而这一观点在明治中国游记中也进一步体现，并且不仅在于个人，对于国家而言也构成危害。高桥谦记述到西方以宗教传播之名而行窃取情报之实的举动。

> 以余之见闻，耶稣教传教士等既已进入支那全国各地，行盛大、热心之布教。其中天主教，即所谓旧教一派似持有一种野心，其举动自异于新教各派之传教士。余在汉口时，曾与殷勤于旧教派传教士之支那人相交，据其言，该派假托布教而探侦支那国事者不可谓不多。②

可见幕末日本人对西洋宗教在中国传播的危害的认识是有其道理的。

在幕末游记中更加引起日本人不解的，或者说其认为清末中国更为愚蠢的举动是借洋人之力镇压太平天国运动。虽然，太平天国本身也被他们视之为"贼匪"，但借夷剿匪的措施在幕末日本人看来是"驱狐养虎""以兽驱兽"的失策之举。日比野辉宽游记中记述法国四处搜查太平军。"余大叹息。何故清国之兵不搜查欤。国内之贼为外夷搜，其失策何其甚也。"③纳富在看到上海县城城门为英法士兵把守并十分跋扈时，向中国人发出了"中国缘何借外夷之力守城垒"的疑问，在得到为防太平军而

---

① 小栗栖香頂：「北京紀遊」，魚返善雄：「同治末年留燕日記（上）」，『東京女子大学論集』（第八卷第一号），1957年11月，第22頁。
② 高橋謙：「支那時事」，小島晋治監修：『幕末明治中国見聞録集成』（第三卷），ゆまに書房1997年，第149頁。
③ 日比野輝寬：「贅肬録」，納富介次郎，日比野輝寬：『文久二年上海日記』，全国書房1946年，第58頁。

"不得已借英法之兵"的回答后,纳富进而发问,"缘何不制洋人跋扈? 是清朝反为外夷所制否?"①纳富所言与日比野的观点是相同的。

　　日比野在与华翼纶的笔语中,获知了面对西方列强多种方式的入侵而军队不尝试主动更新军械的原因。"虽觉洋夷火器、军舰大为便利,然我清国以勇义为贵也。兵者,非主要在器械,唯凭勇义而战。若用洋夷之器械,自然化于其俗,弃勇战而至唯器械为主矣。故此不用。"②1862年,清末洋务运动也刚刚起步不久,"师夷长技以制夷"的理念尚未广为人知。华翼纶主张固守传统,认为器械方面也不能学习西方。对于类似华翼纶所提的观点,不同的游记作者给出了不同的认识,这说明处于幕末的日本,其内部对学习西洋也同样存在不同的见解。而对同一主张所给出的不同认识,也就成为在个体游记中不同中国观的体现。日比野认为"其言确乎",并认为日本更是"勇义冠于宇内,岂辫发之辈可比。以勇义集正气,挥舞刀枪,于宇内所向披靡。"③日比野对"唯凭勇义"给予肯定,在其游记所体现出的这方面的中国评价就是正面的。高杉晋作主张取"折中之道",学习西方"航海炮术器械"。"治天下、齐一家,内自诚心诚意工夫,外至以航海炮术器械等。尽不研穷其至理,则不能治天下也,不能齐一家也,不能穷航海炮术之等之理,则所以诚心诚意工夫之不至也。故以所为利之器械为义所用,乃取舍折中之道也。不然口虽唱圣人之言,身已为夷狄之所奴仆矣。"④高杉对"唯凭勇义"持否定态度,所以,在其游记所体现出的这方面的中国评价就是负面的。以此为例,也可知日本人的中国观,尤其是对具体事、物的认识上存在着个体差别。

---

① 纳富介次郎:「上海雑記」,纳富介次郎,日比野輝寛:『文久二年上海日記』,全国書房 1946 年,第 6 頁。
② 日比野輝寛:「贅肬録」,小島晋治監修:『幕末明治中国見聞録集成』(第一巻),ゆまに書房 1997 年,第 122 頁。
③ 日比野輝寛:「贅肬録」,小島晋治監修:『幕末明治中国見聞録集成』(第一巻),ゆまに書房 1997 年,第 122 頁。
④ 高杉晋作:「遊清五録」,東行先生五十年祭記念会編:『東行先生遺文』,民友社 1916 年,「日記及手録」,第 112—113 頁。

幕末来到中国的日本人,除了观察西方列强势力渗透下的清末中国外,也十分注重中国人对日本的态度,或者可以说是当时中国人的日本观。而对这些观点如何接受则又可以反向显示出当时日本人的中国观。在"千岁丸"使节团代表拜访上海道台吴煦后,日比野向翻译查问道台致辞的内容。"日本国乃特别之国,深感其礼仪之正。西洋更无享此招待。"①根据这一回答,日比野认为道台对日本人"甚有好感"。日比野在与春舲的笔语中问:"我国与外国,其为人何如?"春舲回答:"贵邦人情与西洋人大相违矣。贵邦醇厚可风,西洋全是霸道。我国称彼洋鬼子。"②这些对日本的正面评价显示出清末中国对日本的善意,无疑是当时日本人所喜欢的。与此相对,也有对日本的不同认识。

"一唐人站于余前,欲言,笔语顷刻。其中写'藩王贡使'。"面对此言,日本人的反应是"脸色大变,诘问为何写下'藩王贡使'之字?""他(唐人)惊恐而欲重写。余辈撕碎纸片掷于地上,并抚刀叱喝,彼大恐作揖而去。"③

从"藩王贡使"可以看出当时中国人仍有很强的以中国为中心的华夷秩序思想,而日本人对此的强烈反应则表明幕末日本对这一传统华夷秩序的不认同。而唐人"大恐作揖而去"则可能给日本留下一种印象,即虽然中国人仍有以中华为中心的思想,但已是软弱而没有捍卫传统华夷秩序的能力了。

---

① 日比野辉宽:「贅肬錄」,小岛晋治监修:『幕末明治中国見聞録集成』(第一卷),ゆまに書房1997年,第72頁。
② 日比野辉宽:「没鼻筆語」,小岛晋治监修:『幕末明治中国見聞録集成』(第一卷),ゆまに書房1997年,第168頁。
③ 日比野辉宽:「贅肬錄」,小岛晋治监修:『幕末明治中国見聞録集成』(第一卷),ゆまに書房1997年,第79頁。

第八章　明治日本人的中国观

甲午中日战争是深刻影响中日两国近代史走向的标志性事件。丧权辱国的《马关条约》对中国主权、行政权和自办产业造成了巨大损害，战争加深了中国民族危机。但同时也在客观上促进了中华民族的觉醒，"师敌型"日本观的形成，促成了为数众多的中国留学生去往日本学习，也使得学生成为赴日中国人的主体。同时，甲午中日战争改变了明治日本国内的政治生态，提高了日本在国际上的政治地位，为日本近代化产业结构的筑成打下了经济基础。战争的胜利极大催生出日本民众对战争的热情，这一过程也是日本民众"被国民化"的过程。伴随日本国民国家认同的加强，其否定性中国观也不断得到强化。

第一节　甲午战争前的日本人的中国观

甲午战争前日本人的清末中国游记，除小栗栖香顶的《北京纪游》、竹添进一郎的《栈云峡雨日记》和冈千仞的《观光纪游》等汉文游记，还包括曾根俊虎的《清国漫游志》、小室信介的《第一游清记》、尾崎行雄的《游清记》、高桥谦的《支那时事》、黑田清隆的《漫游见闻录》、安东不二雄的《支那漫游实记》、原田藤一郎的《亚细亚大陆旅行日志并清韩露三国评论》、宫内猪三郎的《清国事情探险录》等。本节通过分析这些游记,解明明治维新以降甲午战争以前的日本人的中国观。

一、"中华到处病人多"

在明治维新后甲午中日战争前日本人的中国游记中,少见对中国人的积极正面的描述,即便对西洋"鄙夷"思想还一定程度上存在,但却少了幕末游记中的对中国人的几分怜悯,多了些旁观者的冷漠。这与明治维新后日本无论在国策上还是在思想上转向西方密切相关。小栗栖香顶雇小艇登陆烟台。船主对小栗栖支付的船费不满,而在旁的西洋人站在小栗栖一边,呵斥中国人贪婪。"艇子乞钱。予欲与大钱二百,彼尚慊然。欧人曰,'与百钱则足矣。此辈贪婪,不知人道。'艇子大怒,掷钱地上。欧人大喝,艇子畏缩,拾钱而去。"①西洋人果断与日本人站在一队,这与明治维新后日本情势的改变密切相关。"有一船载欧人,大喝督促快走。三人曳绳,两脚在泥,极力挽上,臀高齐头。此辈畏欧人,概如此。"②对于清末中国人惧怕西洋人,小栗栖一句"概如此"体现出的除了冷漠,还有对这一状况某种程度上的客观认可。

甲午中日战争前日本人的中国游记中对中国人的消极负面的描述比比皆是。小栗栖香顶在看到清末中国受鸦片毒害严重,"悲则徐意"而作诗一首,"慨然要振鲁阳戈,辛苦当年意若何。欲向黄泉陈近事,中华到处病人多。"③此处所说"病人"虽指的是沉迷鸦片烟毒者,但大而言之,无论来是由于来自外部的鸦片、宗教等带来的身体及精神之疾,还是被认为是中国人固有的夸张、贪婪、迂腐、顽固等思想之疾,游记整体都视

---

① 小栗栖香顶:「北京紀遊」,魚返善雄:「同治末年留燕日記(上)」,『東京女子大学論集』(第八卷第一号),1957年11月,第23頁。
② 小栗栖香顶:「北京紀遊」,魚返善雄:「同治末年留燕日記(上)」,『東京女子大学論集』(第八卷第一号),1957年11月,第27頁。
③ 小栗栖香顶:「北京紀遊」,魚返善雄:「同治末年留燕日記(上)」,『東京女子大学論集』(第八卷第一号),1957年11月,第24頁。

之为中国人之"病"了。

(一) 沉溺鸦片病及身心

游记中对鸦片在中国的流行状况和对中国人身心及中国经济等方面的影响多有述及。言及鸦片烟毒流行,一方面指出引鸦片祸水入中国的西洋人,尤其是英国人的不仁和奸诈,但另一方面更多地指摘和批评了清朝政府及清末中国人对待鸦片的态度,并且多认为这是鸦片在中国流行的更重要的原因。高桥谦认为清政府允许内地种植鸦片是促使鸦片更加流行的原因。

> 鸦片又称洋烟,初由英国奸商输入至广东地方,渐次成支那人所嗜之物。其后,为防输入,而许云南、四川等内地种植,致更加流行。现今已蔓延至全国,虽山村僻邑亦设烟馆。此害人民之身体而丧其产业者众云。①

鸦片流行体现在吸毒者和吸毒地点的广泛性上,"上自天子,下至庶人","一般为俗"。小栗栖香顶记述官人和一般乘客在船上吃鸦片的情形。"官人多吃鸦片,日三四次。点火玻灯,一匕取鸦片,炙之灯火,着管头小孔,点火以吸,曰,'有仙游之快。'有钱澍县者,为工部员外,善诗文,亦好吃鸦片。颜色苍然,手脚皆瘦,终日偃卧,如生如死。其他乘客,吃烟者七八人。"②又记僧人在寺院吃鸦片,并以此作为飨客之举。"床上措两个枕,点小玻璃灯。把鸦片烟,侑予。予辞之。"③日本明治著名汉学家冈千仞与张经甫、葛子源等人谈到鸦片流毒中国,显然王韬这等"聪明士

---

① 高桥谦:「支那時事」,小島晋治監修:『幕末明治中国見聞録集成』(第三卷),ゆまに書房1997年,第106—107頁。
② 小栗栖香頂:「北京紀遊」,魚返善雄:「同治末年留燕日記(上)」,『東京女子大学論集』(第八卷第一号),1957年11月,第24頁。
③ 小栗栖香頂:「北京紀遊」,魚返善雄:「同治末年留燕日記(上)」,『東京女子大学論集』(第八卷第一号),1957年11月,第25頁。

人"吸食鸦片让其感到惊讶。"余曰,闻紫诠亦近吃洋烟。子源曰,洋烟盛行,或由愤世之士,借烟排一切无聊,非特误庸愚小民,聪明士人亦往往婴其毒。"①在冈千仞游杭州时,发现吸鸦片已经和餐后吃茶的习惯一样普遍。他痛斥鸦片之毒害,而得到的回复是"虽圣人再生,不可复救"。

> 更设烟具别室,二人对卧,且吃且话,此为常法。余痛驳烟毒缩人命、耗国力,苟有人心者,所不忍为。砚云不悦,曰,洋烟行于中土,一般为俗,虽圣人再生,不可复救。②

之所以鸦片如此流行,最基本的还是鸦片的毒品本质,如高桥谦在"鸦片流行之惨状"一节所写,吸食鸦片一旦上瘾,"纵千般悔悟亦已不及,陷入欲吸则不得不吸之境地"③。原田藤一郎比喻鸦片之于中国人为"鲣鱼之于猫"。

> 夫洋烟之于清人,不啻酒之于嗜酒如命者、鲣鱼之于猫。换言之,彼等如赴屠所前贪食一餐之牛羊,若言其可怜,毋宁言其面目可憎更为恰当。彼等瘦弱不堪、面无血色,如将赴黄泉之人。然犹会旁若无人般横卧一处吧嗒吧嗒吃着鸦片,其神情假装高傲而卑下旁人。观之至此,可谓非人也。若清国无此害,国富之发达不知几倍之上也。官民不戒此物且吃之益甚,悲哉。减国富至此,着实为清国可惜者也。④

---

① 冈千仞:「観光紀遊」,小島晋治監修:『幕末明治中国見聞録集成』(第二十卷),ゆまに書房 1997 年,第 31 頁。
② [日]冈千仞:《观光纪游 观光续纪 观光游草》,张明杰整理,中华书局,2009 年,第 48 页。
③ 高橋謙:「支那時事」,小島晋治監修:『幕末明治中国見聞録集成』(第三卷),ゆまに書房 1997 年,第 161 頁。
④ 原田藤一郎:『亜細亜大陸旅行日誌并清韓露三国評論』,青木嵩山堂 1894 年,第 182—183 頁。

如原田所说，吸食鸦片不仅毁坏个人身心，更祸及国家经济。曾根俊虎在《北支那纪行》中详细描述了清末"鸦片毒烟之流行"的状况。

> 鸦片烟无处不在，上自天子，下至庶人，无不抽之，公然声称一醉治万病。诸衙门之会客室，诸旅店之客席必定设有卧床，备有两个长枕和尺余长的烟管。大凡抽烟人出门时必带烟管。片刻不离。乘坐在大小船中也抽之，不觉船在航行。上妓楼也吸之，沉醉于毒气，而忘记有玉臂相枕。身在客舍也不弃之，身在烟雾中，废寝又忘食，苶苶如梦，虽颜色憔悴，形容枯槁，而面呈一副乐世成佛之态。贵官富商所用的烟管镶有金银等，颇为美观。抽烟的兵卒一领到薪饷直往烟店跑，气力丧尽，不知打仗为何事，忘记刀枪有何用处。贫困之徒之抽烟者，衣脏不洗，面垢不拭，友死不顾，子死不葬，父母病而忘记进药，只是专心于尺余烟管，房屋家具等全部变卖，吃光用尽依然不厌，甚至强迫妻子女儿卖淫以供抽烟之费。从外国进来的鸦片几亿万尚且不够，内地也种植鸦片，自己制造（天津以东以北之地处处可见种植鸦片烟草）。甚哉！烟毒盛势之流行。①

对于烟毒如此盛行的原因，小栗栖香顶在认为卖鸦片洋人"不仁"的同时，更指出清末中国人不懂自制，"悲则徐意"则表达了怒中国人不争之意。

> 往年欧人鬻烟，林则徐慨其流毒，火之。英佛人大怒，派军舰问罪。是事，彼岂不知，知而吃之，恬然不怪，促命糜财，陷彼术中，不毫介其意，是果何心。欧人知其流毒而鬻之，不仁亦太甚矣。虽然，清人不买，彼安售之？清人买之，所以舶载。然则祸在清人自速也。

---

① ［日］曾根俊虎：《北中国纪行　清国漫游志》，范建明译，中华书局，2007年，第166页。

余悲则徐意,作一绝句云,"慨然要振鲁阳戈,辛苦当年意若何。欲向黄泉陈近事,中华到处病人多。"①

(二) 好夸张、多不义、顽然迂腐

1. 风俗成于夸张

尾崎行雄在1884年9月至11月在上海逗留两个多月,作为报社记者主要目的是多方面了解中法战争的状况,同时也透过上海对清末中国的状况进行了观察。

> 得览张佩纶、何如璋两大臣福州战况之上奏。文过饰非之巧妙,一读令人喷饭。其转怯为勇、化惰为勤之手段,虽为炼丹之道士、筑空中楼阁之小说家,恐亦要退避三舍也。……俗语说话说半分,然支那人之记事皆可视其为百分之一或为适当。若读史上英雄之言行而慕其人,或读文人学士游记而欲游其地者,定为不知支那文法者。支那文章自古事皇张,少则数十倍,多则数百倍。故习文者,非唯修字句之谓也,乃大炼其想象力,乃观猫而即可援笔画虎之谓也,今后修汉文者当铭记此也。②

从张佩纶、何如璋文过饰非的上奏说到中国人做文章时的"皇张"和不可信。对此,小室信介有类似的记述。

> 吾辈自幼小学汉籍,故迷于支那人之文章,而大都误以为其实地如此者居多。依此次支那之行,方破了平生之迷雾。自古以来,

---

① 小栗栖香頂:「北京紀遊」,魚返善雄:「同治末年留燕日記(上)」,『東京女子大學論集』(第八卷第一号),1957年11月,第24頁。
② 尾崎行雄:「遊清記」,小島晋治監修:『幕末明治中国見聞録集成』(第三卷),ゆまに書房1997年,第38—39頁。

> 支那于文章、言语华丽浮糜、夸大倨傲，对此曾有所闻。然程度之甚远超所想。盖支那人自古以来不饰夸张而仅述见闻者无，故其习惯风俗一切成于夸张也。①

二人都提及自己所修汉文、学汉籍的经历，而实地经历完全打破了源自文章的中国认识，即"破了平生之迷雾"。二人还刻意提醒日本人学习汉文时要注意辨别，不能盲信。当然这与进入明治后日本人的思维转向密切相关，另外，日本的汉学在此时已经开始转冷，"明治维新后，幕末志士们所鼓吹的日本汉学，在'文明开化'政策面前，转眼间就失掉了颜色"。② 加之实地探访者的不断增加，汉学所承载的中国意象在日本人的中国认识中渐渐失去了主体地位。

2. 重私利轻忠义礼仪

在小室信介的眼中，中国整体而言风气败坏，已经妄为"孔孟教之国"。

> 支那人中，当有一二忧国之人，亦当有忠君之民。然，概而言之，贪欲爱钱之小人耳，不知廉耻、断无忠义、只营私利之人耳，俛焉营营汲汲而不顾其他。孔孟之教，说仁义道德，教礼义廉耻，此乃古昔之事，而今已不行。况往昔，此教高尚，不及中人以下。观今日支那之人，断不能理解其为孔孟弟子，断不能信支那国为孔孟教之国。汉学家云，虽觉其可怜，然实为可轻蔑之国度也。③

小栗栖香顶与寺庙住客谢重辉的对话中则直言圣人之道在日本而不在中国。

---

① 小室信介：『第一遊清記』，自由燈出版局1885年，第5頁。
② 草森紳一：『文字の大陸　汚穢の都：明治人清国見聞録』，大修館書店2010年，第12頁。
③ 小室信介：『第一遊清記』，自由燈出版局1885年，第29頁。

予曰,"予意,圣人之道在我邦,不在中国。"重辉问说。曰,"中国人不知廉耻,白昼路上放屎,日本人尊儒教,此等不恭,人人耻之。"曰,"京师风俗大坏,弟亦说其不洁。外省屋宇皆高,砖砌瓦盖,一尚干净。且农耕要粪,故结茅檐贮屎。师唯见一处,而诽全国,非公论也。广东、汉口、南京、长沙、沙市,其余胜地,不可胜记。虽田舍,不似北京不洁。若使皇上不在此,鬼蜮尚且不到。"①

对于谢重辉把北京与外省的区别,虽然小栗栖香顶并没有提出特别反驳,但其实小栗栖所言"中国人不知廉耻"之举并不限于北京,很多是其在从上海到北京的途中所见。小栗栖不反驳也受到其他言论的影响。如宁波商人杨曙门对他提出忠告,言及北京的弊病。"师单身入京,留心行李。京中多穷人,剽客盗人骗子,亦颇居多。钞袋所在,不可使人知。半夜穿壁来抢,或护财殒命,甚可惧。街上买物,亦当费心。"②小室信介在《第一游清记》中也特别言及北京之风气,可见当时无论在中国人还是在外国人眼中,北京作为京城,其环境和人们的想法的确是不同于他处的地方。"闻本国之事,更无关痛痒。如闻台湾、福州等战败噩耗,毫无惊讶、担忧之色。与彼时越人视秦人之肥瘠相较更甚。地方之事由地方防务所负责,胜败与我何干?人云,此乃中央政府官吏之一般感触。"③在小室眼中,从普通民众到中央官吏,中国人都是自私而没有国家整体观念的。他进而把他眼中的清末中国人见利忘义不知耻的行为,放置到历史传统之上,认为中国人多卖国者是自古有之的事情。"支那人见利忘义而不知耻,自古以来多有此类。历史可见,与外国开战之时,是有充当向导者,或任斥候、间谍者,皆为支那人也。卖其父母之国,仇其国王,而

---

① 小栗栖香顶:「北京紀遊」,魚返善雄:「同治末年留燕日記(上)」,『東京女子大学論集』(第八卷第一号),1957年11月,第36—37頁。
② 小栗栖香顶:「北京紀遊」,魚返善雄:「同治末年留燕日記(上)」,『東京女子大学論集』(第八卷第一号),1957年11月,第43頁。
③ 小室信介:『第一遊清記』,自由燈出版局1885年,第19頁。

不知耻者比比皆是。"①

3. 顽固、狡猾

在明治中国游记中,中国人言及外事时多持有顽固抗拒之心的记录很多。在冈千仞和称作砚云的中国人的对话中,砚云认为李鸿章开招商局、机器局是耗国力、失民心之举,而冈千仞认为李鸿章是学习西洋之长而"尽力国本者"。砚云认为,"机器岂圣人之所言乎?此徒率国人,去质实趋机巧尔"。冈千仞罗列中国古代圣人开物成务之举,以证西洋机器"殆中土圣人所制作而大成者"。"砚云变色,曰:'英法豺狼,岂可以人理论乎?'余曰:'中土以豺狼待彼,彼故以豺狼报中土。中土若以尧舜心事待彼,彼岂有不以诚接中土之理乎?'"冈千仞对中西近代关系的认识自然是有偏颇的。但他对清末中国普通民众的西洋观的记录和描述可谓准确。冈千仞说砚云"言及外事,顽然执迷",并且指出"是事不止砚云为独然"。② 冈千仞又记述中国人以固有视角观察西方,没有开放胸怀而不能持有国际视野之事,比如海军不懂国际礼仪等。

> 中人开口辄曰,夷狄殊类,不知礼仪。自外人而观之,为孰知礼仪。其致今日之事,实有故也。③

高桥谦论及长江一带各省风俗,虽然在整体贬低的语境下说到各自特点,但无一例外地用到"狡猾"一词。

> 江苏地方,文学盛行,自具奢侈之风,锐敏而狡猾,然概乏勇敢之气力。安徽及江西等地方,稍有素朴之风,概最狡猾且往往可见

---

① 小室信介:『第一遊清記』,自由燈出版局1885年,第32页。
② 详见[日]冈千仞:《观光纪游 观光续纪 观光游草》,张明杰整理,中华书局2009年,第49页。
③ 冈千仞:「観光紀遊」,小岛晋治监修:『幕末明治中国見聞録集成』(第二十卷),ゆまに书房1997年,第35—36页。

敢为之风气。湖北及湖南二省,概狡猾顽固,有锐敏之精神与勇敢之气力,就中湖南人最为勇敢顽固,视外国人殆为仇敌。四川一省,古来风俗自异于他省,男女之间隔非那般严重,适龄男女一室相谈而无愧色,且颇狡猾勇敢者如斯。①

在言及中国人在宗教上的盲信时,又特别说到江浙之地在极为严重。

> 支那人乃宗教上盲信最深之国民,至于下等无智之民尤甚。就中江浙地方,自古以来宗教上之盲信最甚。日时之吉凶、坟墓之风水等皆信妄诞僻说,且盲信社会诸事物皆有鬼神司吉凶。②

在记述广东风气时,特别提及"淫风颇盛"。

> 广东地方淫风颇盛。贫民子女大抵以卖淫为生,或嫁往他省,或为外国人之妾,此种人甚多,且恬然安之而不知羞愧。殆如以此为通常之职业也。③

二、中国前途二说

高桥谦在《支那时事》中提出中国前途二说,并认为日本人对清末中国的认识多"徘徊于二说中间"。

---

① 高橋謙:「支那時事」,小島晋治監修:『幕末明治中国見聞録集成』(第三卷),ゆまに書房1997年,第146頁。
② 高橋謙:「支那時事」,小島晋治監修:『幕末明治中国見聞録集成』(第三卷),ゆまに書房1997年,第156頁。
③ 高橋謙:「支那時事」,小島晋治監修:『幕末明治中国見聞録集成』(第三卷),ゆまに書房1997年,第187頁。

夫于清国之前途，世人尚全然于疑惑之中。目睹其军舰之强大、沿海炮台之宏壮者，或惧然曰，清国决不可侮。其兵备之充实远非我国之所及也。试观清法战争，以欧洲霸国之力犹侮之不易，此事实已昭示天下，岂可非之。况清国政府今犹锐意採欧美之长，讲富强之术。东洋未来之霸国若非清国又当何国哉。亦有观其内地之未开模样、闻其外交之困难者，洋洋大言曰，清国决不足惧。其人民未解文明为何物，顽陋自大而不知有外国。版图广大，然帝权不及全国，尾大难掉。仅一不足惧国也。且其国内革命党激烈蔓延，动其根本。外有俄国窥其北，法国据其南，英国跋扈于沿海。可谓内忧外患并起之态势，终究无振兴之希望。世人动辄以沿海之军备或二三老臣权威之盛而论清国将中兴，确有如此思考者。然此等现象无异枯木之花，清国早晚如波兰之亡、土耳其之萎废。现今此二说盛行。众多人士皆徘徊于二说中间，陷入疑惑之中。①

竹添进一郎在游历中国后，明确指出了清末中国陷入的困境，但他认为中国只是缺少好的"医治"，即发展方式得当可以实现中兴，观点倾向于前者。"余足迹殆遍于禹域，与其国人交亦众矣。君子则忠心好学，小人则力竞于利，皆能茹淡苦考，不折不挠，有不可侮者。但举业囿之于上，苛敛困之于下，以致萎靡不振。譬之患寒疾者为庸医所误，荏苒弥日，色瘁而形槁，然其中犹未至衰羸，药之得宜，霍然而起矣。"②清末中国之于日本，于一些明治汉学家而言仍是文化之根源，值得尊崇。"顾中土与我同文国，周孔我道之所祖，隋唐我朝之所宗，经艺文史，我之所以咀

---

① 高橋謙：「支那時事」，小島晋治監修：『幕末明治中国見聞録集成』（第三卷），ゆまに書房 1997 年，第 259—260 頁。
② ［日］竹添进一郎：《栈云峡雨日记　自序》，载《栈云峡雨日记　苇杭游记》，张明杰整理，中华书局 2007 年，第 18 页。

其英而嚼其葩。九流百家,我之所以问其津而酌其流。历代沿革,我之所以举其详而论其要。鸿儒名家,我之所以诵其书而穷其旨。"①冈千仞在《观光纪游》序言中如是写道。但明治时期的汉学家多数已有了更为广阔的视角,不似幕末多把西洋视为夷狄,而是主张更为开放的态度。所以,如上所述,在实地观察中国时,冈千仞曾多次对中国人"言及外事,顽固执迷"提出批评,而对学习西方开展洋务运动做出肯定评价。从这方面来说,竹添进一郎和冈千仞对中国的批评是带有善意的。

更多的明治中国游记作者认为中国无论政府还是军队都已积弊已深,如高桥谦所说后者,即清末中国早晚萎废。政府方面,小室信介记述,1884年10月1日,在北京的日本公使馆收到法国再次炮击基隆并欲占领台湾全岛的电报。日本公使馆立刻派人前往清政府总理衙门报告,但属吏们不予受理。"曰,今日乃中秋佳节,朝廷办中秋御宴,亲王、大臣及百官陪侍。本衙门无一出面受理此事之人。"②对这样因中秋御宴而拒绝受理国家大事的行为,日本人以为是"迂腐的笑话"。原田藤一郎通过对清末官厅一般状况的记述,呈现出清朝政府混乱、无规范、缺乏威严的状况。原田所见清末官厅,中有正厅,左右有礼房、执事房、户房和租房等八九间。

> 然房中从事职务者无,有吃鸦片者,有纺丝者,有喝茶者,有吸烟者,有三五成群者亦是沉迷于家长里短的闲谈。偶有如予等外来者,八九间房中之人皆聚于一室呢喃私语,中亦有詈骂诽谤之言。更有甚者,市内人民群集于厅内而不受叱咤,足可知其官吏无威严,不受民人尊敬之状况。③

---

① 冈千仞:「観光紀遊」,小島晋治監修:『幕末明治中国見聞録集成』(第二十卷),ゆまに書房1997年,第13—14頁。
② 小室信介:『第一遊清記』,自由燈出版局1885年,第15頁。
③ 原田藤一郎:『亜細亜大陸旅行日誌并清韓露三国評論』,青木嵩山堂1894年,第167—168頁。

高桥谦在《支那时事》中对清末陆军、海军都做了记述，并且做了中日海军实力的对比。在他看来，陆军方面，八旗兵有名无实、萎靡不振，绿营兵营规腐败、士气不振，皆为弱兵。

> 八旗兵者，乃清朝攻略支那时所用满洲之精兵也。一统后，分驻北京而其他要地，以镇压支那人。其数及二十四万之众。其为世袭且无训练检阅之事，故怯弱不当用，现今更萎靡不振，确为有名无实之弱兵也。绿营兵即清朝定额兵，全国凡五十余万之众云。其兵皆支那人，分屯全国各地。此兵同于八旗，现今既已营规腐败、士气不振，终为不堪战斗之用之弱兵也。①

而海军方面，虽然整体实力强于日本，但清末海军分北洋、南洋、福建、广东四舰队，不能一致行动形成统一战力，因此实战弱于日本。这一观点在甲午中日海战中得到了印证。

> 以今之清国舰队与我海军相较，公平评之，则有如下可言。将校士卒之勇气及伎俩，彼此无格外优劣之分。至于其舰队之充实，则不得不言我劣于彼。然支那之舰队隶属各省总督，呈各自独立之势而不能达一致之行动。故四舰队整体似乎优于我海军，然至于实际战争之场合，其势力分离则不如我海军之强盛也。此乃最应引起我国人注意之处也。②

---

① 高橋謙：「支那時事」，小島晋治監修：『幕末明治中国見聞録集成』（第三卷），ゆまに書房1997年，第112—113頁。
② 高橋謙：「支那時事」，小島晋治監修：『幕末明治中国見聞録集成』（第三卷），ゆまに書房1997年，第148頁。

尾崎行雄与王韬谈论中法战争中中法的强弱优劣时,王韬仅将清朝败退原因归结于"缺'一速字'"。尾崎行雄认为王韬是了解西方的著名老儒,并认为把失败简单归结于政府反应速度慢并非王韬的固有观点。

> 王韬突然写道,"以中国之大、华人之众而不能制法国者,唯因当事者因循而不能服膺一速字也。"余思王韬乃著名老儒,尝游泰西亲察其文物制度,当知法清强弱优劣之缘起决非一朝一夕之故。然以缺"一速字"为清廷之敝根,谈何容易,此恐非其平生之持论。乃援笔写下,"北京当局者若有先生之见识,或无今日般失体,然振刷积弊所致、一新清国面目决非易事。"①

尾崎认为清国积弊已深,难以复兴。小室信介更为具体地对中国内外交困的情形进行了记述。

> 其内,政令日敝,百官玩忽职守,言路壅塞,贿赂公行,人心离叛,百姓积怨,一朝事起,则匪徒蜂起,以致政令无所施。其外,有法人之劲敌,盖城下之盟不远矣,其祸之所及不可测知。②

第二节 甲午中日战争后的日本人的中国观

甲午中日战争后日本人的清末中国游记,无论从数量还是游记所涉空间的广度,以及游记作者身份的多样性,都大大超过了甲午战争前。

---

① 尾崎行雄:「遊清記」,小島晋治監修:『幕末明治中国見聞録集成』(第三卷),ゆまに書房1997年,第34頁。
② 小室信介:『第一遊清記』,自由燈出版局1885年,第28頁。

按作者游历清末中国时的身份罗列游记如下。作者身份为商人、实业家的游记有中村作次郎的《支那漫游谈》、枥木县中朝观光团的《满韩观光团志》和赴清观光实业团的《赴清实业团志》；作者为学者、记者、教习等文化人士的有内藤湖南的《支那漫游燕山楚水》、小山田淑助的《征尘录》、宇野哲人的《支那文明记》、德富苏峰的《七十八日游记》、中野孤山的《横跨中国大陆——游蜀杂俎》、股野琢的《苇杭游记》、小林爱雄的《支那印象记》、竹越与三郎的《南国记》、永井久一郎的《观光私记》和佐藤善治郎的《南清纪行》等；作者为官员的有村木正宪的《清韩纪行》、水野幸吉的《汉口》、内山清与梶原熊雄的《南京》和胜田主计的《清韩漫游余沥》等；作者为学生的有东亚同文书院第五期学生调查团的《踏破录》、东亚同文书院第六期学生调查团的《禹域鸿爪》、东亚同文书院第七期学生调查团的《一日一信》、东亚同文书院第八期学生调查团的《旅行纪念志》以及东亚同文书院第九期学生调查团的《孤帆双蹄》；作者为宗教人士的有西本愿寺教学参议部的《清国巡游志》等。本节通过这些游记解明甲午战争后的日本人的清末中国观。

对于中国人沉迷鸦片病及身心的描述，在甲午中日战争前的游记中多有涉及，但在本节相关游记中却相对较少。"鸦片有害，虽支那人亦深知。有心者不吃此。且妇女不吃此，若吃之，如在日本吃酒之妇女必遭冷遇，同样摈弃之。"①"吸食鸦片者之少令人颇感意外。对染上吸毒习惯者只允许限制数量购买。"②由此可知，民众认识到鸦片的害处以及政府对鸦片的管制措施在一定程度上控制了烟毒的蔓延。当然，从佐藤善

---

① 村木正憲:「清韓紀行」,小島晋治監修:『幕末明治中国見聞録集成』(第五卷),ゆまに書房1997年,第315頁。
② 佐藤善治郎:『南清紀行』,良明堂1911年,第290頁。按,佐藤善治郎游历清末中国是在1910年,所言清政府对鸦片的控制是符合事实的。"光绪三十二年(1906),清政府鸦片政策来了个一百八十度大转弯。这年八月,清廷下达禁烟上谕。……十月颁布禁烟章程,……光绪三十四年(1908)五月,民政、渡支两部又制定了《稽核禁烟章程》二十三条,对禁烟规定了更为具体的实施办法和奖惩条例。"(李隆昌:《从鸦片政策的演变看清王朝的穷途末路》,《江汉论坛》,1982年第11期,第67页。)

治郎所言"颇感意外"一词,也可以认为,清末中国大量民众吸食鸦片原本是常态,而既然是常态,在游记中无需刻意提及也有可能是这一阶段游记中较少涉及鸦片的原因之一。

一、"支那的根性"(一)——"支那无国"与"利己主义"

村木正宪在《清韩纪行》中提及史密斯氏的《支那人的特性》一书,并罗列了著作中对于中国国民性的二十六点认识。所说史密斯氏是指在清末民初长期居留中国的美国传教士阿瑟·亨·史密斯(1845—1932),中文名明恩溥,村木所言《支那人的特性》是其出版的英文专著《中国人的特性》。该书在1890年上海初版共四十章,1894年美国纽约再版修订为二十七章。著作二十七章中,最后一章是《中国的现实与需要》,其余为中国国民性认识的二十六点,分别是"面子要紧""厉行节约""辛勤劳作""严守礼节""忽视时间""忽视精确""易于误解""拐弯抹角""柔顺的固执""心智混沌""神经麻木""轻视外国人""缺乏公共意识""因循守旧""随遇而安""身体的活力""忍耐和坚毅""知足者,常乐""百善孝为先""仁慈行善""欠缺同情心""人际风波""连坐与守法""互相猜忌""言而无信""多神论、泛神论、无神论"等。① 1896年由涩江保②翻译博文馆出版日文版。因日文版译名为《支那人气质》,故村木正宪所见《支那人的特性》应为英文原版。由于鲁迅对该著作的推崇,研究者也认为日文版影响了鲁迅"改造国民性"想法的产生。涩江保在日文版《小引》中阐述了他对该著作的评价,引用如下。

---

① 按,关于明恩溥的《中国人的特性》及其中国观的论述,可参见翁伟志的博士论文。(翁伟志:《他山之石:明恩溥的中国观研究》,博士学位论文,福建师范大学专门史,2007年。)此处主要借《中国人的特性》日文版引出本节论题及其必要性。
② 按,涩江保(1857—1930),日本明治大正时代著名小说家、翻译家,是日本江户后期著名儒医涩江抽斋(1805—1858)嗣子。详见山本勉:「明治時代の著述者 渋江保の著述活動:出版物「万国戦史」を中心に」,『佛教大学大学院紀要.文学研究科篇』(第43号),2015年3月,第91—108頁。

史密斯为传教,在留支那,二十二年间,尽力观察国民之气质,其观察之详密,无大过者,为吾人所信不疑也。我国历来并非没有录写近世支那事情之书,然多不过记一时之见闻,叙事概止于皮相,失之简略,令人有隔靴搔痒之憾。又,洋书当中,如威里阿姆斯之《中华》(Williams, Middle Kingdom),详密则详密,然并非没有稍稍过于浩瀚之感。史密斯之《支那人气质》,往往以东洋人之通习为支那人气质,因东西风俗之异,取吾人目中并非稀奇之事物喋喋称奇之类,吾人并非没有不满之处,然其要者,描述於彼国社会及家庭之光面、暗面,透其真相,不伯之简,不过于繁,似以此书为最。是乃生译述此书之所以然者。①

涩江保认为著作"无大过""透其真相"且详略得当,给予了很高的评价。但同时,涩江保也指出了该著作的问题,"史密斯之《支那人气质》,往往以东洋人之通习为支那人气质"。也就是说,史密斯所写中国人的特性,实际上有些是其站在西方人立场上观察到的东方人的共通性。如此,日本人的中国观,虽然如涩江保指出的那样,有"多不过记一时之见闻,叙事概止于皮相,失之简略,令人有隔靴搔痒之憾"的问题,但却可以比较好地以日本人的视角区分开"东方性"和"中国的特性"。而有西方经历或西方学背景的游记作者还有可能看出清末中国欧化之处。

(一) 民众国家观念淡漠与政府官员失信于民

从中国朝代更替的历史,以及清末中国现实中民众对政府的不依赖、对官员不信任,到清末革命军的兴起,很多游记作者认为,中国民众国家观念淡漠,而造成这一状况的重要原因在于朝代更替的形态及统治方式。

---

① 李冬木:《关于羽化涩江保译〈支那人气质〉(下)》,《鲁迅研究月刊》1999年第5期,第60页。

1. 民众国家观念淡漠

德富苏峰提出"支那无国"一说。

> 支那有家无国,支那人有孝无忠,此乃一支那通之警句。不仅今日支那人无国家之观念,从来近国家观念之物殆难觅得。若直言,支那有无近世意义之国家组织颇为可疑。①

宇野哲人认为中国是"易姓革命之政体",与日本皇室万世一系大为不同,也是中国民众国家观念淡漠的重要原因所在。

> 于中国,孝重于忠,鼓吹国家主义者稀,鼓吹家族主义者不遑枚举。我日本国,以皇室为大宗,国民皆其支流,是所谓大家族主义。而中国则不然。此一点,乃我国与中国相异之处。然此时中国易姓革命之政体使其然也。大有无可奈何之感。②

佐藤善治郎也认为中国历史上多以武力改朝换代,民众多是被打败而被统治的,因此对新力量打败现有统治者有很强的接受能力。佐藤也把中国的情况与日本皇室的万世一系相比较,认为中国"充满异色"。

> 孔孟认可禅让放伐,认可易世革命,与其仅看作是一种迫不得已,倒不如说是认为这种做法为善。基于这种国情,从拥戴万世一系的皇室、以血缘关系结合在一起的我们日本人来看,所有地方都充满异色。若一英雄、一民族崛起而征服海内并建国,大多数被征服者会畏惧其武力而退缩。换言之,因为是输给武力,所以,一旦拥

---

① 德富猪一郎:『七十八日遊記』,民友社1906年,第233頁。
② [日]宇野哲人:《中国文明记》,张学锋译,中华书局,2008年,第222页。

有力量企图叛逆(在支那称此为大业,的确是大业)也合理了。即是说,叛逆的权利万民有之。很多人相信这个朝廷不知何时应该也会覆灭的。还有肆无忌惮讲出口的。"下一个天子大概会出自湖北吧。"某位汉口的支那人说过。这样的事情是寻常有的。就连孔子也满不在乎地讲出"其或继周者,虽百世,可知也。"①

从历史上孔孟的观点到现实中观察到的清末中国民众中"寻常有"的"下一个天子"的说法,佐藤在《支那的国家》一节中阐述了中国民众国家观念淡漠的状况。

> 近来四境被割占,一种滑稽的自负自尊心稍有觉醒之态,《清国屈辱史》之类的书在书店会比较多见。但是,并没有打算上下一致度过国家举步维艰之时,反倒生出收回利权热,妄然损害列强感情,徒然增加纠纷而已。要举办新事业但没有钱,于是便向诸外国借钱。也有了一个清国特用的新词——借款。基于自家利益打算的当局者很多,而毅然肩负国家重任而站起来的人很少。②

明治游记认为清末当局者多为自己利益打算,顾及国家者少,顾及民众者少,政府官员越来越失信于民。

2. 政府官员失信于民

除了历史因素的影响,游记作者认为清朝政府的羸弱与官员的贪腐也是民众国家观念淡漠的重要原因。中村作次郎描述北京城内道路凹凸、下水阻塞、路有积水,并觉可怜。中村对弃之不管的现状感到不解,故问询当地人,得到的答复是官员贪腐成风造成道路修整费用缺少。

---

① 佐藤善治郎:『南清纪行』,良明堂1911年,第283—284页。
② 佐藤善治郎:『南清纪行』,良明堂1911年,第288—289页。

> 支那政府年年做相当之修复。然政府所拨付修复费用或百万两或五十万两，官员皆会中饱私囊，官员之下衙役亦会模仿，正所谓上行下效。故即使政府出百万两，最后用于工事者或二十万两许。其余皆成贿赂。①

当地民众的认识也体现出对官员的极不信任，这也让中村对清朝官员贪腐深信不疑。

> "政府乃保护人民之组织""官吏乃给予人民便利者"等观念，在彼等头脑中是不存在的。似乎认为只要不加害于民便已经十分好了。官吏不为人民谋利益，缺少对职务的诚意，官职用于谋取私利。偶尔举办事业也是应该是可以中饱私囊的事业。因此，人民绝不依赖于官员的保护。②

既然对官员不信任、不依赖，那么民间的自治制度就发达起来。宇野哲人认为，"政府威令不行，警察制度不备，是其重要原因，因此需要自卫，从而促使自治制度之发达。当然，中国国民自身具有之自治性格，是更重要之因素"③。

对于民众不信赖政府，内藤湖南通过上海租界的介绍加以说明。

> 上海租界的中国人的财富，是租界外国人财富的几十倍上百

---

① 中村作次郎：「支那漫遊談」，小島晋治監修：『幕末明治中国見聞録集成』（第三卷），ゆまに書房1997年，第310—311頁。
② 佐藤善治郎：『南清紀行』，良明堂1911年，第285頁。
③ [日]宇野哲人：《中国文明记》，张学锋译，中华书局，2008年，第221—222页。按，宇野认为，"中国国民自古以来即是民主性国民。"他列举了尧舜之禅让、汤武之革命到孔子、孟子、荀子等思想，再到当时主张民主主义的革命军兴起之状况，认为"此种民主主义，始终一贯，无所变容。"从民主性，宇野讲到了中国的自治制度，并认为自治性格是民主性的延伸。"因具有民主性，故自治制度非常发达，从某种程度讲，不劣于世界上任何民主国家。"（同第221页）

倍。可是他们没有参与市政的权利。更有甚者,像不准中国绅士进入外国人设立的公园之类,凡是和外国人相关的事情,哪怕有十二分的道理,中国人也会动则被踩躏权利、侮辱人格,这样的事情不可胜计。划出租界,俨然形成了清国政府的权力所不能涉及的独立城市之观。但对于中国人来说,本国政府的权力所不能涉及的地方,反而比本国政府管辖下的其他地区更加安全,上海租界的繁华,大多是这个原因造成的。因为租界的法衙不像中国官员那样贪图贿赂,非要原告被告双方都倾尽钱财才肯罢休。租界的警察办案效率高,没有盗贼的烦扰。不像中国巡捕那样自己成为犯罪的温床。生命财产的安全可以托付在这里。①

即使生活在权利遭到踩躏、人格受到侮辱的租界,民众也不愿生活在贿赂成风、没有安全感的清政府统治之下。这一对比鲜明地表现了民众对政府的不信赖。而能够选择在租界生存的人毕竟是少数,对于大多数生活在清政府统治下而又不信赖政府的民众来说,如宇野哲人所说,自治制度就发达起来。内藤湖南也曾谈及,并把这一状况称作中国的"风气""风俗",并把风气的改变与清末中国改革的问题关联起来。"中国的改革,是用人为的手段花时间进行,还是努力改变中国的风气,等待时机的自然成熟,这是需要研究的问题。"②内藤首先设定了这一问题,其中所说"中国的风气"指的就是民众"孤立自卫、不信赖官府、不依靠社会的风气"。然后又做了解答。"不改变中国的风俗,就不可能有变革的大成功。不改掉孤立自卫、不信赖官府、不依靠社会的风气,不促进发展公众的社会集体意识,变法的结果,只会给贪官污吏们提供些方便罢了。"③内藤湖南用"孤立自卫"一词,而佐藤善治郎用的是"独立自营"。

---

① [日]内藤湖南:《燕山楚水》,吴卫峰译,中华书局,2007年,第189页。
② [日]内藤湖南:《燕山楚水》,吴卫峰译,中华书局,2007年,第187页。
③ [日]内藤湖南:《燕山楚水》,吴卫峰译,中华书局,2007年,第191页。

无欲依赖国家者,亦无欲接受社会保护者。于是,只想靠独立自营度日。靠自己之力的精神豪气是本邦人不可及的。有此精神,可忍任何苦痛、不辞任何贱业而奋斗。换言之,本邦人靠团体(国家、家族)之力获得成功,支那人则欲靠个人之力而获得成功。与日本船相比多两三倍的升帆而行的支那船,这种看起来都危险的工作,他们却宁死无悔地干着。在此状况下,支那人生活区域扩展到世界各地,拥有着伟大的繁殖能力。也就是说,即便支那国覆灭了,支那人也不会覆灭。①

虽然佐藤认为中国人独立自营能力是日本人所不及,但他认为中国人的这一特征并不来自对人类本职的自觉,而更多是因食欲、色欲、赌博欲念,仅仅是出于利己思想的。

(二) 利己主义

在很多明治中国游记中都写到了中国人的"唯利是图、利己主义",其中作为日本贵族院议员和《国民新闻》记者的德富苏峰对此大书特书,可谓"不惜笔墨"。其著作《七十八日游记》后半部命名为"触目偶感",是关于"支那及支那人"的短评集,认为中国人没有国家观念、文弱、懦弱、进攻方面显得拙劣、易于放弃、暗地里精于利害算计、自私自利到认可彻底的权宜之策,等等。这些短评的内容有着十分明确的贬低中国和中国人的政治意图。

支那人无正邪标准,唯利害打算。凡事算计,常怀不为招损之事之心态。②

某人曰,诸般问题于支那唯以一利字便可得解释。人之万事为

---

① 佐藤善治郎:『南清紀行』,良明堂 1911 年,第 277—278 頁。
② 德富猪一郎:『七十八日遊記』,民友社 1906 年,第 245 頁。

利、依利、向利而动。若言支那人有拼命所为之事，不在君父之命，不为国家，不为宗教，唯为自个之利也。若为利，懦弱之彼等可成勇者；若为利，怠惰之彼等可成勤勉者；若为利可弃生命于不顾。彼等深夜潜入旅顺堡垒，捡拾地面或地下未爆裂之弹丸，埋头敲捡，或为此丧命，然彼等绝不后悔。①

德富不关心造成中国人冒死捡拾炮弹的原因，如日本发起的甲午中日战争和日俄战争等，而是把冒死求生的中国人描写成为利不顾死活的形象。

本来支那人即为不积极做事之人类。凡事被动搪塞之人类。任何场合不认真之人类。唯到利之问题时，彼等冷血不知何时已沸腾起来，彼等懒惰之气会瞬间消失。利当真是支那人之宗教，当真是支那人之生命。对利以外之事，支那人漠不关心且无法认真对待。并且，偶尔有感兴趣之事若与利冲突则旋即热情冷却。在利之前，支那人无亲子兄弟之谈，何况国家乎。总之，一"利"字可成为解释支那人生活与思想的钥匙，几乎可称其为唯一之钥匙。②

德富认为中国人的所有生活、思想皆可以用"利"字解释，"支那人之利已近乎病态。"殊不知这种描写的绝对化也已经"近乎病态"。德富苏峰又提出逆读《论语》是了解中国人状态的好办法。"把《论语》一言一句悉数相逆取之则可大致了解支那人的真相。想来孔夫子正是应其病而施其药，然而，其病至今尚依然存在。"③如《论语》中有"君子喻于义，小人喻于利"一句，而在他看来中国人为利舍义之人比比皆是。

---

① 德富猪一郎：『七十八日遊記』，民友社 1906 年，第 251—252 頁。
② 德富猪一郎：『七十八日遊記』，民友社 1906 年，第 252—253 頁。
③ 德富猪一郎：『七十八日遊記』，民友社 1906 年，第 255 頁。

香川悦次把"唯利是图"看作"支那之根性",并举出其在汉口观察到的苦力救火的情形作为事例。

> 支那人自一至百凡人生之事皆为钱而动,且毫无顾忌显现于各种之场合。吾辈滞留汉口之时,一夜失火,跑出观瞧,见苦力扛桶运水而来。见其奴均持一尺左右之木片于手中,闻于他人,曰木片乃彼等运水桶数证据之符板也,即指挥者手持大量符板于打水处等候,苦力运水一桶得符板一枚,灭火之后,符板一枚算作几文之价,按数结算求得报酬。救火亦如同普通搬货求运费一般无二,火灭与否全不关心,罹灾者之外者皆无关痛痒。支那文人古时形容此场景为隔岸观火,可谓超乎其境也。①

苦力为求生计,运一桶水得一符板,以方便计算所得报酬,本质上是一种类似按件计酬的生产方式。但很明显香川看到的是现象,并没有考虑空间差异性。比如说在清末的汉口,作为政府行为的消防机构是否存在,相对固定的民间消防组织是否存在,消防是否以临时雇佣苦力为主要组织方式,苦力的生计如何维持,苦力与汉口当地的社会融合如何,即苦力是否视汉口为建立在互助关系之上的"村落"等等。香川的描述似乎有意回避了运水的效率和苦力救火时的状态,比如是拖沓的还是迟缓的,是焦急的还是麻木的,只将视角放在救火之时仍图一己之力这一现象之上。以符板为计酬方式放在1906年汉口的历史现场是否是高效的生产组织方式还有待考察,但香川选择性的记述和具有刻意引导性的描写是带有明显的鄙夷中国色彩的。

宇野哲人把利己主义和家族主义相关联进行阐述。"中国国民在重家族主义之同时,个人主义、利己主义极其发达,此令人不可思议。"因

---

① 香川悦次:『支那旅行便览』,博文馆1906年,第589页。

为,一般认为这两者存在一定矛盾。"家族主义,严格说来,不得不牺牲个人。极端主张个人主义,则多有不顾家族利害之事发生。"①而中国的现实是主张家族主义的同时亦主张个人主义。"家族是由个人之团结而形成,个人之发展又是家族之发展,因此,家族主义与个人主义之并存,实非难事。现实之中,中国之家族主义与个人主义即处于并存两立之中。"②宇野又以《官场现形记》为例,介绍了为官者聚财之策。并进一步说,"然不仅官吏如此,人民亦颇锐于利。劳动者可不吃不喝,存足钱回家买老婆,即是其理想,彼等皆将自己之财产缠于腰间。总之,上下趋利,是中国人之常情"③。与德富苏峰的描述相比,宇野往往通过列举事例使得分析具有一定的客观性,同时论述也体现出一定的学术逻辑。

二、"支那之根性"(二)——虚言虚礼及其他

(一) 好虚言辞令

"中国人社交辞令十分巧妙但多虚言"是众多明治中国游记作者的共同观点。

德富苏峰认为中国人善于"天然的外交性辞令"。"彼等巧于辞令,令人佩服。彼等能将不礼貌之事用高雅语言来表达。'禁止小便'之处写为'君子自重','无事之人不可入'之处写为'闲人免进','金鸡报晓汤先热,红日未升客满堂。'此为浴室的招牌,应有很多人思之不及。即支那人有大然的外交性辞令。"④中野孤山在《蜀人的交际术》一节中对中国人擅长交际进行了描写。

> 曾闻支那人一般擅长交际术,其言不假。彼等交际术甚为巧

---

① [日]宇野哲人:《中国文明记》,张学锋译,中华书局 2008 年,第 222 页。
② [日]宇野哲人:《中国文明记》,张学锋译,中华书局 2008 年,第 223 页。
③ [日]宇野哲人:《中国文明记》,张学锋译,中华书局 2008 年,第 225 页。
④ 德富猪一郎:『七十八日遊記』,民友社 1906 年,第 303—304 页。

妙,余等顽固之辈亦啧啧称奇、赞叹不已。其辞令之巧妙,谈吐之优雅,应对之自如,丝毫不损对方之心情。彼等辞令不露棱角,暗藏锋芒,含蓄委婉却余音绕梁,聊起天来天花乱坠,谈笑风生,令人敬佩。与余等不通支那语之人,立即取笔笔谈,起首便是"久仰大名"或"贵教习""大教习"云云,施以恭维之言,打开交际门户。在宴席之上,运用其手腕不断扩大交际范围,介绍叠加介绍,最终作为出色交际家将其触角扩展到各个方面。①

宇野哲人也认为"中国国民具有社交性格,极善辞令。"②宇野认为中国人善辞令原因有二。一是中国语言本身特点。"中国语之特色,较之其他任何国家语言,更具有音乐性,因此可用以讴歌悠扬和平之情,又可用以讴歌慷慨激昂之情。"③二是中国好空文虚礼。"社交之真正意义姑且不问,所谓善于社交,简而言之,是善于应对,礼貌周全,其是否真心诚实,则另当别论。中国人于此一点而言,是天生之社交家。首次见面时之问候语,即是'久仰大名',微不足道之小事,即称'请教'。不知人情世故而又狂妄自大之我日本人,即刻为甜言蜜语所迷惑,吐出堂堂之大意见,以为对之进行了教育开导而沾沾自喜。殊不知彼等或于背后掩口葫芦而笑,视吾等为孩子气或愚蠢。"④

对于中国人好虚言辞令,内藤湖南通过把衡量判断"中国人的巧妙辞令"写在了给"今后到中国考察的人士"的建议之中来表达,胜田主计则是通过把"少有奉承辞令"的锡良描写为有"相异之感"来表达的。"我要为将要游清的各位进一言:先要摒除以前国人考察中国的习气。国人考察中国的过程中,有一种习气,就是把中国的文辞虚饰信以为真的毛

---

① 中野孤山:『支那大陸横断遊蜀雜俎』,三協印刷株式会社 1913 年,第 191—192 頁。
② [日]宇野哲人:《中国文明记》,张学锋译,中华书局 2008 年,第 227 页。
③ [日]宇野哲人:《中国文明记》,张学锋译,中华书局 2008 年,第 228 页。
④ [日]宇野哲人:《中国文明记》,张学锋译,中华书局 2008 年,第 228 页。

病。"①"对于以前到中国考察的人们的空想和中国人的巧妙辞令,我们应该在心中持有衡量判断的尺度,然后再相机行事。"②胜田主计在奉天拜会锡良时,感觉锡良"谈话等颇庄严,少有奉承辞令,似淡泊之人。渐渐话题展开,欲谈及经济、财政方面,虽时间短,但谈到这些话题时,总督都明确说明自己均不明了。进而说,自己至满洲时日尚浅,对财政经济方面不甚了解。其寒暄虚言极为淡泊,作为支那人有些相异之感"③。

(二)重虚礼形式

德富苏峰认为中国的"礼仪是虚伪的便宜之计"。"所谓礼仪三千威仪三百,在支那以礼仪作为共同生活之纲纪,然而这完全一派谎言。所谓礼仪不过是不让虚伪露骨显出的便宜之计。并且,此等便宜之计愈加驱使支那人深深落入虚伪之海。"④而拘泥于"形式的世界"则消磨了中国人的上进心。"若言支那人于形式中生死当无碍。不仅人们的生活,连其思想亦为形式所支配。彼等居住之房屋,其庭园,其思想及吐露感想之文艺,悉为形式之奴隶。彼等如蚕之作茧自缚,密闭于形式之中。只要是形式,不管其如何愚蠢都履行之。并且,拘泥于形式之极便消磨了其一切上进心。"⑤

(三)强烈赌博意识与富有侥幸心理

赌博思想犹如支那人之天性。北京政府亦公许之。勿论茶馆、妓楼、船内等处,于街路之上亦盛行至甚。投一厘钱,当购甘蔗一片。然先抽签,依其运气如何,或空而丧钱一厘,失望至极,或得一

---

① [日]内藤湖南:《燕山楚水》,吴卫峰译,中华书局2007年,第205—206页。
② [日]内藤湖南:《燕山楚水》,吴卫峰译,中华书局2007年,第206页。
③ 勝田主計:『清韓漫遊余瀝』,秀英舍1910年,第195頁。
④ 德富猪一郎:『七十八日遊記』,民友社1906年,第262頁。
⑤ 德富猪一郎:『七十八日遊記』,民友社1906年,第264—265頁。

巨大甘蔗，欢喜雀跃。①

村木正宪描述用一厘钱抽签中甘蔗之事，看似事小，却很好地说明了中国人的强烈赌博意识。德富苏峰认为鸦片、赌博和肉欲是"支那人喜好之物"，却重点写到了赌博流行的状况。

> 支那人喜好之物，首推鸦片、赌博和肉欲三项。赌博自孔孟时代便已盛行，《论语》《孟子》有云此事有之。且其流行贯通上中下，其热心程度难以表达。彼等于白昼便公然无耻从事赌博。访问支那报社时，记者先生到了下午三时许竟横卧编辑局吸食鸦片。鸦片亡国论之类时至今日已无法追述了。鸦片与赌博令文弱之支那人愈加文弱，令腐败之支那人愈加腐败。如肉欲之类则自不必再说。②

在天津租界中，日本租界用中国人比欧洲如英国、德国等国少，日本人本身较多是客观原因之一，胜田主计认为日本租界环境不适合中国人也是重要原因。

> 日本租界整体警察严格，又或清洁法严格，又或对赌博等的取缔过于严厉。好像警察权的运用十分苛刻，这是十分好的事情。然而，在清国，如支那人那般不好清洁之人或者极富侥幸心理之人，要和这些人经营、商业相互往来，的确过于拘束。这不是如同水至清则无鱼之类的意思吗？③

---

① 村木正憲：「清韓紀行」，小島晋治監修：『幕末明治中国見聞録集成』（第五卷），ゆまに書房1997年，第316頁。
② 德富猪一郎：『七十八日遊記』，民友社1906年，第313—314頁。
③ 勝田主計：『清韓漫遊余瀝』，秀英舍1910年，第329頁。

胜田主计在称颂日本租界管理严格,谓之"水至清",而中国人由于"不好清洁"或者"极富侥幸心理"而不愿进入了。

(四)文弱、迷信、附和雷同与服从性

德富苏峰认为中国尚文轻武、专于防守拙于进攻,而这些都是中国人文弱造成的。

> 本来就个人而言,有关羽,有樊哙,有鲁智深,有武松,有相当之勇者。并且,楚人轻慓,秦人沉勇,就其局部观察,亦未必能用文弱二字一棒打死。然而其国家性格本来即为文弱国,其人性格亦本来即为文弱人。即便于今日,其容貌、风采,总有女人味,难以找出男性本色之人。以武力贯彻自己主张之人,自支那人中断难找出。个人如此,国家亦是如此。①

从万里长城到一家一户的墙壁和大门,德富苏峰认为中国整体都重视防守。"大到支那全土,小到一房一室,皆为防备不被侵掠。"②即便是迫不得已的防御战争,中国人的战争也多是虚张声势,在乎形式。

> 支那式的战争唯以虚张声势而吓唬人而已。兵士化猛兽之装束,且持所谓堂堂正正之旗帜,摆堂堂正正之阵势。支那的战争如同支那的戏剧一般喧闹嘈杂。号称百万大军,而真正手持武器可战者不过一成,其他皆为举旗或击鼓者。③

对于防御之事也不无法看出倾尽全力的状态,德富认为中国人表面

---

① 德富猪一郎:『七十八日遊記』,民友社 1906 年,第 238—239 頁。
② 德富猪一郎:『七十八日遊記』,民友社 1906 年,第 241 頁。
③ 德富猪一郎:『七十八日遊記』,民友社 1906 年,第 239 頁。

和平实则是由文弱所致。

> 虽说支那人乃和平之人民,然而无论如何和平,以力防御之事当可为也。然其防御之事亦限于表面而不下功夫,完全无法联想到是要倾力击退来犯之敌的状态。虽有可战之力,然而首先议论应该和解,虽听来乃堂堂之举,但实际上不外是一种不论何等高价只要能买得和平便好的想法。如此,与其称之为和平人民,不如称之为文弱人民更为确当。①

宇野哲人的观点与德富苏峰相似,只是他认为中国人是由于喜爱太平之乐所以才变得文弱的。宇野从"武"字由戈、止两部分构成乃停止战争之意引起,认为中国人是把武力看作停止干戈的手段。"兴礼乐之政,享太平之乐,是中国人之理想,故而,中国人极其文弱。不断为外夷侵略,国家因此而衰亡,皆因其文弱之故也。"②宇野认为,中国人具有和平性,但这导致中国人变成了文弱之国民。

宇野哲人在《支那文明记》最后一章《论支那国民性》中,从"民主性""家族主义""利己性""迷信""夸张性""附和雷同""社交性""同化作用""保守性""服从性""和平性""社会性""从容不迫之性格"等十三个方面对中国国民性进行了论述。下面就其对中国人迷信、附和雷同与服从性的评述摘引如下。

> 虽迷信非中国之特有,然中国人之迷信观念极盛。③

迷信最具代表性的便是风水之事。宇野举出唐绍仪开蛇山修路与

---

① 德富猪一郎:『七十八日遊記』,民友社 1906 年,第 237—238 頁。
② [日]宇野哲人:《中国文明记》,张学锋译,中华书局,2008 年,第 231 页。
③ [日]宇野哲人:《中国文明记》,张学锋译,中华书局,2008 年,第 225 页。

张之洞家生不幸而"复蛇山之旧"的传说。

名儒张之洞作出此等事来,或许是误传,或是不实之事,然相信风水之人,往往有令人意外者。现在,铁路工程等因此而遭妨碍者,或许甚多。①

"贪眼前之小利,不顾远大之策略,此是人之常情,然中国人望风而靡之性格尤甚。"宇野举出袁世凯失势时仅严修一人送行之事。

大凡势力炽热之时,则如蚁之赴甘,一旦失政,则门可罗雀,此种特性,于中国似乎特甚。

一犬虚吠,万犬从之,或市有三虎之类,惟有中国国民,始能意会。②

"中国人,以其辫发堂堂阔步于世界,其保守性或即可见一二也。"宇野举出了保守性的例子。

现今所施行之明清法典,较之于唐之《六典》,大差无几。千有余年间,可以用同一法律治理天下,足可见中国之保守性。③

中国国民,在某种程度上又富有服从性。讲得不好听的话,只要用威力压制,则无有不屈从者。中国经常有揭竿而起之事发生,倘若自己之力量有所不及,则就此屈服投降,是态度极其消极、极易改变初衷之国民。④

---

① [日]宇野哲人:《中国文明记》,张学锋译,中华书局,2008年,第226页。
② [日]宇野哲人:《中国文明记》,张学锋译,中华书局,2008年,第227页。
③ [日]宇野哲人:《中国文明记》,张学锋译,中华书局,2008年,第229页。
④ [日]宇野哲人:《中国文明记》,张学锋译,中华书局,2008年,第230页。

宇野哲人认为中国人是易于屈从于威力、不能坚持初衷之人。

香川悦次《支那旅行便览》中对中国人的性格进行了分析。虽然分析中也有客观甚至部分肯定的要素，但考虑作者本身的否定性中国观及此部分内容整体上的否定性，把这部分内容放在此处。一部分出现在第五章《支那贸易法》即中国贸易方式方法的第一节，题为"南人与北人"，在与中国人如何做贸易的视角下分析了中国南方、中部和北方商人的异同。在具体分析商人性格的差异之前，从南北方的自然环境的差异到南北方人的差异进行了分析，涉及了中国人的国民性的层面。其分析较为具体且逻辑性也比较强，并不适合再次总结与提炼，因此做全文翻译如下：

> 支那之南北，其气候相异，风景相异，物产亦相异。北方之山水阴沉而又有乾坤寥阔之气，南方则雄秀而清丽。人生其间，自不免受自然化育。故北人醇厚而刚健朴实，而其劣在于偏狭而龌龊。至于南方则与其反之，其优在恢弘而清雅，其劣则为轻佻浮薄。南方之妓轻快而风姿楚楚，北方之妓声音悲凉沉痛且带哀飒之气。商人独异乎？

> 非独其风气相异，交易之商品、资本之多寡、资本之组织亦不同。南方即广东商人，中部即上海商人，北方即天津、芝罘等诸地商人，从其分类说明彼等之交易习惯之概要。

> 南方之商人多为合资组织，主营海产品之出口，专事杂货、砂糖等之进口，常有巨额之资本，重信用，交易亦大，且彼等有豪爽气，好一掷千金之投机事业，依照误判商机其失败亦莫大。故有相当之财力、智力与彼等商战，必颇为壮快且有望。然不可忘其有投机之癖好，若非如此，及至一朝商机不利之时必达大受其累。

> 至于中部支那之上海及宁波并其附近之商人，谲诈狡猾、风气极恶，丝毫不重信用。从杂货、吴服之类行商小贩渐储资金，而投入规模较大商人之人群中者，仅为此类人等。其交易微小且常以现金

买卖为主，无恒产故无恒心，东西飘荡而只猥集于有利可图之处，似蚁群聚于甘饴。自神户至上海或自上海至天津，又或其他沿岸之航行，若试乘其中可见船中侍者皆支那人，且其支那人必为宁波人，若非宁波人亦是其附近之出身者。彼等于船中服苦役几年，汲汲于储毫厘之金，达相当之金额则离船上岸为行商之事，四海为家，朝东晚西，出口粗劣之物，搅乱市价，其弊甚大。投宿于神户、大阪集体旅馆订购采购者尽为此辈。与彼等交易极为危险有害，当知此也。

至于北方商人，无投机之心而重信用亦不劣于彼等，坚实可信。然可惜之处在于地利不佳。人虽坚实，天津、牛庄冬季结冰之故，贸易不得已中断达四个月。盖北方商人乃普通资本之制造者，于贸易者而言乃合适之交易者是也。①

香川对中国南方、中部、北方的环境及其人的性格的差别的分析有一定的道理，但其对各地商人的资本状况和经营方式认知则不够准确和全面，尤其对于中部，刻意书写了宁波行商的经营方式，却把列入其中的上海商人避之不谈，有刻意寻找差异而维护评论逻辑性的嫌疑。另外，其着眼点是为日本贸易者与中国人做交易时提供建议，在其眼中中国人求利润可视为唯利是图，而他却置自己的分析本身于事外，悄然隐藏了其为日本贸易者在中国进行经济掠夺服务的目的。

三、"欧化"的进步与"传统"的承继

（一）租界为代表的欧化倾向

上海、汉口等地的租界成为清末中国最直接接触西方文化，也最容易显示出欧化特征的地方。"上海一带的茶馆宛如西洋的咖啡馆，处处

---

① 香川悦次：『支那旅行便覧』，博文館 1906 年，第 178—181 頁。

相像。四马路一带茶馆均在大厦高楼之上,足可容下数百千人以上。虽然花花公子很多,但在此处谈买卖者也有,甚为杂闹喧嚣。在此冷静喝点茶,或许可以产生某种人生观。尤其自女子出出入入之处可见几分欧化之态吧。"① 这是胜田主计记述的上海欧化的茶馆样态。"上海开放六十余年,此间租界洋馆高度三层变六层,宽度二间变四间。然而,支那街镇一如旧态。此处新旧文明激烈交锋。若不久后支那人觉醒奋起,新旧思想之冲突必会尖锐上演吧。"② 小林爱雄在上海租界感受到"新旧思想之冲突",并认为中国人有"觉醒奋起"的可能。这与内藤湖南对上海租界的判断有共同之处。"使中国人感受到西欧政治好处,上海的租界确实很有贡献。它获得人心的作用,绝不亚于用精锐的兵器或者战争光荣的胜利。"③ 小林爱雄在前往汉口入住日式旅馆时,感受到中日住宿等方面的差别。"衣食住方面,与日本相比支那皆有数步之领先,更近于欧洲方式,令人羡慕。"④ 令小林感到羡慕的是欧化的倾向。

(二)中华文明传统的承继

但作为对中国文明知之甚深的东洋史学家,内藤湖南在谈到"日本的使命"时,他认为日本应该"吹"中国文明之"余烬"使其复燃,而不是"泼水将其浇灭",体现出其对中国文明的崇尚和对一味欧化的反对。

> 中国虽弱,所谓文武之政,布在方策,从前的文明留下的成果,保存下来的典籍,汗牛充栋,并非完全没有用处。连怪诡空远的印度的宗教典籍,经过欧洲学者的沙里淘金,珍重之余,使百年来的欧洲的学风有了相当的变化。中国的文化虽然平实稳健,难以使人动

---

① 勝田主計:『清韓漫遊余瀝』,秀英舎1910年,第401頁。
② 小林愛雄:「支那印象記」,小島晋治監修:『幕末明治中国見聞録集成』(第六卷),ゆまに書房1997年,第267—268頁。
③ [日]内藤湖南:《燕山楚水》,吴卫峰译,中华书局,2007年,第189页。
④ 小林愛雄:「支那印象記」,小島晋治監修:『幕末明治中国見聞録集成』(第六卷),ゆまに書房1997年,第334頁。

好奇之念，入门或许太久太慢，但是一旦入了门，连它的残羹冷饭，也足以医治他们被甘美伤害的口腹。①

1. 笃学

内藤不仅深知中国文明的积淀，也对中国人的笃学十分敬佩，也从侧面对一般日本游记作者所言中国人专于利己做了反驳。"至于支那人的笃学，有邦人难以追及之处。"②内藤湖南举出宋伯鲁在上海藏书颇丰、张菊生学习《大英百科全书》等证明中国人的好学。而举出黎庶昌带回日本《古逸丛书》捐赠苏州书局之事，也证明了中国人并非一般日本人所认为的那样利欲熏心。"如黎氏，其一归国便持全部《古逸丛书》捐赠于苏州书局。从此举来看，显然其并非有盈利之计划。近日之邦人果能为此等事否？孰言支那人专于利欲欤？"③

2. 重商业信用

虽然游记中多言及中国人好虚言、利己而不顾信义，但在言及商业信用时对中国人的评价多是正面的。中村作次郎对中国人重信用十分钦佩。中村欲购买三千元货物，对方中国人始终不提货款之事，而只问何日何时出发。

> 其时会将货物稳妥送达车站，在归途中再前去支取货款。这和日本人不同，实为大胆之举。卖货物给外国人，而至货物运送之前不取货款，而直至货物送达才取货款。此种事情，若是日本人卖两三千元货物，大抵先于第二日或第三日带薄礼前来收钱。支那人如何重信用，由此可见一斑。④

---

① ［日］内藤湖南：《燕山楚水》，吴卫峰译，中华书局，2007年，第182—183页。
② 内藤虎次郎：『支那漫遊　燕山楚水』，博文館1900年，第223頁。
③ 内藤虎次郎：『支那漫遊　燕山楚水』，博文館1900年，第224頁。
④ 中村作次郎：「支那漫遊談」，小岛晋治监修：『幕末明治中国見聞録集成』（第三卷），ゆまに書房1997年，第311頁。

> 对支那之商业不可期待速成。据此,当以节俭为宗旨,做事以忍耐与勤勉为准则,方可期多年后获得猜忌心很强的支那人的信任。购置土地、建造房屋,以示永住之意最为必要。①

村木正宪所言也从侧面说明了中国人对商业信用的重视。

3. 勤勉、坚忍

小山田淑助记述中国劳工生活的艰苦困难,同时也记述了他们的勤勉和坚忍。

> 世间无比支那劳动者更为可怜者。彼等所得仅足糊口,此乃有工作之时之事,若因世间不景气等而失劳动之途,则悻悻焉于门前乞一餐之怜者比比皆是。支那劳动者与乞食者之近,境界相接,观此可想见劳动者之何等困难也。②

> 彼等概非常之勤勉,堪所有之劳苦,此乃彼等致力竞争之结果。之前虽有美属菲律宾令行《支那劳动者驱逐法案》,然至明治二十五年十一月,终有舆论认为非解除此禁令不可。其理由在于,能忍一周六日可劳役且勤勉之劳动者,除支那人外不可求。③

4. 从容不迫之性格、强大的同化力与社会性

在宇野哲人所列十三种中国人的国民性中,还有"从容不迫之性格""同化作用"与"社会性"等三点相对正面的对中国人的评价,现摘引如下。

---

① 村木正憲:「清韓紀行」,小島晋治監修:『幕末明治中国見聞録集成』(第五卷),ゆまに書房 1997 年,第 535—536 頁。
② 小山田淑助:『征塵録』,中野書店 1904 年,第 132 頁。
③ 小山田淑助:『征塵録』,中野書店 1904 年,第 135 頁。

> 中国人从容不迫之性格,其地势上之影响不小,不愧为大国之民,敬服之至。我日本国民,往往神经过敏,中国国民之从容不迫性格,非常值得一学。①

宇野还认为,从容不迫之性格有"坚忍持久之长处,惊天动地之大事业,亦因此从容不迫之性格而实现。"②

> 中国同化力之强大,是中国成为大国之所以也。③

宇野通过纵观中国历史,认为中国人的同化作用异常强大,而在当时研究中国的西洋人也有被中国化的现象。

> 通观中国历史,外夷侵入、支配中国之事,不下数回,其结果,均为汉人所同化。汉人比周围之种族更进步之故也。现实中,中国人同化力之大亦令人吃惊,许多研究中国学制西洋人,亦多少为其同化而带有中国人之性格。④

宇野认为奉职中国海关的赫德是近代最中国化之西洋人。宇野认为中国社会事业设置完善是中国人的社会性的很好体现。

> 彼等是民主主义国民,富于自治精神,又是和平之国民,其社会性之发达是极自然之事。如社会事业等方面,其设置整备极其完善,令人敬服。⑤

---

① [日]宇野哲人:《中国文明记》,张学锋译,中华书局,2008年,第231页。
② [日]宇野哲人:《中国文明记》,张学锋译,中华书局,2008年,第232页。
③ [日]宇野哲人:《中国文明记》,张学锋译,中华书局,2008年,第228页。
④ [日]宇野哲人:《中国文明记》,张学锋译,中华书局,2008年,第229页。
⑤ [日]宇野哲人:《中国文明记》,张学锋译,中华书局,2008年,第231页。

结　语

幕末明治日本人游记的文本生产有其特殊的历史背景。西力东渐的近代潮流之中,中日关系史上发生的《中日修好条规》的签订、甲午中日战争及在中国土地上进行的日俄战争,都直接影响了进入中国的日本人的数量和目的,更深刻影响了日本对清末中国的认识。

"清末"与"幕末"的到来都发生在西力东渐的大的历史背景下,但清末开始于1840年,日本幕末的到来则在1853年,时间上晚了十余年,而这十几年不仅仅是时间一早一晚的问题。鸦片战争中国战败,付出了割地赔款、开埠通商的惨痛代价,撼动了整个东亚,不仅使中国步入半殖民地半封建社会,也促使日本去认识西力东渐的大趋势,并重新认识自身和进入末期的清朝。"邻国此战——清国败北,给有识之士带来异常之刺激,尔来我国国民始自觉于围绕自己之现实,纷纷讨论对外之问题,乃至从偷安之梦中觉醒。"[①]鸦片战争对日本从国防危机的现实到认识世界大势的意识上都产生了深刻的影响。在1853年"黑船来航"时,日本在惶恐中从率军登陆的培理手中接过美国国书,幕府倾向于和美国议约,

---

① 小西四郎:「阿片戦争の我が国に及ぼせる影響」,『駒沢史学』創刊号,1953年1月,第11页。

并没有发生武力冲突。而在1858年美国催逼日本签订《修好通商条约》之际，也以鸦片战争作为说服依据。发生在邻国的内忧外患与日本息息相关，"幕末"随"清末"而至，不止于表面上的时间先后，而存在着在西力东渐历史背景下实质上的密切关联。

幕末日本遣使上海是为考察清末中国而来，而在更大意义上，是其为重新认识自身及以中国为视角来"体验"西洋。如此构建起了三种视角相互交织的话语体系，对清末中国的观察，有直白的描述，也有抽象的评论，都是在中日、华洋以及日本与西洋比较的三种视角间不断切换下完成的。在第三章中论及的日比野同清末中国人探讨"我国与外国"的不同，以及其对清末中国人笔语中"藩王贡使"的愤怒，便很好地体现了以上三种视角。日比野的关注点在于，希望由此确认清末中国对日本和对西洋的态度差异，同时确认他者视角下日本和西洋的不同之处。其对"藩王贡使"的反感，体现了幕末日本早已不认同以中国为中心的传统华夷观，而清末中国人此语又让他了解了清末中国仍视日本为"藩夷"的日本观。在幕末日本人笔下，上海县城的小商业繁盛，而街道狭窄，整体环境不洁，尤其在太平天国运动冲击下大量难民的涌入致使县城更加拥挤和混杂，这些都具有很强的客观性。高杉晋作与陈汝钦彼此视为海外知己的交好，在远离和批判"洋夷"的共同视角下产生了"唐土宽厚"的评价，又及岸田吟香对湖心亭环境及对联"雅致"的评价，无一不是幕末日本人在日本与西洋比较视角下寻求东洋文化同一性的行为。

进入明治时代，日本在文明开化的维新改革不断推进之中，借助《中日修好条规》加强与清末中国的联系，进入中国的日本人渐渐增多，如满川成种的贸易考察、小栗栖香顶的佛教考察、曾根俊虎的情报探查等。虽然具体目的不尽相同，然而整体而言，各种考察均发生在日本自身经济发展、军事实力增强的背景下，其加强对清末中国政治、经济、文化及军事介入的意图十分明显。在甲午中日战争之前，日本的中国观已经和幕末有了较大的不同。幕末上海游记对租界多为整体性概述，细节展现较少，更多是对于上海县城及清末中国人的描述。在明治上海游记中，进入租界并详细描写的内容多了，对上海租界展现的"欧化"之风更多持有赞赏和羡慕的眼光，而租界中洋人也多不再被视为"洋夷"，其跋扈与对中国人的压迫，也不再成为日本人"鄙夷"的理由。这本质上来自于自认为已经开启文明进程的日本对清末中国的"文明审判"视角。维新后的日本走在"脱亚入欧"的路上，幕末还残存的寻求东洋文化同一性的观念，此时已经被"诚实"地舍弃了。游记中虽然对传统街区市镇及人群仍有描述，但"唐土宽厚"之类的认同词汇已十分罕见，而"狭窄""混杂""肮脏"也被泛化成对中国的普遍认知。

及至甲午中日战争，无论战争过程还是条约签订过程，清末衰弱之势一目了然。甲午中日战争改变了明治日本国内的政治生态，提高了日本的国际政治地位，为日本近代化产业结构的筑成打下了经济基础。作为民族主义国家的日本在战时和战后得到确立和强化，同时，日本民众也经历了"被国民化"的过程。日本战胜清末中国完成了与落后文明、传统华夷秩序的切割，作为"他者"的中国的产生成为日本民族主义国家的确立的一种方法。1895年10月，日本政府掀起的中国视察热潮，目的就是借助战争的胜势加快对中国尤其长江流域的经济渗透和权益掠夺。而在此时，民族危机不断加重的中国，多已不再把日本人看作"藩王贡使"，而成为类比西洋的"东洋"，"师敌型"日本观的形成促成了为数众多的中国学生留学日本。这看起来有些可悲，然而也是基于事实状况做出的一种选择。"至游学之国，西洋不如东洋。一、路近费省，可多遣；一、去华近，易考察；一、西书甚繁，凡西学不切要者，东人已删节而酌改之，中东情势风俗相近易仿行，事半功倍，无过于此。"[①]赴日留学的客观作用在辛亥革命等历史事件中得到很好的体现。同时，师法日本也极大地方

---

① （清）张之洞：《劝学篇》，载沈云龙主编：《劝学篇　趋庭随笔》（近代中国史料丛刊第九辑84—85），文海出版社，1967年，第91页。

便了日本人对中国军事、政治、经济等各个领域的渗透。内山清记录1910年日本教习在南京的情况。"南京雇聘之武官主要有古川中佐、天野少佐、村谷军医等,其他还有下士十三名。"①除武官外,另有学堂教习20人。"军队皆为新式兵,干部中日本留学生占据大半,全部依靠日本武官进行教育。"②从军事到各类教育,军队中从教习到士兵干部,都多是来自日本或接受日本教育的人。日本以"老师"的身份广泛深入到包括军事在内的中国诸多核心领域。

等到日俄战争日本打败了欧洲大国,日本成为"亚洲冠军"而真正获得了意欲成为东洋盟主的"世界视角"。日本开始思考自己的"世界性使命","一括亚洲来对抗欧美"的使命感不断增强。日本在明治维新后"诚实"舍弃的东洋文化同一性,此时被虚伪地"捡起","同文、同种、同教"等成为日本对中国宣扬的主要标语,实用主义华夷观也在此时正式确立。1906年任日本驻清全权公使的内田康哉认为,日本有"同文同种同俗之便,当有向世界介绍真实支那之责任"③。此时提出的"同文同种"显然具有很大的迷惑性,因此得到清末中国诸多人士的积极响应。南洋劝业会坐办陈琪高度评价了大隈重信提倡的"同文同种"主张,并得出"故中日两国,其必互相提挈以一致之行动从事外竞者"④的结论,便是很好的例证。甲午战争后日本的中国观存在虚实两种视角。虚者,一面高喊"同文同种",一面轻蔑"支那之根性";实者,即是实用主义华夷观,对与西方列强在华权益争夺中创造有利条件之中国人视为"友",导致不利状况者则视为"敌"。

本书以目前笔者收集到的72种游记为史料,运用比较文学形象学的研究方法,完成了对幕末明治日本人游记所见长江中下游三重镇形象

---

① 内山清,梶原熊雄:『南京』,日本堂書店1910年,第30頁。
② 内山清,梶原熊雄:『南京』,日本堂書店1910年,第29—30頁。
③ 香川悦次:『支那旅行便覧』,博文館1906年,「序言」第3頁。
④ 永井久一郎:「観光私記」,小島晋治監修:『幕末明治中国見聞録集成』(第十九卷),ゆまに書房1997年,第418頁。

的白描呈现,进而分析了幕末明治日本的中国观的变化过程及其建构逻辑。由此可以发现,日本实用主义华夷观的确立过程,与日本的中国认识视角的变化过程在同一时间维度之上交融发生。然而,有三个问题是本书目前尚未完全展开的,将列入本课题接下来的研究计划。其一,准确把握关联游记文本生产的诸要素,并按照核心要素分类以形成幕末明治日本的中国观的区分细化,进而研究不同类文本在日本对华策略上的影响;其二,日本与西方的清末中国游记中对中国的描述及认识上的异同;其三,借助历史地理学和旅游史学研究方法,提炼游记所述城市空间中可标注的地理要素,绘制分类地图。如根据内山清的《南京》绘制1910年南京的经济地图、根据《清国商业惯习及金融事情》绘制上海茶馆分布简图、根据明治南京游记绘制日本文人南京旅行线路图等。如此可以直观呈现游记中的三重镇形象并为中日同时段史料的对比解读提供便利。

参考文献

一、主要史料（日语假名排序）

1. 石原市松:『北清韓国長江蘇抗視察の概略』,石原市松発行瀬戸清次郎印刷 1899 年。
2. 稲松松之助:『清国視察報告書』,稲松松之助発行中井製本印刷所 1903 年。
3. 内山清,梶原熊雄:『南京』,日本堂書店 1910 年。
4. 江口駒之助［ほか］編:『清国出張復命書』,農商務省商工局 1896 年。
5. 魚返善雄:「同治末年留燕日記(上)」,『東京女子大学論集』(第八巻第一号),1957 年 11 月。
6. 魚返善雄:「同治末年留燕日記(下)」,『東京女子大学論集』(第八巻第二号),1958 年 2 月。
7. 岡崎高厚:『南清漫遊雑記』,岡崎高厚発行日報社印刷 1900 年。
8. 緒方二三,有働格四郎編:『清国商工業視察報告』,熊本新聞社 1896 年。
9. 沖田一:「幕府第一次上海派遣官船千歳丸の史料(上)」,『東洋史研究』(第 10 巻第 1 号),1947 年 12 月。
10. 小山田淑助:『征塵録』,中野書店 1904 年。
11. 香川悦次:『支那旅行便覧』,博文館 1906 年。
12. 勝田主計:「清韓漫遊余瀝」,『明治北方調査探検記集成』(第 11 巻),ゆまに書房 1989 年。
13. 勝田主計:『清韓漫遊余瀝』,秀英舎 1910 年。
14. 河瀬秀治:『清国出張報告書』,『商務局雑報』(第二十七号),大蔵省商務局 1879 年。

15. 黒田清隆:「漫遊見聞録」(上・下),『明治シルクロード探検紀行文集成』(第7—8巻),ゆまに書房1988年。
16. 黒龍会編:『西南記伝』,原書房2004年。
17. 小島晋治監修:『幕末明治中国見聞録集成』(第1—20巻),ゆまに書房1997年。
18. 小室信介:『第一遊清記』,自由燈出版局1885年。
19. 佐藤善治郎:『南清紀行』,良明堂1911年。
20. 釈宗演:『欧米雲水記』,金港堂書籍株式会社1907年。
21. 上海東亜同文書院:『清国商業慣習及金融事情』,『明治後期産業発達史資料 第129巻』,龍渓書舎1992年。
22. 新村出:「元治元年に於る幕史の上海視察記」,『商業と経済』第五年第二冊,1925年2月。
23. 杉浦正:『岸田吟香:資料から見たその一生』,汲古書院1996年。
24. 高柳豊三郎編:『清国新開港場商業視察報告書附回航実記』,名古屋商業会議所1896年。
25. 竹越與三郎:『竹越三叉集』,三一書房1985年。
26. 竹越与三郎:『南国記』,二酉社1910年。
27. 東亞同文書院編:『東亜同文書院大旅行誌』(1—5),雄松堂出版2006年。
28. 東京帝国大学文科大学史料編纂掛編纂:『大日本史料』,吉川半七[ほか](発売)1905年。
29. 東行先生五十年祭記念会編:『東行先生遺文』,民友社1916年。
30. 徳富猪一郎:『七十八日遊記』,民友社1906年。
31. 栃木県実業家満韓観光団:「満韓観光団誌」,『韓国地理風俗誌叢書』(第240巻),景仁文化社1995年。
32. 内藤虎次郎:『支那漫遊 燕山楚水』,博文館1900年。
33. 中野孤山:『支那大陸横断遊蜀雑俎』,三協印刷株式会社1913年。
34. 中村孝也:『中牟田倉之助伝』,大空社1995年。
35. 永井久一郎:『観光私記』,永井久一郎発行1910年。
36. 納富介次郎,日比野輝寛:『文久二年上海日記』,全国書房1946年。
37. 原田藤一郎:『亜細亜大陸旅行日誌并清韓露三国評論』,青木嵩山堂1894年。
38. 春名徹:「中牟田倉之助の上海体験—『文久二年上海行日記』を中心に」,『国学院大学紀要』(第35巻),1997年3月。
39. 春名徹:「峯潔の上海経験:〈船中日録〉と〈清国上海見聞録〉」,『調布日本文化』8,1998年3月。
40. 春名徹:「過渡期の一知識人における異文化接触の意味——名倉予何人の

場合」,『調布日本文化』(11),2001 年 3 月。

41. 久米邦武編:『特命全権大使　米欧回覧実記　欧羅巴大洲ノ部　下』,博聞社 1878 年。

42. 福田清人編:『明治紀行文学集』,筑摩書房 1977 年。

43. 水野幸吉:『漢口:中央支那事情』,冨山房 1907 年。

44. 三宅克己:『欧州絵行脚』,画報社 1911 年。

45. 満川成種:『支那通商必携』,酔軒書屋 1873 年。

46. 山口豊編:『岸田吟香「呉淞日記」影印と翻刻』,武蔵野書院 2010 年。

二、中文著作类（汉语拼音首字母排序）

1. 冯天瑜:《"千岁丸"上海行——日本人 1862 年的中国观察》,商务印书馆,2001 年。

2. 顾炳权编著:《上海风俗古迹考》,华东师范大学出版社,1993 年。

3. 《中国地方志集成　湖北府县志辑⑤》,江苏古籍出版社、上海书店、巴蜀书社,2001 年。

4. 李寅生:《日本汉诗精品赏析》,中华书局,2009 年。

5. 凌鸿勋:《中华铁路史》,台湾商务印书馆,1981 年。

6. 孟华主编:《比较文学形象学》,北京大学出版社,2001 年,第 15 页。

7. 南京大学历史系太平天国研究室编:《江浙豫皖太平天国史料选编》,江苏人民出版社,1983 年。

8. 南京市地方志编纂委员会办公室翻印:《首都志》,南京古旧书店、南京史志编辑部,1985 年。

9. 皮明庥、邹进文主编:《武汉通史·晚清卷(上)》,武汉出版社,2008 年。

10. (清)葛元煦著,郑祖安标点:《沪游杂记》,上海书店出版社,2009 年。

11. (清)葛元煦等著:《沪游杂记　淞南梦影录　沪游梦影》,上海古籍出版社,1989 年。

12. (清)顾祖禹:《读史方舆纪要》,乐天出版社,1973 年。

13. (清)梁蒲贵等修、(清)朱延射等纂:《宝山县志(二)》,成文出版社,1983 年,影印版。

14. (清)王韬:《瀛壖杂志》,广文书局,1970 年。

15. (清)王庭桢修、彭崧毓纂:《江夏县志(一)》,成文出版社,1975 年。

16. (清)吴汝纶编:《李文忠公(鸿章)全集》,文海出版社,1974 年。

17. (清)应宝时等修:《同治上海县志》,吴门臬署,1871 年。

18. (清)张之洞著,沈云龙主编:《劝学篇　趋庭随笔》(近代中国史料丛刊第九辑 84—85),文海出版社,1967 年。

19. (清)张之洞:《张文襄公全集》(第二册),中国书店,1990 年。

20. (清)朱寿朋编,张静庐等校点:《光绪朝东华录》,中华书局,1958年。

21. 上海人民出版社编:《上海公共租界史稿》,上海人民出版社,1980年。

22. 史桂芳:《近代日本人的中国观与中日关系》,社会科学文献出版社,2009年。

23. 谭建川:《日本教科书的中国形象研究》,北京大学出版社,2014年。

24. 王升远:《文化殖民与都市空间——侵华战争时期日本书化人的「北平体验」》,生活·读书·新知三联书店,2017年。

25. 王铁崖编:《中外旧约章汇编》(第一册),生活·读书·新知三联书店,1957年。

26. 王秀丽、梁云祥:《日本人眼中的中国形象》,北京大学出版社,2016年。

27. 武汉地方志编纂委员会主编:《武汉志·总类志》,武汉大学出版社,1998年。

28. 吴葰修、王钟琦纂:《江苏省宝山县续志·附再续志新志备稿(二)》,成文出版社,1970年。

29. 吴调公:《文学分类的基本知识》,长江文艺出版社,1982年。

30. 吴光辉:《日本的中国形象》,人民出版社,2010年。

31. 吴光辉:《他者之眼与文化交涉——现代日本知识分子眼中的中国形象》,厦门大学出版社,2013年。

32. 杨栋梁主编:《近代以来日本的中国观》(1—6卷),江苏人民出版社,2012年。

33. 杨栋梁:《近代以来日本对华认识及其行动选择研究》,经济科学出版社,2015年。

34. 张海林:《端方与清末新政》,南京大学出版社,2007年。

35. 张玉:《日本报纸中的中国形象——以〈朝日新闻〉和〈读卖新闻〉为例》,中国传媒大学出版社,2012年。

36. 钟叔河主编:《走向世界丛书》(第1册),岳麓书社,2008年。

37. 钟叔河主编:《走向世界丛书》(第4册),岳麓书社,1984年。

38. 周宁:《天朝遥远 西方的中国形象研究》,北京大学出版社,2006年。

39. 周宁:《跨文化研究以中国形象为方法》,商务印书馆,2011年。

40. 周武、吴桂龙:《上海通史·第5卷·晚清社会》,上海人民出版社,1999年。

三、日文著作类(日语假名排序)

1. 浅井誠一编纂:『日清汽船株式会社三十年史及追補』,日清汽船株式会社1941年。

2. 安藤彦太郎:『日本人の中国観』,勁草書房1971年。

3. 池田桃川:『上海百話』,日本堂1923年。

4. 石井孝:『幕末貿易史の研究』,日本評論社1944年。
5. 伊藤整[ほか]編:『近代日本思想史講座』,筑摩書房1961年。
6. 大石学編:『江戸幕府大事典』,吉川弘文館2009年
7. 大国隆正:『大国隆正全集』,国書刊行会2001年。
8. 大隈重信:『大隈伯社会観』,文成社1910年
9. 大阪商船三井船舶株式会社編:『大阪商船株式會社80年史』,大阪商船三井船舶1966年。
10. 外務省編:『外務省警察史 第49巻 〈支那ノ部(中支・南支)⑧』,不二出版2001年。
11. 勝部真長[ほか]編:『勝海舟全集』,勁草書房1974年。
12. 金山泰志:『明治期日本における民衆の中国観:教科書・雑誌・地方新聞・講談・演劇に注目して』,芙蓉書房出版2014年。
13. 草森紳一:『文字の大陸 汚穢の都:明治人清国見聞録』,大修館書店2010年。
14. 小島晋治:『近代日中関係史断章』,岩波書店2008年。
15. 近衛篤麿日記刊行会編:『近衛篤麿日記 第2巻』,鹿島出版会,1968年。
16. 近衛篤麿日記刊行会編:『近衛篤麿日記 別巻』,鹿島出版会,1969年。
17. 斉藤俊彦:『人力車』,産業技術センター1979年。
18. 佐藤信淵:『佐藤信淵家学全集』,岩波書店1992年。
19. さねとうけいしゅう:『中国人日本留学史』,くろしお出版1960年。
20. さねとうけいしゅう:『中国留学生史談』,第一書房1981年。
21. 修文書館:『上海新報 復刻版』,不二出版2011年。
22. 髙綱博文:『「国際都市」上海のなかの日本人』,研文出版2009年。
23. 田中健夫編:『日本前近代の国家と対外関係』,吉川弘文館1987年。
24. 檀上寛:『永楽帝:華夷秩序の完成』,講談社2012年。
25. 鄭聖哲:『朝鮮実学思想の系譜』,崔允珍[ほか]訳,雄山閣出版1982年。
26. 中田易直:『三井高利』,吉川弘文館1975年。
27. 並木頼寿:『日本人のアジア認識』,山川出版社2008年。
28. 野口武彦:『長州戦争 幕府瓦解への岐路』,中央公論新社2006年。
29. 林古溪:『懐風藻新注』,明治書院1958年。
30. 林春勝,林信篤編:『華夷変態』(上冊),東洋文庫1958年。
31. 廣松渉[ほか]編:『岩波哲学・思想事典』,岩波書店1998年。
32. 福沢諭吉:『福沢諭吉著作集』,慶應義塾大学出版会2003年。
33. 福田アジオ[ほか]編:『日本民俗大辞典』,吉川弘文館1999年。
34. 福田陸太郎,村松定孝編:『文学用語解説辞典』,東京堂出版1971年。
35. 藤田元春:『大陸支那の現實』,冨山房1939年。

36. 藤田佳久:『東亜同文書院生が記録した近代中国の地域像』,ナカニシヤ出版 2011 年。

37. 古屋哲夫編:『近代日本のアジア認識』,緑蔭書房 1996 年。

38. 三宅雪嶺:『明治思想小史』,丙午出版社 1913 年。

39. 宮地正人[ほか]編:『明治時代史大辞典』,吉川弘文館 2011 年。

40. 本居宣長:『宣長選集』,野口武彦編注,筑摩書房 1986 年。

41. 山鹿素行:『中朝事実』,帝国報徳会 1925 年。

42. 山本茂樹:『近衛篤麿 その明治国家観とアジア観』,ミネルヴァ書房 2001 年。

43. 横井小楠:『国是三論』,講談社 1986 年。

四、译著类(汉语拼音首字母排序)

1. [法]梅朋、傅立德:《上海法租界史》,倪静兰译,上海译文出版社,1983 年。
2. [美]顾德曼:《家乡、城市和国家——上海的地缘网络与认同,1853—1937》,宋钻友等译,上海古籍出版社,2004 年。
3. [美]泰勒·丹涅特:《美国人在东亚》,姚会广译,商务印书馆,1959 年。
4. [日]福泽谕吉:《文明论概略》,北京编译社译,商务印书馆,1982 年。
5. [日]冈千仞:《观光纪游 观光续纪 观光游草》,张明杰整理,中华书局,2009 年。
6. [日]高坂史朗:《近代之挫折》,吴光辉译,河北人民出版社,2006 年。
7. [日]股野琢:《苇杭游记》,张明杰整理,中华书局,2007 年。
8. [日]日比野辉宽、高杉晋作等:《1862 年上海日记》,陶振孝、阎瑜、陈捷译,中华书局,2012 年。
9. [日]内藤湖南:《燕山楚水》,吴卫峰译,中华书局,2007 年。
10. [日]夏目漱石:《满韩漫游》,王成译,中华书局,2007 年。
11. [日]小栗栖香顶:《北京纪事 北京纪游》,陈继东、陈力卫整理,中华书局,2008 年。
12. [日]小林爱雄:《中国印象记》,李炜译,中华书局,2007 年。
13. [日]野村浩一:《近代日本的中国认识:走向亚洲的航踪》,张学锋译,中央编译出版社,1999 年。
14. [日]宇野哲人:《中国文明记》,张学锋译,中华书局,2008 年。
15. [日]曾根俊虎:《北中国纪行 清国漫游志》,范建明译,中华书局,2007 年。
16. [日]中野孤山:《横跨中国大陆——游蜀杂俎》,郭举昆译,中华书局,2007 年。
17. [日]竹添进一郎:《栈云峡雨日记 苇杭游记》,张明杰整理,中华书局,2007 年。

五、中文期刊论文（汉语拼音首字母排序）

1. 陈希亮：《〈"千岁丸"上海行〉中的日期讹误及其他》，《中国图书评论》，2004年第10期。
2. 冯天瑜：《关于〈"千岁丸"上海行〉中、西、日纪年转换等问题的说明》，《中国图书评论》，2005年第2期。
3. 韩东育：《关于东亚近世"华夷观"的非对称畸变》，《史学理论研究》，2007年第3期。
4. 侯仁之：《历史地理学刍议》，《北京大学学报（自然科学）》，1962年第1期。
5. 黄振耀：《混堂年代的快乐汰浴》，《上海采风》，2005年第12期。
6. 蓝勇：《近代日本对长江上游的踏察调查及影响》，《中国历史地理论丛》，2005年第3期。
7. 嵇果煌：《传统代步工具——轿子的兴衰》，《交通与运输》，1995年第1期。
8. 冀满红、林广荣：《郭嵩焘与"夫人外交"》，《江西社会科学》，2008年第7期。
9. 江文君：《交通的现代性：汽车与近代上海的物质进步》，《历史教学问题》，2013年第4期。
10. 菊池智子：《从晚清上海自来水建设看城市社会的形成》，《城市史研究》，2009年。
11. 李长莉：《近代交通进步的社会文化效应对国人生活的影响》，《学术研究》，2008年第11期。
12. 李冬木：《关于羽化涩江保译〈支那人气质〉（下）》，《鲁迅研究月刊》1999年第5期。
13. 李华：《清代黄鹤楼建筑考》，《武汉理工大学学报（社会科学版）》，2004年第3期。
14. 李恭忠：《〈中国引水总章〉及其在近代中国的影响》，《历史档案》，2000年第3期。
15. 李隆昌：《从鸦片政策的演变看清王朝的穷途末路》，《江汉论坛》1982年第11期。
16. 廖桂华：《近代武昌自开商埠探析》，《湖北教育学院学报》，2005年第6期。
17. 铃木智夫：《清末江浙地区的茶馆》，《江海学刊》，2002年第1期。
18. 刘盛佳：《历史地理学的研究对象》，《华中师范大学学报（自然科学版）》，1997年第2期。
19. 陆胤：《从"同文"到"国文"——戊戌前后张之洞系对日本经验的迎拒》，《史林》，2012年第6期。
20. 谯枢铭：《早期进入上海租界的日本人》，《史林》，1989年第1期。
21. 邱国盛：《从人力车看近代上海城市公共交通的演变》，《华东师范大学学报

(哲学社会科学版)》,2004年第2期。
22. 任晓初、刁一云:《吴淞东、西炮台地理位置辨析》,《历史教学》,1986年第9期。
23. 尚刚:《上海引水史料》,《学术月刊》,1979年第8期。
24. 邵建:《近代城市用语的形成——以上海城市交通工具用语为例》,《史林》,2003年第3期。
25. 宿久高、尹允镇:《〈怀风藻〉与中国古典文学的关联》,《日语学习与研究》,2005年第3期。
26. 苏明:《"诗意"的幻灭:中国游记与近代日本人中国观之建立》,《学术月刊》,2008年第8期。
27. 孙建国:《南京通商口岸开埠始末》,《档案与建设》,1999年第8期。
28. 王乾、徐昀、宋伟轩:《南京城市商业空间结构变迁研究》,《现代城市研究》,2012年第6期。
29. 文茵编译、姚平校:《人力车发明史》,《寻根》,2001年第4期。
30. 吴本荣:《公共交通与南京城市近代化(1894—1937)》,《南京工业大学学报(社会科学版)》,2009年第1期。
31. 吴光辉:《日本的中国形象研究——理论与方法的探索》,《日语教育与日本学》,2011年第1辑。
32. 吴光辉、肖珊珊:《想象与方法:战后日本的"中国形象"》,《日本学刊》,2015年第5期。
33. 吴光辉:《"中国形象"的话语建构与想象空间——以近代日本人的中国考察为中心》,《东北亚外语研究》,2016年第4期。
34. 吴光辉:《近代以来日本视域下的朱子学与中国形象》,《思想与文化》,2017年第1期。
35. 夏春涛:《太平天国时期南京城的变迁》,《扬州大学学报(人文社会科学版)》2011年第6期。
36. 向元芬:《张之洞建汉阳铁厂始末》,《湖北档案》,2006年第12期。
37. 小岛晋治,云鸥、振江:《日本人的太平天国观》,《扬州师院学报(社会科学版)》,1981年第4期。
38. 肖连兵:《公众仍看重中日关系但好感度降低》,《光明日报》,2013年8月9日第008版
39. 徐静波:《幕末与明治时期日本人的上海认识》,《外国问题研究》2011年第3期。
40. 杨琰:《"自上而下":近代上海电力照明产业的兴起与初步发展1882—1893》,《兰州学刊》,2013年第2期。
41. 袁继成:《武汉三镇统一建市八十周年》,《武汉文史资料》,2007年第4期。

42. 张凌云、吴光辉:《内藤湖南笔下的中国人形象——以内藤湖南 1899 年第 1 次访问中国为契机》,《日本问题研究》,2014 年第 6 期。

43. 张明杰:《明治汉学家的中国游记》,《读书》,2009 年第 8 期。

44. 张明杰:《明治时期日本人的中国游记文献综述》,《日语学习与研究》,2013 年第 5 期。

45. 郑毅:《评〈近代以来日本的中国观〉》,《世界历史》2013 年第 5 期。

46. 郑祖安:《上海旧县城》,《社会科学》,1981 年第 3 期。

47. 中国建筑学会、建筑历史学术委员会:《建筑历史与理论(第一辑)》,江苏人民出版社 1981 年。

48. 仲伟民:《鸦片战争后茶叶和鸦片贸易与上海城市的发展》,《复旦学报(社会科学版)》,2012 年第 5 期。

49. 周宁:《"巨大的他者"——日本现代性自我想象中的"中国"》,《天津社会科学》,2011 年第 5 期。

50. 周振鹤:《晚清上海书院西学与儒学教育的进退》,《华东师范大学学报(哲学社会科学版)》,1999 年第 5 期。

六、日文期刊论文(日语假名排序)

1. 池田哲郎:「儒学と蘭学」,『福島大学学芸学部論集』(第 15 号第 1 冊),1964 年 2 月。

2. 井上厚史:「『国性爺合戦』から『漢国無体　此奴和日本』へ——江戸時代における華夷観の変容」,『同志社国文学』(58),2003 年 3 月。

3. 閻立:「清朝同治年間における幕末期日本の位置づけ——幕府の上海派遣を中心として」,『大阪経大論集』(第 59 卷第 1 号),2008 年 5 月。

4. 大熊喜邦:「本邦緑門の變遷」,『建築雑誌』(第二百六十六号),1909 年 2 月。

5. 王昊[ほか]:中国における日本租界の設置、造営とその変遷:外交資料と現地調査から見る中国日本租界の形成と変遷(その 2)(アジア諸国の都市計画史,都市計画),『学術講演梗概集 F-1,都市計画,建築経済・住宅問題(2007)』,日本建築学会 2007 年。

6. 川島元次郎:「開国以後最初の上海貿易」,『商業と経済』(第二年第二冊),1922 年 3 月。

7. 「漢口大日本帝国総領事公館新築概要」,『建築雑誌』(303),1912 年 3 月,第 142 頁。

8. 北正巳:「19 世紀後半の大英帝国と日本——海洋技術移転の一研究」,『創価経済論集』(第 32 卷),2003 年 3 月。

9. 清水憲一:「官営八幡製鐵所の創立——後発工業化を実現した銑鋼一貫製鉄所の確立」,『九州国際大学経営経済論集』(第 17 卷第 1 号),2010 年 10 月。

10. 小西四郎:「阿片戦争の我が国に及ぼせる影響」,『駒沢史学』創刊号,1953年1月。

11. 孫安石:「漢口の都市発展と日本租界について」,『人文研究』(神奈川大学文学会)第149集,2003年6月。

12. 田中孝治:「東亜同文書院と清代末の中国固有の簿記」,『愛知大学東亜同文書院大学記念センター報』(26),2018年3月31日。

13. 田原嗣郎:「近世政治思想史における徂徠学と宣長学」,『史学雑誌』(第66編第7号),1957年7月。

14. 春名徹:「漂流民送還制度の形成について」,『海事史研究』(第52号),1995年7月。

15. 副島昭一:「戦前期中国在留日本人職業別人口統計—1889年 1929年」,『和歌山大学教育学部紀要 人文科学』(34),1985年。

16. 副島円照:「戦前期中国在留日本人人口統計(稿)」,『和歌山大学教育学部紀要 人文科学』(第33集),1984年。

17. 武藤長藏:「元治元年上海派遣官船「健順丸」に関し石渡博士提供の史料」,『商業と経済』(第八年第一冊),1927年11月。

18. 宮崎来城:「食人族の進化せる支那人——文学歴史上よりの研究」,『天鼓』(3),1905年4月。

19. 三好昌文:「幕末期宇和島藩の動向(11)伊達宗城を中心に」,『松山大学論集』(第12巻第4号),2000年10月。

20. 山本勉:「明治時代の著述者 渋江保の著述活動:出版物「万国戦史」を中心に」,『佛教大学大学院紀要.文学研究科篇』(第43号),2015年3月。

七、其他

1. Whiting, Allen Suess, *China eyes Japan*, University of California press, 1989.

2. 朝井佐智子:『日清戦争開戦前夜の東邦協会:設立から1894(明治27)年7月までの活動を通して』,愛知淑徳大学2013年博士(学術)学位論文。

3. 薄井由:《清末民初云南商业地理初探——以东亚同文书院大旅行调查报告为中心的研究》,复旦大学2003年博士学位论文。

4. 陈文彬:《近代化进程中的上海城市公共交通研究(1908—1937)》,复旦大学2004年博士学位论文。

5. 李雁南:《近代日本书学中的"中国形象"》,暨南大学2005年博士学位论文。

6. 翁伟志:《他山之石:明恩溥的中国观研究》,福建师范大学2007年博士学位论文。

7. 吴薇:《近代武昌城市发展与空间形态研究》,华南理工大学2012年博士学位论文。